Kartellrechtliche Durchsetzungsstrategien in der Europäischen Union,
den USA und Deutschland

Veröffentlichungen des Instituts
für deutsches und europäisches Wirtschafts-,
Wettbewerbs- und Regulierungsrecht
der Freien Universität Berlin

Herausgegeben von Franz Jürgen Säcker

Band 31

PETER LANG
Frankfurt am Main · Berlin · Bern · Bruxelles · New York · Oxford · Wien

Florian Leib

Kartellrechtliche Durchsetzungsstrategien in der Europäischen Union, den USA und Deutschland

Eine rechtsvergleichende Untersuchung

PETER LANG
Internationaler Verlag der Wissenschaften

Bibliografische Information der Deutschen Nationalbibliothek
Die Deutsche Nationalbibliothek verzeichnet diese Publikation in der
Deutschen Nationalbibliografie; detaillierte bibliografische
Daten sind im Internet über http://dnb.d-nb.de abrufbar.

Zugl.: Berlin, Freie Univ., Diss., 2011

Gedruckt auf alterungsbeständigem,
säurefreiem Papier.

D 188
ISSN 1863-494X
ISBN 978-3-631-62313-8

© Peter Lang GmbH
Internationaler Verlag der Wissenschaften
Frankfurt am Main 2012
Alle Rechte vorbehalten.

Das Werk einschließlich aller seiner Teile ist urheberrechtlich
geschützt. Jede Verwertung außerhalb der engen Grenzen des
Urheberrechtsgesetzes ist ohne Zustimmung des Verlages
unzulässig und strafbar. Das gilt insbesondere für
Vervielfältigungen, Übersetzungen, Mikroverfilmungen und die
Einspeicherung und Verarbeitung in elektronischen Systemen.

www.peterlang.de

"Private enforcement is the way to bring competition law closer to the man on the street"*

---

* Sir Christopher Bellamy at the ICC Annual Competition Law and Policy Lecture, London, 15th of March 2007.

Vorwort

Die vorliegende Arbeit wurde im Sommersemester 2011 von der Juristischen Fakultät der Freien Universität Berlin als Dissertation angenommen. Die Literaturnachweise sind auf dem Stand vom Dezember 2010, die Rechtsprechungsnachweise sind auf dem Stand von Juni 2011.

Besonderen Dank schulde ich meinem Doktorvater Herrn Prof. Dr. Dr. Dr. Säcker für die vorbildliche Betreuung der Arbeit sowie für die angenehme Atmosphäre in der mündlichen Prüfung vor dem Promotionsausschuss am 1. Dezember 2011.

Herrn Prof. Dr. Armbrüster möchte ich für die zügige Erstellung des Zweitgutachtens danken.

Meinen Eltern bin ich von herzen dankbar, dass sie mir die Anfertigung der Arbeit ermöglicht und mich während der gesamten Zeit nach Kräften unterstützt haben. Hierzu gehörte auch die Möglichkeit, im Jahr 2007 einen Masterstudiengang an der Queen Mary University of London zu absolvieren.

In diesem Zusammenhang möchte meinem Supervisor Dr. Maher M. Dabbah für die vielen internationalen rechtlichen Aspekte danken, die dank seines Wirkens in den rechtsvergleichenden Teil der Arbeit eingeflossen sind.

Gleiches gilt für Herrn Rechtsanwalt Dr. Werner Berg, LL.M. von der Kanzlei Crowell & Moring in Brüssel, der mir durch einen Arbeitsaufenthalt ermöglichte, die gewonnenen theoretischen Erkenntnisse mit der täglichen Praxis abzugleichen.

Abschließend möchte ich meinem Bruder sowie meinen Freunden, Harald Winstel, Stefan Vogt, Guillaume Couneson, Jerry Huang, Amar Lingala und Elena Schatrar für die ausdauernde Unterstützung bei der Anfertigung der Arbeit danken.

Neustadt an der Weinstraße, im Mai 2012

Florian Leib

Inhaltsverzeichnis

Vorwort VII

Literaturliste XV

Einleitung 1

Kapitel 1: Bestimmung des Schutzzwecks als Voraussetzung
 ausgeprägten kartellrechtlichen Individualschutzes 5
I. Das Kartellprivatrecht in der Schutzzweckdiskussion 5
II. Schutzzweck der Wettbewerbsregeln der Europäischen Union 9
III. Verhältnis zwischen nationalen Wettbewerbsregeln und den
 Wettbewerbsregeln der Gemeinschaft 10
 1. Tatbestandsebene 10
 2. Rechtsfolgenseite 14

Kapitel 2: Kartellrechtlicher Individualschutz außerhalb von Schadensersatzansprüchen 17
I. Nichtigkeitseinwand 17
 1. Wirksamkeit der Folgeverträge 18
 2. Partielle Nichtigkeit von Folgeverträgen – geltungserhaltende
 Reduktion 20
 3. Praktikabilität für den Kläger 24
 4. Verhältnis zum Schadensersatzanspruch 28
II. Anfechtbarkeit der Folgeverträge 30
III. Ansprüche auf Unterlassung und Beseitigung aus § 33 Abs. 1, Satz 1
 GWB 33
 1. Anspruchsvoraussetzungen 33
 2. Rechtsfolgen 34
 3. Abgrenzung zum Schadensersatzanspruch 35
 4. Der Unterlassungsanspruch im US-amerikanischen Antitrustrecht ... 37

Kapitel 3: **Kartellrechtliche Schadensersatzansprüche nach § 33 Abs. 3 GWB und Section 4 Clayton Act** 39
I. Verschulden 39
II. Schaden – haftungsausfüllender Tatbestand 41
    1. Naturalrestitution 41
    2. Geldersatz 43

Kapitel 4: **Klagebefugnis mittelbarer Abnehmer und Schadensabwälzung** 49
I. Zulässigkeit der passing-on defense 50
    1. Schadensersatzansprüche nach § 33 GWB 50
    2. Ansprüche nach Section 4 Clayton Act 54
        a) Ausschluss der passing-on defense durch Hannover Shoe 54
        b) Entwicklung der direct purchaser rule durch Illinois Brick 56
        c) Reaktionen auf den kategorischen Ausschluss von Klagen mittelbarer Abnehmer 59
        d) Schadenszuordnung und Schadensberechnung bei parallelen Klagen direkter und indirekter Abnehmer 63
        e) Ausschluss von Klagen indirekter Abnehmer durch andere Rechtsinstitute als die direct purchaser rule 65
        f) Weitere Ausnahmen vom Ausschluss der Aktivlegitimation mittelbarer Abnehmer 68
        g) Umgehung des Ausschlusses von Klagen mittelbarer Abnehmer durch einzelstaatliches Wettbewerbsrecht 70
        h) Zusammenfassung 73
        i) Ausblick und Lösungsansätze 76
II. Europäisches Wettbewerbsrecht 81
III. Lösungsoptionen 84
    1. Ausschluss der Klagebefugnis mittelbarer Abnehmer bei gleichzeitigem Ausschluss der passing-on defense 84
    2. Anspruchsberechtigung mittelbarer Abnehmer bei Zulässigkeit der passing-on defense 86
    3. Klagebefugnis mittelbarer Abnehmer nur in Sammelklagen bei gleichzeitiger Zulässigkeit der passing-on defense 87
    4. Aufspaltung des Verfahrens in die Feststellung des haftungsbegründenden Tatbestandes und des haftungsausfüllenden Tatbestandes 88
    5. Differenzierung des ersatzfähigen Schadens anhand der Marktstufe des Geschädigten 90
    6. Ausschließlicher Ersatz der höchsten Schäden innerhalb einer Lieferkette 91

Kapitel 5: Mehrfachschadensersatz im deutschen Kartellrecht 97
I. Treble damages in den USA 97
II. Straf- bzw. Mehrfachschadensersatz im Deutschen Kartellrecht 103
    1. Option eines an das Verschulden des Beklagten angepassten doppelten Schadensersatzes 112
    2. Mögliche Kollision mit Kronzeugenprogrammen 115
III. Straf- bzw. Mehrfachschadensersatz im Kontext Europäischen Wettbewerbsrechts 116
IV. Koordination von Bußgeldsanktionen und privaten Schadensersatzverpflichtungen 120
    1. Fallkonstellationen mit supranationalem Bezug 120
    2. Fallkonstellationen mit nationalem Bezug 124

Kapitel 6: Sammelklagen im deutschen Kartellrecht 129
I. Erfahrungen im US-Antitrustrecht 130
    1. Sinn und Zweck der Sammelklage 130
    2. Gesetzliche Grundlage der Sammelklage im US Zivilprozessrecht 130
    3. Vor- und Nachteile kollektiver Rechtsbehelfe im Gesamtsystem des amerikanischen Zivilrechts 133
II. Kollektive Rechtsbehelfe in Europa 138
III. Die Verbandsklage nach § 34a GWB 139
IV. Notwendigkeit einer vereinheitlichten Form von Sammelklagen in den europäischen Wettbewerbsrechtsordnungen 140
V. Sammelklagen im deutschen Kartellrecht 144

Kapitel 7: Öffentliche versus private Rechtsdurchsetzung 149
I. Strafrechtliche Sanktionen gegen Individuen 149
    1. Strafrechtliche Wettbewerbsrechtsdurchsetzung in Deutschland 149
    2. Strafrechtliche Ahndung von Wettbewerbsverstößen in Europa 151
    3. Strafrechtliche Wettbewerbsrechtsdurchsetzung in den USA 153
    4. Vor- und Nachteile strafrechtlicher Sanktionierung von Wettbewerbsverstößen 156
II. Wettbewerbsrechtsdurchsetzung mittels straf- bzw. bußgeldrechtlicher Sanktionen gegen Unternehmen 162
    1. Grundkonzeption der Bußgeldverhängung gegen Unternehmen 162
    2. Wettbewerbsrechtsdurchsetzung mittels Geldstrafen in den USA 165
    3. Abwägung der Vor- und Nachteile bußgeldrechtlicher Sanktionen gegenüber privaten Schadensersatzklagen 167
        a) Abschreckung 167
        b) Ökonomische Verträglichkeit 170

XI

  aa) Klagen der Marktgegenseite 171
  bb) Konkurrentenklage 173
 c) Notwendigkeit der Regulierung privater Wettbewerbs-
  rechtsdurchsetzung 176

Kapitel 8: Interaktion zwischen Kronzeugenprogrammen und privater
     Kartellrechtsdurchsetzung 179
I. Bedeutung von Kronzeugenprogrammen für die Geltungs-
  verschaffung des Wettbewerbsrechts 179
II. Spannungsverhältnis zwischen Kronzeugenregelungen und
  Schadensersatzansprüchen 184
  1. Beibehaltung vollständiger Autonomie von Kartellverwaltungs-
   verfahren und Schadensersatzprozess 185
  2. Gesetzlicher Ausschluss überkompensatorischen Schadensersatzes
   bei Follow-on Klagen 187
  3. Aufhebung der gesamtschuldnerischen Haftung für den Kron-
   zeugen 191
III. Spannungsverhältnis zwischen Kronzeugenregelungen und der
  Offenlegung von Dokumenten 192
  1. Weitergabe relevanter Dokumente durch die Wettbewerbsbehörden . 192
  2. Zugang zu relevanten Dokumenten im Rahmen von Discovery-
   Verfahren 194

Kapitel 9: Private Wettbewerbsrechtsdurchsetzung im globalen Kontext 197
I. Die Internationalisierung wettbewerbsbeschränkender Praktiken 197
II. Die extraterritoriale Anwendung nationalen Wettbewerbsrechts 198
  1. Extraterritoriale Anwendung des US-amerikanischen Kartellrechts ... 200
  2. Extraterritoriale Anwendung von EG-Wettbewerbsrecht 202
III. Bedeutung des Auswirkungsprinzips für wettbewerbsrechtlichen
  Individualschutz 204
  1. Ökonomische Konflikte zwischen Nationalstaaten 204
  2. Internationales Forum-Shopping 207
   a) Die USA als Magnetjurisdiktion für internationale
    Kartellschadensersatzklagen 207
   b) Forum-Shopping innerhalb der EU Mitgliedsstaaten 210
IV. Zuständigkeitsverteilung in einem einheitlichen internationalen
  Rechtsrahmen 214

Kapitel 10: Haftungsbegründende und haftungsausfüllende Kausalität 217
I. Rechtsprechung der US-amerikanischen Gerichte 217
II. Kausalitätserfordernis im deutschen Kartellzivilrecht 220

Kapitel 11: Schuldner und Gläubiger von Schadensersatzansprüchen 223
I. Schuldner des Schadensersatzanspruchs 223
   1. Haftungszurechnung in den USA 223
   2. Haftungszurechnung nach deutschem Zivilrecht 225
II. Gläubiger des Schadensersatzanspruchs 228
   1. Deutsches Deliktsrecht 228
   2. US-amerikanisches Antitrustrecht 229

Kapitel 12: Zivilprozessuale Durchsetzbarkeit von Schadensersatz-
ansprüchen 231
I. Beibringung des Tatsachenstoffs durch den Kläger 231
II. Beweislast 234
   1. Haftungsbegründender Tatbestand 235
      a) Beweisregeln der ZPO 235
      b) Pretrial discovery im US-Antitrustrecht 238
      c) Verbesserung des Zugangs zu Beweismitteln 241
      d) Die Privilegierung des Follow-on-Klägers im GWB 243
      e) Beweislastverlagerungen im GWB und im BGB 245
   2. Haftungsausfüllender Tatbestand – Schadensberechnung 250
   3. Haftungsausfüllende Kausalität 254
III. Prozesskosten 255

Zusammenfassung 259

Rechtsprechungsübersicht 261
US-amerikanische Rechtsprechung 261
Rechtsprechung der Gemeinschaftsgerichte 264
Entscheidungen der Europäischen Kommission 265
Mitteilungen und sonstige Bekanntmachungen der Europäischen
Kommission. 266

Literaturliste

Baker, D.I.: *„Revisting History – What Have We Learned About Private Antitrust Enforcement That We Would Recommend To Others?"* in 16 Loy. Consumer L. Rev. 379 (2004).

Baker, D.I.: *„The Use of Criminal Law Remedies to deter and punish Cartels and Bid-Rigging"* in 69 Geo. Wash. L. Rev. 693 (2001).

Bambring, Günther: *„Führt die Teilnichtigkeit zur Gesamtnichtigkeit von Eheverträgen?"* in FPR 2005, S. 130.

Basedow, Jürgen: *„Das Kartelldeliktsrecht und der „More Economic Approach"* in EuZW 2006, S. 97.

Basedow, Jürgen: *„Entwicklungslinien des internationalen Kartellrechts – Ausbau und Differenzierung des Auswirkungsprinzips"* in NJW 1989, S. 627.

Basedow, Jürgen: *„Jurisdiction and Choice of Law in the Private Enforcement of EC Competition Law"* in Basedow, Jürgen, Private Enforcement of EC Competition Law, Aphen aan den Rijn, The Netherlands, 2007, S. 229 (zit.: *Basedow in Basedow*).

Bates, J.C.: *„Home Is Where the Hurt Is: Forum Non Conveniens and Antitrust"* in 2000 U Chi Legal F 281 (2000).

Bathaee, Y.: *„Developing an Antitrust Injury Requirement for Injunctive Relief that Reflects the Probability of Anticompetitive Harm"* in 13 Fordham J. Corp. & Fin. L. 329 (2008).

Baumbach, Adolf; Lauterbach, Wolfgang; Albers, Jan; Hartmann, Peter: Zivilprozessordnung, 68. Auflage, München 2010 (zit.: *Baumbach/Lauterbach/Albers/Hartmann*).

Bechtold, Rainer: Das neue Kartellrecht – Eine kommentierte Darstellung des Kartellgesetzes (GWB) unter besonderer Berücksichtigung der 4. Kartell-Novelle 1980, der neueren Rechtssprechung und der aktuellen Verwaltungspraxis des Bundeskartellamts, München 1981 (zit.: *Bechtold, das neue Kartellrecht in der Fassung der 4. GWB-Novelle*).

Bechtold, Rainer: *„Grundlegende Umgestaltung des Kartellrechts: Zum Referentenentwurf der 7. GWB-Novelle"* in DB 2004, S. 235.

Bechtold, Rainer: Kommentar zum Gesetz gegen Wettbewerbsbeschränkungen, 6. Auflage, München 2010 (zit.: *Bechtold*).

Bechtold, Rainer; Brinker Ingo; Bosch, Wolfgang; Hirschbrunner, Simon: EG-Kartellrecht Kommentar Art. 81-86 EG, EG-Kartell-VO 1/2003, Gruppenfreistellungsverordnungen 2790/1999, 1400/2002, 772/2004, 2658/200, 2659/2000, sowie EG-FusionskontrollVO 139/2004, 2. Auflage, München 2009 (zit.: *Bechtold/Brinker/Bosch/Hirschbrunner*).

Bechtold, Rainer; Buntscheck, Martin: *„Die 7. GWB-Novelle und die Entwicklung des deutschen Kartellrechts 2003 bis 2005"* in NJW 2005, S. 2966.

Benica, Jürgen: *„Schadensersatzansprüche von Kunden eines Kartells? – Besprechung der Entscheidung des OLG Karlsruhe vom 28.1.2004"* in WuW 2004, S. 604.

Benisch, Werner; von Müller-Henneberg, Hans; Schwarz, Gustav: Gesetz gegen Wettbewerbsbeschränkungen und Europäisches Kartellrecht – Gemeinschaftskommentar, 4. Auflage, Köln 1981 (zit.: *Bearbeiter in GK*).

Bennet, D.J.: *„Killing One Bird with Two Stones: The Effect of Empagran and the Antitrust Criminal Penalty Enhancement and Reform Act of 2004 on Detecting and Deterring International Cartels"* in 93 Geo. L.J. 1421 (2005).

Benston, G.J.: *„A Comprehensive Analysis of the Determinants of Private Antitrust Litigation, Particular Emphasis on Class Action Suits and the Rule of Joint and Several Damages"* in Private Antitrust Litigation, MIT Press Cambridge, Massachusetts (1988), S. 284.

Berrisch, Georg M., Burianski, Markus: *„Kartellrechtliche Schadensersatzansprüche nach der 7.GWB-Novelle"* in WuW 2005, S. 878.

Blair, R.D. & Harrison, J.L.: *„Rethinking Antitrust Injury"* in 42 Vand. L. Rev. 1539 (1989).

Blair, Roger D., Hendron, Jill Boylston, Lopatka, John E.: *„Resale Price Maintenance and the Antitrust Plaintiff"* in 83 Wash. U. L. Q. 657 (2005).

Bloom, Margaret: *„Should Foreign Purchasers Have Access to U.S. Antitrust Damages Remedies? A Post-Empagran Perspective from Europe"* in 61 N.Y.U. Ann. Surv. Am. L. 433 (2005).

Böge, Ulf: *„Leniency Programs and the Private Enforcement of European Competition Law"* in Basedow, Jürgen, Private Enforcement of EC Competition Law, Aphen aan den Rijn, The Netherlands, 2007, S. 217 (zit.: *Böge in Basedow*).

Bomse, S.V.; Scott, A.W.: *„Conference on two-sided Markets, Columbia Law School 2005: Both Sides Now: Buyer Damage Claims In Antitrust Actions Involving „two-sided" Markets"*, in 2005 Colum. Bus. L. Rev. 643 (2005).

Bongard, Christian: *„Mehrerlöse, Mengeneffekte und volkswirtschaftliche Kartellschäden"* in WuW 2010, S. 762.

Bork, Robert H.: The Antitrust Paradox – A Policy at War With Itself, New York 1978 (zit.: *Bork*).

Bornkamm, Joachim: „*Cui malo? Wem schaden Kartelle*" in GRUR 2010, S. 501.
Boujong, Karlheinz; Ebenroth, Thomas Carsten; Joost, Detlev: Handelsgesetzbuch – Kommentar, Bd.1, §§ 1-342 e, 2. Auflage, München 2008 (zit.: *Boujong/Ebenroth/Jost/Bearbeiter*).
Breit, W., Elzinga, K.G.: „*Antitrust Penalties and Attitudes toward Risk: An Economic Analysis*" in 86 Harv. L. Rev. 693 (1973).
Brück, Johann: „*Compensation and Deterrence: Private Enforcement of Antitrust Rules in Germany*" in Bloomberg European Business Law Journal Volume 1, Quarter 2 2007, Issue 2, S. 303.
Bulst, Friedrich Wenzel: „*Private Kartellrechtsdurchsetzung durch die Marktgegenseite – deutsche Gerichte auf Kollisionskurs zum EuGH*" in NJW 2004, S. 2201.
Bunte, Hermann-Josef: Kommentar zum deutschen und europäischen Kartellrecht, 9. Auflage, Neuwied; Kriftel 2001 (Begründet von Langen, Eugen) (zit.: *L/B/Bearbeiter*).
Bunte, Hermann-Josef: Kartellrecht mit neuem Vergaberecht, München 2003 (zit.: *Bunte, Kartellrecht*).
Bunte, Hermann-Josef: „*Das Verhältnis von deutschem zu europäischem Kartellrecht*" in WuW 1989, S. 7.
Bunte, Hermann-Josef: „*Die 5. GWB-Novelle*" in BB 1990, S. 1001.
Burnett, S.E.: „*U.S. Judicial Imperialism Post Empagran v. F. Hoffmann Laroche? Conflicts of Jurisdiction and International Comity in Extraterritorial Antitrust*" in 18 Emory Int'l L. Rev. 555 (2004).
Burns, J.W.: „*Antitrust at the Millennium (Part I): Embracing Both Faces of Antitrust Federalism: Parker and ARC America Corp.*" in 68 Antitrust L.J. 29 (2000).
Buswell, D.J.: „*Foreign Trade and Antitrust Improvement Act: A Three Ring Circus – Three Circuits, Three Interpretations*" in 28 Del. J. Corp. L. 979 (2003).
Buxbaum, Hannah L.: „*Private Enforcement of Competition Law in the United States – Of Optimal Deterrence and Social Cost*" in Basedow, Jürgen, Private Enforcement of EC Competition Law, Aphen aan den Rijn, The Netherlands, 2007 (zit.: *Buxbaum in Basedow*).
Calkins, Stephen: „*An Enforcement Official's Reflections on Antitrust Class Actions*" in 39 Ariz. L. Rev. 413 (1997).
Calliess, Christian; Ruffert, Matthias: EUV/EGV – das Verfassungsrecht der Europäischen Union mit Europäischer Grundrechtecharta; Kommentar, 3. Auflage, München 2007 (zit.: *Calliess/Ruffert/Bearbeiter*).

Canaris, Claus-Wilhelm: „*Die Unanwendbarkeit des Verbots der geltungserhaltenden Reduktion, ergänzenden oder Umdeutung von AGB bei den Kunden begünstigenden Klauseln*" in NJW 1988, S. 1243.

Carlton, W., Perloff, J.M.: Modern Industrial Organization, 4th Edition, Addison Wesley, 2005 (zit.: *Carlton/Perloff*).

Carter, C.C., Johnston, K.M.: „*The Robinson-Patman Act: The Law of Price Discrimination*" in 64 Ala. Law. 246 (2003).

Cavanagh, E.D.: „*Attorney's Fees in Antitrust Litigation: Making the System Fairer*" in 57 Fordham L. Rev. 51 (1988).

Cavanagh, E.D.: „*Detrebling Antitrust Damages: An Idea Whose Time has Come?*" in 61 Tul. L. Rev. 777 (1987).

Cavanagh, E.D.: „*Illinois Brick: A Look Back and A Look Ahead*" in 17 Loy. Consumer L. Rev. 1 (2004).

Cavanagh, E.D.: „*The Private Antitrust Remedy: Lessons from the American Experience*" in 41 Loy. U. Chi. L. J. 629 (2010).

Cavanagh, E.D.: „*Antitrust Remedies Revisited*" in 84 Or. L. Rev. 147 (2005).

Charnas, C.N.: „*Segregation of Antitrust Damages: An Excessive Burden on Private Plaintiffs*" in 72 Calif. L. Rev. 403 (1984).

Chavez, J.A.: „*The Carrot and the Stick Approach to Antitrust Enforcement*" in Practicing Law Institute, Corporate Law and Practice Course Handbook Series, May 2006, S. 519.

Cimamonti, Sylvie: „*Criminal Antitrust in the European Union Member States: First results of the e-Competitions Research Program*" in e-Competitions, Criminal Antitrust-I, July 2007.

Connor, John M.; Helmers, C. Gustav: „*Statistics on Modern Private International Cartels, 1990-2005*" in American Antitrust institute Working Paper No. 07-01 (2007).

Dabbah, Maher, M.: The Internationalisation of Antitrust Policy, Cambridge University Press 2003.

Daly, K.: „*Cartels and Deterrence – Creeping Criminalisation and the Class Action Boom*" in Bloomberg European Business Law Journal 2007, Volume 1, Quarter 2 2007, Issue 2, S. 315.

Dauses, Manfred A.: Handbuch des EU-Wirtschaftsrechts, Stand: Juni 2010 (Stand: 26. Ergänzungslieferung), München 2010.

David Revelin: „*An economic assessment of damages actions for breach of antitrust rules: Publication of the second set of results of the e-Competitions Damages Research Program*" in e-Competitions, Damages, Vol. II (2007).

Derfner, M.F.: „*The True „American Rule" Drafting Fee Legislation in the Public Interest*" in 2 Western New England L. Rev. 251 (1979).

Diamond, S.L.: „*Empagran, the FTAIA and Extraterritorial Effects: Guidance to Courts Facing Questions of Antitrust Jurisdiction Still Lacking*" in 31 Brooklyn J. Int'l L. 805 (2006).

Donovan, L.M.: „*Importing Plaintiffs: The Extraterritorial Scope of the Sherman Act After Empagran*" in 91 Iowa L. Rev. 719 (2006).

Dreher, Meinhard: „*Die persönliche Außenhaftung von Geschäftsleitern auf Schadensersatz bei Kartellverstößen*" in WuW 2009, S. 133.

Dreher, Meinhard: „*Der Rang des Wettbewerbs im europäischen Gemeinschaftsrecht*" in WuW 1998, S. 656.

Dresnik, Jordan A.; Piro, Kimberley A.; Encinosa, Israel J.: „*The United States as Global Cop: Defining the `Substantial Effects´ Test in U.S. Antitrust Enforcement in the Americas and Abroad*" in 40 U. Miami Inter-Am. L. Rev. 453 (2009).

Drexl, Josef; Gallego Beatriz Conde; Enchelmaier Stefan; Mackenrodt, Mark-Oliver; Endter, Florian: „*Comments on the Green Paper by the Directorate-General for Competition of December 2005 on Damages Actions for Breach of the EC Antitrust Rules*" in IIC 2006, S. 700.

Drexl, Josef; Gallego Beatriz Conde; Enchelmaier Stefan; Mackenrodt, Mark-Oliver; Podzun, Rupprecht: „*Comments of the Max Planck Institute for Intellectual Property, Competition and Tax Law on the White Paper by the Directorate-General for Competition of April 2008 on Damages Actions for Breach of the EC Antitrust Rules*" in IIC 2008, S. 799.

Easterbrook, Frank H.: „*Issues in Civil Procedure: Advancing the Dialogue a Symposium: Comment: Discovery as Abuse*" in 69 B. U. L. Rev. 635 (1989).

Ehlermann; Atanasiu: European Competition Law Annual 2001: Effective Private Enforcement of EC Antitrust Law (2003) (zit.: *Autor in Ehlermann/Atanasiu*).

Eisenhardt, Ulrich: Gesellschaftsrecht, 12 Auflage, München 2005 (zit.: *Eisenhardt*).

Eiszner, J.R.: „*Antitrust Civil Damages Remedies: The Consumer Welfare Perspective*" in 75 UMKC L. Rev. 375 (2006).

Elzinga G.K., Wood W.C.: „*The Costs of the Legal System in Private Antitrust Enforcement*" in Private Antitrust Litigation, MIT Press Cambridge, Massachusetts (1988).

Emmerich, Volker: Fälle zum Wettbewerbsrecht, 4. Auflage, München 2000.

Emmerich, Volker: Kartellrecht, 10. Auflage, München 2006 (zit.: *Emmerich, Kartellrecht*).

Fezer, Karl-Heinz: Lauterkeitsrecht – Kommentar zum Gesetz gegen den unlauteren Wettbewerb (UWG), 2. Auflage, München 2010.

First, H.: *„Phyrric Victories? Reexamining the Effectiveness of Antitrust Remedies in Restoring Competition and Deterring Misconduct: Delivering Remedies: The Role of the States in Antitrust Enforcement"* in 69 Geo. Wash. L. Rev. 1004 (2001).

Flume, Werner: *„Verbotene Preisabsprache und Einzelvertrag"* in WuW 1956, S. 457.

Fox, Eleanor M.: *„International Antitrust and the Doha Dome"* in 43 Va. J. Int'l L. 911 (2003).

Fox, Eleanor M.: *„Competition Law and the Millenium Round"* in Journal of International Economic Law 1999, S. 665.

Fox, Eleanor M.; Sullivan, Lawrence A., Perritz, Rudolph J.R.: U.S. Antitrust in Global Context, 2nd Edition, West Publishing 2004 (zit.: *Fox/Sullivan/Perritz*).

Gavil Andrew I.: *„Symposium: Phyrrhic Victories? Reexamining the Efffectieness of Antitrust Remedies in Restoring Competition and Detterring Misconduct: Federal Judicial Power and the Challenges of Multijurisdictional Direct and Indirect Purchaser Antitrust Litigation"* in 69 Geo. Wash. L. Rev. 860 (2001).

Gehring, Andrew S.: *„The Power of the Purchaser: The Effect of Indirect Purchaser Damages Suits on Deterring Antitrust Violations"* in 5 NYU J.L. & Liberty 208 (2010).

Gellhorn, Ernest; Kovacic, William E.; Calkins Steven: Antitrust Law and Economics, West Publishing 2004 (zit.: *Gellhorn/Kovacic/Calkins*).

Goll, Hans: *„Verbraucherschutz im Kartellecht"* in GRUR 1976, S. 486.

Grabitz, Eberhard; Hilf, Meinhard: Das Recht der Europäischen Union, Stand 40. EL. 2009 (zit.: *Grabitz/Hilf/Bearbeiter*).

Grunsky, Wolfgang: Zivilprozessrecht, 13. Auflage, Berlin 2008 (zit.: *Grunsky*).

Gummert, Hans; Weipert, Lutz: Münchener Handbuch des Gesellschaftsrechts, Bd. 1, BGB-Gesellschaft, Offene Handelsgesellschaft, Partnerschaftsgesellschaft, Partenreederei, EWIV, 3. Auflage, München 2009 (zit.: *Bearbeiter in Münchener Handbuch des Gesellschaftsrechts*).

Halabi, S.F.: *„The „Comity" of Empagran: The Supreme Court Decides that Foreign Competition Regulation Limits American Antitrust Jurisdiction over International Cartels"* in 46 Harv. Int'l L.J. 279 (2005).

Hammond, Scott D.: *„Recent Developments, Trends, and Milestones In The Antitrust Division's Criminal Enforcement Program"*, Presented by the US Department of Justice on the 56th Annual Spring Meeting, March 26, 2008.

Hammond, Scott D.: *„The Evolution of Criminal Antitrust Enforcement Over the Last Two Decades"*, Presented by the ABA Criminal Justice Section and the

ABA Center for Continuing Legal Education, Miami, Florida, February 25th 2010.

Handler, M.: „*The Shift from Substantive to Procedural Innovations in Antitrust Suits*" in 71 Colum. L. Rev. 1 (1971).

Harrington, Joseph E. Jr.: „*Optimal Corporate Leniency Programs*" in The Journal of Industrial Economics 2008, S. 215.

Harrison, G., Bell, M.: „*Recent Enhancements in Antitrust Criminal Enforcement: Bigger Sticks and Sweeter Carrots*" in 6 Hous. Bus. & Tax L.J. 207 (2006).

Haucap, Justus; Stühmeier, Torben: „*Wie hoch sind durch Kartelle verursachte Schäden – Antworten aus Sicht der Wirtschaftstheorie*" in WuW 2008, S. 413.

Hellwig, Martin: „*Private Damage Claims and the Passing-On Defense in Horizontal Price-Fixing Cases – An Economist's Perspective*" in Basedow, Jürgen, Private Enforcement of EC Competition Law, Aphen aan den Rijn, The Netherlands, 2007, S. 121 (zit.: *Hellwig in Basedow*).

Hempel, Rolf: „*Private Follow-on-Klagen im Kartellrecht*" in WuW 2005, S. 137.

Hempel, Rolf: Privater Rechtsschutz im Kartellrecht, Dissertation Tübingen 2002 (zit.: *Hempel*).

Hempel, Rolf: „*Privater Rechtsschutz im deutschen Kartellrecht nach der 7. GWB-Novelle*" in WuW 2004, S. 362.

Herdzina, Klaus: Wettbewerbspolitik; 5. Auflage, Stuttgart 1999 (zit.: *Herdzina, Wettbewerbspolitik*).

Hess, Burkhard: „*Kartellrechtliche Kollektivklagen in der Europäischen Union – Aktuelle Perspektiven*" in WuW 2010, S. 493.

Hoffman, Lonny S.: „*In Retrospect: A First Year Review of the Class Action Fairness Act of 2005*" in 39 Loy. L.A. L. Rev. 1135 (2006).

Hohmann, Olaf: „*Die strafrechtliche Beurteilung von Submissionsabsprachen – Ein altes Thema und noch immer ein Problem? – Ein Überblick*" in NStZ 2001, S. 566.

Hopt, Klaus J.; Merkt Hanno; Baumbach, Adolf: Handelsgesetzbuch – Kommentar, 32. Auflage, München, 2006 (zit.: *Baumbach/Hopt/Bearbeiter*).

Hovenkamp, H.: „*Antitrust's Protected Classes*" in 88 Mich. L. Rev. 1 (1989).

Hovenkamp, H.: „*The Indirect-Purchaser Rule and Cost-Plus Sales*" in 103 Harvard L. Rev. 1717 (1990).

Huster, Stefan: „*Beweislastverteilung und Verfassungsrecht*" in NJW 1995, S. 112.

Immenga, Ulrich; Körber, Torsten: *"Marktbegrenzung und Marktbeherrschung bei Geldautomatennutzung"* in BB-Beilage Nr. 12, 3 (zu BB 1999 Heft 40), S. 3.

Immenga, Ulrich; Mestmäcker, Ernst-Joachim: Kommentar zum EG-Wettbewerbsrecht, Band 1. EG/Teil 2, 4. Auflage, München 2007 (zit.: *Bearbeiter in I/M EG-WbR*).

Immenga, Ulrich; Mestmäcker, Ernst-Joachim: Gesetz gegen Wettbewerbsbeschränkungen – Kommentar, 3. Auflage, München 2001 (zit.: *I/M/Bearbeiter, §§ GWB a.F.*).

Immenga, Ulrich; Mestmäcker, Ernst-Joachim: GWB, Kommentar zum deutschen Kartellrecht, 4. Auflage, München 2007 (zit.: *I/M/Bearbeiter*).

Jacobs, M.S.: *"Lessons from the Pharmaceutical Antitrust Litigation: Indirect Purchasers, Antitrust Standing, and Antitrust Federalism"* in 42 St. Louis L. J. 59 (1998).

Jaeger, Wolfgang; Pohlmann, Petra; Rieger, Harald; Schroeder, Dirk: Frankfurter Kommentar zum Kartellrecht, Stand: 71. Lieferung (2010), Köln 1982-2010 (zit.: *Bearbeiter in FK, (Stand des zitierten Bandes)*).

Jauernig, Ottmar: Kommentar zum BGB, 13. Auflage, München 2009 (zit.: *Jauernig/Bearbeiter*).

Joecks, Wolfgang; Miebach, Klaus: Münchener Kommentar zum Strafgesetzbuch, München 2006 (zit.: *Bearbeiter in MüKo zum StGB, Bd., Auflage (Erscheinungsjahr)*).

Jones, C.A.: *"The Growth of Private Rights of Action outside the US: Exporting Antitrust Courtrooms to the World: Private Enforcement in a Global Market"* in 16 Loy. Consumer L. Rev. 409 (2004).

Jones, C.A.: Private Enforcement of Antitrust Law in the EU, UK and USA, Oxford [England]; New York: Oxford University Press, 1999 (zit.: *Jones*).

Jones, Geoffrey: Multinationals and Global Capitalism – From the Nineteenth to the Twenty-first Century, Oxford University Press Inc., New York, 2005 (zit.: *Jones, G.*).

Jüntgen, David Alexander: *"Zur Verwertung von Kronzeugenerklärungen in Zivilprozessen"* in WuW 2007, S. 128.

Kalven: *"Controlling Jury Damage Awards in Private Antitrust Suits"* in 81 Mich. L. Rev. 693 (1983).

Karsten, P.: *"Enabling the Poor to have Their Day in the Court: The Sanctioning of Contingency Fee Contracts, History to 1940"* in 47 De Paul L. Rev. 231 (1998).

Kesaris, M.: *"Antitrust Standing of Target Corporations to Enjoin Hostile Takeovers under Section 16 of the Clayton Act"* in 55 Fordham L. Rev. 1039 (1987).

Kirchhoff, Wolfgang: *„Sachverhaltsaufklärung und Beweislage bei der Anwendung des Art. 81 EG-Vertrag"* in WuW 2004, S. 745.

Kirkwood, J.B.; Lande, R.H.: *„The Fundamental Goal of Antitrust: Protecting Consumers, Not Increasing Efficiency"* in 84 Notre Dame L. Rev. 191 (2008).

Koch, Harald: *„Sammelklagen durch eine BGB-Gesellschaft"* in NJW 2006, S. 1469.

Koch, Jens: *„Kartellrechtliche Schadensersatzansprüche mittelbar betroffener Marktteilnehmer nach § 33 GWB n.F."* in WuW 2005, S. 1210.

Koch, N: *„Das Verhältnis der Kartellvorschriften des EWG-Vertrages zum Gesetz gegen Wettbewerbsbeschränkungen"* in BB 1959, S. 241.

Köhler, Helmut: *„Kartellverbot und Schadensersatz"* in GRUR 2004, S. 99.

Köhler, Helmut; Bornkamm, Joachim: Gesetz gegen den unlauteren Wettbewerb, Preisangabenverordnung, Unterlassungsklagengesetz, 28. Auflage, München 2010 (zit.: *Bearbeiter in Köhler/Bornkamm*).

Kotz, Hein: *„Civil Justice Systems in Europe and in the United States"* in 13 Duke J. Comp. & Int'l L. 61 (2003).

Kritzer, M.: *„Seven Dogged Myths Concerning Contingency Fees"* in 80 Wash. U.L.Q., S. 739 (2002).

Lande, R.H.: *„Five Myths About Antitrust Damages"* in 40 U.S.F. L. Rev. 651 (2006).

Lande, R.H.: *„Wealth Transfers as the Original and Primary Concern of Antitrust: The Efficiency Interpretation Challenged"* in 50 Hastings L.J. 871 (1999).

Lande, R.H.: *„Multiple Enforcers and multiple Remedies: Why Antitrust Damages Should Be Raised"* in 16 Loy. Consumer L. Rev. 329 (2004).

Lande, R.H.: *„New Options for State Indirect Purchaser Legislation: Protecting the Real Victims of Antitrust Violations"* in 61 Ala. L. Rev. 447 (2010).

Lange, Knut Werner: Handbuch zum deutschen und europäischen Kartellrecht, Heidelberg 2001 (zit.: *Lange*).

Larenz, Karl: Lehrbuch des Schuldrechts, Bd. 1 Allgemeiner Teil, 14. Auflage, München 1987 (zit.: *Larenz, SchuldR. Bd. 1*).

Lettl, Tobias: Kartellrecht, 2. Auflage. München 2007 (zit.: *Lettl*).

Lindacher, Walter F.: *„Beweisrisiko und Aufklärungsfrist der nicht risikobelasteten Partei in Wettbewerbssachen"* in WRP 2000, S. 950.

Linder, Ludwig: Privatklage und Schadensersatz im Kartellrecht. Eine vergleichende Untersuchung zum deutschen und amerikanischen Recht, Baden-Baden 1980 (zit.: *Linder*).

Loewenheim, Ulrich; Meesen, Karl M.; Riesenkampff, Alexander: Kartellrecht, Kommentar, 2. Auflage, München 2009 (zit.: *Bearbeiter in Loewenheim/ Meessen/Riesenkampff*)

Lutz, Martin: „*Schwerpunkte der 7.GWB-Novelle*" in WuW 2005, S. 718.

Mäger, Thorsten; Zimmer, Daniel J.; Milde Sarah: „*Konflikt zwischen öffentlicher und privater Kartellrechtsdurchsetzung*" in WuW 2009, S. 885.

Mailänder, K. Peter: Privatrechtliche Folgen unerlaubter Kartellpraxis, Karlsruhe 1964 (zit.: *Mailänder*).

Mann, Roger: „*Die Anerkennungsfähigkeit von US-amerikanischen 'class action'-Urteilen*" in NJW 1994, S. 1187.

Mayer, Christian: „*Vertragsanfechtung durch Kartellgeschädigte*" in WuW 2010, S. 29.

McCall, J.R.: "*The Disaggregation of Damages Requirement in Private Monopolization Actions*" in 62 Notre Dame L. Rev. 643 (1987).

Medicus, Dieter: „*Mehrheit von Gläubigern*" in JuS 1980, S. 697.

Medicus, Dieter; Petersen, Jens: Bürgerliches Recht, 22. Auflage, Köln 2009 (zit.: *Medicus BR*).

Medinger, Jason D.: „*Antitrust Leniency Programs: A Call for Increased Harmonization as Proliferating Programs Undermine Deterrence*" in 52 Emory L. J. 1439 (2003).

Mehra, S.K.: „*More is less: A Law-and-Economics Approach to the International Scope of Private Antitrust Enforcement*" in 77 Temp. L. Rev. 47 (2004).

Meier-Beck, Peter: „*Herausgabe des Verletzergewinns – Strafschadensersatz nach deutschem Recht?*" in GRUR 2005, S. 617.

Meyer, Michael: „*Die Bindung der Zivilgerichte an Entscheidungen im Kartellverwaltungsrechtsweg – der neue § 33 IV GWB auf dem Prüfstand*" in GRUR 2006, S. 27.

Möschel, Werhard: „*Behördliche oder private Durchsetzung des Kartellrechts?*" in WuW 2007, S. 483.

Möschel, Wernhard: „*Erweiterter Privatschutz im Kartellrecht*" in WuW 2006, S. 115.

Möschel, Wernhard: Recht der Wettbewerbsbeschränkungen, Köln 1983 (zit.: *Möschel*).

Müller-Henneberg, Hans; Schwarz, Gustav; Hootz, Christian (Hrsg.): Gesetz gegen Wettbewerbsbeschränkungen und europäisches Kartellrecht – Gemeinschaftskommentar, 5. Auflage, Köln 2004 (zit.: *Bearbeiter in GK*).

Musielak, Hans-Joachim: Kommentar zur Zivilprozessordung, 7. Auflage, München 2009 (zit.: *Musielak*).

Nagy, Csongor István: „*Schadensersatzklagen im Falle kartellrechtlicher Rechtsverletzungen in Ungarn*" in WuW 2010, S. 902.

Neumann, J., von Morgenstern, O.: Theory of Games and Economic Behaviour, 3rd Edition, (original 1944), Princton University Press, Princton 1980 (zit.: *Neumann/Morgenstern*).

Niemeier, Wilhelm: „*Das Weißbuch – eine Abkehr von amerikanischen Verhältnissen?*" in WuW 2008, S. 927.

Nijenhuis, E.: „*Antitrust Suits Involving Foreign Commerce: Suggestions for Procedural Reform*" in 135 U. Pa. L. Rev. 1003 (1987).

Page, W.H.: „*Optimal Antitrust Penalties and Competitors' Injury*" in 88 Mich. L. Rev. 2151 (1990).

Paulis, Emil: „*Policy Issues in the Private Enforcement of EC Competition Law*" in Basedow, Jürgen, Private Enforcement of EC Competition Law, Aphen aan den Rijn, The Netherlands, 2007, S. 7.

Palandt, Otto; Bassenge, Peter: Bürgerliches Gesetzbuch, 69. Auflage, München 2010 (zit.: Palandt/*Bearbeiter*).

Patterson, J.: „*Microsoft Antitrust litigation: Illinois Brick Defeats its Intended Purpose*" in 5 J. Small & Emerging Bus. L. 377 (2001).

Pfeiffer, Axel: „*Hätte Columbus gewußt, was aus seiner 'discovery' wird – Das 'discovery-Verfahren' im amerikanischen Patentverletzungsprozess*" in GRUR Int 1999, S. 598.

Polinski, Mitchel A.: „*Detrebbling versus Decoupling Damages: Lessons from the Theory of Enforcement*" in Private Antitrust Litigation, MIT Press Cambridge, Massachusetts (1988), S. 87.

Posner, R.A.: „*A Statistical Study of Antitrust Enforcement*" in 13 J.L. & ECON. 365 (1970).

Posner, R.A.; Landes, W.M: „*The Economics of Passing On: A Reply to Harris and Sullivan*" in 128 U. PA. L. Rev. 1274 (1980).

Prud'Homme, Jr., T.J.; Cooper, E.S.: „*One More Challenge for the AMC: Repairing the Legacy of Illinois Brick*" in 40 U.S.F. L. Rev. 675 (2006).

Randall, J.: „*Does De-Trebling Sacrifice Recoverability of Antitrust Awards?*" in 23 Yale J. on Reg. 311 (2006).

Rauscher, Thomas; Wax, Peter; Wenzel, Joachim: Münchener Kommentar zur Zivilprozessordnung mit Gerichtsverfassungsgesetz und Nebengesetzen, München 2004 (zit.: *Bearbeiter in MüKo zur ZPO, Bd., (Auflage, Erscheinungsjahr)*).

Rebmann, Kurt; Säcker, Franz-Jürgen; Rixecker, Roland: Münchner Kommentar zum Bürgerlichen Gesetzbuch, München 2006 (zit.: *Bearbeiter in MüKo zum BGB, Bd., (Auflage, Erscheinungsjahr)*).

Redish, Martin H.: „*Class Actions and the Democratic Difficulty: Rethinking the Intersection of Private Litigation and Public Goals*" in 2003 U Chi Legal F 71 (2003).

Reich, Michael: „*Die Passing-On Defense in Spannungsfeld zwischen Weißbuch und kritischen Literaturstimmen*" in WuW 2008, S. 1046.

Renfrew, Charles B.: *"A Comparative Analysis of Criminal and Civil Enforcement"*, in Private Antitrust Litigation, MIT Press Cambridge, Massachusetts 1988, S. 379.

Ritter, Jan Stephan: *"Private Durchsetzung des Kartellrechts – die Vorschläge des Weißbuchs der Kommission"* in WuW 2008, S. 762.

Rosenberg, Leo; Schwab, Karl Heinz; Gottwald, Peter: Zivilprozessrecht, München, 16. Auflage, 2004 (zit.: *Rosenberg/Schwab/Gottwald*).

Rosenberg, David: *"Class Actions for Mass Torts: Doing Individual Justice by Collective Means"* in 62 Ind. L. J. 561 (1987).

Rosengarten, Joachim: *"Der Präventionsgedanke im deutschen Zivilrecht – Höheres Schmerzensgeld, aber keine Anerkennung und Vollstreckung US-amerikanischer punitive damages?"* in NJW 1996, S. 1935.

Roth, Wulf-Henning: *"Private Enforcement of European Competition Law – Recommendations Flowing from the German Experience"* in Basedow, Jürgen, Private Enforcement of EC Competition Law, Aphen aan den Rijn, The Netherlands, 2007, S. 61 (zit.: *Wolf-Henning Roth in Basedow*).

Roxin, Claus: Strafrecht AT Band 1, Grundlagen – Der Aufbau der Verbrechenslehre, 3. Auflage, München 1997.

Rutkowski, Stefan: *"Der Schadensnachweis bei unzulässigen Submissionsabsprachen"* in NJW 1995, S. 705.

Sack, R.: *"Die kollisions- und wettbewerbsrechtliche Beurteilung grenzüberschreitender Werbe- und Absatztätigkeit nach deutschem Recht"* in GRUR Int. 1988, S. 320.

Säcker, Franz-Jürgen: *"Kronzeugenregelung – weiter so „pragmatisch" wie bisher?"* in WuW 2009, S. 3.

Säcker, Franz-Jürgen: *"Gesellschafts- und dienstvertragsrechtliche Fragen bei Inanspruchnahme der Kronzeugenregelung"* in WuW 2009, S. 362.

Salop, S.C., White, L.J.: „*Economic Analysis of Private Antitrust Litigation*" in 74 Geo. L.J. 1001 (1986).

Sänger, Ingo: Handkommentar zur Zivilprozessordnung, 2. Auflage, Münster 2007 (zit.: *Sänger/Bearbeiter*).

Scheffler, Arndt: *"Schadensersatz für Kartellrechtsverletzungen: Wie restriktiv war das GWB"* in EuZW 2005, S. 673.

Schellhammer, Kurt: Zivilprozess, 13. Auflage, Heidelberg 2010 (zit.: *Schellhammer*).

Schlosser, Peter: *"Das Bundesverfassungsgericht und der Zugang zu den Informationsquellen im Zivilprozess"* in NJW 1992, S. 3275.

Schmidt, Ingo: Wettbewerbspolitik und Kartellrecht, 8. Auflage, Stuttgart 2005 (zit.: *Schmidt*).

Schmidt, J.T.: *"Keeping U.S. Courts Open to Foreign Antitrust Plaintiffs: A Hybrid Approach to the Effective Deterrence of International Cartels"* in 31 Yale J. Int'l L. 211 (2006).

Schmidt, Karsten: Kartellverfahrensrecht – Kartellverwaltungsrecht – Bürgerliches Recht Kartellrechtspflege nach deutschem Recht gegen Wettbewerbsbeschränkungen, Berlin 1977 (zit.: *K.Schmidt, Kartellverfahrensrecht*).

Schmidt, Karsten: Aufgaben und Leistungsgrenzen der Gesetzgebung im Kartelldeliktsrecht, Baden-Baden, 1978 (zit.: *K.Schmidt*).

Schönke, Adolf; Schröder, Horst: Kommentar zum Strafgesetzbuch, 28. Auflage, München 2010 (zit.: *Schönke/Schröder/Bearbeiter*).

Schreiber, Klaus: *"Effizienz des Rechtsschutzes im Zivilrecht"* in Jura 1991, S. 617.

Schütt, Marc: *"Individualrechtsschutz nach der 7. GWB-Novelle"* in WuW 2004, S. 1124.

Schwartz, David S.: *"Mandatory Arbitration and Fairness"* in 84 Notre Dame L. Rev. 1247 (2009).

Sherman, Edwards F.: *"American Class Actions: Significant Features and Developing Alternatives in Foreign Legal Systems"* in 215 F.R.D. 130 (132) (2003).

Siddarth, F.: *"F. Hoffmann-Laroche, Ltd. v. Empagran and the Extraterritorial Limits of United States Antitrust Juridiction: Where Comity and Deterrence Collide"* in 20 Conn. J. Int'l L. 267 (2005).

Soltész, Ulrich: *"Leniency-System und Verfolgungsgerechtigkeit ... noch ein Gegensatz!"* in WuW 2006, S. 867.

Soyez, Volker: *"Schadensabwälzung – kein ausgleichsfähiger Vorteil"* in WuW 2009, S. 1233.

Spratling, Gary R.: *"Detect and Deterrence: Rewarding Informants for Reporting Violations"* in 69 Geo. Wash. L. Rev. 798 (2001).

Stadler, Astrid: *"Collective Action as an Efficient Means for the Enforcement of European Competition Law"* in Basedow, Jürgen, Private Enforcement of EC Competition Law, Aphen aan den Rijn, The Netherlands, 2007, S. 195 (zit.: *Stadler in Basedow*).

Staudinger, Ansgar: *"Schadensersatzrecht - Wettbewerb der Ideen und Rechtsordnungen"* in NJW 2006, S. 2433.

Staudinger, Julius von: Kommentar zum Bürgerlichen Gesetzbuch mit Einführungsgesetz und Nebengesetzen, Berlin 1978-2008 (zit.: *Staudinger/Bearbeiter, Bd. (Auflage, Erscheinungsjahr des zitierten Bandes)*).

Stein; Jonas: Kommentar zur Zivilprozessordnung, 22. Auflage, Tübingen 2004 (zit.: *Stein/Jonas/Bearbeiter*).

Steinberg, Georg: *„Schuldgrundsatz versus kartellrechtliche Kronzeugenregelungen?"* in WuW 2006, S. 719.

Stone, C.D.: *„Sentencing the Corporation"* in 71 Boston University L. Rev. 383 (1991).

Stucke, M.E.: *„Morality and Antitrust"* in 2006 Colum. Bus. L. Rev. 443 (2006).

Stürner, Rolf: *„Duties of Disclosure and Burden of Proof in the Private Enforcement of European Competition Law"* in Basedow, Jürgen, Private Enforcement of EC Competition Law, Aphen aan den Rijn, The Netherlands, 2007, S. 163 (zit.: *Stürner in Basedow*).

Thimmesch, Adam: *„Beyond Treble Damages: Hannover Shoe and Direct Purchaser Suits After Comes v. Microsoft Corp."* in 90 Iowa L. Rev. 1649 (2005).

Tomlin, J.T.; Giali, D.J.: *„Federalism and the Indirect Purchaser Mess"* in 11 Geo. Mason L. Rev. 157 (2002).

Tucker, Kelly L.: *„In the Wake of Empagran – Lights Out on Foreign Activity Falling under Sherman Act Jurisdiction? – Courts Carve Out a Prevailing Standard"* in 15 Fordham J. Corp. & Fin. L. 807 (2010).

Veljanovski, Cento: *„Cartel Fines in Europe – Law Practice and Deterrence"* in World Competition Vol. 30(1), S. 65 (2007).

von Bogdandy, Armin; Buchhold, Frank: *„Die Dezentralisierung der europäischen Wettbewerbskontrolle, Schritt 2 der Verordnungsvorschlag zur dezentralen Anwendung von Art. 81 III EG"* in GRUR 2001, S. 798.

von der Groeben, Hans; Schwarze, Jürgen: Kommentar zum Vertrag über die Europäische Union und zur Gründung der Europäischen Gemeinschaft, 6. Auflage, Baden-Baden 2003 (zit.: *Groeben/Schwarze/Bearbeiter*).

Wabnitz, Heinz-Bernd; Janovsky, Thomas: Handbuch des Wirtschafts- und Steuerstrafrechts, 3. Auflage, München 2007 (zit.: *Wabnitz/Janovsky/Bearbeiter*).

Wagner, G.: *„Neue Perspektiven im Schadensersatzrecht: Kommerzialisierung, Strafschadensersatz, Kollektivschaden"* in Beilage zu NJW Heft 22/2006, S. 5.

Wagner-von Papp, Florian: *„Kartellstrafrecht in den USA, dem Vereinigten Königreich und Deutschland"* in WuW 2009, S. 1236.

Wagner-von Papp, Florian: *„Der Richtlinienentwurf zu kartellrechtlichen Schadensersatzklagen"* in EWS 2009, S. 445.

Weitbrecht, Andreas; Mühle, Jan: „Europäisches Kartellrecht 2003-2008" in EuZW 2008, S. 551.

Weyer, Hartmut: *„Neue Fragen des Missbrauchs marktbeherrschender Stellung nach § 19 GWB"* in Die Aktiengesellschaft 1999, S. 257.

Wiedemann, Gerhard: Handbuch des Kartellrechts, München 1999 (zit.: *Bearbeiter in Wiedemann*).

Willet, L.A.: *"US-Style Class Actions in Europe: A Growing Threat?"* in National Legal Centre for the Public Interest, Volume 9, Number 6, 2005, S. 2.

Wils, Wouter, P.J.: Efficiency and Justice in European Antitrust Enforcement, Hart Publishing, Oxford and Portland, Oregon 2008 (zit.: *Wils*).

Woods, D.: *"The Growth of Private Rights of Action Outside the U.S.: Private Enforcement of Antitrust Rules – Modernization of the EU Rules and the Road Ahead"* in 16 Loy. Consumer L. Rev. 431 (2004).

Wurmnest, Wolfgang: *"Foreign Private Plaintiffs, Global Conspiracies, and the Extraterritorial Application of U.S. Antitrust Law"* in 28 Hastings Int'l & Comp. L. Rev. 205 (2005).

Zimmer, Daniel J., Logemann, Hans: *"Unterliegen "Altfälle" der verschärften Schadensersatzhaftung nach § 33 GWB?"* in WuW 2006, S. 982.

Zimmermann, Walter: Zivilprozessordnung – Kommentar anhand der höchstrichterlichen Rechtsprechung, Passau 2005 (zit.: *Zimmermann*).

Zipp, Elaine K.: *"Right of retail buyer of fixed price product to sue manufacturer on federal antitrust claim"* in 55 A.L.R. Fed 919 (2010).

Einleitung

Im Jahr 2001 leitete der EuGH mit der Courage-Rechtsprechung[1] einen Paradigmenwechsel in der Geltungsverschaffung der Wettbewerbsregeln der Gemeinschaft ein. Der Gerichtshof legte fest, dass jeder Unionsbürger, der einen Schaden infolge eines Verstoßes gegen die Art. 101 ff. AEUV[2] erleidet, grundsätzlich berechtigt sein muss, Schadensersatz vor nationalen Gerichten geltend machen zu können[3]. Hierdurch nahm er den Standpunkt ein, dass die Durchsetzung der gemeinschaftsrechtlichen Wettbewerbsvorschriften nicht mehr nahezu vollständig im Verhältnis zwischen Wettbewerbsbehörden und Unternehmen, sondern auch im Verhältnis gleichberechtigter Privatrechtssubjekte zueinander erfolgen soll. Darüber hinaus verpflichtete er die Mitgliedsstaaten, im Zuge der Ausgestaltung der privatrechtlichen Instrumente zur Verwirklichung des individuellen Rechts auf Schadensersatz den Effektivitäts- und den Äquivalenzgrundsatz einzuhalten[4]. Hierdurch wurden den Mitgliedsstaaten teils erhebliche strukturelle Umgestaltungen ihrer Wettbewerbsrechtsordnungen auferlegt[5]. Um den rechtspolitischen Reformbedarf auf dem Weg zu einem effektiven System privater Wettbewerbsrechtsdurchsetzung besser abschätzen zu können, gab die Europäische Kommission die Ashurst-Studie[6] in Auftrag, die die materiellrechtlichen und prozessualen Rahmenbedingungen innerhalb der Gemeinschaft für die Durchsetzung von Schadensersatzansprüchen infolge einer Verletzung der Art. 101 ff. AEUV untersuchen sollte. Die Studie, die im August 2004 veröffentlicht wurde, kam zu dem Schluss, dass der wettbewerbsrechtliche Individualschutz in Form von

---

1 EuGH, 20.9 2001, Rs – C-453/99, Slg. 2001, I-6297 – Courage.
2 Vertrag über die Arbeitsweise der Europäischen Union (AEUV) in der Fassung der Bekanntmachung vom 9. Mai 2008, ABl. Nr. C 115, S. 47; wird im Folgenden auf die Art. 101 ff. AEUV Bezug genommen, so sind hiermit auch die ex-Artikel 81 ff. EG gemeint.
3 EuGH, 20.9.2001, Rs – C-453/99, Slg. 2001, I-6297 – Courage, Rn. 26.
4 EuGH, 20.9.2001, Rs – C-453/99, Slg. 2001, I-6297 – Courage, Rn. 29.
5 Erläuterungen zum Urteil Courage bei Berrisch/Burianski in WuW 2005, S. 878 (880); Anmerkung zum Urteil Courage von Hartmut Weyer in GRUR Int. 2002, S. 54 (57, 58).
6 Study on the conditions of claims for damages in case of infringement of EC competition rules, comparative report v. 31.8.2004 (im Folgenden: Ashurst Paper), abrufbar unter: http://ec.europa.eu/comm/competition/antitrust/actionsdamages/comparative_report_clean_en.pdf(10.12.2010).

Schadensersatzansprüchen innerhalb der Gemeinschaft vollkommen unterentwickelt sei[7].

Zur Untermauerung der Reformbestrebungen der Europäischen Kommission wiesen der frühere Wettbewerbskommissar Mario Monti und seine Nachfolgerin Neelie Kroes darauf hin, dass eine Zwei-Säulen-Struktur angestrebt wird, in der behördliche und private Kartellrechtsdurchsetzung gleichberechtigt nebeneinander stehen[8]. Gleichzeitig betonten sie, welch beträchtliches Potential kartellrechtlicher Individualschutz sowohl in Bezug auf die Abschreckung vor neuen Wettbewerbsverstößen als auch in Bezug auf die Verbesserung der Konsumentenwohlfahrt habe[9].

Am 1. Juli 2005 trat die 7. GWB-Novelle in Kraft, bei der der deutsche Gesetzgeber sowohl die Vorgaben des EuGH berücksichtigte als auch die von der Europäischen Kommission beabsichtigte Stärkung des Privatrechtsschutzes bei Wettbewerbsbeschränkungen. So wurde im Zuge der 7. GWB-Novelle durch Neufassung des § 33 GWB das lange Zeit als Hindernis für kartellrechtliche Schadensersatzansprüche empfundene Erfordernis der individuellen Zielgerichtetheit eines Wettbewerbsverstoßes aufgegeben, der Beginn der Verzinsungspflicht für kartellrechtliche Schadensersatzansprüche auf den Zeitpunkt ihrer Entstehung vorverlagert und die passing-on defense ausgeschlossen[10].

Im Dezember 2005 veröffentlichte die Europäische Kommission ein Grünbuch zu Schadensersatzklagen wegen Verletzung des EU-Wettbewerbsrechts sowie ein korrespondierendes Arbeitspapier der Kommissionsdienststellen[11]. Im Grünbuch legte die Kommission Vorschläge zur Beseitigung der bedeutendsten materiellrechtlichen und prozessualen Hindernisse für die private Durchsetzung der Wettbewerbsregeln der Gemeinschaft vor.

Hier fällt auf, dass die von der Kommission angesprochenen rechtsdogmatischen Unwägbarkeiten, wie passende materiellrechtliche und prozessuale Instrumente, die der spezifischen Situation des Klägers im Kartellzivilprozess

---

7   Ashurst Paper, S. 1.
8   „Damages Actions for Breaches of EU Competition Rules: Realities and Potentials", Neelie Kroes, Cour de Cassation, Paris, 17.10.2005 (SPEECH/05/613).
9   Mario Monti: „Private litigation as a key complement to public enforcement of competition rules and the first conclusions on the implementation of the new Merger Regulation", IBA – 8th Annual Competition Conference, Fiesole, Italy, 17.9.2004 (SPEECH/04/403); Neelie Kroes: „Enhancing Actions for Damages for Breach of Competition Rules in Europe", Harvard Club, New York, 22.9.2005 (SPEECH/05/533).
10 Zum Begriff siehe Kapitel 4 I.
11 Grünbuch zu Schadensersatzklagen wegen des EU-Wettbewerbsrechts, Brüssel den 19.12.2005, KOM (2005) 672 endgültig (im Folgenden „Grünbuch, KOM (2005) 672 endgültig"); Arbeitspapier der Kommissionsdienststellen zum Grünbuch, Brüssel den 19. 12. 2005, SEC (2005) 1732.

Rechnung tragen, die Anspruchsberechtigung mittelbarer Abnehmer oder die Koordination von öffentlicher und privater Wettbewerbsrechtsdurchsetzung im US-amerikanischen Antitrustrecht geläufig sind und spezifischen Lösungen zugänglich gemacht wurden.

Im Jahr 2006 erging erneut ein Urteil des Gerichtshofs, welches als Mindestanforderung an den Umfang des ersatzfähigen Schadens festlegte, dass Unionsbürgern als Kompensation der durch Wettbewerbsbeschränkungen verursachten Schäden auch entgangener Gewinn gewährt werden muss[12]. Der gemeinschaftsrechtliche Rahmen, in dem die Mitgliedsstaaten die Verpflichtung haben, privaten Kartellrechtsschutz zu verwirklichen, wurde damit erneut vom Gerichtshof ausgeformt.

Das im April 2008 veröffentlichte Weißbuch der Kommission und das dazugehörige Arbeitspapier der Kommissionsdienststellen[13] enthalten eine konsolidierte Fassung der im Grünbuch vorzufindenden rechtspolitischen Optionen zur Beseitigung wesentlicher Hemmnisse privater Schadensersatzklagen infolge der Verletzung der Art. 101 ff. AEUV. Hierbei nimmt die Kommission im Rahmen der aufgeführten Lösungsoptionen erstmals verbindliche Standpunkte ein. Sie verlässt hierbei den Pfad der Abschreckung durch private Kartellschadensersatzklagen und betont, dass privater Durchsetzung der Wettbewerbsregeln der Gemeinschaft primär kompensatorische Zwecke zukommen soll.

Viele der von der Kommission im Grünbuch und im Weißbuch angesprochenen Hindernisse für eine effektivere Kompensation der Unionsbürger für durch Wettbewerbsbeschränkungen verursachte Schäden bestehen auch nach der 7. GWB-Novelle in der deutschen Rechtsordnung noch fort.

Bis zur zweiten Hälfte des Jahres 2009 erarbeitete die Kommission auf der Basis des Weißbuchs einen Richtlinienentwurf, der die Rechtsordnungen der Mitgliedsstaaten hinsichtlich der im Grünbuch und im Weißbuch angesprochenen Probleme der Ausgestaltung des Privatrechtsschutzes vereinheitlichen sollte[14]. Aufgrund von Differenzen unter den Mitgliedsstaaten bezüglich des Umfangs, in dem sie, insbesondere im Bereich der Sammelklagen, die von der Kommission verfolgten Politikziele nachvollziehen wollen, wurde der Richtlinienentwurf jedoch nicht veröffentlicht[15].

---

12 EuGH, 16.9.2006, Verb. Rs. C – 295/04 bis C – 298/04, Slg. 2006 I-6619 – Vincenzo Manfredi gegen Lloyd Adriatico Assicurazioni SpA, Rn. 95.
13 Weißbuch der Kommission zu Schadensersatzklagen wegen Verletzung des EG-Wettbewerbsrechts, Brüssel den 2.4.2008, KOM (2008) 165 endgültig (im Folgenden: „Weißbuch KOM (2008) 165 endgültig"); Arbeitspapier der Kommissionsdienststellen zum Weißbuch, Brüssel den 2. 4. 2008, SEC (2008) 404.
14 Vgl. zum Richtlinienentwurf: Wagner-von Papp in EWS 2009, S. 445 (446-448); Hess in WuW 2010, S. 493 (495-497).
15 Wagner-von Papp weist in EWS 2009, S. 445 (446) auf den Widerstand Deutschlands und Frankreichs hin.

Die vorliegende Arbeit soll die Kernprobleme bei der Ausgestaltung privaten Kartellrechtsschutzes sowohl in einem Europäischen Rechtsrahmen als auch in Bezug auf die Deutsche Rechtsordnung darstellen. Besondere Bedeutung kommt hierbei der Abstimmung öffentlicher mit privater Kartellrechtsdurchsetzung zu. Hierbei werden Lösungsansätze aus dem US-amerikanischen Antitrustrecht herangezogen und die Vor- und Nachteile öffentlicher und privater Durchsetzungsstrategien im Bereich des Kartellrechts insgesamt gegeneinander abgewogen.

Kapitel 1: Bestimmung des Schutzzwecks als Voraussetzung ausgeprägten kartellrechtlichen Individualschutzes

I. Das Kartellprivatrecht in der Schutzzweckdiskussion

Das Gesetz gegen Wettbewerbsbeschränkungen (GWB) verfolgt einen doppelten, von gesellschaftspolitischen und ökonomischen Zielvorstellungen geprägten Zweck: Grundsätzlich soll die Wettbewerbswirtschaft als ökonomischste und zugleich demokratischste Form der Wirtschaftsordnung anerkannt und vor staatlichen Eingriffen, welche nicht ausschließlich den Zweck verfolgen, sie aufrechtzuerhalten bzw. sie erst zu ermöglichen, geschützt werden. Nur intensiver und allgegenwärtiger Wettbewerb kann gewährleisten, dass wirtschaftliche Ressourcen der ganzen Bevölkerung zugutekommen und sich nicht im Machtbereich weniger konzentrieren, um Partikularinteressen durchzusetzen, wodurch sie individuelle Freiheitsrechte der Mehrheit der Bevölkerung beschneiden würden[16]. Dies bedeutet auch, dass eine Konzentration wirtschaftlicher Ressourcen nicht im Bereich staatlicher Gewalt stattfinden darf[17].

Darüber hinaus verfolgt das GWB die ausschließlich wirtschaftspolitischen Zielsetzungen der Erhaltung einer Vielzahl von Unternehmensexistenzen und der Sicherung des wirtschaftlichen Wohlstandes im weitesten Sinn durch die Schaffung von Anreizen zur optimalen Faktorallokation, Förderung der Flexibilität der Volkswirtschaft und Begünstigung technischen Fortschritts[18].

Auch im US-amerikanischen Antitrustrecht, dem ältesten Wettbewerbsrecht eines modernen Industriestaates, ist heute der gesellschaftspolitische und ökonomische Zweiklang zwischen Sicherung der Freiheitsrechte durch Kontrolle wirtschaftlicher Macht einerseits und Sicherung der genannten positiven wirt-

---

16 Zusammenfassend Goll in GRUR 1976, S. 486 (489).
17 Sog. Freiheitsfunktion des Wettbewerbs – Herdzina, Wettbewerbspolitik 1.2.1.2. (S. 15/16).
18 Schmidt, S. 169, 170 mit Verweis auf die Regierungsbegründung zum GWB von 1958 in BT-Drucks. 1158 – 2. Wahlperiode.

schaftlichen Effekte des wirtschaftlichen Wettbewerbs andererseits anerkannt[19]. Im Rahmen des letztgenannten Schutzzwecks nimmt insbesondere die Konsumentenwohlfahrt (*consumer welfare*)[20] eine herausragende Position ein[21]. Die Konsumenten selbst sollen in die Lage versetzt werden, die Umverteilung von Vermögen rückgängig zu machen, die infolge der Wettbewerbsbeschränkung von den Konsumenten zu den Produzenten erfolgte[22]. Demgegenüber hat der Zweck, die Entstehung und Ausübung wirtschaftlicher Macht zu kontrollieren, innerhalb den letzten drei Dekaden an Bedeutung verloren[23]. Mittlerweile ist wirtschaftswissenschaftlich anerkannt, dass sich Fortschritt, wirtschaftliches Wachstum und optimaler Ressourceneinsatz am effizientesten in dezentral gesteuerten marktwirtschaftlichen Ordnungen entwickeln, in denen möglichst viel Wettbewerb auf möglichst vielen Märkten stattfindet[24]. Dementsprechend kommt wirtschaftlichen Effizienzgewinnen, bspw. in der US-Fusionskontrolle oder bei der Beurteilung von Vertikalvereinbarungen durch amerikanische Gerichte, eine herausragende Bedeutung zu[25]. So gehen US-Gerichte davon aus, dass wirtschaftliche Effizienz direkt der Konsumentenwohlfahrt zugutekommt[26].

Demgegenüber verfolgt das Lauterkeitsrecht das Ziel, das Marktverhalten der Unternehmen im Interesse der im Gesetz genannten Marktteilnehmer (Wettbewerber und Verbraucher) und damit zugleich im Interesse der Allgemeinheit an einem unverfälschten Wettbewerb zu regeln[27]. Ziel des deutschen UWG ist es demnach, den freien und fairen Leistungswettbewerb zu schützen[28]. Schwerpunktmäßig befasst sich das UWG insofern mit dem Marktverhalten der am Markt aktiven Teilnehmer innerhalb bestehenden Wettbewerbs. Es hat die Auf-

---

19 Instruktiv: Bork, S. 51 ff.; Lande in 50 Hastings L. J. 871 (887-890) (1990); Schmidt, S. 253 m.w.N.
20 Zum Begriff: Carlton/Perloff, S. 70; Bork, S. 91 f.; Haucap/Stühmeier in WuW 2008, 413 (414).
21 Vgl. Kirkwood/Lande in 84 Notre Dame L. Rev. 191 (213) (2008) mit Verweis ua. auf Kochert v. Greater Lafayette Health Servs., 463 F.3d 710 (715) (2006); Reiter v. Sonotone Corp., 442 U.S. 330 (343) (1979); Brunswick Corp. v. Pueblo Bowl-o-Mat, Inc., 429 U.S. 477 (486 Fn. 10) (1977); umfassende Darstellung der Rechtsprechung bei Bork, S. 81 ff.
22 J & M Turner v. Applied Bolting Tech. Prods., 1998-1 Trade Cas. (CCH) P72,059, S. 29 (1998); ausführlich: Lande in 50 Hastings L.J. 871 (899) (1999).
23 Eingehend: William in 88 Mich. L. Rev. 2151 (2153) (1990) mit Verweis auf Cont'l T. V. v. Gte Sylvania, 433 U.S. 36 (57) (1977).
24 Exemplarisch hierzu Herdzina, Wettbewerbspolitik, 1.2.3.2 (S. 21-23) und 1.2.4.2 (S. 26/27).
25 Instruktiv: Broadcom Corp. v. Qualcomm Inc., 501 F.3d 297 (308-310) (2007) m.w.N.
26 Fayus Enters. v. BNSF Ry., 602 F.3d 444 (454) (2010); Confederated Tribes of Siletz Indians of Or. v. Weyerhaeuser Co., 411 F.3d 1030 (1036) (2005).
27 Regierungsbegründung zur UWG-Novelle BT-Drucks. 15/1487, S. 15; grundlegend: BGH GRUR 1954, 342 (344).
28 Fezer/Fezer, § 1 UWG, Rn. 47.

gabe, dieses in Übereinstimmung mit der Werteordnung des Grundgesetzes *„in den Bahnen des Anstandes, der Redlichkeit und der guten kaufmännischen Sitten"*[29] zu halten.

Das GWB dient dagegen überwiegend dem Schutz der Institution Wettbewerb und seiner Funktionsfähigkeit[30]. Es widmet sich damit überwiegend dem Schutz der Marktstruktur. Jedoch kann in diesen Kategorien eine vollkommen trennscharfe Abgrenzung zum Lauterkeitsrecht nicht vorgenommen werden, da sowohl im GWB als auch im UWG Elemente zum Schutz einer offenen Marktstruktur und eines fairen Marktverhaltens enthalten sind[31].

Anhand der Differenzierung zwischen Marktstrukturkontrolle und Marktverhaltenskontrolle lässt sich auch eine unterschiedliche Gewichtung des wettbewerbsrechtlichen Individualschutzes innerhalb der jeweiligen Normensysteme ausmachen[32]. Während sich im Bereich des Lauterkeitsrechts der Individualrechtsschutz als Kotrollmechanismus und damit als Mittel zur Rechtsdurchsetzung weitestgehend etablierte, galt dies bislang nicht für den Bereich des Kartellrechts[33]. Als Mittel zur Rechtsdurchsetzung verzichtet das Lauterkeitsrecht vollständig auf eine dem Bundeskartellamt vergleichbare Institution und überlässt es dem einzelnen Marktteilnehmer, mittels privater Rechtsdurchsetzung faire Wettbewerbsverhältnisse herbeizuführen[34].

Hierbei ist jedoch zu beachten, dass lauterkeitsrechtliche Sachverhalte häufig offenkundig sind, während sich kartellrechtliche Sachverhalte oftmals im Verborgenen bewegen, wodurch sich der private Kläger in einer wesentlich schlechteren Ausgangsposition wiederfindet[35]. Insoweit sind die positiven Erfahrungen, die mit der privaten Rechtsdurchsetzung im Lauterkeitsrecht gesammelt wurden, nur sehr eingeschränkt heranzuziehen.

Das Gesetz gegen Wettbewerbsbeschränkungen setzte bislang fast ausschließlich auf behördliche Intervention und Sanktionierung durch das Bundeskartellamt. Dies führte dazu, dass dem einzelnen Marktteilnehmer wenig wirksame

---

29 BVerfG GRUR 1993, 751 – Großmarktwerbung I.
30 BGH GRUR 1954, 342 (344) = NJW 1954, 917 (918) – Warenkredit.
31 So fällt der von §§ 3, 4 Nr. 10 UWG erfasste Boykottaufruf regelmäßig auch unter § 21 Abs. 1 GWB und umgekehrt – BGH GRUR 2000, 344 (347) – Beteiligungsverbot für Schilderpräger; ebenso fällt die gezielte Kampfpreisunterbietung eines marktbeherrschenden oder marktstarken Unternehmens sowohl unter §§ 3, 4 Nr. 10 UWG als auch unter §§ 20 Abs. 1, Abs. 2 bzw. 20 Abs. 4 GWB – BGHZ 129, 203 (209) – Hitlisten Platten.
32 Umfassende Darstellung der historischen Entwicklung dieser Differenzierung bei Goll in GRUR 1976, S. 486 (488 f.) und bei Schmidt, S. 83/84.
33 L/B/Bornkamm, § 33 GWB a.F., Rn. 1; Bunte, Kartellrecht, S. 296; Hempel, S. 81/82; Schütt in WuW 2004, S. 1124; Möschel in WuW 2006, S. 115.
34 Köhler in Köhler/Bornkamm, Einleitung, Rn. 2.25.
35 Möschel in WuW 2007, S. 483 (490).

privatrechtliche Instrumente zur Verfügung standen, um sein individuelles Recht auf offene Marktverhältnisse zu verwirklichen, zumal die Frage, in welchem Umfang ein derartiges Recht überhaupt besteht, insbesondere beim Kartellverbot, lange kontrovers diskutiert wurde[36]. Als dogmatische Rechtfertigung für die Unterentwicklung des privaten Rechtsschutzes im Kartellrecht wurde die Aufspaltung des Schutzzwecks der verschiedenen Verbotsnormen des Kartellrechts in Institutionsschutz und Individualschutz herangezogen[37].

Dass diese beiden Schutzzwecke jedoch nicht nur einer trennscharfen Abgrenzung unzugänglich, sondern darüber hinaus untrennbar miteinander verbunden sind, hat der lange Streit um den Schutznormcharakter der §§ 1 und 19 GWB a.F. gezeigt. Die Dehnbarkeit der Kriterien, nach denen die Einordnung einer Norm als Schutznorm erfolgte, eröffnete, je nach Argumentation, den Weg zu einer nahezu willkürlichen Einzelfallbetrachtung, was insbesondere anhand der lange währenden Diskussion um die Frage der Reichweite der Schutznormeigenschaft des Kartellverbots in § 1 GWB a.F. deutlich wurde[38].

Durch Abschaffung des Schutzgesetzerfordernisses durch den Gesetzgeber im Zuge der 7. GWB-Novelle wurde anerkannt, dass die Schutzzwecke des Institutionsschutzes und des Individualschutzes nicht zu trennen sind, und es konnten schon lange existierende Stimmen in der Literatur bestätigt werden, die zutreffend einwandten, dass der Unrechtsgehalt horizontaler Verhaltenskoordinierungen unter Wettbewerbern spezifisch in den Wirkungen auf Dritte liege[39].

Ein Überblick über die Neufassung des § 33 GWB macht deutlich, dass Grundprinzipien des US-amerikanischen Antitrustrechts teilweise als Vorbild dienten[40]. Es ist jedoch übertrieben, deshalb von einer „Amerikanisierung" des deutschen Kartellrechts zu sprechen[41].

---

36 Bechtold § 33 a.F. Rn. 4; L/B/Bornkamm § 33, Rn. 5; Topel in Wiedemann § 50, Rn. 61 m.w.N.; Übersicht zum Meinungsstand bei alter Rechtslage bei Koch in WuW 2005, S. 1210/1211.
37 In Bezug auf § 1 GWB: BGH GRUR 1976, S. 153 (156) – Krankenhauszusatzversicherung = WuW/E 1361 (1365); in Bezug auf ex-Art. 81 Abs. 1 EG: EuGH, 11.12.1973, Rs. 41/73 Slg. 1973, S. 1465 (1469) – Société anonyme Générale Sucrière und andere gegen Kommission, Rn. 7.
38 Vgl. Köhler in GRUR 2004, S. 99 (100); Möschel, Rn. 222; Roth in FK § 33 GWB 1999 (2001), Tz. 49; Schmidt, S. 30/31.
39 I/M/Zimmer § 1 GWB, Rn. 15 m.w.N.; Köhler in GRUR 2004, S. 99 (100); Möschel, Rn. 222; K.Schmidt, S. 63.
40 Siehe Vorbemerkung und Einleitung bei Koch in WuW 2005, S. 1210; Einleitung bei Berrisch/Burianski in WuW 2005, S. 878; Begr. RegE BT-Drucks. 15/3640, S. 35.
41 So jedoch Scheffler in EuZW 2005, S. 673.

II. Schutzzweck der Wettbewerbsregeln der Europäischen Union

Der Zweck der Art. 101 ff. AEUV und der des GWB decken sich in vielerlei Hinsicht. Sowohl die Art. 101 ff. AEUV als auch die Vorschriften des GWB sollen den Wettbewerb innerhalb ihres jeweiligen territorialen Anwendungsbereichs vor Verfälschungen durch kollusive, missbräuchliche oder konzentrative Vorgehensweisen (insoweit ist die VO (EG) 139/2004 anzuwenden) der am Markt tätigen Unternehmen schützen. Die Wettbewerbsregeln der Europäischen Union und die des GWB basieren auf gleichen ökonomischen und gesellschaftspolitischen Zielvorstellungen:

Auch die Art. 101 ff. AEUV haben zum Ziel, den Wettbewerb als Institution zu schützen, welche im Interesse des Marktbürgers die flexible Anpassung der Angebots- und Nachfrageseite an die Marktentwicklung, eine optimale Allokation der Produktionsfaktoren sowie eine Stimulierung des wirtschaftlichen und technologischen Fortschritts auf Dauer garantiert[42]. Die Überzeugung, dass sich diese positiven wirtschaftlichen Effekte nur im Rahmen unverfälschten wirtschaftlichen Wettbewerbs realisieren lassen würden, veranlasste die Gründer der Gemeinschaft dazu, das System des unverfälschten Wettbewerbs als Vertragsziel in Art. 2 und Art. 3 Abs. 1 g EG aufzunehmen[43]. Die Art. 81 ff. EG waren Ausdruck dieses Ziels[44]. Darüber hinaus ging der Gemeinschaftsgesetzgeber davon aus, dass auch andere Vertragsziele mit wirtschaftlichem Bezug, wie das primäre wirtschaftspolitische Ziel des Vertrages, die Errichtung und Aufrechterhaltung eines gemeinsamen Marktes (Art. 3 Abs. 1 c; 14 Abs. 2 EG) sowie die allgemeinen Vertragsziele in Art. 2 EG nur innerhalb lebendigen und funktionierenden Wettbewerbs erreicht werden können[45].

Dies ist im EU-Vertrag nicht mehr ausdrücklich genannt, gilt jedoch gem. Art. 3 Abs. 3 Satz 1, Satz 2 EUV weiter. Insbesondere wird für die Schaffung eines gemeinsamen europäischen Binnenmarktes und die erwünschte gegenseitige wirtschaftliche Durchdringung der Volkswirtschaften der Mitgliedsstaaten ein

---

42 Meesen in Loewenheim/Meessen/Riesenkampff, Einführung, Rn. 11; Groeben/Schwarze/Jakob, Vorb. Art. 81-89 EG, Rn. 14; Lettl, Kartellrecht, § 1 Rn. 1; Lange, Kap. 1, § 3, Rn. 6.
43 Groeben/Schwarze/Schröter, Einführung zu Art. 81 EG, Rn. 9.
44 Vgl. EuGH, 18.4.1975, Rs. 6/72, Slg. 1973, S. 215 (244), Rn. 23 – Continental Can.
45 Groeben/Schwarze/Jakob, Vorb. Art. 81-89 EG, Rn. 11, 12; Grabitz/Hilf/Aicher/Schuhmacher/Stockenhuber/Schröder, Art. 81 EG, Rn. 9 m.w.N.; klarstellend hinsichtlich mitgliedsstaatlicher Interventionen: Emmerich/Hoffmann in Dauses, EU-Wirtschaftsrecht, H.I.1., Rn. 2.

System des unverfälschten Wettbewerbs als konstituierendes Element angesehen[46]. Dies wird auch dadurch bestätigt, dass sich Mitgliedsstaaten und Gemeinschaft im Rahmen der Vorschriften über die europäische Wirtschafts- und Währungspolitik in Art. 119 Abs. 1, 120 S. 2 AEUV ordnungspolitisch zu einem System der offenen Marktwirtschaft als Wirtschaftsverfassung der Gemeinschaft bekannten, welches untrennbar mit dem Bestand freien Wettbewerbs verbunden ist (Art. 120 S. 2 AEUV).

Die Wettbewerbsregeln der Gemeinschaft bezwecken somit nicht ausschließlich den Schutz der Institution Wettbewerb als wirtschaftspolitische Grundentscheidung, sondern daneben gleichrangig auch den Schutz des wirtschaftlichen Wettbewerbs als notwendige Rahmenbedingung zur Verfolgung des Ausbaus des gemeinsamen Marktes und der damit einhergehenden gegenseitigen wirtschaftlichen Durchdringung der Mitgliedsstaaten (Art. 119 Abs. 1 AEUV).

III. Verhältnis zwischen nationalen Wettbewerbsregeln und den Wettbewerbsregeln der Gemeinschaft

1. Tatbestandsebene

Trotz des im Verhältnis zum GWB erweiterten Gesetzeszwecks der Art. 101 ff. AEUV ist durch die VO (EG) 1/2003 und die Neufassung des GWB eine weitgehende Synchronisation des nationalen Kartellrechts und des Gemeinschaftsrechts eingetreten. Bis zum Erlass der VO (EG) 1/2003 galt für das Kartellrecht der allgemeine Grundsatz des Vorrangs des Gemeinschaftsrechts. Dieser wurde vom EuGH schon früh für alle Bereiche, in denen Gemeinschaftsrecht mit nationalem Recht kollidiert, entwickelt. Begründung für den Vorrang des Gemeinschaftsrechts war, dass die Vertragsziele, zu denen sich die Mitgliedsstaaten auf Grundlage des Vertrages verpflichteten, gefährdet seien, sollten neben dem Gemeinschaftsrecht wie auch immer geartete widersprechende nationale Rechtsvorschriften anwendbar bleiben[47].

Dieser Grundsatz galt in vollem Umfang auch für das Kartellrecht. Nationale Kartellvorschriften und ihr Vollzug durften die einheitliche Anwendung des EG-Kartellrechts nicht beeinträchtigen. Dies wurde für alle Fallgestaltungen, in denen das Kartellverbot des Art. 81 Abs. 1 EG Verhaltensweisen betraf, die nicht von

---

46 EuGH, 1.6.1999, Rs. C-126/97, Slg. 1999, I-3055 (3071), Rn. 36 = GRUR Int. 1999, S. 737 (739) – Eco Swiss/Benetton; EuGH, 20. 9. 2001, Rs. C-453/99 Slg. 2001, I-6297 (6303) Rn. 20 = GRUR Int. 2002, S. 54 (56) – Courage/Crehan.
47 EuGH, 12.8.1964, Rs. 6/64, Slg. 1964, S. 1251 (1270/1271) – Costa/ENEL.

den nationalen Kartellregeln erfasst wurden oder die die nationalen Behörden ausdrücklich billigten, wenig später vom EuGH bestätigt[48]. Probleme warfen indessen Fallkonstellationen auf, in denen eine Verhaltensweise von der Europäischen Kommission nach Art. 81 Abs. 3 EG freigestellt war, die nationalen Kartellbehörden jedoch ein Verbot aussprachen. Hier setzte sich nach der lange in der Literatur herrschenden Zweischrankentheorie das jeweils in Frage kommende strengere Recht durch[49]. Nach der Zweischrankentheorie stehen die Art. 81 ff. EG zu den Normen des GWB grundsätzlich in Idealkonkurrenz. Beiden Normenbereichen liegen hiernach unterschiedliche Anwendungsbereiche zu Grunde: dem GWB der innerstaatliche Wirtschaftsverkehr, den Art. 81 ff. EG der innerstaatliche Wirtschaftsverkehr. Erfüllt ein Sachverhalt die Tatbestandvoraussetzungen beider Normenkomplexe, so sind beide auch anwendbar, wobei die Wirksamkeit der erfassten Verhaltensweise von der Billigung durch beide Normbereiche abhängt[50].

Dies wurde vom EuGH jedoch nur insoweit anerkannt, als Maßnahmen des nationalen Rechts nicht Maßnahmen der Kommission beeinträchtigen durften, die den Charakter eines „positiven Eingriffs" aufwiesen, der zur Förderung einer harmonischen Entwicklung des Wirtschaftslebens innerhalb der Gemeinschaft beitrug[51], d.h. die Ausdruck einer positiven, gestaltenden Wirtschaftspolitik der Gemeinschaftsbehörden waren[52].

Diese Formel verlagerte den Streit um das Rangverhältnis auf die Frage, wann von einem „positiven Eingriff" im oben genannten Sinne auszugehen ist. Bei Einzelfreistellungen nach Art. 81 Abs. 3 EG war eine positive gestalterische Tätigkeit der Europäischen Kommission unproblematisch zu bejahen, bei Gruppenfreistellungen war dies aufgrund des fehlenden Einzelfallcharakters umstritten. Im Ergebnis war jedoch im Interesse einer einheitlichen Rechtsanwendung des EG-Kartellrechts auch bei Gruppenfreistellungen von einem Vorrang des Gemeinschaftsrechts auszugehen[53].

Seit Inkrafttreten der VO (EG) 1/2003 gilt für Fallgestaltungen, in denen kraft der Zwischenstaatlichkeitsklausel der Anwendungsbereich des Art. 101 Abs. 1 AEUV eröffnet ist, gem. Art. 3 Abs. 1 VO (EG) 1/2003 der Grundsatz, dass das einschlägige Gemeinschaftsrecht und die jeweiligen einzelstaatlichen

---

48   EuGH, 13.2.1969, Rs. 14/68 Slg. 1969, S. 1 (13 ff.) – Walt Wilhelm.
49   Die Zweischrankentheorie wurde von N. Koch begründet, vgl. BB 1959, S. 241; zur damaligen Rechtslage insgesamt: Bechtold/Brinker/Bosch/Hirschbrunner, Einleitung, Rn. 24.
50   N. Koch in BB 1959, S. 241 (247).
51   EuGH, 13.2.1969, Rs. 14/68 Slg. 1969, S. 1 (14, Rn. 5) – Walt Wilhelm.
52   So die Schlussfolgerungen aus dem vorgenannten Urteil bei Bunte in WuW 1989, S. 7 (17).
53   Zum damaligen Streitstand insgesamt: Bunte, Kartellrecht, § 12, 4 (S. 352/353).

Bestimmungen parallel anzuwenden sind[54]. § 22 GWB stellt dies ebenfalls klar. Eine parallele Anwendung der einzelstaatlichen Normen ist nach dem erweiterten Vorrang des Gemeinschaftsrechts gem. Art. 3 Abs. 2 Satz 1 VO (EG) 1/2003 jedoch nur insoweit möglich, als ihre Anwendung nicht im Widerspruch zum Gemeinschaftsrecht steht, sofern es sich nicht um eine einseitige Handlung i.S.d. Art. 3 Abs. 2 Satz 2 VO (EG) 1/2003 handelt. Dem trägt auch § 22 Abs. 2 Satz 1 GWB als Kollisionsnorm Rechnung, der der Vorrangregelung des Art. 3 Abs. 2 Satz 1 VO (EG) 1/2003 entspricht.

Eine wettbewerbsbeschränkende Verhaltensweise darf hiernach nicht nach nationalen Wettbewerbsregeln verboten werden, wenn sie nach einer Entscheidung der Europäischen Kommission, bzw. nach der Rechtsprechung des EuGH, nicht unter Art. 101 Abs. 1 AEUV fällt, sie die Bedingungen des Art. 101 Abs. 3 AEUV erfüllt oder sie von einer Gruppenfreistellungsverordnung erfasst ist[55]. Art. 101 Abs. 3 AEUV gilt, wie seine Vorgängervorschrift Art. 81 Abs. 3 EG, seit Erlass des Art. 1 VO (EG) 1/2003 als unmittelbar anwendbar und damit als *self executing*-Norm. Die ausschließliche Anwendung nationaler Rechtsvorschriften ist demnach lediglich in Fallkonstellationen denkbar, in denen Auswirkungen auf den zwischenstaatlichen Handel nicht in Frage kommen[56].

Aufgrund der extensiven Anwendung der Zwischenstaatlichkeitsklausel durch den Europäischen Gerichtshof[57] sind derartige Fallgestaltungen jedoch selten[58].

Selbst im Bereich der sich ausschließlich auf das nationale Territorium beziehenden Verhaltensweisen ist eine im Widerspruch zu Art. 101 Abs. 1 AEUV stehende Anwendung der § 1 ff. GWB nicht mehr denkbar, da diese im Zuge der 7. GWB-Novelle nahezu vollständig angeglichen worden sind. Hiermit zog der deutsche Gesetzgeber, wie die meisten europäischen Staaten, die Konsequenzen aus dem absoluten Vorrang des Gemeinschaftsrechts[59]. Denn unter Zugrundele-

---

54 Bechtold/Brinker/Bosch/Hirsbrunner, Art. 3 VO 1/2003, Rn. 14; Lutz in WuW 2005, S. 718.
55 Grabitz/Hilf/Aicher/Schuhmacher, Bd I, Art. 81 EG, Rn. 48; Bechtold in DB 2004, S. 235.
56 Rehbinder in I/M – EG WettbR., Art. § 81 EG, Rn. 262; Lettl, Kartellrecht, § 1, Rn. 14 (S. 8).
57 Nach st. Rspr. (EuGH, 11.7.1985, Rs. 42/84, Slg. 1985, 2545 (2572) – Remia/Kommission) und den Leitlinien der Kommission zum zwischenstaatlichen Handel in ABl. 2004, C 101/81 ist ausreichend, dass eine unter Art. 81 Abs. 1 EG (nunmehr Art. 101 Abs. 1 AEUV) fallende Verhaltensweise lediglich geeignet ist, den Handel zwischen den Mitgliedsstaaten spürbar zu beeinträchtigen. Eine potenzielle Beeinträchtigung genügt demnach. Eine tatsächliche spürbare Beeinträchtigung des zwischenstaatlichen Handels muss nicht eingetreten sein. Ebenso EuGH, 17.7.1997, Rs. C-219/95, Slg. 1997, S. I 4411 (4420), Rn. 26 – Ferriere Nord/Kommission.
58 Bechtold/Brinker/Bosch/Hirsbrunner, Art. 3 VO 1/2003, Rn. 15; von Bogdandy/Buchhold in GRUR 2001, S. 798 (802/803), der deshalb sogar von einer „nahezu konturlos weiten Deutung" der Zwischenstaatlichkeitsklausel spricht.
59 Bechtold/Buntscheck in NJW 2005, S. 2966 (2967).

gung der Vermutung, dass bei größeren Unternehmen die Wahrscheinlichkeit höher ist, dass ihre Verhaltensweisen unter die Zwischenstaatlichkeitsklausel fallen, besteht die Gefahr einer sachlich nicht gerechtfertigten Diskriminierung von kleinen und mittleren Unternehmen, da diese gegebenenfalls nicht in den Genuss einer Freistellung nach den Gruppenfreistellungsverordnungen kommen könnten[60].

Aufgrund der weitgehenden materiellen Identität beider Normensysteme im Bereich der horizontalen und vertikalen Wettbewerbsbeschränkungen (eine Ausnahme stellen lediglich die Mittelstandskartelle nach § 3 GWB dar) ist die Prüfung der Zwischenstaatlichkeitsklausel mittlerweile lediglich noch für Zuständigkeitsfragen von Bedeutung[61].

Als die wichtigsten Schritte in diesem materiellrechtlichen Angleichungsprozess ist die Aufgabe der im GWB bislang geltenden Unterscheidung zwischen horizontalen und vertikalen Wettbewerbsbeschränkungen sowie die in § 2 Abs. 2 GWB normierte Geltung der Ausnahmetatbestände des Art. 101 Abs. 3 AEUV und der EG-Gruppenfreistellungsverordnungen für das Kartellverbot des § 1 GWB zu nennen.

Zusammenfassend kann demnach festgestellt werden, dass das GWB durch den Erlass der VO (EG) 1/2003 und durch die 7. GWB-Novelle jedenfalls im Bereich horizontaler und vertikaler Wettbewerbsbeschränkungen an selbstständiger Bedeutung gegenüber den Art. 101 ff. AEUV eingebüßt hat[62]. Auch aus Sicht des Gesetzgebers sind selbst im innerstaatlichen Bereich die Grundsätze des europäischen Wettbewerbsrechts umfassend zu berücksichtigen, insbesondere die zu Art. 81 EG und zu Art. 101 AEUV ergangene Rechtsprechung sowie Entscheidungen und Beschlüsse der Kommission[63].

Dies wird zum Teil kritisch als eine nicht mehr vom Zweck der Wahrung der Rechtseinheit und der Rechtsgleichheit umfasste Aushöhlung und Verdrängung des nationalen Wettbewerbsrechts bezeichnet, welche bedenklich nahe in Grenzbereiche des im Gemeinschaftsrecht geltenden Subsidiaritätsprinzips vorstoße[64]. Auch wird in diesem Zusammenhang kritisiert, dass durch die pauschale Anwendung der Nichtigkeitsfolge des § 1 GWB und das durch die Einführung des Systems der Legalausnahme bedingte Subsumtionsrisiko der beteiligten Unter-

---

60 Bechtold/Brinker/Bosch/Hirsbrunner, Einleitung, Rn. 25.
61 Bechtold/Buntscheck in NJW 2005, S. 2966 (2697).
62 Bechtold/Buntscheck in NJW 2005, S. 2966.
63 Begr. RegE zur 7. GWB-Novelle – BT-Drucks. 15/3640, S. 22/23.
64 Die Grundlagen des Subsidiaritätsprinzips sind in Art. 5 Abs. 3 EUV und im Protokoll Nr. 30 über die Anwendung der Grundsätze der Subsidiarität und Verhältnismäßigkeit normiert, welches integraler Bestandteil des primären Gemeinschaftsrechts ist (Art. 51 EUV); von Bogdandy/Buchhold in GRUR 2001, S. 798, 802 mit Verweis u.a. auf Möschel in EuZW 1999, S. 55 (65).

nehmen gerade kleine und mittlere Unternehmen in erhebliche rechtliche und praktische Schwierigkeiten gebracht werden. Diese seien durch die Gesetzesänderungen erstmals mit der im Einzelfall sehr schwierigen Frage konfrontiert, ob die von ihnen geschlossenen Verträge die Voraussetzungen einer Einzel- oder Gruppenfreistellung erfüllen, und damit auch den wirtschaftlichen Belastungen eines erhöhten Beratungsbedarfs ausgesetzt[65].

Eine auch nach der 7. GWB-Novelle autonome Bedeutung haben lediglich die Vorschriften über die Missbrauchskontrolle in den §§ 19, 20 GWB. Durch die in Art. 3 Abs. 2 Satz 2 VO (EG) 1/2003 eingeführten Ausnahmeregelungen ist eine Öffnung des Vorranggrundsatzes für nationale Vorschriften festgelegt, deren Tatbestände sich auf einseitige Handlungen von Unternehmen beziehen, was durch § 22 Abs. 2 Satz 2 GWB klargestellt wird.

2. Rechtsfolgenseite

Die Angleichung von nationalem und EU-Kartellrecht äußert sich im Bereich des kartellrechtlichen Individualschutzes ausschließlich dahingehend, dass ausdrücklich auch durch eine Verletzung gegen die Art. 81 ff. EG, nunmehr Art. 101 ff. AEUV, kartellrechtliche Unterlassungs- und Schadensersatzansprüche ausgelöst werden können. Im Bereich des privaten Rechtsschutzes im Kartellrecht ist es demnach unbedeutend, ob eine Verhaltensweise gegen Normen des GWB und/oder gegen die Art. 101 ff. AEUV verstößt, da die Rechtsfolgen bei beiden Verstößen sich nunmehr einheitlich nach § 33 GWB richten. Der frühere Umweg über § 823 Abs. 2 BGB i.V.m. den Art. 81 ff. EG ist somit nicht mehr notwendig.

Die zivilrechtlichen Rechtsfolgen bei Ansprüchen aufgrund von Verstößen gegen europäisches Wettbewerbsrecht regeln, mangels einheitlicher europäischer Kodifikation, die jeweiligen nationalen Rechtsordnungen, innerhalb deren Geltungsbereich der Verstoß durchgeführt wird[66]. Lediglich die Nichtigkeitsfolge des Art. 101 Abs. 2 AEUV ist vom Gemeinschaftsgesetzgeber vorgegeben.

Hierdurch bestehen unter den mitgliedsstaatlichen Rechtsordnungen teils erhebliche Unterschiede in Bezug auf die materiellrechtlichen und zivilprozessualen Rahmenbedingungen, unter denen Schadensersatzansprüche geltend gemacht werden müssen. Dies kann dazu führen, dass sich Mitgliedsstaaten mit klägerfreundlichen Bedingungen zu sog. Magnetjurisdiktionen herausbilden, da private

---

65 So die Stellungnahme der Kanzlei Freshfields, Bruckhaus, Deringer im Anhörungsverfahren zur 7. GWB-Novelle, Ausschussdrucksache 15(9) 1347, S. 16/17.
66 EuGH, 20.6.2001, C-453/99, Slg. 2001, I-6297 – Courage/Crehan, Rn. 29; EuGH, 13.7.2006, RS C-295/04 bis C-298/04 – Manfredi/Lloyd Adriatico Assicurazioni = WuW/E EU – Rs. 1107 (1116), Rn. 62.

Kläger naturgemäß den für sie vorteilhaftesten Gerichtsstand wählen (*forum shopping*). Eine über die Nichtigkeitsfolge des Art. 101 Abs. 2 AEUV hinausgehende Vereinheitlichung der zivilrechtlichen Rechtsfolgen von Verstößen gegen die EU-Wettbewerbsregeln ist von der Europäischen Kommission beabsichtigt und sollte im Rahmen einer Richtlinie vollzogen werden[67].

---

67 Kapitel 9 III 2 b.

Kapitel 2: Kartellrechtlicher Individualschutz außerhalb von Schadensersatzansprüchen

I. Nichtigkeitseinwand

Ein Verstoß gegen die §§ 1-22 GWB führt zur zwingenden Nichtigkeit der gegen sie verstoßenden Rechtsgeschäfte. Sie ergibt sich seit der 6. GWB-Novelle aus der allgemeinen Nichtigkeitsfolge des § 134 BGB, da durch sie die Kartellverbote der §§ 1, 14 ff. GWB und die Missbrauchstatbestände der §§ 19-22 GWB als Verbotstatbestände formuliert wurden[68].

Folge der Nichtigkeit ist, dass die gewollte rechtliche Bindung der Beteiligten nicht entsteht und die beabsichtigten Rechtswirkungen nicht eintreten[69]. Durch die zwingende Nichtigkeitsfolge wird die Privatautonomie der Parteien zugunsten des Bestands wirksamen Wettbewerbs beschränkt. § 134 BGB ordnet demzufolge an, dass gesetzliche Verbote der Dispositionsbefugnis der Parteien entzogen sind und deren Privatautonomie entsprechend einschränken[70].

Die Nichtigkeitsfolge trifft alle unter einen der oben genannten Verbotstatbestände fallenden Rechtsgeschäfte, d.h. den unter § 1 GWB fallenden Kartellvertrag[71], den Erstvertrag, der eine gegen § 1 GWB verstoßende Bindung enthält, sowie das unter Ausnutzung einer marktbeherrschenden bzw. marktstarken Stellung abgeschlossene und unter die §§ 19 ff. GWB fallende Rechtsgeschäft[72].

Im Bereich des Gemeinschaftsrechts ordnet Art. 1 VO 1/2003 i.V.m. Art. 101 Abs. 2 AEUV die Nichtigkeit von anmeldebedürftigen, aber nicht angemeldeten Absprachen an. Die Nichtigkeit trifft automatisch und ohne einen dahingehenden Beschluss der Kommission bzw. Entscheidung nationaler Kartellbehörden ipso

---

68 Übersicht über die Entwicklung bei Topel in Wiedemann, § 50, Rn. 2; Hempel, Privater Rechtsschutz im Kartellrecht, S. 33.
69 Zur destabilisierenden Wirkung der Nichtigkeitsfolge bei Kartellen, vgl. Wils, S. 52, Rn. 172.
70 Palandt/Heinrichs, § 134 BGB, Rn. 1.
71 Abgestimmte Verhaltensweisen sind von § 134 BGB aufgrund ihres fehlenden rechtsgeschäftlichen Charakters nicht erfasst. Sie unterliegen ausschließlich dem Verbot des § 1 GWB.
72 Lange, Kap. 2, § 1, Rn. 122 (S. 99); Emmerich, Kartellrecht, § 28, Rn. 122 (S. 354); Bechtold, § 19 GWB, Rn. 116.

jure und mit Wirkung für und gegen jedermann ein[73]. Dies beruht auf dem Umstand, dass die Wettbewerbsregeln seit ihrer Aufnahme in den EG-Vertrag unmittelbare Wirkung in den Mitgliedsstaaten entfalten, da sie sich an Einzelne richten und deren Rechtsverhältnisse in bestimmter Weise regeln[74]. Die Art. 101 ff. AEUV richten sich primär an Privatrechtssubjekte und haben auf die Mitgliedsstaaten lediglich insoweit eine reflexartige Ausstrahlungswirkung, als ihnen untersagt wird, legislative oder administrative Maßnahmen zu treffen oder beizubehalten, die die praktische Wirksamkeit der für die Unternehmen geltenden Wettbewerbsregeln aufheben könnten[75]. Bedürfte es eines konkretisierenden Umsetzungsaktes durch die Mitgliedsstaaten, würde der essentiellen Bedeutung der Art. 101 ff. AEUV für die Erreichung der Vertragsziele, insbesondere der Verwirklichung des Binnenmarktes, nicht ausreichend Rechnung getragen und ihre praktische Wirksamkeit eingeschränkt[76]. Sowohl von der gemeinschaftsrechtlichen als auch von der nationalen Nichtigkeitsfolge werden auch Verträge mit Dritten erfasst, die der Durchführung, Verstärkung oder Ausdehnung der verbotenen Wettbewerbsbeschränkung dienen, d.h. in einem unmittelbaren Zusammenhang mit der wettbewerbsbeschränkenden Absprache stehen (sog. Ausführungsverträge)[77].

1. Wirksamkeit der Folgeverträge

Von den Ausführungsverträgen sind sog. Folgeverträge bzw. schlichte Drittverträge zu unterscheiden. Nach damaliger wie auch nach heutiger Rechtslage ist umstritten, inwieweit auch Verträge mit kartellfremden Dritten (sog. Außenseitern), die in Vollzug der nichtigen Kartellvereinbarung geschlossen werden (sog. Folgeverträge), von der Nichtigkeitsfolge des § 134 BGB erfasst werden.

Es stellt sich hiernach die Frage, ob sich ein Dritter, der Abnehmer eines Kartells ist, auf die Nichtigkeit des Vertrages, den er mit einem der Kartellpartner

---

73 EuGH, 10.7.1980, Rs. 99/79, Slg. 1980, S. 2511, 2534 ff., Rn. 15 ff. = GRURInt 1980, S. 741 (742/743); – Lancôme /ETOS; EuGH, 25.9.1971, Rs. 22/71, Slg. 1971, S. 949, Rn. 29 = GRURInt 1972, S. 95 (498); – Béguelin Import; EuGH, 20.9.2001, Rs. C-453/99, Slg. 2001, I-6297 (6303), Rn. 20 = GRUR 2002, S. 367 (368) – Courage/Crehan; Lange, Kap. 2, § 2, Rn. 133 (S. 187).
74 Karsten Schmidt in I/M EG-WbR, Art. 81 Abs. 2, Rn. 1; Groeben/Schwarze/Helmut Schröter, Art. 81, Rn. 12.
75 Grundlegend: EuGH GRURInt 2002, S. 578 (580) – Manuele Arduino.
76 EuGH, 20.6.2001, Rs. C-453/99 Slg. 2001, I-6297 (6303) = GRUR 2002, S. 367 (368) – Courage/Crehan, Rn. 21 ff. m.w.N.; in Bezug auf die Gewährung von Schadensersatz durch die Mitgliedsstaaten: EuGH, 13.7.2006, RS C-295/04 bis C-298/04 = WuW/ E EU – Rs. 1107 (1118) – Manfredi/Lloyd Adriatico Assicurazioni, Rn. 90.
77 OLG Düsseldorf WuW/E 4182 (4184) – Delkredere-Übernahme; Topel in Wiedemann, § 50, Rn. 20; Emmerich, Kartellrecht, § 20, Rn. 72.

abgeschlossen hat, berufen kann bzw. ob sich ein Dritter als Vertragspartner eines i.S.d. §§ 19 ff. GWB missbräuchlich benachteiligten Unternehmens auf die Nichtigkeit des missbräuchlichen Rechtsgeschäfts zwischen marktbeherrschendem Unternehmen und dessen Vertragspartner berufen kann. Die Problematik weist systematische Ähnlichkeit mit der nach Inkrafttreten der 7. GWB-Novelle aufgetretenen Frage der Anspruchsberechtigung mittelbarer Abnehmer nach § 33 Abs. 3 Satz 1 GWB auf[78].

Nach überwiegender Meinung ist der Folgevertrag aus Gründen der Rechtssicherheit und des Verkehrsschutzes grundsätzlich als wirksam zu behandeln, d. h., die Nichtigkeit des kartellrechtswidrigen Vertrages schlägt nicht auf den Drittvertrag durch. Der kartellfremde Dritte soll nicht mit der Rechtsunsicherheit belastet werden, dass der von ihm geschlossene Vertrag, bedingt durch ein kartellrechtswidriges Verhalten seines Vertragspartners, gegebenenfalls nichtig sein könnte, zumal sich die Vorhersehbarkeit des Schicksals des geschlossenen Vertrages durch den Dritten daran misst, ob er in der Lage war, das vorangegangene Verhalten seines Vertragspartners als kartellrechtswidrig zu erkennen[79]. Aufgrund der Kartellfremdheit des Dritten ist ein umfangreicher Beurteilungsspielraum in diesen Fallkonstellationen jedoch regelmäßig zu verneinen[80].

Die Nichtigkeit würde den Folgevertrag aus seiner Sicht rein zufällig treffen. Weiterhin wird gegen die Nichtigkeit von Folgeverträgen eingewandt, dass diese im Hinblick auf Erfüllungs- und Gewährleistungsansprüche aus dem Vertragsverhältnis nicht in jedem Fall dem Interesse des Dritten entspräche. Vielmehr stünden dem Partner des Drittvertrages durch die ihm zustehenden Möglichkeiten der Anfechtung und Geltendmachung von Schadensersatzansprüchen bereits weitreichende und flexible Instrumente zur Verfügung, um seine Interessen wahrzunehmen[81]. Dieses Argument gewinnt aufgrund der umfangreichen Aufwertung des kartellrechtlichen Schadenersatzanspruchs in § 33 Abs. 3 Satz 1 GWB erheblich an Bedeutung.

Die insoweit „bevormundende" Nichtigkeitsfolge des Drittvertrages ist hiernach nicht notwendig. Die Nichtigkeit des Drittvertrages könnte somit nach überwiegender Ansicht nur noch nach den allgemeinen Regeln der §§ 138, 242 BGB in Frage kommen, an deren Maßstab der Folgevertrag regelmäßig auch zu prüfen ist[82].

---

78 Vgl. Kapitel 4 I 1.
79 Der BGH spricht in WuW/E BGH S. 152, 153 – Spediteurbedingungen sogar von rechtlich kaum mehr zu beherrschenden Folgen und Störungen für das Wirtschaftsleben; WuW/E BGH S. 2100 (2102) – Schlussrechnung; NJWE-WettbR 1996, S. 259 (261) – Grüner Punkt.
80 So auch Roth in FK § 33 GWB 1999 (2001), Tz. 210.
81 OLG Celle WuW/E S. 559 (561) – Brückenbauwerk; L/B/Bunte, § 1 GWB a.F., Rn. 240; Hempel, S. 35; Möschel, Rn. 225.
82 So schon RGZ 133, S. 51 (58); NJWE-WettbR 1996, S. 259 (261) – Grüner Punkt; OLG Frankfurt a.M., WuW/DE-R 2015 (2017); Möschel, Rn. 438 m.w.N.

Der Nichtigkeitseinwand stellt, sowohl nach damaliger als auch nach heutiger Rechtslage ein wenig effektives Instrument des kartellrechtlichen Individualschutzes dar. Die Möglichkeit, sich durch den Einwand der Nichtigkeit vom kartellrechtswidrigen Vertrag zu lösen, steht nach überwiegender Ansicht nur der Partei zu, die entweder unmittelbar an der wettbewerbsbeschränkenden Absprache beteiligt ist oder die von einem missbräuchlichen Verhalten des Vertragspartners direkt und unmittelbar betroffen ist. Im Einzelnen bedeutet dies, dass die Rechtsfolge des § 134 BGB in Verbindung mit den Verbotstatbeständen des GWB nur von Angehörigen der gleichen Handelsstufe (bei horizontalen Wettbewerbsbeschränkungen) oder von Angehörigen unmittelbar nachgelagerter Handelsstufen (im Falle vertikaler Wettbewerbsbeschränkungen und bei Missbrauchssachverhalten) herbeigeführt werden kann. Die Angehörigen von entfernteren Handelsstufen sind somit aufgrund der isolierten Betrachtung der Drittverträge nicht in der Lage, sich auf die Nichtigkeit des ursprünglich geschlossenen wettbewerbsbeschränkenden Vertrages zu berufen.

Ohnehin dürften die vollständige Nichtigkeit des Folgevertrages und der damit verbundene Bereicherungsausgleich nach § 812 Abs. 1 Satz 1, 1. Alt. BGB nicht dem Interesse der meisten Abnehmer entsprechen. Dem Anliegen des Schutzes von Abnehmern eines Kartells ist der Nichtigkeitseinwand damit, zumindest nach herrschender Ansicht, nicht nutzbar zu machen. Dies führte unter den Rahmenbedingungen der 6. GWB-Novelle zur faktischen Aufhebung des privaten Rechtsschutzes für die Betroffenen, da aufgrund des Schutzgesetzerfordernisses bzw. des Erfordernisses einer individuellen Zielgerichtetheit des Verstoßes oder einer unmittelbaren und finalen Betroffenheit des Anspruchsstellers die Geltendmachung von Schadensersatzansprüchen nach § 33 Satz 1 GWB a.F. durch Abnehmer eines Kartells im Regelfall ausgeschlossen war[83].

2. Partielle Nichtigkeit von Folgeverträgen – geltungserhaltende Reduktion

Im Zusammenhang mit der Nichtigkeitsfolge stellt sich die Frage, ob es rechtlich zulässig und vertretbar ist, dem Betroffenen von marktstrategischen Verhandlungs- und Missbrauchsstrategien mittels der partiellen Nichtigkeitsfolge des Folgevertrages eine „Abkürzung" zu verschaffen, anstatt ihn den beschwerlichen Weg der Unterlassungs-, Beseitigungs- und Schadensersatzansprüche gehen zu

---

83 Grundlegend: BGH GRUR 1983, S. 259 (262) – Familienzeitung = WuW/E S. 1985 (1988); OLG Stuttgart NJWE-WettbR 1998, S. 260 (261) – Car Partner II m.w.N.; so noch LG Mainz NJW-RR 2004, S. 478 (479) – Vitaminpreise Mainz; schon ausdrücklich ablehnend: LG Dortmund WuW/E DE-R S. 1352 (1353) – Vitaminpreise Dortmund.

lassen. Diese bestünde darin, dass der wirksame Folgevertrag, in entsprechender Anwendung des § 139 BGB[84], an kartellrechtsmäßige Zustände angepasst wird, was im Ergebnis auf eine geltungserhaltende Reduktion des kartellrechtswidrigen Vertrages hinauslaufen würde.

Eine geltungserhaltende Reduktion war im Bereich des Konditionenmissbrauchs nach § 19 Abs. 4 Nr. 2 GWB a.F. in Form von überlangen Bezugsbindungen des marktbeherrschenden Unternehmens anerkannt[85]. Die von der Rechtsprechung bislang nach § 139 BGB analog durchgeführten geltungserhaltenden Reduktionen bezogen sich zunächst ausschließlich auf überlange Bezugsbindungen, unangemessen lange Wettbewerbsverbote zwischen einer Gesellschaft und einem ausscheidenden Gesellschafter[86], auf überlange Kundenschutzklauseln zwischen Hersteller und Händler[87] sowie auf überlange Wettbewerbsverbote im Rahmen von Unternehmensveräußerungsverträgen[88]. Es lässt sich hiernach eine konsequente Anwendung der geltungserhaltenden Reduktion durch die Rechtsprechung ausschließlich im Bereich übermäßiger zeitlicher Wettbewerbsbeschränkungen feststellen[89]. Eine quantitative Rückführung gegenständlicher Vertragsbestandteile auf das kartellrechtlich gerade noch zulässige Maß, wie die Anpassung eines Vertrages des Kunden eines Kartells an den wettbewerbsanalogen Preis, wurde von der Rechtsprechung jedoch lange Zeit abgelehnt[90]. Der BGH scheint seine diesbezüglich konsequente Haltung jedoch aufgegeben zu haben. So hat er eine preisliche Anpassung durch die Annahme einer Teilnichtigkeit von Verträgen für zulässig erachtet, die aufgrund eines Verstoßes gegen § 12 Abs. 2 TKG 1996[91]

---

84 BGH WuW/DE-R S. 1305 (1306) – Restkaufpreis.
85 BGH WuW/E S. 2090 (2095) – Stadler Kessel; BGH WuW/E S. 1898 (1900) – Holzpaneele.
86 NJW Spezial 2005, S. 460; DB 1994, S. 34 (36) – ausscheidender Gesellschafter; ausführlich zur Gesamtproblematik: Mattfeld in Münchener Handbuch des Gesellschaftsrechts, § 59, Rn. 15.
87 Grundlegend hierzu: BGH WuW/E, S. 3115 (3120) – Druckgussteile.
88 OLG Stuttgart WuW/E 3492 (3493) – Tanzschule, das jedoch auf eine Umdeutung nach § 140 BGB abstellte; ebenso wurde eine geltungserhaltende Reduktion bei einer überlangen Prüfungsfrist für den neu eintretenden Gesellschafter im Gesellschaftsvertrag der BGB-Gesellschaft anerkannt, NJW-RR 2006, S. 405 (407).
89 So ausdrücklich BGH WuW/E S. 1305 (1306) – Restkaufpreis; BGH NJW 1997, S. 3089 (3090); BGH NJW 1986, S. 2944 (2945).
90 BGH WuW DE-R 2555 (2558) – Subunternehmervertrag II m.w.N.; OLG Düsseldorf, Urteil vom 27.6.2007, VI-2 U (Kart) 17/05, Rn. 67 (zitiert nach Juris); OLG Düsseldorf, Urteil vom 27.6.2007, VI-2 U (Kart) 9/05 – DaRed, Rn. 48 (zitiert nach Juris).
91 § 12 Abs. 2 TKG 1996 (außer Kraft seit 26.6.2004): „Ein Lizenznehmer, der Sprachkommunikationsdienstleistungen für die Öffentlichkeit anbietet, ist darüber hinaus verpflichtet, auf Anforderung Teilnehmerdaten unter Beachtung der anzuwendenden datenschutzrechtlichen Regelungen jedem Dritten zum Zwecke der Aufnahme eines Auskunftsdienstes oder der Herausgabe eines Verzeichnisses der Rufnummern der Teilnehmer in kundengerechter Form gegen ein angemessenes Entgelt zugänglich zu machen."

wegen Unangemessenheit des Bereitstellungsentgeltes gegen § 134 BGB verstießen[92].

Auch im Bereich des Ausbeutungsmissbrauchs wird eine geltungserhaltende Reduktion für möglich gehalten[93], sie ist aber nach dem Kenntnisstand des Autors nicht von der Rechtsprechung praktiziert worden. Teilweise wird auch darauf abgestellt, ob der Missbrauch der Marktmacht für den unmittelbaren Abnehmer von Vorteil ist oder nicht (bspw. im Fall von Kampfpreisrabatten nach § 20 Abs. 4 GWB)[94].

Der BGH hat jedoch, unter Bezugnahme auf das Transparenzgebot, auch in solchen Fallkonstellationen eine geltungserhaltende Reduktion abgelehnt[95]. Insgesamt stößt die geltungserhaltende Reduktion wettbewerbsbeschränkender Folgeverträge auf geteilte Meinung. Hauptargument der Gegner der geltungserhaltenden Reduktion ist, dass derjenige, der kartellrechtswidrige Vereinbarungen schließt, nicht dadurch belohnt werden soll, dass der Vertrag in dem gerade noch zulässigen Maße aufrechterhalten bleibt[96]. Der Richter müsste sich dann notgedrungen als nachträglicher rechtsberatender Vertragsgestalter betätigen, was nicht seiner Aufgabe entspräche. Ähnliches wird im Bereich der AGB-Kontrolle nach den §§ 307 ff. BGB vorgebracht, wo die Problematik aufgrund der höheren Zahl potentieller Anwendungsfälle intensiver diskutiert wird als im Kartellrecht.

Neben der unerwünschten Risikominimierung für den AGB-Verwender[97] wird auch angeführt, dass der rechtsunkundige Verwendungsgegner eher die Durchführung des mit den gesetzeswidrigen Klauseln versehenen Vertrages in Kauf nimmt als einen Zivilprozess. Die Rechtsordnung würde die Verwendung von gesetzeswidrigen AGB, welche als „Störung des Rechtsverkehrs" zu begreifen sind, nachträglich korrigieren[98].

Allerdings sind die Argumente, die gegen die geltungserhaltende Reduktion rechtswidriger AGB vorgebracht werden, nicht uneingeschränkt auf das Kartell-

---

92 BGH, Urteil vom 29.6.2010, KZR 47/07, Rn. 13 (zitiert nach Juris); BGH, Urteil vom 13.10.2009, KZR 34/06 – Teinehmerdaten I, Rn. 13 (zitiert nach Juris).
93 Weyer in AG 1999, S. 257 (258); I/M/Möschel, § 19 GWB, Rn. 248.
94 Möschel in I/M – EG WettbR., Art. 82, Rn. 30; bezogen auf AGB-Kontrolle: Canaris in NJW 1988, S. 1243 unter Bezugnahme auf BGH NJW 1988, S. 1259 (1269).
95 BGHZ 84, S. 109 (116).
96 BGH WuW/DE-R S. 1305 (1306) – Restkaufpreis; OLG Düsseldorf, Urteil vom 27.6.2007, VI-2 U (Kart) 17/05, Rn. 67 (zitiert nach Juris); OLG Düsseldorf, Urteil vom 27.6.2007, VI-2 U (Kart) 9/05 – DaRed, Rn. 48 (zitiert nach Juris); I/M/Zimmer, § 1 GWB, Rn. 222; Topel in Wiedemann § 50, Rn. 14.
97 St.Rspr.: BGHZ 86, S. 284 (297); 114, S. 338 (342/343); 120, S. 108 (122); BGH NJW 1993, S. 1135; BGH NJW 2000, S. 1110 (1113).
98 Palandt/Grüneberg, Vor. § 307, Rn. 8.

recht übertragbar[99]. Die Regeln der AGB-Kontrolle nach den §§ 307 ff. BGB verfolgen einen anderen Schutzzweck als die §§ 1-20 GWB bzw. die Art. 101 ff. AEUV. Die Regelungen der AGB-Kontrolle bezwecken in erster Linie den Ausgleich eines strukturellen Verhandlungsungleichgewichts zwischen dem im Geschäftsverkehr versierten Unternehmer und dem geschäftlich weniger erfahrenen Verbraucher[100]. Der Rechtsverkehr soll für den Kunden, insbesondere für den Verbraucher, möglichst transparent bleiben, wofür die AGB-Kontrolle bereits im präventiven Bereich sorgen soll[101]. Demgegenüber verfolgen die oben genannten Normen des deutschen und europäischen Kartellrechts – neben dem in beachtlichem Maße an Bedeutung zunehmenden Schutzzweck der Konsumentenwohlfahrt – auch in gewichtigem Maße den Schutz der Institution Wettbewerb[102]. Darüber hinaus ist von einem Verhandlungsungleichgewicht im Sinne eines Wissensdefizites auf der Marktgegenseite zumindest in Fällen, in denen die Folgeverträge nicht mit Konsumenten geschlossen werden, eher selten auszugehen.

Auch dem Argument der Risikominimierung bei demjenigen, der Verträge abschließt, die horizontale oder vertikale Wettbewerbsbeschränkungen beinhalten bzw. die missbräuchlich ausgestaltet sind, kann der Boden entzogen werden. In den meisten der in Frage kommenden Fälle dürften die Kunden des Kartells bzw. des marktmächtigen Unternehmens eine geltungserhaltende Reduktion der Verträge auf Anpassung des kartellbedingten Preises an den wettbewerbsanalogen Preis oder an wettbewerbsanaloge Konditionen begehren. Die Rechtsprechung selbst korrigiert Unstimmigkeiten, die mit der Feststellung des wettbewerbsanalogen Preises (§ 19 Abs. 4 Nr. 2, 2. HS GWB) einhergehen, im Einzelfall durch Sicherheitsmargen in Form von Zu- und Abschlägen[103]. Hätte nun derjenige, der wettbewerbsbeschränkende Verträge gestaltet, mit dem intensiven Gebrauch des Richters von dessen Möglichkeit, Sicherheitsmargen festzulegen, zu rechnen, würde dies, nach Etablierung einer entsprechenden Rechtsprechungspraxis, eine präventive Wirkung entfalten, die mit der der Schadensersatzklage gegebenenfalls vergleichbar wäre.

Die Gefahr, im Einzelfall erhebliche Zu- und Abschläge im Vergleich zum wettbewerbsanalogen Preis in Kauf nehmen zu müssen, würde selbst marktstarke Unternehmen davon abschrecken, die Grenzen des kartellrechtlich gerade noch

---

99 Explizit: I/M/Zimmer, § 1 GWB, Rn. 222; die geltungserhaltende Reduktion im Kartellrecht grundsätzlich befürwortend: K. Schmidt in I/M – EG WettbR., Art. 81 Abs. 2 EG, Rn. 29.
100 Basedow in MüKo zum BGB, Bd. 2, (5. Auflage 2007), Vorb. zu § 305 Rn. 5; Peter Schlosser in Staudinger AGBG, 13. Auflage (1998), Einl. zum AGBG, Rn. 3-5.
101 Canaris spricht in NJW 1982, S. 1243 (1244) von der tragenden Ratio für die Unzulässigkeit einer geltungserhaltenden Reduktion bei AGB.
102 Zur Schutzzweckdiskussion siehe Kapitel 1 I, II.
103 Siehe hierzu Kapitel 3 II 2.

Zulässigen auszutesten. Jedoch würden mit zunehmendem Gebrauch der in richterlichem Ermessen stehenden Sicherheitsmargen die Grenzen zum verschuldensabhängigen Schadensersatzanspruch unklarer.

Als gesichert kann jedoch gelten, dass sich die Frage der Zulässigkeit der geltungserhaltenden Reduktion nicht pauschal beantworten lässt, sondern nach Rechtsgebiet und Fallkonstellation beurteilt werden sollte. So wird eine geltungserhaltende Reduktion von Eheverträgen, deren Gesamtcharakter keine zwingende Gesamtnichtigkeit wegen Sittenwidrigkeit zur Folge hat, durchaus für denkbar gehalten[104], während eine geltungserhaltende Reduktion von Darlehensverträgen auf das gerade noch zulässige Maß vom hypothetischen Parteiwillen abhängig gemacht wird[105].

Die konsequente Haltung des BGH, eine geltungserhaltende Reduktion im Kartellrecht ausschließlich auf zeitliche Faktoren anzuwenden, jede gegenständliche richterliche Korrektur des Folgevertrages hingegen durchweg abzulehnen, ist auch keinesfalls zwingend durch das Prinzip der Privatautonomie vorgeschrieben. Das Zivilrecht kennt Fälle, in denen sich richterliche Korrekturen eines Vertrages auch auf gegenständliche Teile des Vertragswerks beziehen können. Sowohl in § 343 Abs. 1 Satz 1, Satz 2 BGB als auch in § 655 Satz 1 BGB und 74a Abs. 1 Satz 2 HGB ist eine rechtsgestaltende richterliche Modifikation von gegenständlichen Vertragsbestandteilen im Gesetz vorgesehen[106]. Insofern stehen der geltungserhaltenden Reduktion kartellrechtswidriger Verträge keine zwingenden rechtsdogmatischen und praktischen Hindernisse im Weg.

3. Praktikabilität für den Kläger

Die partielle Nichtigkeit des Folgevertrages hat für den Kläger sowohl Vor- als auch Nachteile.

Die Rechtsfolge einer durch § 134 BGB i.V.m. § 139 BGB analog angeordneten partiellen Nichtigkeit des Folgevertrags ist ein Bereicherungsausgleich nach § 812 Abs. 1 Satz 1, 1. Alt BGB, da die Leistung (in den allermeisten Fällen der gezahlte Kaufpreis) des Kunden eines Kartells an einen der Kartellbeteiligten, bzw. die Leistung des Abnehmers eines marktbeherrschenden oder marktstarken Unternehmens, bewusst und zweckgerichtet erfolgt. Der Kondiktionsanspruch des Kunden würde sich der Höhe nach auf die Differenz zwischen dem tatsächlich

---

104 Bambring in FPR 2005, S. 130 (132).
105 BGH NJW 2001, S. 815 (817).
106 Hierauf verweist Canaris in NJW 1988, S. 1243 (1243/1244), der von „quantitativen Größen" spricht.

gezahlten und dem wettbewerbsanalogen Preis der Ware belaufen[107]. Denn unterstellt man die Zulässigkeit einer gegenständlichen geltungserhaltenden Reduktion von Folgeverträgen und damit zugleich die partielle Nichtigkeit der Folgeverträge, so erfolgte die Leistung zu dem Teil rechtsgrundlos, zu dem der Kaufpreis vom wettbewerbsanalogen Preis nach oben abwich.

Der Streit, ob die Rechtsgrundlosigkeit der Leistung nach objektiven Kriterien, d.h. nach dem Schuldverhältnis zwischen den Parteien, zu bestimmen ist oder sich nach subjektiven Kriterien, d.h. nach dem von den Parteien mit dem Rechtsgeschäft verfolgten Zweck richtet, kann hier außer Betracht bleiben. Die Rechtsgrundlosigkeit der Leistungen ist in jedem Fall dann gegeben, wenn sie, sei es auch nur zum Teil, auf einem gesetzlich nicht anerkannten Rechtsgeschäft beruht[108]. Die fehlende gesetzliche Anerkennung des Rechtsgeschäfts folgt unmittelbar aus den einschlägigen Verbotsnormen des GWB i.V.m. § 134 BGB. Ob das Fehlen des rechtlichen Grundes von Anfang an vorliegen muss, was hier bedeuten würde, dass man auf den Zeitpunkt des Anbietens der Ware zum nicht wettbewerbsanalogen Preis durch den Konditionsschuldner abzustellen hätte, oder ob der Zeitpunkt der Leistung durch den Konditionsgläubiger, d.h. die Bezahlung der Ware zum kartellbedingt überhöhten Preis, maßgeblich sein soll, ist unerheblich. In beiden Konstellationen ist die condictio indebiti, d.h. der Bereicherungsanspruch aus § 812 Abs. 1 Satz 1, 1. Alt. BGB, die einschlägige Variante. Dieser ist verschuldensunabhängig und der Kläger muss weder den Eintritt eines Schadens nachweisen noch dessen Höhe beziffern können[109].

Interessante Aspekte ergeben sich zudem hinsichtlich der Beweislast des Klägers für das Fehlen des Rechtsgrundes. Auch bei der Geltendmachung von Ansprüchen aus Bereicherungsrecht hat der Kläger nach den allgemeinen Regeln des Zivilprozesses die anspruchsbegründenden Umstände zu beweisen[110]. Während das Vorliegen einer Leistung und der Eintritt einer Vermögensmehrung beim Konditionsschuldner im Prozess leicht zu beweisen sein dürften, könnte sich die Frage des fehlenden Rechtsgrundes für den Kläger als problematisch erweisen. Grundsätzlich ist auch sie als anspruchsbegründende Tatsache von ihm zu beweisen[111].

Der Beibringungsgrundsatz gilt jedoch im Bereicherungsrecht nicht uneingeschränkt. Den Beklagten kann im Einzelfall eine sekundäre Behauptungslast treffen. Der In-Anspruch-Genommene hat dann die Umstände darzulegen, die

---

107 Zur Berechnung des wettbewerbsanalogen Preises siehe Kapitel 3 II 2.
108 Zur fehlenden gesetzlichen Anerkennung des Rechtsgrundes: Schwab in MüKo zum BGB, Bd. 5 (5. Auflage 2009), § 812 BGB, Rn. 340.
109 Schwab in MüKo zum BGB, Bd. 5 (5. Auflage 2009), § 812 BGB, Rn. 5; § 819 BGB, Rn. 1.
110 Siehe zu den allgemeinen Regeln Kapitel 12 I.
111 BGHZ 128, S. 167 (171); BGH NJW-RR 2004, S. 556; BGH NJW 1995, S. 727 (728).

ihn seiner Meinung nach zum Behaltendürfen der Leistung berechtigen, d.h. die Existenz des Rechtsgrundes darzutun. Diese Beweislastmodifikation räumt es dem Kläger ein, sich darauf zu beschränken, die vom Beklagten dargelegten Rechtsgründe zu bestreiten[112]. Die eigentliche Beweiserleichterung liegt darin, dass vom Bereicherungsschuldner verlangt werden kann, dass er dem Bestreiten des Klägers seinerseits die substantiierte Darlegung der für das Bestehen des Rechtsgrundes maßgeblichen Tatsachen entgegensetzen muss. Die Anforderungen an diese faktische Beweislastumkehr werden den Umständen des jeweiligen Falles angepasst[113].

Eine sekundäre Behauptungslast des Kondiktionsschuldners ist an die Voraussetzungen geknüpft, dass die darlegungspflichtige Partei, d.h. der Kondiktionsgläubiger, außerhalb des von ihr darzulegenden Geschehensablaufs steht und keine nähere Kenntnis der maßgebenden Tatsachen besitzt, während der Gegner über sie verfügt und ihm nähere Angaben zumutbar sind[114].

Demzufolge stellt sich die Frage, inwieweit diese von der Rechtsprechung entwickelte einzelfallabhängige Beweislastmodifikation für den Bereich des kartellrechtlichen Individualschutz nutzbar gemacht werden kann. Kondiktionsschuldner dürften im Regelfall entweder an horizontalen oder vertikalen Wettbewerbsbeschränkungen beteiligte Unternehmen sein oder das nach den §§ 19 ff. GWB missbräuchlich handelnde Unternehmen. Die Frage der Rechtsgrundlosigkeit der Leistung seitens des Kondiktionsgläubigers hängt davon ab, ob die abgenommene Ware zum wettbewerbsanalogen Preis verkauft oder davon abgewichen wurde. Wich der gezahlte Kaufpreis infolge wettbewerbsrechtswidriger Praktiken vom wettbewerbsanalogen Preis nach oben ab, so erfolgte die Leistung des Abnehmers, d.h. des Kondiktionsgläubigers, teilweise rechtsgrundlos.

Ein Anspruch auf Bereicherungsausgleich wäre somit dem Grunde nach gegeben. Allerdings würde die Zulässigkeit einer qualitativen Anpassung von kartellrechtswidrigen Verträgen auch zu dem zunächst als paradox anmutenden Ergebnis führen, dass ein Kondiktionsanspruch auch vom marktbeherrschenden bzw. marktmächtigen Unternehmen geltend gemacht werden könnte. Dies wäre nämlich dann der Fall, wenn der Abnehmer die Ware im Rahmen einer gezielten Kampfpreisunterbietung erworben hätte, da dann das Rechtsgeschäft gem. § 20 Abs. 4 Satz 2 GWB i.V.m. § 134 BGB und § 139 BGB analog teilnichtig wäre. Der unmittelbare Abnehmer hätte es dann hinzunehmen, dass der Preis der von

---

112 BGH NJW-RR 1994, S. 1068 (1069).
113 Instruktiv: BGH NJW-RR 2004, S. 556; vgl. zu diesbezüglich weitergehenden Literaturmeinungen: Musielak/Stadler, § 138 ZPO, Rn. 11 m.w.N.
114 St. Rspr: BGH NJW-RR 2004, S. 556 (557); BGH NJW 1999, S. 2887 (2888); BGH NJW 1996, S. 315 (317); BGH NJW-RR 1995, S. 130 (131).

ihm erworbenen Ware zugunsten des marktmächtigen Unternehmens nach oben an den wettbewerbsanalogen Preis angepasst würde.

Fälle nach § 20 Abs. 4 Satz 2 GWB sind in der kartellrechtlichen Praxis, insbesondere im Konsumgüterbereich, nicht selten. Dieses Ergebnis ist dennoch ohne weiteres vertretbar. Zum einen ist Kartellrecht nicht ausschließlich als „Verbraucherschutzrecht" aufzufassen, zum anderen dürften sich die Fälle, in denen das marktbeherrschende bzw. marktstarke Unternehmen derartige Ansprüche tatsächlich gegen seine Kunden geltend macht, aus Imagegründen in engen Grenzen halten.

Für den Käufer stellt sich jedoch die für ihn im Zivilprozess wesentlich bedeutsamere Frage, ob er sich auf die sekundäre Behauptungslast des Konditionsschuldners, d.h. des Beklagten, berufen kann. Nach den oben genannten Kriterien müsste der Kläger zunächst außerhalb des von ihm darzulegenden Geschehensablaufs stehen und keine nähere Kenntnis der maßgebenden Tatsachen besitzen. Dies wird insbesondere dort angenommen, wo sich die materiellrechtliche Anspruchsvoraussetzung im Nichtvorliegen eines Umstandes erschöpft[115].

Dies ist im Rahmen der Leistungskondiktion des § 812 Abs. 1 Satz 1 BGB bezüglich des Erfordernisses des Vorliegens eines Rechtsgrundes für das Behaltendürfen der Leistung unproblematisch der Fall. Der vom Kläger darzulegende Geschehensablauf ist nämlich ausschließlich die Tatsache, dass die Ware nicht zum wettbewerbsanalogen Preis verkauft wurde, sondern dass der tatsächlich gezahlte Kaufpreis im Vergleich zum wettbewerbsanalogen Preis nach oben abwich. Ob der Kläger hinsichtlich der Darlegung der Kaufpreisdifferenz außerhalb des Geschehensablaufes steht, stellt zum großen Teil eine wertungsabhängige Frage dar, denn die Darlegung der Kaufpreisdifferenz hängt untrennbar mit der Feststellung des wettbewerbsanalogen Preises zusammen. Geht man von Billigkeitsgesichtspunkten aus, so müsste man bejahen, dass der Kläger, zumindest in Fallkonstellationen, in denen ein strukturelles Ungleichgewicht bezüglich des Zugangs zu detaillierten Kenntnissen der Marktstruktur und der Marktverhältnisse zu seinen Lasten vorliegt, außerhalb des von ihm darzulegenden Geschehensablaufes steht. Dies wäre insbesondere dann anzunehmen, wenn der Kläger Endverbraucher ist.

Umgekehrt kann sich der Kläger und Konditionsgläubiger schwerer auf eine sekundäre Behauptungslast des Beklagten berufen, wenn er Zwischenhändler ist und einer unmittelbar nachgelagerten Marktstufe angehört, da dann seltener von schlechterem oder indirekterem Zugang zu den notwendigen detaillierten Informationen für die Bestimmung des wettbewerbsanalogen Preises ausgegangen werden kann. Grundsätzlich orientiert sich die Rechtsprechung durch die von ihr

---

115 BGH NJW-RR 1999, S. 1152; auf den Wahrnehmungsbereich des Bekl. abstellend: BGH NJW 1987, S. 2008 (2009).

gestellten Anforderungen an einer Einzelfallbetrachtungsweise. Es würden somit zunächst keine zwingenden Gründe entgegenstehen, den Umfang der Darlegungs- und Beweislast des Bereicherungsgläubigers im Zivilprozess davon abhängig zu machen, ob er Abnehmer eines Kartells, bzw. eines seine Marktmacht missbräuchlich ausnutzenden Unternehmens, ein Weiterverkäufer mit umfangreicher Kenntnis des betreffenden Marktes oder lediglich Endverbraucher ist.

Fragen wirft dagegen das unscharfe Kriterium der Zumutbarkeit für den Beklagten auf. Von der Rechtsprechung wird die Beweislastmodifikation hin zu einer erweiterten Substantiierungspflicht des Beklagten in den Fällen für zumutbar gehalten, in denen kein unzulässiger Ausforschungsbeweis vorliegt und der Kläger darauf angewiesen ist, prozesserhebliche Tatsachen lediglich zu behaupten. Dies ist dann der Fall, wenn ihm eine genaue Darlegung der Tatsachen deshalb nicht zumutbar ist, weil er eine genaue Kenntnis über sie gar nicht haben kann[116]. Ebenso wird Zumutbarkeit in Fallgruppen bejaht, in denen der Beklagte vorgibt, über „Insiderwissen" zu verfügen, und dadurch eine erhöhte Glaubwürdigkeit in Anspruch nimmt[117].

Die Zumutbarkeit einer erweiterten Substantiierungspflicht des Beklagten hängt nahezu untrennbar mit der Entfernung des Klägers vom Wahrnehmungsbereich des Beklagten zusammen[118]. Ein für den Zivilprozess relevanter Informationsvorsprung des Beklagten soll dann durch prozessuale Erleichterungen für den Kläger kompensiert werden, wenn dieser dazu führen würde, dass der Anspruch bei Anwendung der allgemeinen Beweislastregeln der Zivilprozessordnung nahezu undurchsetzbar wäre. Unter Berücksichtigung von Billigkeitsgesichtspunkten werden die Anforderungen an die Substantiiertheit des klägerischen Vorbringens somit den Umständen des Einzelfalls angepasst. Für die Anwendung dieser Kriterien auf einen „kartellrechtlichen Bereicherungsanspruch" bedeutet dies, dass die Beweislast mit zunehmendem Umfang des Klägers, in dem er auf der dem Beklagten nachgelagerten Marktstufe tätig ist, geringer wird.

4. Verhältnis zum Schadensersatzanspruch

Dieser Vorgehensweise könnten allerdings systematische Gesichtspunkte dahingehend entgegenstehen, dass mittels des Bereicherungsausgleichs nach § 812 Abs. 1 BGB die einschlägigen spezialgesetzlichen Regelungen des Kartellrechts umgangen würden. Im Wege der Leistungskondiktion können zwar keine mittelba-

---

116 BGH NJW 1968, S. 1233 (1234); BGH NJW 1974, S. 1710; für Geschehnisse aus dem Vermögensbereich der anderen Partei: BGH NJW-RR 2002, S. 1280.
117 BGH NJW-RR 1987, S. 754 (755).
118 Zusammenfassend: Wagner in MüKo zur ZPO, Bd. 1 (3. Auflage 2008), § 138 ZPO, Rn. 21, 22.

ren Vermögensschäden, wie der entgangene Gewinn i.S.d. § 252 BGB, kompensiert werden, bezüglich des unmittelbaren Schadens, wie des kartellbedingt überhöhten Kaufpreises, würde der Bereicherungsausgleich jedoch mit dem Schadensersatzanspruch nach § 33 Abs. 3 GWB kollidieren. Als Hauptproblem stellt sich in diesem Zusammenhang das Verschuldenserfordernis des § 33 Abs. 3 Satz 1 GWB dar, welches durch eine extensive Anwendung der Nichtigkeitsfolge in den entsprechenden Fällen umgangen würde. Darüber hinaus gewährt ein Anspruch auf Bereicherungsausgleich, entsprechend seiner Rechtsnatur, nur die Differenz zwischen wettbewerbsanalogem und tatsächlich gezahltem Preis, was lediglich dem kompensatorischen Ersatz unmittelbarer Schäden entspricht[119].

Darüber hinaus ist der Anspruch auf Bereicherungsausgleich nicht von der Vorverlagerung der Verzinsungspflicht auf den Eintritt der Entreicherung betroffen, wie dies gem. § 33 Abs. 3 Satz 4 GWB beim Schadensersatzanspruch für den Zeitpunkt des Schadenseintritts der Fall ist. Hierdurch würde die Anreizproblematik im Vergleich zu § 33 Abs. 3 Satz 1 GWB noch verschärft[120]. Darüber hinaus ist der Kläger hinsichtlich der Beweiserleichterung durch die etwaige Anerkennung einer sekundären Behauptungslast von richterlichem Ermessen abhängig, zumal es bei unmittelbaren Abnehmern, die große Zwischenhändler sind, eher unwahrscheinlich ist, dass das Gericht von einer ausreichend gravierenden Informationsasymmetrie ausgeht. Insofern erscheint es praktikabler, den Schadensersatzanspruch in § 33 Abs. 3 Satz 1 GWB durch eine entsprechende Anpassung der prozessualen Rahmenbedingungen aufzuwerten.

Verneint werden kann in diesem Zusammenhang auch die Frage, ob die Nichtleistungskondiktion des § 812 Abs. 1 Satz 1, 2. Alt. BGB mittelbaren Abnehmern einen Bereicherungsausgleich direkt gegenüber dem Rechtsverletzer ermöglicht. Zwar würde sich die Problematik der Zulässigkeit der Vorteilsausgleichung auf Grund einer Schadensabwälzung auf nachgelagerte Abnehmerstufen[121] nicht stellen, da diese ausschließlich im Rahmen des § 249 BGB durchgeführt wird, jedoch ist eine Nichtleistungskondiktion immer dann ausgeschlossen, wenn die Vermögensverschiebung auf dem rechtlich selbstständigen Umweg über fremdes Vermögen erlangt wurde (sog. Erfordernis der Einheitlichkeit des Bereicherungsvorgangs)[122].

---

119 Auch der EuGH setzt die Ersatzfähigkeit entgangenen Gewinns in den mitgliedsstaatlichen Rechtsordnungen unter Effektivitätsgesichtspunkten voraus, vgl. EuGH, 16.9.2006, verb. Rs. C – 295/04 bis C – 298/04, WuW/E EU-R 1107 – Vincenzo Manfredi gegen Lloyd Adriatico Assicurazioni SpA, Rn. 95.
120 Vgl. Kapitel 5 II.
121 Zur Gesamtproblematik, vgl. Kapitel 4 I 1.
122 BGH NJW 1987, S. 1631 (1632); BGH NJW 1977, S. 1287; problematisch ist in dieser Konstellation auch das Vorliegen einer dem Bereicherungsgläubiger ausschließlich zugewiesenen Rechtsposition.

II. Anfechtbarkeit der Folgeverträge

Für den Abnehmer kartellbefangener Produkte könnte es zudem in Betracht kommen, den Kaufvertrag anzufechten und den Vertrag rückabzuwickeln. Eine Anfechtbarkeit kommt zunächst ausschließlich nach § 123 Abs. 1, 1. Alt. BGB in Betracht. Eine Anfechtung nach § 119 Abs. 2 BGB wegen Irrtums über eine verkehrswesentliche Eigenschaft scheidet aus, da weder der Preis einer Sache an sich noch seine Wettbewerbsgemäßheit oder die Rechtmäßigkeit seines Zustandekommens eine verkehrswesentliche Eigenschaft einer Sache i.S.d. § 119 Abs. 2 BGB darstellt[123].

§ 123 Abs. 1, 1. Alt. BGB setzt die arglistige Täuschung eines Vertragspartners voraus, d.h. bewusstes, vorsätzliches Erregen- oder Aufrechterhaltenwollen eines Irrtums durch Vorspiegeln falscher oder Unterdrücken wahrer Tatsachen, um den Getäuschten vorsätzlich zur Abgabe einer bestimmten Willenserklärung zu veranlassen[124]. Eine ausdrückliche Täuschung über eine Beteiligung an einem Preiskartell durch den Verkäufer dürfte in der Praxis kaum in Betracht kommen, da die Vertragsparteien derartige Punkte regelmäßig nicht in die Vertragsverhandlungen aufnehmen[125].

Demnach kommt zunächst nur eine Täuschung durch unterlassene Aufklärung über die Teilnahme an einem Kartell in Frage. Dies würde eine Aufklärungspflicht des am Kartell teilnehmenden Verkäufers erfordern, d. h., der andere Teil müsste nach Treu und Glauben unter Berücksichtigung der Verkehrsanschauung im Einzelfall redlicherweise eine Aufklärung über den verschwiegenen Umstand erwarten dürfen[126]. Eine derartige Aufklärungspflicht dürfte in den allermeisten Fällen jedoch zu verneinen sein[127]. Zwar hat die Kartellabrede im Vorfeld des Vertragsschlusses den Kaufpreis der verkauften Ware beeinflusst, jedoch ändert sich hierdurch nichts an dem zwischen Kartellmitglied und Abnehmer vereinbarten Vertragsinhalt. Der Abnehmer bekommt trotz des Kartellverstoßes die vereinbarte Leistung für die vereinbarte Gegenleistung[128].

---

123 Kramer in MüKo zum BGB, 5. Auflage (2007), § 119 BGB, Rn. 132 m.w.N.
124 Jauernig/Jauernig, § 123 BGB, Rn. 3 m.w.N.
125 Sollte dies jedoch im Einzelfall geschehen sein, so stünde dem unmittelbaren Abnehmer sowohl der Weg der Anfechtung nach § 123 Abs. 1 BGB als auch ein Vertragsaufhebungsanspruch aus culpa in contrahendo nach §§ 311 Abs. 2, 241 Abs. 2, 280 Abs. 1 BGB offen, da Letzterer bei Arglist neben der Anfechtung möglich bleibt: vgl. BGH NJW 2009, S. 2120 (2122) m.w.N.
126 BGH NJW 2001, S. 64; BGH NJW-RR 1998, S. 1406.
127 A.A. im Fall eines Submissionsbetruges: OLG München NJW-RR 2002, S. 886 (887); allgemein zur Anfechtbarkeit kartellbeeinflusster Folgeverträge: OLG Celle NJW 1963, S. 2126 (2127) – Brückenbauwerk.
128 Instruktiv: Mayer in WuW 2010, S. 29 (32/33).

Zweiter Anknüpfungspunkt für die Anfechtung des kartellbefangenen Folgevertrages könnte die (konkludente) Täuschung über eine kartellbedingte Preiserhöhung sein. Grundsätzlich wird eine Anfechtung nach § 123 Abs. 1, 1. Alt. BGB für möglich gehalten, „*wenn der vereinbarte Preis höher ist,* [sic!] *als der, der unter uneingeschränkten Wettbewerbsverhältnissen erzielbar gewesen wäre*"[129]. Diesbezüglich ist der Kläger jedoch, ebenso wie beim Schadensersatzanspruch, darlegungs- und beweisbelastet[130]. Anderes soll lediglich in Fällen gelten, in denen dem Zivilrechtsstreit ein Strafverfahren wegen Submissionsbetruges vorausging, welches mit einer rechtskräftigen Verurteilung des Beklagten endete[131].

Trennscharfe Kriterien hinsichtlich der Täuschungshandlung an sich sowie der übrigen Anknüpfungspunkte für eine Anfechtung nach § 123 Abs. 1, 1. Alt. BGB werden in den zitierten Urteilen nicht genannt[132]. Jedoch fällt auf, dass die Gerichte dem Anfechtenden außerhalb des Submissionsbetruges keine Beweiserleichterungen im Vergleich zum Schadensersatzkläger einzuräumen. In Bezug auf den Anfechtungsgrund knüpfen sie nicht an die Tatbestandsvoraussetzung der arglistigen Täuschungshandlung an, sondern ausschließlich an die objektive Frage, ob der vom Abnehmer gezahlte Preis infolge der Wettbewerbsbeschränkung höher war als der wettbewerbsanaloge Preis, und erlegen dem Anfechtenden hierfür die Darlegungs- und Beweislast auf.

Rechtsfolge der Anfechtung ist die *ex tunc* Nichtigkeit des angefochtenen Vertrages gem. § 142 Abs. 1 BGB. Um Konsistenz mit der Nichtigkeitsfolge des § 134 BGB herzustellen, bei dem § 139 BGB analog im dargestellten Umfang eine Anpassung des Vertrages an wettbewerbsanaloge Bedingungen erlaubt, stellte das OLG Düsseldorf in dem zitierten Urteil eher beiläufig fest, dass eine Anfechtung des Vertrages durch den Abnehmer eines Kartells lediglich die Teilnichtigkeit der Preisvereinbarung zur Folge haben kann[133].

Der BGH hob in dem Beschluss über die Nichtzulassungsbeschwerde des Kaufpreisrückzahlung begehrenden Widerklägers jedoch hervor, dass das Gericht auf die Frage der Anfechtung des Rechtsgeschäfts wegen arglistiger Täuschung, und damit auch auf die Frage einer eventuellen Gesamtnichtigkeit des Folgevertrags, nicht ausreichend eingegangen sei und dass die zu § 134 BGB

---

129 OLG Düsseldorf, Urteil vom 20.2.2009, 22 U 135/08, zit nach Juris, Rn. 42.
130 OLG Düsseldorf, Urteil vom 20.2.2009, 22 U 135/08, zit. nach Juris, Rn. 42 mit Verweis auf OLG Frankfurt, Urteil vom 7.11.2006, 11 U 53/03 (Kart.), zit. nach Juris, Rn. 40.
131 OLG München NJW-RR 2002, S. 886 (888); ein Bußgeldbescheid reicht hier, anders als beim Schadensersatzanspruch (vgl. § 33 Abs. 4 GWB), nicht aus: OLG Frankfurt, Urteil vom 7.11.2006, 11 U 53/03 (Kart.), zit. nach Juris, Rn. 41.
132 So auch Mayer in WuW 2010, S. 29 (30).
133 OLG Düsseldorf, Urteil vom 20.2.2009, 22 U 135/08, zit nach Juris, Rn. 42 m.w.N.; auf den Einzelfall abstellend: OLG München NJW-RR 2002, S. 886 (887).

entwickelten Grundsätze der Teilnichtigkeit auf die Anfechtung wegen arglistiger Täuschung nicht anzuwenden seien[134]. Vielmehr müsse es dem arglistig Getäuschten möglich bleiben, die Gesamtnichtigkeit des Vertrages herbeizuführen und einen vollständigen Bereicherungsausgleich nach § 812 Abs. 1 BGB durchzuführen[135].

Eine Gesamtnichtigkeit des Folgevertrages würde im Unterschied zur Teilnichtigkeit einen beidseitigen Bereicherungsausgleich zwischen Verkäufer und Abnehmer des kartellbefangenen Produktes auslösen. Der Anfechtende hätte zunächst auch den Vorteil, dass der Lieferant im Rahmen der Rückabwicklung bei Verarbeitung, Verkauf oder Umgestaltung der Kaufsache die Beweislast für deren objektiven Wert (§ 818 Abs. 2 BGB) trägt und damit für die Bestimmung des wettbewerbsanalogen Preises[136].

Dies wäre jedoch auch bei einer Erstreckung der Nichtigkeitsfolge auf den gesamten Vertrag von eher geringer praktischer Bedeutung, da der Anfechtende, außer in gerichtlich festgestellten Fällen eines Submissionsbetruges, nach übereinstimmender Rechtsprechung bereits hinsichtlich des Anfechtungsgrundes darlegen und beweisen muss, dass der kartellierte Preis vom wettbewerbsanalogen Preis nach oben abwich.

Der Weg der Anfechtung ist für den Kartellgeschädigten somit nur in den Konstellationen des Submissionsbetruges sinnvoll, in denen er die empfangene Leistung bereits verbraucht hat. Er könnte hinsichtlich des Vorliegens eines Verstoßes, und damit eines Anfechtungsgrundes, auf das strafgerichtliche Urteil verweisen, während der Lieferant des kartellbefangenen Produktes dessen objektiven Marktwert und den wettbewerbsanalogen Preis darzulegen und zu beweisen hat. Hierdurch würde ihm eine Schadensberechnung wie beim Schadensersatzanspruch erspart.

Darüber hinaus würde im Fall der Weiterveräußerung oder anderweitigen Verwendung der Ware sein Kaufpreisrückzahlungsanspruch nach § 812 Abs. 1 BGB gegenüber dem Lieferanten nicht mit dessen gleichartigem Anspruch auf Herausgabe des Wertersatzes nach §§ 812 Abs. 1, 818 Abs. 2 BGB saldiert, da die Saldotheorie im Falle einer Anfechtung eines Rechtsgeschäfts wegen arglistiger Täuschung keine Anwendung findet[137]. Der Anfechtende könnte selbst bei Weiterveräußerung der Ware deren objektiven Marktwert herausverlangen, ohne selbst zur Leistung verpflichtet zu sein. Gleiches würde gelten, wenn sich der Anfechtende auf Entreicherung nach § 818 Abs. 3 BGB berufen könnte, bspw. weil die herauszugebenden Gegenstände untergegangen sind[138].

---

134 BGH, Beschluss vom 28.1.2010, VII ZR 50/09, Rn. 11.
135 BGH, Beschluss vom 28.1.2010, VII ZR 50/09, Rn. 12; schon in diese Richtung gehend: OLG Celle NJW 1963, S. 2126 (2127) – Brückenbauwerk.
136 Vgl. Erläuterungen bei Mayer in WuW 2010, S. 29 (35/36) m.w.N.
137 BGH NJW 1970, S. 656 (656/657); BGH NJW 2000, S. 3064 (3065) m.jew.w.N.
138 So im zitierten Fall des OLG Düsseldorf, Urteil vom 20.2.2009, 22 U 135/08.

Insgesamt dürfte sich die Praxisrelevanz der Anfechtung von Kaufverträgen über kartellbefangene Produkte durch den Abnehmer wegen arglistiger Täuschung nach § 123 Abs. 1, 1. Alt. BGB jedoch in Grenzen halten. Die Anforderungen, die die zitierten Urteile an Darlegung und Beweis eines Anfechtungsgrundes stellen, sind ebenso hoch wie beim haftungsbegründenden Tatbestand des Schadensersatzanspruchs nach § 33 Abs. 3 GWB. Der Anfechtende muss, ebenso wie der Schadensersatzgläubiger, nachweisen, dass der Kaufpreis kartellbedingt überhöht war. Hiervon ist er lediglich dort befreit, wo ein Submissionsbetrug rechtskräftig durch ein Strafgericht festgestellt wurde[139]. Zudem wird in keinem der angeführten Urteile näher auf die genauen Voraussetzungen für die Annahme einer arglistigen Täuschung über kartellbedingte Preiserhöhung, entweder konkludent oder durch Unterlassen, eingegangen[140].

III. Ansprüche auf Unterlassung und Beseitigung aus § 33 Abs. 1, Satz 1 GWB

1. Anspruchsvoraussetzungen

Sowohl der Unterlassungsanspruch nach § 33 Abs. 1 Satz. 1, 2. Alt GWB als auch der Beseitigungsanspruch § 33 Abs. 1 Satz 1, 1. Alt GWB fordern, wie andere Unterlassungsansprüche des Deliktsrechts, bspw. nach § 8 Abs. 1 Satz 1, 2. Alt. UWG oder § 1004 Abs. 1 BGB, eine Wiederholungs- bzw. Erstbegehungsgefahr[141]. Hinsichtlich des Vorliegens der Wiederholungs- bzw. Erstbegehungsgefahr kann auf die zum UWG entwickelten Grundsätze zurückgegriffen werden. Sie liegt dann vor, wenn eine Verletzung des Schutzgesetzes bereits erfolgt ist oder ernsthaft droht[142]. Eine Verletzungshandlung droht schon dann, wenn die Rechtsbeeinträchtigung hinreichend nahe bevorsteht. Eine bereits erfolgte Verletzungshandlung bildet hierfür ein nur sehr schwer zu widerlegendes Indiz[143].

Im Vergleich zum Schadensersatzanspruch bietet der Unterlassungs- und Beseitigungsanspruch dem Kläger den entscheidenden Vorteil, dass beide Ansprüche

---

139 Ein strafgerichtliches Urteil kann sich jedoch auch der Schadensersatzkläger durch Antrag auf Beiziehung der betreffenden Akten zunutze machen.
140 Mayer in WuW 2010, S. 29 (38).
141 St. Rspr.: vgl. BGH NJW 1951, S. 843; BayObLG NJW-RR 1987, S. 1040 (1041); Lettl, Kartellrecht, § 11, Rn. 69 m.w.N.; Palandt/Bassenge, § 1004 BGB, Rn. 32.
142 I/M/Emmerich, § 33 GWB, Rn. 95; 98/99 m.w.N.; bezgl. § 8 UWG: Fezer/Büscher, § 8, Rn. 50; Eingehend:Baldus in MüKo, Bd. 6, (5. Auflage 2009) § 1004 BGB, Rn. 134, 135; OLG Köln NJOZ 2005, S. 3635 (3636).
143 BGH NJW 2004, S. 1035 (1036); BGHZ 140, S. 1 (10/11); BayObLG NJW-RR 1987, S. 1040 (1041).

keine schuldhafte Begehung fordern[144]. Des Weiteren ist der Anspruch auch nicht an das Vorliegen eines Unrechtsbewusstseins geknüpft. Es ist ausreichend, dass die Verletzungshandlung objektiv rechtswidrig erfolgte[145].

2. Rechtsfolgen

Der Anspruch ist auf Unterlassung und gegebenenfalls Beseitigung der konkreten rechtswidrigen Verletzungshandlung gerichtet. Besondere praktische Bedeutung kommt dem Unterlassungs- und insbesondere dem Beseitigungsanspruch im Rahmen von Diskriminierungs- und Missbrauchsfällen nach §§ 19 und 20 GWB zu. In diesen Fallkonstellationen kann sich die Unterlassung oder Beseitigung zur Vornahme bestimmter Handlungen verdichten, wenn die Herbeiführung rechtmäßiger Zustände ausschließlich durch diese erreicht werden kann[146]. Bei Diskriminierungen durch Lieferverweigerung kann sich auf diesem Weg als Rechtsfolge des Beseitigungsanspruchs ein Kontrahierungszwang des Diskriminierenden auf Weiterbelieferung ergeben[147]. Ein Kontrahierungszwang war nach früherer, allerdings mittlerweile geänderter Rechtsprechung ausschließlich im Rahmen der Naturalrestitution als Rechtsfolge eines (verschuldensabhängigen) Schadensersatzanspruchs zu erreichen[148].

Darüber hinaus können der Unterlassungs- und insbesondere der Beseitigungsanspruch aus § 33 Abs. 1 Satz 1, 1. Alt., 2. Alt. GWB in Fällen, in denen die unbillige Behinderung in der Verweigerung der Zahlung einer angemessenen Vergütung durch einen Nachfragemonopolisten vorliegt, wie bspw. bei einem Erzeuger von förderungsbedürftigen erneuerbaren Energien durch einen Netz-

---

144 St.Rspr.: BGH WuW/E S. 288 (291) – Großhändlerverband II; BGH WuW/E S. 1587 – Modellbauartikel; OLG Koblenz WuW/E S. 3263 (3267) – Landesapothekerverein; BGH WuW/E S. 2805 (2811/2812) – Stromeinspeisung.
145 Staudinger/Gursky, 15. Auflage (2006), § 1004 BGB, Rn. 173 m.w.N.; in Bezug auf den kartellrechtlichen Unterlassungsanspruch: BGH WuW/E S. 3067 (3072) – Fremdleasingboykott II.
146 BGH WuW/E S. 759 (763) – pharmazeutische Großhandlung; LG Mannheim WuW/E S. 259 (263) – Zweittaxi; OLG Hamburg WuW/E S. 5861 (5862) – Programmvorschau.
147 OLG Schl. WRP 1996, S. 622 (624); OLG Karlsruhe WuW/E S. 2085 (2091/2092) – Multiplex m.w.N.; OLG Karlsruhe WUW/E S. 2217 (2223) – Allkauf-Saba; zum Kontrahierungszwang auf Zugang zum Stromnetz aus §§ 19 Abs. 4 Nr. 4, 33 Satz 1, 1. Alt. GWB a.F.: BGH WuW/E S. 542 (544) – EuroPower.
148 Vgl. Kapitel 3 II 1; gute Darstellung der Entwicklung bei Topel in Wiedemann § 50, Rn. 72, 73; kritisch hierzu schon Möschel, Rn. 667, der diesbezüglich vorbeugende Unterlassungsansprüche bejaht; ebenso mit eingehender Begründung: I/M/Markert, § 20 GWB, Rn. 231; a.A.: Emmerich, Kartellrecht, § 21, 16 (S. 243).

monopolbetreiber, auch auf Zahlung einer Geldsumme in Form einer angemessenen Vergütung gerichtet sein[149].

3. Abgrenzung zum Schadensersatzanspruch

In den genannten Fällen ist der Beseitigungsanspruch nicht mehr trennscharf vom Schadensersatzanspruch abzugrenzen[150]. Es stellt sich die Frage, wo die Verhinderung künftiger Beeinträchtigungen aufhört und die Restitution ihrer Folgen beginnt. Wenn Letztere noch vom Beseitigungsanspruch umfasst ist, besteht die Gefahr, dass § 1004 BGB zum verschuldensunabhängigen Schadensersatzanspruch wird[151].

Die Rechtsprechung, die dieses extensive Verständnis des Beseitigungsanspruchs entwickelte[152], führt die notwendige Abgrenzung im Kartellrecht fallgruppenspezifisch nach Billigkeitsgesichtspunkten durch. Danach wird, unter Einbeziehung des Schutzes der Institution des freien Wettbewerbes, überwiegend auf die Schutzbedürftigkeit des Anspruchsstellers abgestellt. Diese sei im konkreten Fall dann zu bejahen, wenn ausreichender Institutionsschutz und Individualschutz durch den Schadensersatzanspruch aufgrund des Verschuldenserfordernisses nicht gewährleistet seien[153]. Diese Vorgehensweise ist aufgrund der Tatsache, dass das Verschuldenserfordernis als konstitutives Element der aus dem Schadensersatzanspruch fließenden Wiederherstellungspflicht des Schadensersatzschuldners fallgruppenorientierten Wertungsgesichtspunkten nicht zugänglich sein kann, als Abgrenzungskriterium dauerhaft problematisch. Denn ausschließlich der Verschuldensvorwurf rechtfertigt die durch den Schadensersatzschuldner vorzunehmenden, teils erheblichen Dispositionen zur Wiederherstellung[154].

Im Übrigen belässt es der BGH bei der Feststellung, dass der Beseitigungsanspruch in Form des Zahlungsanspruchs auf die Abwehr einer gegenwärtigen Beeinträchtigung gerichtet sei, welche im fortdauernden Vorenthalten der Vergütung liege[155]. Demgegenüber sei der Schadensersatzanspruch auf den Ausgleich von in der Vergangenheit entstandenen Schäden gerichtet, wie entgangenen

---

149 Grundlegend: BGH WuW/E S. 2805 (2811/2812) – Stromeinspeisung; BGH WuW/E S. 2999 (3000) – Einspeisungsvergütung.
150 Zu diesem im gesamten Deliktsrecht bestehenden Problem: Baldus in MüKo, Bd. 6, (5. Auflage 2009), § 1004 BGB, Rn. 103 ff.
151 Ebenso: Baldus in MüKo, Bd. 6, (5. Auflage 2009), § 1004 BGB, Rn. 103.
152 Vgl. nur die angeführten Fälle bei Baldus in MüKo, 5. Auflage 2009, § 1004 BGB, Rn. 105.
153 Ausdrücklich in BGH WuW/E S. 3074 (3077) – Kraft-Wärme-Kopplung.
154 Ausführlich: Grundmann in MüKo, Bd. 2 (5. Auflage 2007), § 276 BGB, Rn. 38, 41.
155 BGH NJW 1993, S. 396 (398) – Stromeinspeisung I.

Gewinn oder sonstige mittelbare Schäden[156]. Diese Rechtsprechung ermutigte dazu, Zahlungsansprüche auch außerhalb des Bereichs der Missbrauchs- und Diskriminierungsfälle, bspw. bei einem Verstoß gegen das Kartellverbot, aus dem Unterlassungs- oder dem Beseitigungsanspruch herzuleiten[157]. Auch wurde in konsequenter Anwendung der von der Rechtsprechung entwickelten Kriterien ein Anspruch auf Anpassung von Verträgen mit kartellbedingt überhöhten Preisen an den wettbewerbsanalogen Preis bejaht[158].

Die Tendenz der Rechtsprechung, dem Unterlassungsanspruch durch ein extensives Verständnis einen weiten Anwendungsbereich zuzubilligen, ging bereits in die Richtung eines verstärkten kartellrechtlichen Individualschutzes. Durch sie wurde die Bedeutungslosigkeit des kartellrechtlichen Unterlassungsanspruchs[159] beendet und er wurde unter den restriktiven Rahmenbedingungen der 6. GWB-Novelle zu einem vielversprechenden Instrument der privaten Rechtsdurchsetzung. Einen eindeutigen Ansatz hatte der BGH mit dem Erfordernis einer *„sich stetig erneuernden Quelle der [...] Vermögensschädigung"*[160] unter Bezugnahme auf Reichsgerichtsrechtsprechung bereits entwickelt. Bei strikter Anwendung dieser Merkmale wäre in den angesprochenen Fällen, mangels stetiger Erneuerung der Vermögensschädigung, in der fortdauernden Vorenthaltung einer einmal fällig gewordenen Vergütung gerade keine fortdauernde Rechtsbeeinträchtigung zu sehen. Der Weg, das Verschuldenserfordernis aus Billigkeitsgesichtspunkten mittels des Beseitigungsanspruchs zu umgehen, wäre hiernach versperrt.

Dem Kläger entsteht dennoch durch den Wegfall des Verschuldenserfordernisses und des Schadensnachweises in den genannten Fällen ein nicht zu unterschätzender prozessualer Vorteil im Vergleich zur Geltendmachung von Schadensersatzansprüchen. Allerdings bleibt auch hier zu bedenken, dass der Beseitigungsanspruch aufgrund seines eingeschränkten Anwendungsbereichs und seiner naturgemäßen Begrenzung auf die einfache Kompensation unmittelbarer Schäden, jedenfalls im Hinblick auf die Rechtsprechung des EuGH[161], nicht als adäquate rechtspolitische Alternative zum Schadensersatzanspruch angesehen werden kann.

---

156 BGH WuW/E S. 3074 (3076) – Kraft-Wärme-Kopplung.
157 So das OLG Düsseldorf aus den §§ 823 Abs. 2, 1004 BGB i. V. mit Art. 85 I EG a.F. in EuZW 1999, S. 188 (189) – Inkontinenzhilfen.
158 Roth in FK § 33 GWB 1999 (2001), Tz. 181.
159 K.Schmidt, Kartellverfahrensrecht, S. 341/342 m.w.N.; eine mangelnden Aufmerksamkeit der Angehörigen der nachgelagerten Wirtschaftsstufen gegenüber dem Unterlassungsanspruch stellt bereits Mailänder auf S. 200 fest.
160 BGHZ 10, S. 104 (104/105) m.w.N.
161 EuGH EuZW 2006, 529 (535) – Manfredi, Rn. 96.

4. Der Unterlassungsanspruch im US-amerikanischen Antitrustrecht

Im US-amerikanischen Antitrustrecht gewährt Section 16 des Clayton Act[162] dem privaten Kläger die Möglichkeit, die Unterlassung wettbewerbsbeschränkenden Verhaltens gerichtlich geltend zu machen. Voraussetzung eines Unterlassungsanspruchs nach Section 16 Clayton Act ist, dass das bevorstehende Verhalten des Unterlassungsschuldners einen Schaden im Sinne der Antitrustgesetze (*antitrust injury*[163]) zu verursachen droht[164]. Section 16 Clayton Act umfasst somit einen allgemeinen und einen vorbeugenden Unterlassungsanspruch[165]. Die praktische Bedeutung der Vorschrift beschränkt sich im Wesentlichen auf privaten Rechtsschutz in der Fusionskontrolle, d.h. auf Klagen von Wettbewerbern und Übernahmekandidaten gegen Zusammenschlussvorhaben aufgrund befürchteter nachteiliger Wirkungen für die Marktstruktur. Die Gerichte müssen dann auf der ihnen zur Verfügung stehenden Tatsachengrundlage die Prognoseentscheidung treffen, ob die Transaktion zu einem späteren Missbrauch von Marktmacht durch die Zusammenschlussbeteiligten führen wird[166]. Überwiegend wird Section 16 Clayton Act somit als Gewährleistung von Drittschutz in der US-Fusionskontrolle (Section 7 Clayton Act[167]) gesehen[168].

---

162 Section 16 Claton Act 1914, 15 U.S.C. § 26.
163 Vgl. zum Begriff Kapitel 10 I.
164 Section 16 Clayton Act 1914, 15 U.S.C. § 26 (stand: 1. Februar 2010): „*Any person, firm, corporation, or association shall be entitled to sue for and have injunctive relief, in any court of the United States having jurisdiction over the parties, against **threatened** loss or damage by a violation of the antitrust laws [...] when and under the same conditions and principles as injunctive relief against threatened conduct that will cause loss or damage is granted by courts of equity [...].*"
165 Mit Verweis auf die Entstehungsgeschichte: Cargill, Inc. v. Monfort of Colorado, Inc., 479 U.S. 104 (113) (1986).
166 Bathaee in 13 Fordham J. Corp. & Fin. L. 329 (331) (2008).
167 Section 7 Clayton Act 1914, 15 U.S.C. § 18.
168 Instruktiv: Kesaris in 55 Fordham L. Rev. 1039 (1041) (1987).

Kapitel 3: Kartellrechtliche Schadensersatzansprüche nach § 33 Abs. 3 GWB und Section 4 Clayton Act

I. Verschulden

Neben dem Verstoß gegen eine Vorschrift des GWB oder die Art. 81 ff. EG (nunmehr Art. 101 ff. AEUV) fordert § 33 Abs. 3 Satz 1 GWB eine schuldhafte Begehung des Verstoßes. Der Verschuldensbegriff des GWB orientiert sich an den allgemeinen Regeln, d.h. an § 276 BGB. Schuldhaft handelt demnach derjenige, dem Vorsatz oder Fahrlässigkeit zur Last fällt, wobei Fahrlässigkeit in § 276 Abs. 2 BGB dahingehend definiert ist, dass der Schuldner des Schadensersatzanspruchs die im Verkehr erforderliche Sorgfalt außer Acht lassen muss. Verschulden liegt demnach vor, wenn der Schädiger die Wettbewerbswidrigkeit seines Verhaltens kannte oder hätte kennen müssen[169]. Aufgrund der Komplexität von kartellrechtlichen Sachverhalten kommt einem die Fahrlässigkeit ausschließenden Rechtsirrtum eine im Vergleich zum allgemeinen Deliktsrecht herausgehobene Bedeutung zu, da sich die kartellrechtliche Beurteilung einzelner unternehmerischer Verhaltensweisen als schwierig gestalten kann.

Dies gilt insbesondere für Ungewissheiten beim Umfang zulässiger Kooperationen von Unternehmen bei Gemeinschaftsprojekten, bei Fragen der Marktabgrenzung oder bei der kartellrechtlichen Zulässigkeit von Vertikalvereinbarungen. Auch zeigt die Kartellrechtspraxis, dass sich viele Unternehmen im Unklaren über ihre Normadressateneigenschaft im Rahmen der §§ 19, 20 GWB sind. Dennoch stellt die Rechtsprechung an die Entschuldbarkeit des Rechtsirrtums ebenso hohe Anforderungen wie im allgemeinen Deliktsrecht, d. h., der Betroffene hat die Rechtslage sorgfältig zu prüfen und, falls Zweifel über die Reichweite von Vorschriften bestehen, gegebenenfalls bei einem Kartellrechtsspezialisten umfassenden anwaltlichen Rat einzuholen[170]. Der Handelnde trägt dem-

---

169 Zu den Begriffen des Vorsatzes und der Fahrlässigkeit: Palandt/Heinrichs, § 276 BGB, Rn. 10-23.
170 BGH WuW/E S. 2341 (2344/2345) – Taxizentrale Essen; KG WuW/E S. 1394 (1397) – japanischer Fotoimport; KG WuW/E S. 1449 (1454/1455) – bitumenhaltige Bautenschutzmittel II.

nach, entsprechend den allgemeinen zivilrechtlichen Grundsätzen, das Risiko einer zweifelhaften Rechtslage[171]. Unter diesem Gesichtspunkt könnte sich der erfolgte Systemwechsel von der Administrativfreistellung hin zur Legalausnahme zu Lasten der Wirtschaftsteilnehmer dahingehend auswirken, dass sich der Beratungsbedarf der Unternehmen erhöhen wird[172]. Entsprechend den allgemeinen Verschuldensgrundsätzen des BGB muss sich auch der Geschädigte ein etwaiges Mitverschulden, bzw. einen Verstoß gegen die Schadensminderungspflicht, anspruchsmindernd anrechnen lassen[173]. Relevant wird dies beispielsweise bei in der Praxis nicht selten vorkommenden Streitigkeiten über das Vorliegen von Zugangsvoraussetzungen zu einem selektiven Vertriebssystem. Wird das Unternehmen aufgrund unzureichender oder verspäteter Übermittlung von Unternehmensdaten verzögert in ein selektives Vertriebssystem aufgenommen, so muss es sich hinsichtlich des dadurch entstandenen Schadens ein Mitverschulden anrechnen lassen.

Das Grünbuch der Kommission zu Schadensersatzklagen wegen Verletzung des EU-Wettbewerbsrechts warf in den Optionen 11 bis 13 die Frage auf, inwieweit kartellrechtliche Schadensersatzansprüche einem Verschuldenserfordernis unterliegen sollen[174]. Die Vorschläge reichen hier von verschuldensunabhängiger Haftung (Option 11) über ein nach Art und Schwere des Verstoßes abgestuftes Verschuldenserfordernis (Option 12) bis hin zu dem im deutschen Deliktsrecht gängigen Verschuldenserfordernis, mit der Möglichkeit eines entschuldbaren Rechtsirrtums (Option 13).

Im deutschen Deliktsrecht vom gängigen Verschuldenserfordernis abzuweichen wäre nicht unproblematisch. Verschuldensunabhängige Schadensersatzansprüche sind – bis auf die Bereiche der Gefährdungshaftung – dem deutschen Schadensersatzrecht eher fremd[175]. Darüber hinaus besteht auch keine Notwendigkeit für ein abgestuftes Verschuldenserfordernis. Der Anreizproblematik könnte durch die Einführung eines überkompensatorischen Schadensersatzes begegnet werden, welcher wiederum an den Grad des Verschuldens gekoppelt werden könnte. Hierdurch könnte ein höheres Maß an Einzelfallgerechtigkeit erreicht werden als durch ein nach Schwere des Verstoßes abgestuftes Verschuldenserfordernis oder durch einen nach Schwere des Verstoßes abgestuften überkompensatorischen Schadensersatz[176]. Abgesehen davon, dürfte bei Kernbeschränkungen die Frage des

---

171 BGH NJW 1983, S. 2318 (2321); BGH NJW 1974, S. 1903 (1904).
172 So die Stellungnahme der Kanzlei Freshfields, Bruckhaus, Deringer im Anhörungsverfahren zur 7. GWB-Novelle – Ausschussdrucksache 15 (9) 1347, S. 16/17.
173 BGH NJW 1965, S. 2249 (2251).
174 Grübuch, KOM (2005) 672 endgültig, S. 7.
175 Mit Verweis auch auf andere kontinentale Rechtsordnungen: Jauernig/Stadler, § 276 BGB, Rn. 8.
176 Vgl. Kapitel 5 II 1.

Verschuldensnachweises für den Kläger weniger Probleme bereiten als der
Nachweis des Verstoßes an sich, da Kernbeschränkungen ohne Vorsatz nur
schwer denkbar sind.

Die Kommission hat sich in ihrem Weißbuch zwar generell gegen ein Verschuldenserfordernis ausgesprochen, jedoch hat sie für die Mitgliedsstaaten, die am Verschuldenserfordernis festhalten wollen, Voraussetzungen formuliert, die diese Staaten erfüllen müssen, um nicht gegen den Effektivitätsgrundsatz zu verstoßen[177]. Die dort formulierten Voraussetzungen werden durch das im deutschen Deliktsrecht etablierte Verschuldenserfordernis ohne weiteres erfüllt. Der Richtlinienvorschlag der Kommission geht in die Richtung einer Verschuldensvermutung, wonach ein Schadensersatzanspruch an einem Verschuldenserfordernis im nationalen Recht nur dann scheitern darf, wenn der Anspruchsgegner nachweist, dass er sich der wettbewerbsbeschränkenden Wirkung seines Verhaltens vernünftigerweise nicht bewusst sein konnte[178].

Zwar ist in Section 4 des Clayton Act[179], der zentralen kartellrechtlichen Schadensersatznorm des US-Antitrustrechts, kein explizites Verschuldenserfordernis formuliert, jedoch wird die Frage, ob der Anspruchsgegner schuldhaft gehandelt hat, im Rahmen des richterrechtlich entwickelten Rechtsinstituts des *antitrust standing* behandelt und ist insoweit selbstständig zu prüfende Anspruchsvoraussetzung[180].

II. Schaden – haftungsausfüllender Tatbestand

1. Naturalrestitution

Bezüglich des durch die kartellrechtswidrige Handlung entstandenen ersatzfähigen Schadens gelten die § 249 ff. BGB[181]. Grundsätzlich ist gem. § 249 Abs. 1 BGB Naturalrestitution geschuldet, d.h., der Schuldner des Anspruchs hat den wirtschaftlichen Zustand herzustellen, der ohne das schädigende Ereignis bestehen

---

177 Weißbuch der Kommission v. 2.4.2008, KOM (2008) 165 engültig, Punkt 2.4, S. 7-8.
178 Art. 14 des Richtlinienentwurfes, vgl. Wagner-von Papp in EWS 2009, S. 445 (448).
179 Section 4 Clayton Act 1914 (Stand 1. Februar 2010): „*[...] any person who shall be injured in his business or property by reason of anything forbidden in the antitrust laws may sue therefor in any district court of the United States in the district in which the defendant resides or is found or has an agent, without respect to the amount in controversy, and shall recover threefold the damages by him sustained, and the cost of suit, including a reasonable attorney's fee.*"
180 Vgl. Kapitel 10 I.
181 Allg. h.M.; vgl. nur Benisch in GK, § 35 GWB a.F., Rn. 23; I/M/Emmerich, § 33 GWB, Rn. 44.

würde[182]. Der Schaden liegt infolgedessen im nachteiligen Unterschied zwischen dem hypothetischen Zustand, wie er ohne die schädigende Handlung bestehen würde, und dem aufgrund der schädigenden Handlung eingetretenen tatsächlichen Zustand (Differenzhypothese)[183]. Bei horizontalen Wettbewerbsbeschränkungen kann die Pflicht zur Naturalrestitution dazu führen, dass grundsätzlich wirksame Folgeverträge[184], die die Kartellbeteiligten mit Dritten geschlossen haben, korrigiert oder aufgehoben werden müssen[185].

Dies wird in der Literatur insbesondere dann bejaht, wenn das Kartell den primären Zweck hatte, Bezugsbedingungen und die Wahlfreiheit der Marktgegenseite einzuschränken, wie z.b. bei Gebietsaufteilungen und Preiskartellen[186]. Soweit ersichtlich wurde von der Möglichkeit, Naturalrestitution bei Verstößen gegen das Kartellverbot herbeizuführen, durch die Gerichte nicht oder nur kaum Gebrauch gemacht. Dennoch sollte eine entsprechende Modifikation des Folgevertrages in den genannten Fallkonstellationen, als Gegenstück zu seiner Wirksamkeit, auch im Rahmen des Schadensersatzes möglich bleiben[187]. Die Modifikation wird in diesen Fällen häufig in der Anpassung des Preises oder der Konditionen der in Erfüllung des Folgevertrages gelieferten Waren liegen[188]. Hierbei stellen sich für den Kläger selbstverständlich die gleichen Berechnungs- und Beweisprobleme wie bei der Geltendmachung eines auf Geldersatz gerichteten Anspruchs[189].

In Fällen der Diskriminierung i.S.d. §§ 20 Abs. 1, Abs. 2 GWB kann die konsequente Anwendung des Grundsatzes der Naturalrestitution dazu führen, dass das diskriminierende Unternehmen einem Kontrahierungszwang bzw. einer Lieferverpflichtung dahingehend unterliegt, dass es den Gläubiger des Schadensersatzanspruchs zu Konditionen beliefern muss, die gleichartigen Unternehmen üblicherweise gewährt werden[190]. Ein derart schwerwiegender Eingriff in die Privatautonomie des Schadensersatzschuldners ist jedoch ausschließlich dann möglich, wenn der Schadensausgleich ausschließlich durch den Abschluss eines Vertrages, bzw. eines Vertrages mit bestimmtem Inhalt, herbeizuführen ist[191]. In

---

182 Palandt/Heinrichs, § 249 BGB, Rn. 2 m.w.N.
183 Palandt/Heinrichs Vorb. § 249 BGB, Rn. 9; Staudinger/Schiemann § 249 BGB, Rn. 4 m.jew.w.N.
184 Siehe Kapitel 2, I, 1.
185 Roth in FK § 33 GWB 1999 (2001), Tz. 148; I/M/Emmerich, § 33 GWB, Rn. 50/51; Möschel, Rn. 232.
186 I/M/Emmerich, § 33 GWB, Rn. 50.
187 Grundlegend: Topel in Wiedemann, § 50, Rn. 61.
188 I/M/Emmerich, § 33 GWB, Rn. 51.
189 Siehe hierzu sogleich unten sowie Kapitel 12 II und Kapitel 12 II 2.
190 BGH NJW-RR 1999, S. 189 (190) – Depotkosmetik; BGH WuW/E S. 886 (892) – Jägermeister; BGH WuW/E S. 675 (676/677) – Uhrenoptiker.
191 BGH WuW/E S. 1391 (1393) – Rossignol; GRUR 1988, S. 642 (644) – Opel Blitz; BGH NJW 1989, S. 3010 (3011).

allen anderen Fällen bleibt es den Unternehmen grundsätzlich freigestellt wie sie ihr Vertriebssystem gestalten bzw. mit welchem Vertragspartner sie Verträge abschließen[192].

Die prinzipielle Zulässigkeit eines durch §§ 20 Abs. 1, Abs. 2 GWB ausgelösten Kontrahierungszwangs wurde nie ernsthaft in Frage gestellt[193]. Die Rechtsprechung war jedoch hinsichtlich der Frage uneinheitlich, ob der Kontrahierungszwang aus einem Schadensersatzanspruch oder aus einem Unterlassungs- und Beseitigungsanspruch herzuleiten ist[194]. Unter dem Gesichtspunkt einer zunehmenden Geltungsverschaffung der privaten Durchsetzung des Kartellrechts ist sowohl nach damaliger als auch nach heutiger Rechtslage die Verfolgung eines Kontrahierungszwangs aufgrund des fehlenden Verschuldenserfordernisses mittels eines vorbeugenden Unterlassungsanspruchs als vorzugswürdig anzusehen[195].

Im Rahmen von Missbrauchsfällen ist lediglich der Tatbestand des § 19 Abs. 4 Nr. 1 GWB (Behinderungsmissbrauch) in der Lage, einen Kontrahierungszwang des missbräuchlich handelnden Unternehmens auszulösen, sofern die Beeinträchtigung anderer Unternehmen in einer Liefersperre oder Belieferungsverweigerung liegt[196]. Hier dürften darüber hinaus auch regelmäßig die Voraussetzungen des § 20 Abs. 1 GWB vorliegen, woraus parallel ein Belieferungsanspruch abgeleitet werden kann[197].

2. Geldersatz

Den allgemeinen zivilrechtlichen Regeln folgend, hat der Schadensersatzschuldner Wertersatz in Geld zu leisten, sofern die Wiederherstellung des ursprünglichen Zustands nicht durch eine der oben genannten tatsächlichen rechtsgeschäftlichen Handlungen herbeigeführt werden kann[198].

Üblicherweise besteht der Schaden bei Kartell- bzw. Missbrauchssachverhalten aus zwei Schadensposten. Zunächst liegt ein unmittelbarer Schaden in der Zahlung des infolge des wettbewerbswidrigen Marktverhaltens überhöhten Preises

---

192 BGH NJW 1972, S. 483 (485) – Leasing; BGH NJW 1968, S. 400 (402) – Jägermeister.
193 I/M/Markert § 20, Rn. 231; unter verfassungsrechtlichen Gesichtspunkten: BVerfG WuW/DE-R S. 557 (558/559) – Importarzneimittel-Boykott.
194 Zu den Fällen der Herleitung aus Unterlassungs- und Beseitigungsansprüchen, siehe Kapitel 2 III 3.
195 So auch BGH WuW/E S. 3074 (3076/3077) – Kraft-Wärme-Kopplung; Rixen in FK, § 20 GWB 2005 (2008), Tz. 294; im Grundsatz auch Möschel, Rn. 667.
196 I/M/Emmerich, § 33 GWB, Rn. 60.
197 BGH NJW-RR 1988, S. 1502 (1503) – Opel Blitz; GRUR 1995, S. 765 (767/768) – Kfz-Vertragshändler.
198 BGH WuW/E S. 690 (692/693) – Brotkrieg II; Topel in Wiedemann, § 50, Rn. 72.

der vertriebenen Waren vor. Für die Schadensberechnung wurde von der Rechtsprechung die Figur des „wettbewerbsanalogen Preises" entwickelt, d. h., es wird der hypothetische Marktpreis, wie er im Falle wirksamen Wettbewerbs zustande käme, zugrundegelegt. Teilweise wird auch vom „wettbewerbsgeprägten Preis" oder vom „Als-ob-Wettbewerbspreis" gesprochen. Der unmittelbare Schaden des Betroffenen besteht in der Differenz zwischen dem tatsächlich gezahlten und dem wettbewerbsanalogen Preis, multipliziert mit der Stückzahl der bezogenen Waren.

Für die Ermittlung des wettbewerbsanalogen Preises wird – neben einigen anderen Berechnungsmethoden – in erster Linie das Vergleichsmarktkonzept angewandt, d. h., der bestehende Preis wird mit den Preisen auf anderen räumlich, sachlich und zeitlich relevanten Märkten verglichen, auf denen funktionierender Wettbewerb vorherrscht[199]. Aufgrund der Vielzahl struktureller Unterschiede, bedingt durch die unterschiedlichen Marktverhältnisse und Marktteilnehmer, lassen sich selten homogene Vergleichsmärkte ausmachen, die eine verlässliche Grundlage für eine Preisberechnung bieten können. Dies ist auch der Grund, weshalb das Vergleichsmarktkonzept Kritik ausgesetzt ist[200].

Die Rechtsprechung trägt diesem Umstand dadurch Rechnung, dass Ungenauigkeiten im Einzelfall durch Sicherheitsmargen in Form von Zu- und Abschlägen beseitigt werden sollen[201]. Auch andere Konzepte zur Ermittlung eines hypothetischen Wettbewerbspreises konnten derartige Unsicherheiten nicht beseitigen[202]. Die zuverlässige Ermittlung des wettbewerbsanalogen Preises, und damit die Berechnung des Schadens, gestaltet sich aufgrund der aufgezeigten Probleme in der Praxis dementsprechend schwierig[203]. Im Zuge der 7. GWB-Novelle führte der Gesetzgeber deshalb ergänzend ein, dass die Gerichte im Rahmen der Festlegung der Schadenshöhe nach § 287 ZPO insbesondere den durch

---

199 Vgl. § 19 IV Nr. 2, 2. HS GWB; Übersicht bei Immenga/Körber in BB-Beilage Nr. 12 (zu BB 1999 Heft 40) S. 3 (14); BGH WuW/E S. 1445 (1452) – Valium I; BGH NJW 1980, S. 1164 (1166) – Valium II; BGH NJW 1972, S. 1369 (1371) – Stromtarif; OLG Düsseldorf, Beschluss v. 17.03.2004, VI-Kart 18/03 (V), Rn. 44 m.w.N. (zitiert nach Juris); ausführlich: OLG Düsseldorf, Urteil v. 26.6.2009, VI-2a Kart 2 – 6/08 OWi, Rn. 460 ff. m.w.N. (zitiert nach Juris).
200 Eingehend: BGH NJW 1986, S. 846 (847); gute Darstellung bei Emmerich, Fälle zum Wettbewerbsrecht, Fall 18, S. 101; Wiedemann in Wiedemann § 23, Rn. 53; Bechtold, § 33 GWB, Rn. 29.
201 BGH BB 2005, S. 1876 – Stadtwerke Mainz; BGH NJW 1986, S. 846 (847) – Missbrauchsbegriff im Wettbewerbsrecht; BGH WuW/E S. 1445 (1454) – Valium I.
202 Immenga/Körber in BB-Beilage Nr. 12, 3 (zu BB 1999 Heft 40), S. 3 (15); I/M/Möschel, § 19 GWB, Rn. 156 ff.
203 Berrisch/Burianski in WuW 2005, S. 878 (884); in Bezug auf Submissionsabsprachen: Rutkowsky in NJW 1995, S. 705 (706).

den Verstoß erlangten Gewinn des Beklagten berücksichtigen können[204]. Vorbild hierfür war die im gewerblichen Rechtsschutz bestehende Schadensberechnungsmethode der Herausgabe des Verletzergewinns[205]. Aufgrund signifikanter Schwierigkeiten, die mit dieser Berechnungsmethode in kartellrechtlichen Sachverhalten verbunden sind, wurde jedoch auch sie als impraktikabel und klägerunfreundlich kritisiert[206]. So ist beispielsweise die schwierige Berechnung der Preis-Elastizität, welche nur empirisch vorgenommen werden kann, entscheidend für die Berechnung des durch den Rechtsverstoß erlangten Gewinns[207]. In der Praxis wird auch hierfür auf möglichst vergleichbare bzw. benachbarte Märkte zurückgegriffen.

Der zweite Schadensposten besteht in einem Nachfragerückgang beim Betroffenen, welcher durch die kartellbedingt überhöhten Preise verursacht wird. Der hieraus entstandene Schaden errechnet sich aus dem Produkt von Nachfragerückgang und Verkaufserlös der bezogenen Ware[208]. Er wird als entgangener Gewinn i.S.d. § 252 BGB geltend gemacht und weist den Charakter eines mittelbaren Schadens auf. In einem klarstellenden Urteil hat der EuGH entschieden, dass grundsätzlich beide Schadensposten ersatzfähig sein müssen, um die Effektivität der privaten Kartellrechtsdurchsetzung gemeinschaftsweit zu gewährleisten[209]. Die Rechtsordnungen der Mitgliedsstaaten müssen laut Gerichtshof so ausgestaltet sein, dass Äquivalenz- und Effektivitätsgrundsatz in ausreichendem Maße Beachtung finden. Diesbezüglich stellte der Gerichtshof fest, dass die praktische Wirksamkeit der Art. 81 ff. EG (nunmehr der Art. 101 ff. AEUV) gefährdet sei, wenn der Geschädigte ausschließlich Ersatz des unmittelbaren Vermögensschadens verlangen könnte, während ihm der Ersatz des entgangenen Gewinns nebst Zinsen verweigert bliebe[210]. Nationale Gerichte, die über einen auf die Verletzung der Art. 101 ff. AEUV gestützten Schadensersatzanspruch zu entscheiden haben, dürfen somit den Ersatz des entgangenen Gewinns des Geschädigten gem. Art. 3 Abs. 1 VO 1/2003 nicht verweigern.

---

204 Vgl. Begr. RegE. zu § 33 III – V GWB – BT-Drucks. 15/3640, S. 54.
205 Vgl. Begr. RegE. zu § 33 III – V GWB – BT-Drucks. 15/3640, S. 35.
206 Rehbinder in Loewenheim/Meessen/Riesenkampff, § 33 GWB, Rn. 38; aus ökonomischer Sicht: Haucap/Stühmeier in WuW 2008, S. 413 (414 ff.); a.A.: Stürner in Basedow, S. 163 (186), der in diesem Modell der Schadensberechnung eine erhebliche Erleichterung für den privaten Kläger sieht; vgl. auch Kapitel 12 II 2.
207 Vgl. Kapitel 12 II. 2.
208 Einzelheiten im Sondergutachten der Monopolkommission, SG 41, Rn. 62, 63; Köhler in GRUR 2004, S. 99 (102).
209 EuGH, 13.7.2006, RS C-295/04 bis C-298/04 – Manfredi/Lloyd Adriatico Assicurazioni = WuW/E EU – Rs. 1107.
210 EuGH, 13.7.2006, RS C-295/04 bis C-298/04 – Manfredi/Lloyd Adriatico Assicurazioni = WuW/E EU – Rs. 1107 (1119), Rn. 100.

Die Berechnung dieses Schadenspostens erfordert die Ermittlung eines hypothetischen Nachfrageverlaufes. Üblicherweise spielen in derartigen Sachverhalten beim Umsatzrückgang viele wirtschaftliche und unternehmenspolitische Faktoren zusammen, welche zahlenmäßig äußerst schwierig von den durch die kartellrechtswidrigen Verhaltensweisen verursachten Einbußen abzugrenzen sind. Aufgrund der Komplexität und der Vielgestaltigkeit der wirtschaftlichen Vorgänge, die der Betrieb eines Unternehmens im Wirtschaftsverkehr mit sich bringt, ist eine kartellrechtswidrige Verhaltensweise häufig schwer stichhaltig als alleinige Ursache für einen Umsatzrückgang zu identifizieren[211].

Mangels kompetenzrechtlicher Grundlage der Gemeinschaft fällt die Schadensberechnung in den Zuständigkeitsbereich der Rechtsordnungen der Mitgliedsstaaten[212]. Der EuGH legte neben den oben genannten Mindeststandards in Bezug auf ersatzfähige Schäden weiterhin fest, dass es dem Effektivitätsgrundsatz des Gemeinschaftsrechts widerspräche, falls der Schadensersatz, der infolge einer Verletzung primären oder sekundären Gemeinschaftsrechts von einer mitgliedsstaatlichen Rechtsordnung gewährt wird, von vornherein summenmäßig durch eine Haftungshöchstgrenze begrenzt wird (Leitprinzip der vollständigen Entschädigung)[213]. Zudem müssen die mitgliedsstaatlichen Rechtsordnungen angemessene Zinszahlungen gewährleisten[214].

Alle weiteren Modalitäten, wie das Maß an Schlüssigkeit, mit dem der nationale Kläger den eingetretenen Schaden darlegen muss, die Schadensberechnungsmethode im Einzelfall und die prozessualen Konsequenzen einer unschlüssigen Darlegung des Schadensverlaufs sind durch die Mitgliedsstaaten zu regeln. Auch hierbei sind jedoch Effektivitäts- und Äquivalenzgrundsatz zu beachten. Ein Verstoß gegen den Effektivitätsgrundsatz läge beispielsweise dann vor, wenn mitgliedsstaatliches Zivilprozessrecht bei unzureichender Schlüssigkeit des klägerischen Vorbringens zur Schadensberechnung eine Klageabweisung vorsehen würde[215]. Darüber hinaus hat die Kommission in ihrem Grünbuch angedeutet, dass auch der Frage der Schadensberechnung im Einzelfall erhebliche praktische Bedeutung für den privaten Schadensersatzkläger zukommen kann[216].

Die Kommission veröffentlichte deshalb im Dezember 2009 eine Studie, in der die Vor- und Nachteile verschiedener Modelle der Schadensberechnung

---

211 Die Problematik umreißend: OLG Düsseldorf WuW/E S. 4481 (4484) – Schmiedeeisenwaren.
212 Arbeitspapier der Kommissionsdienststellen zum Weißbuch, 2.4.2008, SEC (2008) 404, S. 60, Rn. 197.
213 EuGH, 2.8.1993, Rs. C-271/91, Slg. 1993, S. I 04367 – Marshall, Rn. 30.
214 EuGH, 2.8.1993, Rs. C-271/91, Slg. 1993, S. I 04367 – Marshall, Rn. 31.
215 Arbeitspapier der Kommissionsdienststellen zum Weißbuch, 2.4.2008, SEC (2008) 404, S. 60, Rn. 197.
216 Grünbuch, KOM (2005) endgültig, Frage D, Option 18-20, S. 8.

erläutert werden und die den mitgliedsstaatlichen Gerichten als Leitfaden dienen soll[217]. Im Wesentlichen werden drei Ansätze zur Schadensberechnung vorgestellt: ein Vergleichsansatz, der die Marktverhältnisse bei Vorliegen und Fehlen der Wettbewerbsbeschränkung vergleicht, ein Analyseansatz, der der Schadensberechnung die Kostenstruktur und Profitabilität von Rechtsverletzer und Geschädigtem zu Grunde legt, und ein Marktstrukturansatz, der theoretische Modelle der neuen Industrieökonomie auf den konkreten Fall anwendet und hieraus den erlittenen Schaden ableitet[218].

Die Kommission sieht hierbei den Schwerpunkt bei der Entwicklung einfacher Modelle der Schadensberechnung, um privaten Schadensersatzklägern die Darlegung der Schadensentstehung zu vereinfachen. So wird beispielsweise auch in Erwägung gezogen, der Schadensberechnung die durchschnittliche Höhe von Preissteigerungen infolge von Preiskartellen zu Grunde zu legen, auf deren Basis nationale Gerichte dann die Schadenshöhe festlegen können[219]. Diesem Ansatz folgte der ungarische Gesetzgeber, der in § 88|C des ungarischen Kartellgesetzes von der widerlegliehen Vermutung einer 10%igen Preiserhöhung infolge horizontaler Hardcore-Kartelle ausgeht[220].

Der Schadensersatzkläger in den USA kann im Rahmen des Schadensersatzanspruchs nach Section 4 Clayton Act grundsätzlich drei ersatzfähige Schadensposten geltend machen: den unmittelbaren Schaden, den infolge des überhöhten Bezugspreises entgangenen Gewinn[221] sowie den Wertverlust, den der Kläger an seinem Unternehmen infolge der Wettbewerbsbeschränkung erleidet[222]. Hinsichtlich der Höhe der eingetretenen Schäden muss er durch sein Vorbringen lediglich eine angemessene und vernünftige Schätzung durch die Jury ermöglichen[223]. Von den US-Gerichten werden im Wesentlichen drei Methoden der Schadensberechnung verwendet. Zunächst werden im Rahmen eines „Vorher-nachher"-

---

217 External study on the quantification of harm sufferd by victims of competition law infringements (2009), abrufbar unter: http://ec.europa.eu/competition/antitrust/actionsdamages/quantification _study.pdf (10.12.2010).
218 External study on the quantification of harm sufferd by victims of competition law infringements (2009), S. 37-86, abrufbar unter: http://ec.europa.eu/competition/antitrust/actionsdamages/ quantification_study.pdf (10.12.2010).
219 Arbeitspapier der Kommissionsdienststellen zum Weißbuch, 2.4.2008, SEC (2008) 404, S. 60, Rn. 200.
220 Vgl. Nagy in WuW 2010, S. 902 (904 ff.).
221 Hawaii v. Standard Oil Co., 405 U.S. 251 (264) (1972); Lehrman v. Gulf Oil Corp., 500 F.2d 659 (664) (1974).
222 Farmington Dowel Prods. Co. v. Forster Mfg. Co., 421 F.2d 61 (84) (1969).
223 Bigelow v. RKO Radio Pictures, Inc., 327 U.S. 251 (264) (1946); Terrell v. Household Goods Carriers' Bureau, 494 F.2d 16 (20) (1974); Zenith Radio Corp. v. Hazeltine Research, 395 U.S. 100 (124) (1969); vgl. auch Kapitel 12 II 2.

Ansatzes Umsätze, Gewinne, Marktanteil und andere wirtschaftliche Leistungsdaten des Klägers zum Zeitpunkt der Wettbewerbsbeschränkung mit denen zum Zeitpunkt vor der Wettbewerbsbeschränkung verglichen[224]. Die zweite mögliche Berechnungsmethode entspricht größtenteils dem im deutschen Kartellrecht anerkannten Modell des hypothetischen Marktpreises. Hier werden die Wirtschaftsleistungsdaten des Klägers mit denen eines Wettbewerbers oder eines anderen klägereigenen Unternehmens verglichen, das nicht von der Wettbewerbsbeschränkung betroffen ist[225]. Die dritte in den USA praktizierte Berechnungsmethode ist die Bestellung eines Sachverständigen, häufig ein Ökonom, der den hypothetischen Nachfrageverlauf beim Kläger ermittelt, der im fraglichen Zeitraum ohne die Wettbewerbsbeschränkung eingetreten wäre[226]. Genau genommen stellt die dritte Berechnungsmethode keine eigenständige Berechnungsmethode dar, da der Sachverständige häufig bestellt wird, um die Schadensentstehung nach den beiden genannten Berechnungsmethoden zu substantiieren[227].

---

[224] Bigelow v. RKO Radio Pictures, Inc., 327 U.S. 251 (258) (1946); Story Parchment Co. v. Paterson Parchment Paper Co., 282 U.S. 555 (561) (1931).
[225] Zenith Radio Corp. v. Hazeltine Research, 395 U.S. 100 (117 Fn. 11) (1969); Heatransfer Corp. v. Volkswagenwerk, A. G., 553 F.2d 964 (986-987; Fn. 20) (1977).
[226] Marquis v. Chrysler Corp., 577 F.2d 624 (637-639) (1978); Joseph E. Seagram & Sons, Inc. v. Hawaiian Oke & Liquors, Ltd., 416 F.2d 71 (85-87) (1969).
[227] Instruktiv: Heatransfer Corp. v. Volkswagenwerk AG., 553 F.2d 964 (984) (1977).

Kapitel 4: Klagebefugnis mittelbarer Abnehmer und Schadensabwälzung

In allen Systemen privater Kartellrechtsdurchsetzung stellt sich die rechts- und wirtschaftspolitische Frage, welche Gruppe von Geschädigten letztlich durch die Möglichkeit der Geltendmachung von Schadensersatzansprüchen privilegiert sein soll, und damit auch die Frage, ob von dieser Gruppe eine effiziente Rechtsdurchsetzung erwartet werden kann[228]. Dies ist bei kartellrechtlichen Schadensersatzansprüchen von besonderer Bedeutung, da horizontale Verstöße, wie Preisabsprachen oder Marktaufteilungen, üblicherweise sowohl bei Großhändlern als auch bei Zwischenhändlern und Endverbrauchern Schäden hervorrufen. In der deutschen Kartellrechtsordnung würde – nach der Abschaffung des Erfordernisses der individuellen Zielgerichtetheit eines Kartellverstoßes durch die 7. GWB-Novelle – der grundsätzliche Ausschluss der Anspruchsberechtigung lediglich mittelbar Geschädigter dem Wortlaut des neuen § 33 Abs. 1 Satz 3 GWB und dem erklärten Willen des Gesetzgebers entgegenstehen[229].

Der Begriff des „Betroffenen" in § 33 Abs. 1 Satz 3 GWB ist nach überwiegender Ansicht im Schrifttum und in Übereinstimmung mit der Courage-Rechtsprechung des EuGH[230] dahingehend auszulegen, dass auch mittelbar Geschädigte von ihm erfasst werden[231]. Den Reformwillen des Gesetzgebers und den Gesetzeswortlaut selbst schlechthin zu ignorieren, indem die Klagebefugnis von Angehörigen nachgelagerter Marktstufen aufgrund praktischer Erwägungen einfach abgelehnt würde, stellt keine gangbare Alternative dar. Daran ändert auch die Tatsache nichts, dass die Europäische Kommission die Privilegierung des unmittelbaren Abnehmers durch seine ausschließliche Aktivlegitimation im Grünbuch prinzipiell noch zugelassen hat[232]. Der im Weißbuch von der Kommission geäußerte Standpunkt geht jedenfalls eindeutig von der zwingenden Aktivlegitimation mittelbarer Abnehmer aus[233]. Die Frage nach der Aktivlegiti-

---

228 Instruktiv: Hellwig in Basedow, S. 121 (122).
229 So ausdrücklich: BT-Drucks. 15/3640, S. 35.
230 EuGH, 20.9.2001, C- 453/99, Slg. 2001, S. I 6297 – Courage.
231 I/M/Emmerich, § 33 GWB, Rn. 22, 23 m.w.N.; Rehbinder in Loewenheim/Meesen/Riesenkampff, § 33 GWB, Rn. 34.
232 Siehe: Grünbuch, KOM (2005) 672 endgültig, S. 9, Option 22.
233 Weißbuch der Kommission v. 2.4.2008, KOM (2008) 165 engültig, Punkt 2.1, S. 4.

mation mittelbarer Abnehmer muss demnach zwischen den hier angeführten Extrempositionen der unbegrenzten Aktivlegitimation der Angehörigen aller Marktstufen einerseits und dem kategorischen Ausschluss der Anspruchsberechtigung indirekter Abnehmer andererseits beantwortet werden.

I. Zulässigkeit der passing-on defense

1. Schadensersatzansprüche nach § 33 GWB

Schon vor Inkrafttreten der 7. GWB-Novelle wurde die Frage aufgeworfen, ob sich der Beklagte auf die Weiterwälzung des Schadens des Klägers auf nachgelagerte Marktstufen, d.h. auf die Weitergabe von kartell- oder missbrauchsbedingt überhöhten Preisen auf seine Abnehmer, berufen kann (*passing-on defense*). Bereits die dogmatische Einordnung der Problematik war strittig. Größtenteils wird sie heute den Grundsätzen der Vorteilsausgleichung im Rahmen der §§ 249 ff. BGB zugeordnet[234]. Die Vorteilsausgleichung soll Fallgestaltungen erfassen, in denen durch das schädigende Ereignis adäquat kausal auch positive Folgen für den Geschädigten eingetreten sind und eine Anrechnung dieser Vorteile aus Billigkeitsgesichtspunkten auch erfolgen muss[235]. Die Vorteilsausgleichung folgt nicht schon zwingend aus der Zugrundelegung der Differenzhypothese und des Bereicherungsverbots, sondern stellt eine einzelfallabhängige Wertungsfrage dar[236]. Weitere Kriterien sind die Vereinbarkeit der Vorteilsanrechnung mit dem Sinn und Zweck der Schadensersatzpflicht, welche bei einer ungerechtfertigten Entlastung des Schädigers verneint wird[237], und ein innerer Zusammenhang zwischen dem angerechneten Vorteil und dem geltend gemachten Nachteil, die sog. Rechnungseinheit[238].

---

234 LG Dortmund WuW/DE-R S. 1352 (1354) – Vitaminpreise Dortmund; zusammenfassend: Reich in WuW 2008, S. 1046 (1052); Roth in FK § 33 GWB 1999 (2001), Tz. 143 f.; Rehbinder in Loewenheim/Meesen/Riesenkampff, § 33 GWB, Rn. 39; Köhler in GRUR 2004, S. 99 (103); Lettl, Kartellrecht, § 11, Rn. 100 f. (S. 389 f.); Sondergutachten der Monopolkommission, SG 41, Rn. 60; a.A.: Bensich in GK, § 35 GWB a.F., Rn. 30; Flume in WuW 1956, S. 457 (464) die schon die Entstehung eines ersatzfähigen Schadens verneinen.
235 Oetker in MüKo, Bd. 2 (5. Auflage 2007), § 249 BGB, Rn. 227/228; Palandt/Heinrichs, Vorb. 249 BGB, Rn. 68; Larenz, SchuldR Bd.1, § 30 II (S. 531).
236 Zusammenfassend: BGHZ 54, S. 269 (272); BGH NJW 1997, S. 2378 m.jew.w.N.; zuletzt: BGH NJW-RR 2004, S. 79 (80).
237 BGH NJW 1980, S. 2187 (2188).
238 BGH NJW 1997, S. 2378 (2378/2379); Kritik an den von der Rspr. verwendeten Kriterien übt Schiemann in Staudinger/Schiemann, 14. Auflage (2005) § 249 BGB, Rn. 140.

Die Frage, ob sich der Anspruchsgegner auf die Weiterwälzung eines kartellbedingten Schadens durch den Anspruchssteller berufen kann, ist demnach anhand der von der Rechtsprechung aufgestellten Kriterien zur Vorteilsausgleichung zu beurteilen. Eine adäquate Kausalität zwischen den eingetretenen Vorteilen und dem schadensbegründenden Umstand ist in diesen Fallgestaltungen regelmäßig zu bejahen, wenn sich der Vertrag des Schadensersatzgläubigers mit seinem Kunden, d.h. der Zweitvertrag, preislich am kartell- oder missbrauchsbedingt überhöhten Bezugspreis orientiert bzw. er durch den Zweitvertrag versucht, die Ware mit Gewinn zu verkaufen[239]. Hiernach liegt adäquate Kausalität nur dann nicht vor, wenn der Abnehmer des Kartells entweder die Ware gar nicht weiterveräußert oder er aufgrund des hohen Wettbewerbsdrucks den überhöhten Einkaufspreis nicht oder nur unter großem Mehraufwand an Marketing und Werbung an nachgelagerte Marktstufen weitergeben kann[240]. Teilweise wird das Kausalitätskriterium mit dem Hinweis verneint, dass die Weiterveräußerung der Ware durch den Geschädigten zeitlich später und von der schädigenden Handlung unabhängig erfolgt[241].

Zweifel an der Durchführung der Vorteilsausgleichung im Kartelldeliktsrecht kamen jedoch hinsichtlich ihrer Vereinbarkeit mit dem Sinn und Zweck des Schadensersatzanspruchs aus § 33 GWB i.V.m. den Schutzgesetzen des GWB auf. Zunächst wurde eine unbillige Entlastung des Schädigers angenommen[242], da diesem mittels Durchführung der Vorteilsausgleichung die Früchte seiner kartellrechtswidrigen Praxis zum Großteil erhalten blieben, da er Klagen von Angehörigen nachgelagerter Marktstufen aufgrund des Schutzgesetzerfordernisses und des Merkmals der individuellen Zielgerichtetheit[243] nicht zu fürchten

---

239 Roth in FK § 33 GWB 1999 (2001), Tz. 146.; a.A.: OLG Düsseldorf MMR 2007, S. 718 (723), das den inneren Zusammenhang aufgrund des alleinigen wirtschaftlichen Risikos der Klägerin ablehnt; ebenso: Linder, S. 127/128, der aufgrund der zeitlich später und von der schädigenden Handlung unabhängig erfolgenden Weiterveräußerung durch den Abnehmer des Kartells schon keine adäquate Kausalität sieht.

240 Schütt weist in WuW 2004, S. 1124 (1129) darauf hin, dass dies, entgegen den Tendenzen in der Rspr. (bspw. OLG Karlsruhe in WuW/DE-R S. 1229 (1231) – Vitaminkartell), nicht selbstverständlich ist; so auch LG Dortmund in WuW/DE – R S. 1352 (1354) – Vitaminpreise Dortmund; ebenso Ritter in WuW 2008, S. 762 (765); die Kommission geht vom Regelfall der Schadensweiterwälzung aus, vgl. Weißbuch der Kommission v. 2.4.2008, KOM (2008) 165 engültig, Punkt 2.6., S. 9; instruktiv auch: Ashurst Study on the conditions of claims for damages in case of infringement of EC competion rules – Analysis of Economic Models, Punkt 4.10 ff., S. 32 ff., abrufbar unter: http://ec.europa.eu/comm/competition/antitrust/ actionsdamages/economic_clean_en.pdf (10.12.2010).

241 Linder, S. 127/128.

242 Vgl. OLG Düsseldorf OLG MMR 2007, S. 718 (723); OLG Düsseldorf, Urteil vom 27.6.2007, VI-2 U (Kart) 9/05 – DaRed, Rn. 59 (zitiert nach Juris); Benica in WuW 2004, S. 604 (608) mit Verweis auf OLG Karlsruhe in WuW/DE-R 1229 (1231).

243 Vgl. § 33, S. 1 GWB in der Fassung der 6. GWB-Novelle.

brauchte. Andernfalls drohe die gesetzgeberische Wertung des Schutzgesetzerfordernisses durch eine schadensersatzrechtliche Betrachtungsweise konterkariert zu werden[244].

Weiterhin wurde darauf verwiesen, dass die Präventivfunktion des Kartelldeliktsrechts durch Anwendung der Vorteilsausgleichung in diesen Fallkonstellationen unterlaufen werde, da der Schädiger eine dann regelmäßig weniger wahrscheinliche und darüber hinaus auch geringere Inanspruchnahme in einem Schadensersatzprozess zu fürchten habe[245].

Zudem wurde vorgebracht, dass auch wertungsmäßig kein Grund bestehe, dem Schädiger die Vorteile der Folgeverträge zugutekommen zu lassen. Ob und unter welchen Bedingungen die Weiterwälzung des Schadens im Einzelfall gelinge, gehöre zu den unternehmerischen Risiken desjenigen, der die Ware unter kartell- oder missbrauchsbedingt überhöhten Preisen bezogen hat, und könne nicht dem Schädiger zugutekommen[246]. Auch unter gesetzessystematischen Gesichtspunkten ist eine Vorteilsausgleichung nicht unproblematisch. Sie könnte im Einzelfall dazu führen, dass der Abnehmer des Kartells aufgrund seiner Schadensminderungspflicht aus § 254 Abs. 2 Satz 1 BGB dazu verpflichtet ist, den kartell- oder missbrauchsbedingten Schaden an die ihm nachgelagerten Handelsstufen weiterzugeben, um den unmittelbaren Schaden, der im Bezug der kartellbedingt überhöhten Ware liegt, möglichst gering zu halten[247].

Die Folge einer konsequenten Weiterwälzung des Schadens ist jedoch in vielen Fällen ein erhöhter Nachfragerückgang und damit eine Vergrößerung des entgangenen Gewinns. Hierdurch würde der zweite Schadensposten, welcher im mittelbaren Schaden durch den entgangenen Gewinn liegt, vergrößert. Die konsequente Weiterwälzung des Schadens würde demnach in allen Fällen, in denen der Kunde des Kartells einer elastischen Nachfrage ausgesetzt ist, indirekt zur Schadenserhöhung beitragen, wodurch der Geschädigte ebenfalls gegen seine Schadensminderungspflicht aus § 254 Abs. 2 Satz 1 BGB verstoßen würde[248]. Zusammenfassend kann demnach festgestellt werden, dass die Berücksichtigung der Wieterwälzung des Schadens im Rahmen der Vorteilsausgleichung bei kartellrechtlichen Schadensersatzansprüchen nach überwiegender Ansicht unter Billigkeitsgesichtspunkten ausgeschlossen wurde[249].

---

244 Roth in FK § 33 GWB 1999 (2001), Tz. 147; Hempel, S. 48.
245 So schon Mailänder, S. 189; Lettl, Kartellrecht, § 11, Rn. 102 (S. 390/391); Roth in FK § 33 GWB 1999 (2001), Tz. 147.
246 Möschel, Rn. 233.
247 Auf dese Problematik hinweisend: Reich in WuW 2008, S. 1046 (1053).
248 Mailänder, S. 190.
249 Das LG Dortmund führt in WuW/E DE-R S. 1352 (1354) – Vitaminpreise Dortmund lediglich „gewichtige Gründe" an.

Fraglich ist jedoch, inwieweit die genannten Argumente nach der 7. GWB-Novelle noch Bestand haben. Während der Ausschluss der passing-on defense einerseits durch § 33 Abs. 3 Satz 2 GWB in Gesetzesform gegossen wurde, wurde gleichzeitig das Schutzgesetzerfordernis und damit das Merkmal der individuellen Zielgerichtetheit vollständig abgeschafft. Hierdurch wurde mittelbaren Abnehmern eingeräumt, gleichberechtigt Schadensersatz wegen Wettbewerbsverstößen geltend zu machen. Dieser Paradigmenwechsel im Rahmen von Schadensersatzansprüchen aufgrund von Verletzungen des GWB war nach Ansicht des deutschen Gesetzgebers notwendig, um die Vorgaben des EuGH aus dem Courage-Urteil zu erfüllen, wonach es jedem Unionsbürger möglich sein muss, Schadensersatz infolge einer Verletzung seiner Rechte aus dem EG-Vertrag (nunmehr aus dem AEUV) vor nationalen Gerichten geltend zu machen[250]. Hiervon sind auch mittelbare Abnehmer umfasst[251].

Der Gesetzgeber führte durch die 7. GWB-Novelle die Problematik der Anspruchsberechtigung mittelbar Betroffener, bzw. Angehöriger nachgelagerter Handelsstufen, erneut ins deutsche Kartellrecht ein. Er vertraute hinsichtlich einer Lösung des durch die Novelle geschaffenen Problems sich potenzierender Schadensersatzansprüche von Angehörigen nachgelagerter Marktstufen auf richterliche Rechtsfortbildung[252]. Vor diesem Hintergrund gewinnt die Frage, ob sich der Schadensersatzschuldner auf die Weiterwälzung des Schadens durch den Gläubiger berufen kann, erheblich an Relevanz. Im Vergleich zur US-amerikanischen Wettbewerbsrechtsordnung ist die Flexibilität der Gerichte bei der Lösungsfindung in der deutschen Kartellrechtsordnung jedoch ungleich geringer. Während die US-Gerichte auf der Basis der weitgefassten gesetzlichen Grundlage des Clayton Act und des Sherman Act nahezu ungestört rechtsfortbildend tätig sein konnten, hat der deutsche Gesetzgeber durch die 7. GWB-Novelle massiv in die Diskussion eingegriffen und die Konturen einer in Frage kommenden Lösung zu einem signifikanten Teil vorbestimmt.

Jeder in Frage kommende Interessenausgleich hat die gesetzgeberische Wertung zu berücksichtigen, die mit dem Ausschluss der passing-on defense in § 33 Abs. 3 Satz 2 GWB einerseits und in der ausdrücklichen Anspruchsberechtigung „sonstiger Marktbeteiligter" durch § 33 Abs. 1 Satz 3 GWB andererseits zum Ausdruck kommt. Der deutsche Gesetzgeber befindet sich damit im Widerspruch zu der von der Kommission vorgeschlagenen Lösung[253].

---

250 BT-Drucks. 15/3640, S. 35 mit Verweis auf EuGH, 20.6.2001, C- 453/99, Slg. 2001, I-6297 – Courage, Rn. 28-31; 36.
251 Klarstellend: Weißbuch der Kommission v. 2.4.2008, KOM (2008) 165 endgültig, S. 4, Punkt 2.1.
252 BT-Drucks. 15/3640, S. 35.
253 Weißbuch der Kommission v. 2.4.2008, KOM (2008) 165 engültig, S. 9, Punkt 2.6.

Gleichzeitig darf das gesetzgeberische Ziel der 7. GWB-Novelle, den privaten Rechtsschutz im deutschen Kartellrecht zu stärken und dadurch auch ein ausreichendes Abschreckungspotential zu schaffen, nicht zurückstehen. Dennoch muss berücksichtigt werden, dass die Kombination des Ausschlusses der passing-on defense mit der generellen Anspruchsberechtigung aller vom Wettbewerbsverstoß betroffenen Marktteilnehmer de facto zu rechts- und wirtschaftspolitisch unerwünschten Ergebnissen führen könnte.

Derjenige, der den Schaden unter entsprechenden Marktbedingungen erfolgreich, d.h. vollständig und ohne größeren Nachfragerückgang, auf nachgelagerte Marktstufen abwälzen konnte, wird in die Lage versetzt, vollen Schadensersatz geltend zu machen, was zu einer ungerechtfertigten Bereicherung des unmittelbaren Abnehmers führt. Die im Fall einer erfolgreichen Schadensabwälzung eigentlich geschädigten mittelbaren Abnehmer dürften es demgegenüber aufgrund ihrer Entfernung zum Sachverhalt und der daraus resultierenden Beweisschwierigkeiten schwerhaben, ihrerseits Schadensersatz erfolgreich geltend zu machen. Darüber hinaus besteht zumindest theoretisch die Gefahr, dass beklagte Unternehmen den Schadensersatzansprüchen von Angehörigen mehrerer Marktstufen ausgesetzt sind. Dem Autor ist jedoch bislang kein Fall bekannt, in dem Unternehmen, die gegen deutsches oder europäisches Kartellrecht verstoßen haben, gleichzeitig Schadensersatzansprüchen von Angehörigen mehrerer Marktstufen ausgesetzt waren.

2. Ansprüche nach Section 4 Clayton Act

Die amerikanische Wettbewerbsrechtsdurchsetzung basiert seit jeher auf ausgeprägtem Individualschutz. Nahezu 90 % der Gerichtsverfahren, die aufgrund von Verletzungen der Antitrustgesetze eingeleitet werden, beruhen auf privaten Klagen[254]. Insofern kann die US-amerikanische Rechtsprechungspraxis auf wesentlich mehr Erfahrungen im Umgang mit der Problematik der Schadensabwälzung zurückgreifen als europäische Gerichte. Sie trifft hierbei keine trennscharfe Abgrenzung zwischen der generellen Anspruchsberechtigung mittelbarer Abnehmer und der Zulässigkeit der passing-on defense, sondern behandelt beide Themen häufig innerhalb eines einheitlichen Fragenkomplexes.

a) Ausschluss der passing-on defense durch Hannover Shoe

Der US-Supreme Court befasste sich zum ersten Mal in der Sache *Hannover Shoe, Inc. v. United Shoe Machinery (1968)*[255] mit der gesamten Problematik der

---

254 Gelhorn/Kovacic/Calkins, S. 542.
255 Hannover Shoe, Inc. v. United Shoe Machinery Co., 392 U.S. 481 (1968).

Anspruchsberechtigung mittelbarer Abnehmer. Das Gericht schloss die passing-on defense mit ähnlicher Begründung wie die deutsche Rechtsprechung und Literatur aus[256] und stellte fest, dass dem Rechtsverletzer das schadensmindernde Verhalten des unmittelbaren Abnehmers nicht zugutekommen könne[257]. Vielmehr gelte, dass *„der Verkäufer mehr vom Käufer nimmt, als das Gesetz erlaubt, wenn er den unrechtmäßigen Preis vom Käufer verlangt. Zu welchem Preis der Verkäufer auch immer weiterverkauft, der Preis, den er dem Verkäufer zahlt, bleibt unrechtmäßig hoch und sein Gewinn wäre größer, wenn seine Kosten geringer wären"*[258]. Die dogmatische Grundlage für die rechts- und wirtschaftspolitisch motivierte Privilegierung des direkten Abnehmers wurde jedoch schon vor der *Hannover-Shoe*-Rechtsprechung des Supreme Courts geschaffen. Bereits im Jahr 1906 beschäftigte sich der Supreme Court mit der Frage des Schadenseintritts bei unmittelbaren Abnehmern im Fall einer erfolgreichen Weiterwälzung des Schadens auf nachgelagerte Marktstufen[259]. Er entschied, *„dass eine Person, deren Eigentum sich dadurch verringert, dass sie unrechtmäßigerweise einen zu hohen Preis für eine Wahre bezahlt hat, damit auch primär eine Eigentumsverletzung im Sinne der Vorschrift erleidet"*[260]. Die Schadensersatzklage wurde auf Grundlage einer einzelstaatlichen Vorgängervorschrift des Clayton Act entschieden, des Antitrust Act des Bundesstaates Tennessee vom 2. Juli 1890[261]. Dieser sah, wie Section 7 des Sherman Act 1890 bis zum Erlass des Clayton Act im Jahre 1914[262], ebenfalls dreifachen Schadensersatz infolge von Verletzungen von Vorschriften des Gesetzes vor.

Das Gericht schloss in *Hannover Shoe* die Klagebefugnis indirekter Abnehmer aus und stellte fest, dass es dem Gesetzeszweck von Section 4 des Clayton Act, der zentralen föderalen Schadensersatznorm des US-Antitrust Rechts, entspräche, den Beklagten von einer ausufernden Haftung aufgrund von Ansprüchen mittelbarer Abnehmer zu befreien[263]. Die in *Hannover Shoe* im Jahr 1968 festgelegten Prinzipien entsprechen im Kern aktueller ständiger Rechtsprechung[264]. Diese Entscheidung des Gerichts war, wie auch spätere Entscheidungen hinsicht-

---

256 Hannover Shoe, Inc. v. United Shoe Machinery Co., 392 U.S. 481 (488) (1968).
257 Instruktiv: Baker in 16 Loy. Consumer L. Rev. 379 (395) (2004); Miller in 32 Fla. St. U.L. Rev. 197 (205-208) (2004).
258 Hannover Shoe, Inc. v. United Shoe Machinery Co., 392 U.S. 481 (489) (1968).
259 Chattanooga Foundry & Pipe Works v. Atlanta, 203 U.S. 390 (1906).
260 Chattanooga Foundry & Pipe Works v. Atlanta, 203 U.S. 390 (396) (1906).
261 26 Stat. at L. 209, chap. 647 = U.S. Comp. Stat. 1901, p. 3202.
262 The Clayton Act of 1914, 15 U.S.C. §§ 12-27; vgl. Kapitel 5 I.
263 Hannover Shoe, Inc. v. United Shoe Machinery Co., 392 U.S. 481 (488) (1968).
264 Vgl. Fayus Enters. v. BNSF Ry., 602 F.3d 444 (454) (2010); Kloth v. Microsoft Corp., 444 F.3d 312 (319/320) (2006); Kansas v. Utilicorp United Inc., 497 U.S. 199 (208) (1990).

lich der Anspruchsberechtigung mittelbarer Abnehmer, offensichtlich dominiert von der Befürchtung, dass der Ausschluss der passing-on defense in Verbindung mit der Anspruchsberechtigung mittelbarer Abnehmer eine extensive Haftung der Unternehmen zur Folge haben könnte[265]. Dies ist umso verständlicher, wenn man bedenkt, dass Unternehmen nach amerikanischem Recht dreifachen Schadensersatz auf jeder Marktstufe zu befürchten hätten. Zudem muss beachtet werden, dass die Anspruchsberechtigung mittelbarer Abnehmer in der US-Wettbewerbsrechtsordnung gravierendere wirtschaftliche Folgen für Unternehmen nach sich zieht als in den meisten europäischen Wettbewerbsrechtsordnungen, da großen Gruppen Geschädigter in den USA das effektive Werkzeug der Sammelklage (*class action*) zur Verfügung steht[266].

Dennoch steht der kategorische Ausschluss der Klagebefugnis mittelbarer Abnehmer im Widerspruch zur Tradition des US-Antitrustrechts. Im ausgeprägten US-amerikanischen System der privaten Wettbewerbsrechtsdurchsetzung waren Endverbraucher nicht nur schon immer berechtigt, Schadensersatzansprüche geltend zu machen, es war darüber hinaus vorgesehen, dass ihnen eine Schlüsselrolle bei der Schaffung intensiven Wettbewerbs zukommt[267]. Bereits im Jahr 1943 wurde der Begriff des *private Attorney General* geprägt[268]. Der Supreme Court bestätigte mehrmals, dass diese Entwicklung bei der Verabschiedung des Sherman Act im Jahr 1890 vom Kongress auch beabsichtigt gewesen sei[269]. In diesem Rahmen wurden private Schadensersatzklagen von Endverbrauchern als vorzugswürdig gegenüber Klagen von Wettbewerbern angesehen, da mit Letzteren immer auch ein erhöhtes Missbrauchsrisiko verbunden ist[270].

b) Entwicklung der direct purchaser rule durch Illinois Brick

Der zweite Fall vor dem US-Supreme Court, in dem es um die Rechte mittelbarer Abnehmer ging, war *Illinois Brick Company et al. v. State of Illinois et al.* im Jahr 1977[271]. Das Gericht vervollständigte seine vorangegangene Entscheidung und präzisierte sie, indem es die *direct purchaser rule* entwickelte. Der Supreme Court hielt an der prinzipiellen Unzulässigkeit von Klagen indirekter Abnehmer

---

265 Vgl. Thimmesch in 90 Iowa L. Rev. 1649 (1660) (2005); Patterson in 5 J. Small & Emerging Bus. L. 377 (379) (2001).
266 Siehe Kapitel 6.
267 Vgl. Reiter v. Sonotone Corp., 442 U.S. 330 (343) (1979).
268 Associated Industries of New York State, Inc. v. Ickes, 134 F.2d 694 (704) (2d Cir. 1943).
269 Perma-Life Mufflers, Inc. v. International Parts Co., 392 U.S. 134 (138-140) (1969); Brunswick Corp. v. Pueblo Bowl-o-Mat, Inc., 429 U.S. 477 (486) (1977); Zenith Radio Corp. v. Hazeltine Research Inc., 401 U.S. 321 (335) (1971).
270 Hovenkamp in 88 Mich. L. Rev. 1 (19 f.) (1989).
271 Illinois Brick Company et al., Petitioners, v. State of Illinois et al., 431 U.S. 720 (1977).

fest und stellte klar, dass der kompensatorische Zweck des Clayton Act am besten erreicht werden könne, wenn der direkte Abnehmer Schadensersatz auf der Grundlage der gesamten Differenz zwischen wettbewerbsanalogem Preis und dem infolge der Wettbewerbsbeschränkung überhöhten Preis verlangen kann und nicht wenn dem mittelbaren Abnehmer Schadensersatz auf der Grundlage eines Bruchteils des Betrages zugebilligt wird, um den der Kaufpreis kartellbedingt überhöht ist[272].

Die Grundsätze der *Illinois-Brick*-Rechtsprechung und die *direct purchaser rule* als ihre zentrale Grundlage gelten unverändert auch in der heutigen Rechtsprechung fort[273]. Trotz ausdrücklicher Bedenken um eine ausufernde Haftung der Beklagten veränderte der Supreme Court seine Grundsätze in Bezug auf die Aktivlegitimation mittelbarer Abnehmer und ließ zwei eng begrenzte Ausnahmen zur *direct purchaser rule* zu, die im Laufe der Zeit durch die rechtsfortbildende Tätigkeit der District Courts ergänzt wurden[274]. Der mittelbare Abnehmer soll immer dann anspruchsberechtigt sein, wenn der unmittelbare Abnehmer ohne jedes Risiko eines mengenmäßigen Umsatzrückgangs den kartellbedingt überhöhten Preis entweder durch entsprechende, schon vor dem Schadenseintritt existierende vertragliche Konstruktionen[275] auf nachgelagerte Marktstufen abwälzen konnte[276] oder wenn der Käufer die Geschäftsführung des unmittelbaren Abnehmers kontrolliert oder dieser in seinem Eigentum steht (*control exception*)[277]. Konnte der unmittelbare Abnehmer den durch die Wettbewerbsverletzung überhöhten Preis durch entsprechende vertragliche Konstruktionen, die den mittelbaren Abnehmer zwingen, eine von vornherein festgelegte Menge zu beziehen (*cost plus contract*), risikolos auf nachgelagerte Marktstufen abwälzen, ist die Problematik der Schadensbezifferung sowie die der unangemessenen Belastung von Unternehmen entschärft[278] und der Anspruchsberechtigung mittelbarer Abnehmer stehen keine zwingenden Gründe mehr entgegen[279]. Laut Supreme Court

---

272 Illinois Brick Company et al., Petitioners, v. State of Illinois et al., 431 U.S. 720 (746) (1977); Kloth v. Microsoft Corp., 444 F.3d 312 (319/320) (2006); eingehend: Gehring in 5 NYU J.L. & Liberty 208 (215) (2010).
273 Zuletzt: Fayus Enters. v. BNSF Ry., 602 F.3d 444 (454) (2010); Kendall v. Visa U.S.A., Inc., 2008 U.S. App. LEXIS 5032, S. 13/14 (2008).
274 Gute Übersicht zu allen bislang entwickelten Ausnahmen bei Zipp in 55 A.L.R. Fed 919 (921 ff.) (2010).
275 Sog. „fixed quantity cost plus contracts", bei denen sich der Kaufpreis aus den aktuellen Kosten des Anbieters und einer vereinbarten Summe zusammensetzt.
276 Instruktiv: Hovenkamp in 103 Harvard L. Rev. 1717 (1720) (1990).
277 Illinois Brick Company et al., Petitioners, v. State of Illinois et al., 431 U.S. 720 (733) (1977); Royal Printing Co. v. Kimberly-Clark Corp., 621 F.2d 323 (326) (1980).
278 Hovenkamp in 103 Harvard L. Rev. 1717 (1723) (1990).
279 Illinois ex rel. Hartigan v. Panhandle E. Pipe Line Co., 852 F.2d 891 (894/895) (1988).

haben in diesen Fällen vertragliche Konstruktionen die Kräfte des Marktes außer Kraft gesetzt, wodurch die risikolose Weiterwälzung des Schadens ermöglicht würde[280].

Bei beiden Ausnahmefällen besteht zudem die Gefahr, dass im Falle eines Ausschlusses der Anspruchsberechtigung mittelbarer Abnehmer die Rechtsverletzung nicht mit entsprechenden privaten Schadensersatzklagen beantwortet wird und es somit an ausreichender Abschreckung fehlt. Darüber hinaus besteht auch im zweiten Ausnahmefall, der *control exception*, kein Risiko einer extensiven Haftung des Beklagten, da in diesen Fällen nicht davon auszugehen ist, dass das kontrollierte Unternehmen eine Schadensersatzklage gegen den Beklagten anstrengen wird[281]. Der Supreme Court hielt auch in späteren Urteilen grundsätzlich an den *Illinois Brick* formulierten Ausnahmen zur *direct purchaser rule* fest[282].

Schon wenige Jahre nach *Illinois Brick* wurde von District Courts eindeutig die Auffassung vertreten, dass die vom Supreme Court formulierten Ausnahmen keinen abschließenden Charakter hätten, sondern lediglich beispielhaft erklärend seien[283]. Dieses Verständnis der durch *Illinois Brick* formulierten Ausnahmen lässt ausreichend Raum für die richterrechtliche Entwicklung weiterer Ausnahmen in Fällen, in denen die Anspruchsberechtigung mittelbarer Abnehmer nicht die befürchteten negativen Folgen hat, da die Kräfte des Marktes durch vertragliche Konstruktionen außer Kraft gesetzt sind, wodurch eine Schadensabwälzung risikolos möglich ist[284].

Der US Supreme Court gab im Wesentlichen drei rechtspolitische Gründe für den Ausschluss von Klagen mittelbarer Abnehmer an: die Notwendigkeit, das Risiko einer extensiven Haftung der Unternehmen auszuschließen, die Schwierigkeiten der Gerichte, die mit der Feststellung des erlittenen Schadens auf den nachgelagerten Handelsstufen verbunden sind, sowie die Gefahr ineffizienter Rechtsdurchsetzung aufgrund fehlender Anreize für den unmittelbaren Abnehmer[285].

Unmittelbaren Abnehmern soll jedoch aufgrund ihrer Nähe zum Sachverhalt eine Schlüsselrolle im amerikanischen System der privaten Wettbewerbsrechts-

---

280 Illinois Brick Company et al., Petitioners, v. State of Illinois et al., 431 U.S. 720 (736 Fn.16) (1977).
281 Howard Hess Dental Labs. Inc. v. Dentsply Int'l, Inc., 424 F.3d 363 (372) (2005) m.w.N.
282 Vgl. Fayus Enters. v. BNSF Ry., 602 F.3d 444 (454) (2010); Howard Hess Dental Labs. Inc. v. Dentsply Int'l, Inc., 424 F.3d 363 (371/372) (2005); Kansas v. Utilicorp United Inc., 497 U.S. 199 (206-208) (1990).
283 In Re Mid-Atlantic Toyota Antitrust Litigation, 516 F. Supp. 1287 (1292) (1981); zurückhaltend bejahend: Kansas v. Utilicorp United Inc., 497 U.S. 199 (216) (1990).
284 Instruktiv: Jacobs in 42 St. Louis L. J. 59 (73) (1998).
285 Illinois Brick Company et al., Petitioners, v. State of Illinois et al., 431 U.S. 720 (1977) (730-735; 737; 740-743; 745); California v. ARC America Corp., 490 U.S. 93 (99) (1989).

durchsetzung zukommen[286]. Das letzte Argument ist insbesondere vor dem Hintergrund zu sehen, dass sich der amerikanische Gesetzgeber ausdrücklich für ein System der privaten Wettbewerbsrechtsdurchsetzung an Stelle eines Systems der behördlichen Sanktion von Wettbewerbsrechtsverstößen entschieden hat[287]. Privater Wettbewerbsrechtsdurchsetzung kommt somit, anders als im europäischen Kontext, nicht lediglich eine komplementäre, sondern eine konstitutive Funktion zu.

c) Reaktionen auf den kategorischen Ausschluss von Klagen mittelbarer Abnehmer

Die Entscheidung im Fall *Illinois Brick* erfolgte nicht einstimmig. Die Richter Brennan, Marshall und Blackmun gaben in der Begründung ihrer abweichenden Meinung drei wesentliche Gründe an: Sie kritisierten zunächst, dass die *direct purchaser rule* im Widerspruch zu vorangegangener Rechtsprechung des Supreme Court stehe[288], in der der Supreme Court explizit betonte, dass der Sherman Act seinem Wortlaut und seiner Konzeption nach so umfangreich sei, dass er *„all diejenigen schützt, die Opfer der nach dem Gesetz verbotenen Praktiken sind, von wem auch immer diese ausgeübt werden"*[289].

Zweiter Beanstandungspunkt der abweichenden Richter war, dass durch den pauschalen Ausschluss der Anspruchsberechtigung mittelbarer Abnehmer die Effizienz privater Rechtsdurchsetzung leide, da die Endkonsumenten als die größte Gruppe Geschädigter von der Geltendmachung von Schadensersatzansprüchen ausgeschlossen seien, während die unmittelbaren Abnehmer aufgrund der ihnen verbleibenden Möglichkeit der Schadensabwälzung und der Gefahr, ihre laufenden Geschäftsbeziehungen zu belasten, eine geringere Motivation zur gerichtlichen Geltendmachung der ihnen zustehenden Schadensersatzansprüche hätten[290].

Als drittes und letztes Argument führten die Richter an, dass die *direct purchaser rule* in *Illinois Brick* im Widerspruch zum 1976 erlassenen Hart-Scott-Rodino-Antitrust Improvements-Act stehe. Section 15 (c) des Hart-Scott-Rodi-

---

286 Cohen v. GMC, 533 F.3d 1 (3) (2008); instruktiv: Cavanagh in 17 Loy. Consumer L. Rev. 1 (43) (2004).
287 Vgl. Hawaii v. Standard Oil, 405 U.S. 251 (262) (1972); Übersicht bei Kirkwood/Lande in 84 Notre Dame L. Rev. 191 (201 ff.) (2008).
288 Illinois Brick Company et al., Petitioners, v. State of Illinois et al., 431 U.S. 720 (749) (1977), abweichende Meinung von Richter Brennan.
289 Mandeville Island Farms, Inc. v. American Crystal Sugar Co., 334 U.S. 219 (236) (1948).
290 Illinois Brick Company et al., Petitioners, v. State of Illinois et al., 431 U.S. 720 (749) (1977), abweichende Meinung von Richter Brennan; Lande in 61 Ala. L. Rev. 447 (451 ff.) (2010).

no-Antitrust-Improvements-Act (nunmehr Section 4 c Clayton Act) ermöglichte erstmals sog. *parens patriae* Klagen, in denen die Generalstaatsanwälte der Bundesstaaten im Namen geschädigter Bürger (ausschließlich natürlicher Personen) Schadensersatzklagen anstrengen können[291]. Der bei den im Senat erfolgten Anhörungen zum Ausdruck gekommenen gesetzgeberischen Intention, den Konsumentenschutz bei wettbewerbswidrigen Verhaltensweisen effektiv zu gestalten und deren ökonomische Situation zu verbessern[292], stehe die *direct purchaser rule* des Supreme Courts eklatant entgegen[293].

In der Literatur wurde der restriktive Ansatz der *Illinois-Brick*-Kriterien ebenfalls als mit dem Wortlaut von Section 4 des Clayton Act[294] unvereinbar kritisiert, nach dem „*jedermann*", der durch das wettbewerbswidrige Verhalten in „*seiner wirtschaftlichen Tätigkeit oder in seinem Eigentum*" beeinträchtigt ist, berechtigt ist, dreifachen Schadensersatz einzuklagen[295].

Der umfassende Ausschluss der Anspruchsberechtigung laufe zudem dem Ziel der Schadenskompensation zuwider[296]. Die Kritiker führten ebenfalls an, dass es zu einem Abschreckungs- und Durchsetzungsdefizit komme, da mittelbare Abnehmer nicht klagebefugt seien, während unmittelbare Abnehmer häufig aufgrund ihrer laufenden Geschäftsbeziehungen zum Rechtsverletzer nicht willens seien, eine private Schadensersatzklage anzustrengen[297]. Diese Problematik wird insbesondere bei Schadensersatzklagen deutlich, in denen die beklagte Partei ein marktbeherrschendes oder marktstarkes Unternehmen ist.

---

[291] Section 4 (c) Clayton Act 1914, 15 U.S.C. § 15c (Stand: 1. Februar 2010): „*Any attorney general of a State may bring a civil action in the name of such State, as parens patriae on behalf of natural persons residing in such State, in any district court of the United States having jurisdiction of the defendant, to secure monetary relief as provided in this section for injury sustained by such natural persons to their property by reason of any violation of sections 1 to 7 of this title.*"

[292] Patterson in 5 J. Small & Emerging Bus. L. 377 (398) (2001) m.w.N.

[293] Illinois Brick Company et al., Petitioners, v. State of Illinois et al. 431 U.S. 720 (735 Fn. 14) (1977), abweichende Meinung von Richter Brennan.

[294] Section 4 Clayton Act 1914, 15 U.S.C. § 15 (Stand: 1. Februar 2010): „*[...] any person who shall be injured in his business or property by reason of anything forbidden in the antitrust laws may sue therefor in any district court of the United States in the district in which the defendant resides or is found or has an agent, without respect to the amount in controversy, and shall recover threefold the damages by him sustained, and the cost of the suit, including a reasonable attorney's fee.*"

[295] Prud'Homme/Cooper in 40 U.S.F. L. Rev. 675 (683) (2006).

[296] Unter Rekurs auf Harris und Sullivan: Werden/Schwartz in 35 Hastings L.J. 629 (638) (1984) m.w.N.

[297] Jones, S. 80 m.w.N.; a. A. Posner/Landes in 12 U. PA. L. Rev. 1274 (1278) (1980).

So waren die unmittelbaren Abnehmer im Microsoft-Verfahren des Jahres 2000[298], in dem das Unternehmen aufgrund seiner Praxis, den Internet-Browser Internet Explorer mit dem Betriebssystem Windows 98 zu koppeln, vom US Department of Justice auf Schadensersatz verklagt wurde, auf Klägerseite überhaupt nicht angetreten. Die unmittelbaren Abnehmer von Windows 98, wie z.B. IBM, Compaq, Dell und CompUSA, fürchteten die katastrophalen wirtschaftlichen Konsequenzen, die ein Verlust ihrer Windows-Lizenzvereinbarungen zur Folge gehabt hätte. Hierdurch war das Unternehmen letztendlich keiner Schadensersatzhaftung gegenüber Teilnehmern des Marktes für Intel-kompatible Personalcomputer ausgesetzt[299].

Die Verweigerung einer einheitlichen föderalen Rechtsgrundlage zur Geltendmachung von Schadensersatzansprüchen gegenüber der größten Gruppe der mittelbaren Abnehmer, den Konsumenten, hat schwerwiegendere Folgen für die Effizienz privater Rechtsdurchsetzung, als es zunächst den Anschein hat. So waren vor der *Illinois-Brick*-Entscheidung des Supreme Courts im Jahre 1977 mittelbare Abnehmer in fast zwei Dritteln aller einschlägigen Fälle Kläger und in 25 % dieser Fälle auch die einzigen Kläger[300].

Dem wird entgegengehalten, dass die Abschreckungswirkung des Clayton Act, insgesamt betrachtet, wesentlich wichtiger sei als das Ziel, die Kompensation der Geschädigten herbeizuführen[301]. Zudem sei, unabhängig davon, ob man direkten Abnehmern den gesamten durch die Wettbewerbsbeschränkung verursachten Schaden zubillige oder ob der Schaden aller betroffenen Abnehmer spezifisch berechnet werde, die Kompensation in beiden Fällen gleich hoch. Dies beruhe auf der natürlichen Erfahrung, dass die betroffenen direkten Abnehmer, in Erwartung des ihnen zuzusprechenden Schadensersatzes, ihre Preise entsprechend senken würden[302]. Dieser Ansatz erscheint größtenteils realitätsfern, zumal ihm das logische Argument entgegengesetzt werden kann, dass Kernbeschränkungen, wie z.B. Preiskartelle, den Geschädigten meistens erst dann bekannt werden, wenn sie zerbrechen. Bis zu diesem Zeitpunkt haben mittelbare Abnehmer jedoch einen Schaden erlitten, der auch durch spätere Preissenkungen nicht mehr kompensiert werden kann[303].

Die eingangs geäußerte Kritik mutet unter dem Gesichtspunkt der Abschreckung zunächst übertrieben an, da die Interessen mittelbarer Abnehmer in den USA noch

---

298 United States v. Microsoft Corp., 87 F. Supp. 2d 30 (D.D.C. 2000).
299 Patterson in 5 J. Small & Emerging Bus. L. 377 (397/398) (2001).
300 Prud'Homme/Cooper in 40 U.S.F. L. Rev. 675 (683 Fn. 49) (2006).
301 Unter Verweis auf Posner und Landes: Werden/Schwartz in 35 Hastings L.J. 629 (638) (1984) m.w.N.
302 Posner/Landes in 12 U. PA. L. Rev. 1274 (1275-1276) (1980).
303 Werden/Schwartz in 35 Hastings L.J. 629 (638/639) (1984).

von den Generalstaatsanwälten der Bundesstaaten im Rahmen ihrer *Parens-patriae*-Funktion wahrgenommen werden, während zudem in der Mehrzahl der Fälle davon auszugehen ist, dass direkte Abnehmer in der Lage sind, ihre Lieferanten jederzeit zu wechseln, und nicht davon absehen, ihnen zustehende gerichtliche Ansprüche geltend zu machen. Jedoch muss diesbezüglich beachtet werden, dass aufgrund der langen Tradition der privaten Wettbewerbsrechtsdurchsetzung in den USA jedes Hindernis für den privaten Schadensersatzkläger als Durchsetzungsdefizit für die Antitrustgesetze gewertet wird.

Auch das wohl gewichtigste Argument der *Illinois-Brick*-Rechtsprechung, die Gefahr paralleler Schadensersatzklagen direkter und indirekter Abnehmer, wird teilweise als überwiegend hypothetisches Konstrukt abgelehnt, dem der empirische Nachweis fehle. So wenden einige Kommentatoren ein, dass es seit der *Illinois-Brick*-Entscheidung keinen dokumentierten Fall gab, indem ein Beklagter von direkten und indirekten Abnehmern gleichzeitig verklagt wurde und dabei einen höheren Betrag als den regulären dreifachen Schadensersatz hätte aufbringen müssen[304]. Vielmehr habe sich das Argument, dass Unternehmen sich potenzierenden Schadensersatzansprüchen ausgesetzt sein könnten, im Laufe der Jahre überholt[305].

Zudem seien Bundesgerichte offensichtlich unbesorgt über eine Überbelastung der Unternehmen, wie die in den letzten Jahren zunehmende Praxis zeige, hohe Geldstrafen gegen Unternehmen zu verhängen, die auch Beklagte in Zivilverfahren auf dreifachen Schadensersatz sind. So hat das US-Department of Justice gegen das Schweizer Pharmaunternehmen Hoffmann-LaRoche im Jahr 1999 ein Rekordbußgeld von 500 Millionen USD verhängt[306], während das Unternehmen hohe Schadensersatzzahlungen aufgrund von mit Klägern getroffenen Vergleichen zu leisten hatte[307]. Hierdurch werde faktisch die Wirkung potenzierender Schadensersatzansprüche von direkten und indirekten Abnehmern erreicht[308]. Außerdem habe der Supreme Court die Bedenken der Überbelastung der Unternehmen offensichtlich aufgegeben, als er in seiner *ARC-America*-Entscheidung[309] die parallele Anwendung bundesstaatlicher und einzelstaatlicher Vorschriften zuließ, auch wenn diese zur Anspruchsberechtigung mittelbarer Abnehmer im

---

304 Lande in 61 Ala. L. Rev. 447 (496/497) (2010); Prud'Homme/Cooper in 40 U.S.F. L. Rev. 675 (684) (2006).
305 Cavanagh in 17 Loy. Consumer L. Rev. 1 (43 f.) (2004); Lande in 40 U.S.F. L. Rev. 651 (658) (2006).
306 Pressemitteilung des US Justizministeriums v. 20. Mai 1999, abrufbar unter: www.justice.gov/atr/public/press_releases/1999/2450.htm (10.12.2010).
307 In re Vitamins Antitrust Litigation, 305 F. Supp. 2d 100 (2004).
308 Cavanagh in 17 Loy. Consumer L. Rev. 1 (43/44) (2004).
309 California v. ARC America Corp., 490 U.S. 93 (105) (1989); siehe dazu sogleich unten.

Einzelfall führe[310]. Auch das Argument, dass private Rechtsdurchsetzung durch die unmittelbare Marktgegenseite generell effektiver sei als durch die mittelbare Marktgegenseite, vermag nach Ansicht der Kritiker des Supreme Courts nicht zu überzeugen. Sie verweisen darauf, dass die Generalstaatsanwälte der Bundesstaaten im Rahmen ihrer *Parens-patriae*-Funktion ohne weiteres eine ebenso effiziente Rechtsdurchsetzung gewährleisteten wie die unmittelbaren Abnehmer, zumal ihnen nach den meisten einzelstaatlichen Wettbewerbsrechtsordnungen erweiterte vorprozessuale Ermittlungsbefugnisse zustehen[311].

d) Schadenszuordnung und Schadensberechnung bei parallelen Klagen direkter und indirekter Abnehmer

Auch die Fragen der Schadensfeststellung und Schadensberechnung werden von den Kritikern aufgegriffen. So wird eingewandt, dass die Schadensberechnung auf den verschiedenen Stufen der Lieferkette nicht so schwierig sei, wie der Supreme Court in *Illinois Brick* glauben mache wollte. Aufgrund des technischen Fortschritts hinsichtlich der Sammlung von Daten, der Datenspeicherung und der Datenauswertung in den dreißig Jahren nach der *Illinois-Brick*-Entscheidung sowie aufgrund spezifisch weiterentwickelter ökonomischer Modelle sei die Zuordnung von Schadensposten zu unterschiedlichen Marktstufen mittlerweile leichter möglich[312].

Als Beleg werden die umfangreichen Datensammlungen angeführt, auf deren Grundlage Gerichte in einer Vielzahl von Schadensersatzklagen gegen die pharmazeutische Industrie Schadensberechnung über mehrere Marktstufen hinweg vorgenommen haben. Im Fall *FTC v. Mylan Labs*[313] strengten die Generalstaatsanwälte von 33 Staaten zusammen mit der Federal Trade Commission (*FTC*) eine Schadensersatzklage an. Die jeweiligen Bundesstaaten repräsentierten sowohl einzelstaatliche Wettbewerbsbehörden als auch Konsumenten, von denen die Mehrzahl indirekte Abnehmer der Medikamente Lorazepam und Clorazepat waren. In dem ausgehandelten Vergleich zwischen den beteiligten Parteien verpflichtete sich das beklagte Unternehmen, einen Betrag von 100 Millionen USD an die Kläger zu zahlen. Insgesamt wurden 203 471 Endkonsumenten mit insgesamt ca. 43 Millionen USD entschädigt, was eine durchschnittliche Schadenser-

---

310 Prud'Homme, Jr., T.J.; Cooper, E.S. in 40 U.S.F. L. Rev. 675 (684) (2006); siehe dazu sogleich unten.
311 Prud'Homme/Cooper in 40 U.S.F. L. Rev. 675 (684/685) (2006); detaillierte Beschreibung entsprechender einzelstaatlicher Vorschriften bei Lande in 61 Ala. L. Rev. 447 (462) (2010).
312 Prud'Homme/Cooper in 40 U.S.F. L. Rev. 675 (685) (2006).
313 FTC v. Mylan Lab., Inc., 99 F. Supp 2d 1 (1999) (vgl. Appendix A).

satzsumme von 211 USD pro Gruppenmitglied ergibt[314]. Zudem reichten weitere Gruppen Sammelklagen beim District of Columbia District Court ein, bestehend sowohl aus Klagen direkter Abnehmer als auch aus Klagen indirekter Abnehmer, die weder Endverbraucher noch öffentliche Abnehmer waren[315]. Die Klage der direkten Abnehmer endete mit einem Vergleich in Höhe von 35 Millionen USD, die der mittelbaren Abnehmer mit einem Vergleich in Höhe von 25 Millionen USD[316]. Laut Gericht bereiteten die Schadensberechnung und die Zuordnung der Schadenshöhe über mehrere Marktstufen hinweg keine nennenswerten Komplikationen[317]. Vier Unternehmen schieden zudem aus der Gruppe der mittelbaren Abnehmer aus, hielten an einer Klage auf dreifachen Schadensersatz fest und bekamen Schadensersatz in Höhe von zwölf Millionen USD vor Verdreifachung zugesprochen[318].

Ebenso vertraten in *Buspirone Patent & Antitrust Litigation*[319] Generalstaatsanwälte von 30 Staaten die Interessen von Endkonsumenten und staatlichen Stellen in einer Schadensersatzklage, die meisten von ihnen mittelbare Abnehmer. Parallel reichte eine Gruppe privater Kläger Schadensersatzklagen ein, durch die sowohl unmittelbare als auch mittelbare Abnehmer, die keine Endkonsumenten waren, repräsentiert wurden. Während die Sammelklage der Generalstaatsanwälte mit einem Vergleich über 100 Millionen USD endete, handelten die privaten Sammelkläger einen Vergleich über 310 Millionen USD aus, 220 Millionen USD als Entschädigung für unmittelbare Abnehmer[320], 90 Millionen USD wurden an mittelbare Abnehmer verteilt[321].

Ein weiterer Fall, in dem unmittelbare und mittelbare Abnehmer, die keine Endkonsumenten waren, als ein und dieselbe Gruppe Schadensersatz durch eine Sammelklage geltend machten, ist *State of Ohio v. Bristol-Meyers Squibb Co.*[322]. Hier klagte eine Gruppe, bestehend aus unmittelbaren und mittelbaren Abneh-

---

314 Prud'Homme/Cooper in 40 U.S.F. L. Rev. 675 (686) (2006).
315 In re Lorazepam & Clorazepate Antitrust Litigation v. Mylan Labs., 205 F.R.D. 369 (373/374) (2002).
316 In re Lorazepam & Clorazepate Antitrust Litigation v. Mylan Labs., 205 F.R.D. 369 (392/393) (2002).
317 In re Lorazepam & Clorazepate Antitrust Litigation v. Mylan Labs., 205 F.R.D. 369 (394) (2002).
318 Health Care Serv. Corp. v. Mylan Labs., Inc., Civ. No. 01-2464 (TFH) (2005).
319 In re Buspirone Patent & Antitrust Litig., 185 F. Supp. 2d 363 (2002).
320 Notice of Proposed Settlement of Class Action and Hearing Regarding Settlement, In re Buspirone Antitrust Litigation, MDL No. 1413 (S.D.N.Y. Feb. 14, 2003).
321 Amended Settlement Agreement, In re Buspirone Antitrust Litigation, MDL No. 1413 (S.D.N.Y. Mar. 20, 2003).
322 No. 02-civ-01080, slip op. (D.D.C. May 13, 2003).

mern, auf der Grundlage einzelstaatlichen Kartellrechts[323]. Parallel zu den Generalstaatsanwälten mehrerer Staaten erzielte sie einen Vergleich, in dem die unmittelbaren Abnehmer eine Entschädigung von ca. 66 Millionen USD erhielten und die mittelbaren Abnehmer ca. 15 Millionen USD[324]. Die drei genannten Beispielsfälle machen deutlich, dass Generalstaatsanwälte sowie die Rechtsberater privater Kläger durchaus in der Lage sind, den zuständigen Gerichten soweit zuzuarbeiten, dass diese, trotz der Bedenken, die der Supreme Court in *Illinois Brick* äußerte, Schadensberechnung und Schadenszuordnung auch über mehrere Marktstufen hinweg vornehmen können[325].

e) Ausschluss von Klagen indirekter Abnehmer durch andere Rechtsinstitute als die direct purchaser rule

Darüber hinaus stehen den zuständigen Gerichten andere Instrumente des föderalen Antitrustrechts zur Verfügung, um lediglich reflexartig betroffene Marktteilnehmer von der Geltendmachung von Schadensersatzansprüchen auszuschließen, wie das *antitrust standing* bzw. die *antitrust injury*[326].

Um eine extensive Haftung, insbesondere von kleinen und mittelgroßen Unternehmen, durch Schadensersatzklagen von Angehörigen aller Marktstufen zu verhindern, wurden verschiedene richterrechtliche Beschränkungen der Klagebefugnis des privaten Schadensersatzklägers entwickelt. Diese Einschränkungen der Klagebefugnis sind von der ausschließlich an den Schaden anknüpfenden Voraussetzung der *antitrust injury*[327] und von der an Kausalität zwischen Anspruch und Schaden anknüpfenden Voraussetzung des *proximate cause* (der unmittelbaren Kausalität)[328] zu unterscheiden und als vollkommen selbständige Voraussetzung der Klagebefugnis zu behandeln[329].

Prinzipiell verfolgen sie jedoch denselben Zweck wie das Erfordernis der *antitrust injury*, nämlich eine Klageflut zu verhindern und damit letztlich auch ineffiziente Geschäftsführung von Unternehmen infolge einer Überabschreckung durch drohenden dreifachen Schadensersatz zu vermeiden[330]. Bei näherer Be-

---

323 Vgl. Kapitel 4 I 2 g.
324 Final Order and Judgment Approving Settlements Between Direct Purchaser Class Plaintiffs and Defendants Bristol-Meyers Squibb Co. et al., 02-cv-01080 (D.D.C. May 13, 2003).
325 Prud'Homme/Cooper in 40 U.S.F. L. Rev. 675 (688) (2006).
326 Prud'Homme/Cooper in 40 U.S.F. L. Rev. 675 (692) (2006); in Bezug auf einzelstaatliches Wettbewerbsrecht: Lande in 61 Ala. L. Rev. 447 (470) (2010).
327 Siehe unter Kapitel 10 I.
328 Siehe unter Kapitel 10 I.
329 Loeb Industries, Inc. v. Sumitomo Corp., 306 F.3d 469 (481) (7th Cir.2002); Chrysler Corp. v. Fedders Corp. 643 F. 2d. 1229 (1235) (6th Cir. 1981).
330 Todorov v. DCH Healthcare Authority, 921 F. 2d. 1438 (1449) (C.A. 11 Ala. 1991).

trachtung wird deutlich, dass die Einschränkungen der Klagebefugnis letztendlich nichts anderes sind als Ausprägungen allgemeiner Anforderungen des Schadensersatzrechts an die Kausalbeziehung zwischen wettbewerbswidrigem Verhalten und ersatzfähigem Schaden.

Der Supreme Court stellte in *Blue Shield of Virginia v. Mc Cready*[331] zunächst klar, dass es vom Kongress bei Verabschiedung des Clayton Act nicht beabsichtigt war, Personen, die vom Gesetzesverstoß lediglich mittelbar betroffen sind, die Möglichkeit zu geben, dreifachen Schadensersatz geltend machen zu können[332]. Indem der Supreme Court festlegte, dass der beim Kläger eingetretene Schaden die Schadensart sein müsse, die vom Bewusstsein des Beklagten umfasst sei, d.h. von diesem vorhersehbar verursacht wurde[333], versuchte er die Kriterien der *antitrust injury* und der *direct purchaser rule* gegeneinander abzugrenzen[334]. Eine wesentlich hilfreichere Formulierung kam vom US Supreme Court in der Entscheidung *Associated General Contractors of California, Inc. v. California State Council of Carpenters*[335] im Jahr 1983, die den Multi-Faktor-Test einführte und damit augenscheinlich zunächst auf eine dogmatische Einordnung der Kriterien verzichtete.

Um eine der gesetzgeberischen Intention widersprechende exzessive Inanspruchnahme der Unternehmen auszuschließen, hat das Gericht den tatsächlichen und ökonomischen Zusammenhang zwischen der Rechtsverletzung und dem beim Kläger eingetretenen Schaden zu untersuchen[336]. Laut Supreme Court muss das entscheidende Gericht einen engen Zusammenhang zwischen dem beim Kläger eingetretenen Schaden und der vorgeworfenen Rechtsverletzung feststellen können[337], was anhand von fünf Faktoren analysiert werden muss: Entscheidend sind der Kausalzusammenhang zwischen Rechtsverletzung und Schaden; das Verschulden auf Seiten des Beklagten; die Art des Schadens; ob der Kläger Verbraucher ist oder Wettbewerber des Beklagten; die Unmittelbarkeit des Schadens;

---

331 Blue Shield of Virginia v. Mc Cready, 457 U.S. 465 (1982).
332 Blue Shield of Virginia v. Mc Cready, 457 U.S. 465 (477) (1982); so hat der Supreme Court eine antitrust injury bei einem Kläger, der durch vertikale Höchstpreisfestsetzungen seines Konkurrenten geschädigt wurde, mit der Begründung einer lediglich reflexartigen Betroffenheit des Klägers verneint: Atl. Richfield Co. v. United States Petroleum Co., 495 U.S. 328 (337) (1990).
333 Blue Shield of Virginia v. Mc Cready, 457 U.S. 465 (484) (1982).
334 Überblick bei: In re Warfarin Sodium Antitrust Litigation, 214 F.3d 395 (400) (2000).
335 Associated General Contractors of California, Inc. v. California State Council of Carpenters, 459 U.S. 519 (1983).
336 Blue Shield of Virginia v. Mc Cready, 457 U.S. 465 (478) (1982); ausführlich in Kapitel 10 I.
337 Associated General Contractors of California, Inc. v. California State Council of Carpenters, 459 U.S. 519 (535) (1983); Amey Inc. v. Gulf Abstract & Title, Inc., 758 F 2d 1486 (1493) (11th Cir. 1985).

die damit zusammenhängende Frage, ob der geltend gemachte Schaden zu spekulativ ist; die Gefahr sich potenzierender Schadensersatzansprüche und die Frage, ob die Aufteilung des Schadensersatzes zu kompliziert ist und ob potentielle Kläger vorhanden sind, die einen unmittelbareren Schaden erlitten haben[338]. Ein spekulativer, weil mittelbarer Schaden sei aufgrund der entgegenstehenden gesetzgeberischen Intention nicht ersatzfähig[339].

In der großen Mehrzahl der Fälle führen die vom US Supreme Court aufgestellten Kriterien zu einem Ausschluss der Klagebefugnis mittelbarer Abnehmer, bei gleichzeitigem Ausschluss der passing-on defense, was nach praktischem Verständnis der Rechtslage des GWB in der Fassung der 6. GWB-Novelle entspricht. Die Kriterien des Supreme Court werden in der Literatur dahingehend kritisiert, dass sie nicht trennscharf erkennen ließen, ob sie die Klagebefugnis (*antitrust standing*) betreffen oder den ersatzfähigen Schaden[340].

Nach neuerer Rechtsprechung werden drei selbstständige materiellrechtliche Anspruchsvoraussetzungen[341] unterschieden: die an den Schaden anknüpfende *antitrust injury*, die an Kausalität zwischen Wettbewerbsbeschränkung und Schaden anknüpfende Voraussetzung des *proximate cause* und die an die objektive Voraussetzung der Betroffenheit anknüpfende *direct purchaser rule*[342]. So wurde die generelle Möglichkeit, dass der mittelbare Abnehmer einen eine *antitrust injury* darstellenden und damit einen ausreichend direkten Schaden durch das wettbewerbswidrige Verhalten des Beklagten erleidet, im Fall *Law Offices of Curtis v. Trinko, LLP v. Bell Atlantic Corp.* grundsätzlich bejaht[343]. Die Entscheidung illustriert erneut, dass eine trennscharfe dogmatische Unterscheidung der verwendeten Kriterien schwierig ist und deshalb von den Gerichten größtenteils nicht vorgenommen wird. Neben rein theoretischen Fragen stieß der Multi-Faktor-Test jedoch auch aufgrund fehlender Praktikabilität auf Kritik.

Ähnlich wie das Erfordernis der individuellen Zielgerichtetheit des Verstoßes, welches richterrechtlich in § 33 Satz 1 GWB a.F. hineininterpretiert wurde, verursachen die Kriterien des Supreme Court Rechtsunsicherheit durch ihren vagen

---

338 Associated General Contractors of California, Inc. v. California State Council of Carpenters, 459 U.S. 519 (535-546) (1983); Kloth v. Microsoft Corp. 444 F.3d 312 (324) (2006); unter dem Begriff „antitrust standing" prüfend: McCullough v. Zimmer, Inc., 2010-1 Trade Cas. (CCH) P77,035 (S. 5) (1.6.2010).
339 Loeb Industries, Inc. v. Sumitomo Corp., 306 F.3d 469 (484) (7th Cir. 2002).
340 Blair/Harrison in 42 Vand. L. Rev. S. 1539 (1550) (1989).
341 So ausdrücklich: Loeb Industries, Inc. v. Sumitomo Corp., 306 F.3d 469 (480) (7th Cir. 2002).
342 Loeb Industries, Inc. v. Sumitomo Corp., 306 F.3d 469 (481) (7th Cir. 2002); instruktiv: Bomse/Scott in 2005 Colum. Bus. L. Rev. 643 (647) (2005).
343 Law Offices of Curtis v. Trinko, LLP, v. Bell Atlantic Corp., 305 F.3d 89 (106-107) (2002); Verizon Communications Inc. v. Law Offices of Curtis v. Trinko LLP., 124 S.Ct. 872 (2004).

und sich überschneidenden Charakter[344]. Hauptsächlich enthalten sie allgemeine Prinzipien des Common-Law-Schadensersatzrechts, wie die Unmittelbarkeit des Schadens als direkte Folge der Verletzungshandlung und die Vorhersehbarkeit des Kausalverlaufs, der zum Schadenseintritt führt[345]. Hierdurch lassen sie einen erheblichen Ermessensspielraum zu, was eine unübersichtliche und teilweise widersprüchliche fallgruppenspezifischen Rechtsprechung, insbesondere der erstinstanzlichen Gerichte, bewirkte.

Bei näherer Untersuchung fällt auf, dass die Kriterien, die der Supreme Court anwendet, an die materiellrechtliche Voraussetzung einer adäquaten Kausalität zwischen Anspruch und eingetretenem Schaden anknüpfen, an das Verschuldenserfordernis sowie zusätzlich an objektive Maßstäbe, wie die Handelsstufe, auf der sich der Kläger befindet. Alle Kriterien stehen untereinander in Zusammenhang und werden nach neuerer Rechtssprechung schlicht unter dem Oberbegriff des *antitrust standing* gemeinsam geprüft[346], was eine trennscharfe Abgrenzung erheblich erschwert[347].

f) Weitere Ausnahmen vom Ausschluss der Aktivlegitimation mittelbarer Abnehmer

Instanzgerichte haben die in *Illinois Brick* festgelegten Ausnahmen abgeändert bzw. uneinheitlich ausgelegt[348]. Die Kriterien wurden beispielsweise in den Fällen relativiert, in denen die mittelbaren Abnehmer eine feststellbare Gruppe von Personen darstellen, die im Falle der Anspruchsberechtigung mittelbarer Abnehmer das öffentliche Interesse an einem unverfälschten Wettbewerb besser vertreten würden als unmittelbare Abnehmer[349]. Zusammengefasst bedeutet dies, dass die Tatsache, dass der Kläger die Ware nicht direkt vom Beklagten bezog, nicht von vornherein dessen Anspruch auf Schadensersatz ausschließt.

---

344 Blair/Harrison in 42 Vand. L. Rev. S. 1539 (1551) (1989).
345 Todorov v. DCH Healthcare Authority, 921 F. 2d. 1438 (1448) (1991).
346 Vgl. Howard Hess Dental Labs. Inc. v. Dentsply Int'l, Inc., 424 F.3d 363 (366) (2005); McCullough v. Zimmer, Inc., 2010-1 Trade Cas. (CCH) P77,035 (S. 5) (1.6.2010) klarstellend: Loeb Industries, Inc. v. Sumitomo Corp., 306 F.3d 469 (480) (7th Cir. 2002); vgl. auch Kapitel 10 I.
347 Instruktiv: Blair/Hendron/Lopatka in 83 Wash. U.L.Q. 657 (665) (2005).
348 Leicht abgeändert: Loeb Industries, Inc. v. Sumitomo Corp., 306 F.3d 469 (484) (7th Cir. 2002).
349 Adams v. Pan American World Airways, Inc., 264 U.S. App. D.C. 174; 828 F.2d 24 (29/30) (1987); unklar hinsichtlich der Voraussetzungen: Loeb Industries, Inc. v. Sumitomo Corp., 306 F.3d 469 (484) (7th Cir. 2002).

Vielmehr ist auf Basis der Fakten des jeweiligen Einzelfalles zu entscheiden[350], ob die Klagebefugnis mittelbarer Abnehmer im konkreten Fall billig und der Rechtsdurchsetzung förderlich ist[351]. So haben District Courts entschieden, dass eine Ausnahme von der *Illinois-Brick*-Doktrin in Fällen zu gewähren ist, in denen der mittelbare Abnehmer die Ware von einem Händler bezieht, der durch Alleinvertriebsvereinbarungen geschützt ist[352], oder der Weiterverkäufer durch vertikale Preisbindung in der Festlegung seines Wiederverkaufspreises gebunden ist[353]. Begründet wurde dies damit, dass in einem derartigen Verhältnis zueinander eine ausreichend starke ökonomische und sonstige Kontrolle des Beklagten über den unmittelbaren Abnehmer vorherrsche, so dass trotz mehrerer Handelsstufen de facto von einem direkten Verkauf an den mittelbaren Abnehmer auszugehen sei[354]. Sowohl das bindende als auch das gebundene Unternehmen wird als zu gleichen Teilen am Wettbewerbsverstoß beteiligt angesehen (*co-conspirators*)[355].

Zudem existiert in diesen Fällen weder die Problematik einer extensiven Haftung des Beklagten noch die der Aufteilung des Schadens auf die nachgelagerten Marktstufen. Es wird davon ausgegangen, dass der Zwischenhändler aufgrund der ausgeprägten wirtschaftlichen Kontrolle im Regelfall lediglich den Schadensposten des entgangenen Gewinns erleide, den er in diesen Fällen ohnehin nicht geltend macht, während der Endverbraucher den Schadensposten des aufgrund des Wettbewerbsverstoßes zu hohen Kaufpreises zu tragen hat. Aufgrund der Verschiedenartigkeit des erlittenen Schadens auf den jeweiligen Handelsstufen besteht insofern nicht die Gefahr einer extensiven Haftung des Beklagten[356]. Der von unmittelbaren und mittelbaren Abnehmern erlittene Schaden ist insofern komplementär.

Die *Illinois-Brick*-Doktrin schließt die Klagebefugnis mittelbarer Abnehmer außerdem nicht in Fällen aus, in denen der mittelbare Abnehmer auf Unterlas-

---

350 Loeb Industries, Inc. v. Sumitomo Corp., 306 F.3d 469 (484) (7th Cir. 2002); Merican, Inc. v. Caterpillar Tractor Co., 713 F.2d 958 (965) (1983) m.w.N.
351 Vgl. Howard Hess Dental Labs. Inc. v. Dentsply Int'l, Inc., 424 F.3d 363 (369/370) (2005).
352 Link v. Mercedes-Benz of Am., Inc., 788 F.2d 918 (929) (1986).
353 Howard Hess Dental Labs. Inc. v. Dentsply Int'l, Inc., 424 F.3d 363 (377) (2005); seit State Oil Co. v. Khan, 522 U.S. 3 (1997) fallen Höchstpreisfestsetzungen im Rahmen der Zulässigkeitsprüfung nach Section 1 des Sherman Act unter einen Rule-of-Reason-Standard, vgl. auch Leegin Creative Leather Prods. v. PSKS Inc., 551 U.S. 877 (902) (2007).
354 Howard Hess Dental Labs. Inc. v. Dentsply Int'l, Inc., 424 F.3d 363 (372) (2005) m.jew.w.N.
355 Paper Sys. Inc. v. Nippon Paper Industries, 281 F.3d 629 (631-632) (2002); Link v. Mercedes-Benz of Am., Inc., 788 F.2d 918 (931) (1986).
356 Instruktiv: Howard Hess Dental Labs. Inc. v. Dentsply Int'l, Inc., 424 F.3d 363 (377) (2005).

sung klagt, da auch hier kein Bedürfnis besteht, eine ausufernde Schadensersatzhaftung von Unternehmen zu verhindern[357].

g) Umgehung des Ausschlusses von Klagen mittelbarer Abnehmer durch einzelstaatliches Wettbewerbsrecht

Interessante Aspekte ergeben sich aus der ausgeprägten föderalen Struktur der USA und der damit verbundenen parallelen Anwendbarkeit einzelstaatlichen und bundesstaatlichen Rechts. Kreative Kläger versuchen sich einzelstaatliches Wettbewerbsrecht bzw. Verbraucherschutzrecht nutzbar zu machen, um die vom Supreme Court in *Illinois Brick* etablierten Beschränkungen der Aktivlegitimation mittelbarer Abnehmer zu umgehen.

So haben nach der Festlegung der *Illinois-Brick*-Kriterien durch den Supreme Court über 30 Staaten Rechtsnormen erlassen, die es, entweder in Form von Lauterkeitsrecht, Verbraucherschutzrecht oder anderer Rechtsvorschriften, mittelbaren Abnehmern ermöglichen, Schadensersatzansprüche geltend zu machen, die sog. *Illinois Brick repealer statutes*[358].

Der Erlass von einzelstaatlichen Gesetzen, die es ermöglichen, die in *Illinois Brick* aufgestellten restriktiven Kriterien zu umgehen, war nicht zuletzt durch politischen Unmut motiviert, den die Entscheidung des Supreme Court heraufbeschwor, indem sie die Kompensation eindeutiger Opfer wettbewerbswidriger Verhaltensweisen zugunsten einer unbeliebten Gruppe sich rechtswidrig bereichernder Unternehmer verweigerte[359].

Insgesamt existiert eine erhebliche Bandbreite verschiedenartiger einzelstaatlicher Vorschriften, die mittelbaren Abnehmern Anspruchsberechtigung bei Wettbewerbsverstößen einräumt. So erfassen viele Bundesstaaten Preisabsprachen und andere originäre Antitrust-Verstöße durch Verbraucherschutzrecht oder

---

357 Campos v. Ticketmaster, 140 F.3d 1166 (1172) (1998); McCarthy v. Recordex Serv., 80 F.3d 842 (856) (1996); Lucas Automotive Engineering, Inc., v. Bridgestone/Firestone, Inc. 140 F.3d 1228 (1235) (1998).
358 Übersicht über die einzelnen Illinois Brick Repealers bei: Lande, R.H. in 61 Ala. L. Rev. 447 (451 ff.) (2010); Tomlin/Giali in 11 Geo. Mason L. Rev. 157 (161) (2002); vgl. bspw: California Business & Professions Code § 16750 (2007) (Stand: 8. März 2010): *„Any person who is injured in his or her business or property by reason of anything forbidden or declared unlawful by this chapter, may sue therefor in any court having jurisdiction in the county where the defendant resides or is found, or any agent resides or is found, or where service may be obtained, without respect to the amount in controversy, and to recover three times the damages sustained by him or her [...]."*
„This action may be brought by any person who is injured in his or her business or property by reason of anything forbidden or declared unlawful by this chapter, regardless of whether such injured person dealt directly or indirectly with the defendant."
359 Baker in 16 Loy. Consumer L. Rev. 379 (392) (2004).

Lauterkeitsrecht[360]. Jedoch bestehen auch immense prozessuale und materiellrechtliche Unterschiede zwischen den einzelstaatlichen Vorschriften, die erhebliche Divergenzen in Bezug auf die Reichweite der den mittelbaren Abnehmern gewährten Schadensersatzansprüche offenlegen.

So wird in einigen Bundesstaaten ebenfalls dreifacher Schadensersatz gewährt[361], während in anderen lediglich kompensatorischer Schadensersatz möglich ist[362]. Ebenso ist die passing-on defense nicht in allen Bundesstaaten ausgeschlossen[363]. In manchen Bundesstaaten sind lediglich die Generalstaatsanwälte befugt, in Ausübung ihrer *Parens-patriae*-Funktion Klagen mittelbarer Abnehmer anzustrengen[364]. Auch das Rechtsinstitut der Sammelklage wird in vielen Bundesstaaten unterschiedlich restriktiv geregelt. Einige Bundesstaaten lassen Sammelklagen generell nicht zu, andere erschweren die gerichtliche Zulassung von Gruppen Betroffener, während wiederum andere Bundesstaaten außergewöhnlich niedrige Voraussetzungen für die Zulässigkeit von Sammelklagen kodifizierten[365].

Interessanterweise mündeten alle genannten einzelstaatlichen Lösungsansätze, zumindest aus Sicht des jeweiligen Bundesstaats, in rechts- und wirtschaftspolitisch gut vertretbare Ergebnisse. Einige Kommentatoren heben hervor, dass dies geschehen sei, ohne dass die Bundesstaaten, die von den *Illinois-Brick*-Vorgaben abwichen, den Schwierigkeiten erlagen, die der Supreme Court in *Illinois Brick* vorhersagte[366]. Vielmehr böten die in den verschiedenen Staaten propagierten Lösungen eine reichhaltige Auswahl von Lösungsansätzen, auf die auch der Kongress im Rahmen seiner gesetzgeberischen Tätigkeit zurückgreifen könne[367].

Im Fall *Ciardi v. F. Hoffmann-La Roche, Ltd.*[368] haben mittelbare Abnehmer eine Klage auf den Ersatz von Schäden angestrengt, die auf einem Preiskartell des beklagten Unternehmens mit einigen anderen Vitaminherstellern beruhen. Anspruchsgrundlage war Section 9 (1) des *Massachusetts Consumer Protection Act*[369] und damit Lauterkeitsrecht anstatt einzelstaatliches Kartellrecht. Der Grund hierfür ist, dass das einzelstaatliche Kartellrecht, im zitierten Fall Section

---

360 Übersicht bei Prud'Homme/Cooper in 40 U.S.F. L. Rev. 675 (695) (2006) m.w.N.
361 California Business & Professions Code § 16750 (2007).
362 Arkansas Code § 4-75-212.
363 Wisconsin Stat. Ann. 133.18 (1) (a) (West 2001).
364 Oregon Revised Statutes ORS § 646.775 (2005).
365 Instruktiv: In re Relafen Antitrust Litigation, 221 F.R.D. 260 (280-282) (D. Mass. 2004).
366 Vgl. Kommentar der Generalstaatsanwälte zu den vier Änderungsvorschlägen der AMC in Bezug auf private Rechtsbehelfe im Antitrustrecht v. 20.7.2006, S. 11, abrufbar unter: http://govinfo.library.unt.edu./amc/public_studies_fr28902/remedies_pdf/060720-StateAGsRemediesRev2.pdf; Prud'Homme/Cooper in 40 U.S.F. L. Rev. 675 (695) (2006).
367 Prud'Homme/Cooper in 40 U.S.F. L. Rev. 675 (695) (2006).
368 Ciardi v. F. Hoffmann-La Roche, Ltd., 436 Mass. 53 (59), 762 N.E.2d 303 (309) (2002).
369 Massachusetts Consumer Protection Act, M.G.L. c. 93A Id.

12 des *State Antitrust Act*[370], als Anspruchsgrundlage in Übereinstimmung mit höchstrichterlicher Rechtsprechung zu vergleichbaren Bundesgesetzen angewandt werden muss, weshalb die *Illinois-Brick*-Standards des Supreme Courts als nähere Ausgestaltung von Section 4 des Clayton Act bei der Anwendung von einzelstaatlichem Kartellrecht zu berücksichtigen sind. Jedoch schließt andererseits die Anwendung bundesstaatlichen Kartellrechts die Anwendung einzelstaatlichen Wettbewerbsrechts, in Form von Lauterkeitsrecht oder Verbraucherschutzrecht, nicht generell aus, da es die gesetzgeberische Intention des Kongresses bei der Verabschiedung des föderalen Antitrustrechts war, entsprechende einzelstaatliche Gesetze lediglich zu vervollständigen, diese aber nicht zu ersetzen[371].

Eine ähnliche Problematik ergibt sich im Verhältnis des *Florida Deceptive and Unfair Trade Practices Act*[372] zur höchstrichterlichen Auslegung des Clayton Act durch den Supreme Court in *Illinois Brick*. Laut dem zuständigen District Court kann der Begriff des „Konsumenten", abweichend von *Illinois Brick*, dahingehend ausgelegt werden, dass er auch den mittelbaren Abnehmer umfasst[373]. Einer derartigen Auslegung stünden die *Illinois-Brick*-Kriterien nicht entgegen[374].

Die Auswirkung der Urteile ist unvorhersehbar. Einige Kommentatoren sehen eine signifikante Erhöhung der Anzahl von Klagen voraus, die unter dem Verbraucherschutzrecht der jeweiligen Staaten eingereicht werden. Zudem warnen sie vor einem Szenario, in dem immer dann, wenn eine bestimmte Anzahl von in Massachusetts ansässigen Konsumenten Produkte gekauft hat, die von wettbewerbswidrigen Verhaltensweisen betroffen sind, professionelle Sammelkläger auf den Plan gerufen werden und dort Schadensersatzklagen anstrengen (sog. *forum shopping*)[375].

Nichtsdestotrotz stößt die parallele Anwendung einzelstaatlichen Wettbewerbsrechts zur Umgehung der *direct purchaser rule* des Supreme Courts nicht nur auf Kritik. Wie die oben genannten Beispielsfälle von Sammelklagen aus der pharmazeutischen Industrie zeigen, betreiben sowohl Generalstaatsanwälte als auch Rechtsanwälte auf Klägerseite einen hohen Aufwand, um Klagen mittelbarer Abnehmer zu koordinieren und für die Gerichte zu vereinfachen[376]. Die große Mehrzahl der Klagen mittelbarer Abnehmer, die von Generalstaatsanwälten in ihrer

---

370 Massachusetts State Antitrust Act, M.G.L.c 93 §§ 1-14A.
371 California v. ARC America Corp., 490 U.S. 93 (101/102) (1989) m.w.N.; a. A.: Re Cement & Concrete Antitrust Litig., 817 F.2d 1435 (1444/1445) (1987); Übersicht bei Tomlin/Giali in 11 Geo. Mason L. Rev. 157 (160) (2002).
372 Fla. Stat. (Florida Annotated Statutes) § 501.203.
373 Mack v. Bristol-Myers Squibb Co., 673 So. 2d 100 (103) (1996).
374 Mack v. Bristol-Myers Squibb Co., 673 So. 2d 100 (106) (1996).
375 Vgl. Kapitel 9 III 2.
376 Prud'Homme, Jr., T.J.; Cooper, E.S. in 40 U.S.F. L. Rev. 675 (689) (2006).

Parens-patriae-Funktion angestrengt werden, wird koordiniert im Namen von Konsumenten mehrerer Bundesstaaten eingereicht. In allen Beispielsfällen wurden zunächst einzelne Klagen bei Bundesgerichten eingereicht, welche ergänzend von Klagen flankiert wurden, die auf einzelstaatlichem Wettbewerbsrecht basierten. Die Generalstaatsanwälte verstanden es in allen Fällen die in den Bundesstaaten eingereichten Sammelklagen mit den von ihnen auf föderaler Ebene verfolgten Schadensersatzklagen zu koordinieren, um die mehrfache oder unterschiedliche Repräsentation mittelbarer Abnehmer zu verhindern[377]. Insofern muss die parallele Anwendung von bundesstaatlichem und einzelstaatlichem Wettbewerbsrecht, auch wenn sie die Klagebefugnis mittelbarer Abnehmer quasi durch die Hintertür einführt, nicht notwendigerweise negative Folgen haben, zumal die Problematik der Schadensberechnung und Schadenszuordnung offenbar vom Supreme Court überschätzt wurde. Dennoch sollten die materiellrechtlichen und prozessualen Schwierigkeiten beklagter Unternehmen, die aus der parallelen Anwendung von föderalem Antitrustrecht, respektive korrespondierender höchstrichterlicher Rechtsprechung, und abweichenden einzelstaatlichen Regelungen resultieren, nicht unterschätzt werden[378].

Beklagte Unternehmen müssen sich gegebenenfalls auf komplizierte Fragen der Schadensabwälzung einlassen, höchstwahrscheinlich in parallelen Verfahren in mehreren Bundesstaaten. Dadurch wären Beklagte in der misslichen Lage, dass sie in mehreren Bundesstaaten gleichzeitig den Ansprüchen mittelbarer Abnehmer gegenüberstehen würden, ohne sich auf die *direct purchaser rule* berufen zu können, während unmittelbare Abnehmer zusätzlich Klagen auf föderaler Ebene verfolgen.

Um derartig uneinheitliche Umstände zu vermeiden, hat sich die Antitrust Modernization Commission für die Aufgabe der *Hannover-Shoe*- und *Illinois-Brick*-Rechtsprechung und für die Schaffung eines einheitlichen föderalen Gerichtsstandes für Klagen direkter und indirekter Abnehmer ausgesprochen[379].

h) Zusammenfassung

Zusammenfassend kann demnach festgehalten werden, dass die passing-on defense in der US-Kartellrechtsordnung seit der Entscheidung des Supreme Courts

---

377 Prud'Homme, Jr., T.J.; Cooper, E.S. in 40 U.S.F. L. Rev. 675 (689) (2006); beispielhaft auch: Re Compact Disc Minimum Advertised Price Antitrust Litigation, 216 F.R.D. 197 (2003).
378 Auf die negativen Folgen der uneinheitlichen einzelstaatlichen Regelungen hinweisend: Lande in 61 Ala. L. Rev. 447 (449/450) (2010).
379 The 2007 Report and Recommendations of the Antitrust Modernization Commission, S. 270 ff., abrufbar unter: http://www.luc.edu/law/academics/special/center/antitrust/pdfs/evans_modernization.pdf (10.12.2010).

in *Hannover Shoe* grundsätzlich ausgeschlossen ist. Diesem Grundsatz stehen jedoch die durch den Supreme Court in *Illinois Brick* festgelegten Ausnahmen gegenüber, die durch eine progressive Ausformung durch die Instanzgerichte erweitert wurden und eine teilweise an wirtschaftspolitischen, überwiegend jedoch an rechtspolitischen Gesichtspunkten orientierte fallgruppenspezifische Einzelfallrechtsprechung eröffnen.

Insgesamt vermitteln die Gerichte in der überwiegenden Mehrzahl der Fälle einen restriktiven Ansatz gegenüber der Anspruchsberechtigung mittelbarer Abnehmer und verhindern durch den Ausschluss der passing-on defense das Auftreten von Defiziten bei der Rechtsdurchsetzung. Insbesondere muss die vom US Supreme Court verfolgte Rechtsprechungslinie vor dem Hintergrund gesehen werden, dass die Effektivität der Wettbewerbsrechtsdurchsetzung in den USA davon abhängt, dass private Schadensersatzklagen sowohl mit zumutbarem Aufwand vor die Gerichte gebracht als auch mit zumutbarem Aufwand durch sie entschieden werden können.

Insofern ist in der zitierten Rechtsprechung deutlich erkennbar, dass die Aufrechterhaltung eines effizienten Systems der privaten Rechtsdurchsetzung für die Gerichte Vorrang vor den Interessen mittelbar geschädigter Abnehmer genießt. Dass der direkte Abnehmer dreifachen Schadensersatz nach Section 4 Clayton Act auch dann geltend machen kann, wenn er den gesamten durch das wettbewerbswidrige Verhalten verursachten Schaden auf nachgelagerte Marktstufen abwälzen konnte, während den eigentlich geschädigten mittelbaren Abnehmern jegliche Kompensation außerhalb von *Parens-patriae*-Klagen versagt bleibt, erscheint aus Billigkeitsgesichtspunkten als hoher Preis für die Verhinderung der Zersplitterung der Klägerseite und der damit verbundenen Vereinfachung der Entscheidungsfindung durch die Gerichte.

Die im Laufe der Jahre entschiedenen Ausnahmen von der *direct purchaser rule*, welche alle in Fallkonstellationen eingreifen, in denen eine Beeinträchtigung der Effizienz der Entscheidungsfindung durch die Zivilgerichte nicht zu fürchten ist, ändern daran in der großen Mehrzahl der Fälle nichts. Einzig die Ausnahme der besseren Vertretung des öffentlichen Interesses an einem System unverfälschten Wettbewerbs durch eine identifizierbare Gruppe mittelbarer Abnehmer bildet hierzu einen interessanten Sonderfall. Praktische Relevanz hat sie bislang jedoch nicht erlangt.

Umso widersprüchlicher erscheint in diesem Zusammenhang die Entscheidung des Supreme Courts in *ARC America*[380], in der er die parallele Anwendbarkeit einzelstaatlichen und bundesstaatlichen Wettbewerbsrechts billigte, auch wenn dies zur Umgehung der in *Illinois Brick* etablierten *direct purchaser rule* führt. Die

---

380 California v. ARC America Corp., 490 U.S. 93 (105) (1989).

Entscheidung muss jedoch vor dem Hintergrund des ausgebildeten föderalen Systems der USA gesehen werden, welches auch das Antitrustrecht prägt.

Dies äußert sich nicht nur im Bereich der Klagebefugnis mittelbarer Abnehmer, sondern auch in anderen Fragen, wie bspw. der rechtlichen Einordnung von Höchstpreisfestsetzungen, der generellen Gewichtung ökonomischer Effizienzsteigerungen, in möglicherweise eintretenden Preiseffekten bei Konsumenten oder Auswirkungen auf den Arbeitsmarkt im Rahmen der Fusionskontrolle[381]. Nach diesem Verständnis wird die Autonomie der einzelstaatlichen Judikatur als Möglichkeit zum Wettbewerb der Ideen und Lösungsansätze in Bezug auf komplexe rechts- und wirtschaftspolitische Fragestellungen des Antitrustrechts gesehen und insoweit positiv eingeschätzt[382].

Dennoch stößt die parallele Anwendung von einzelstaatlichem und bundesstaatlichem Wettbewerbsrecht aufgrund der undurchsichtigen und inkonsistenten Gesetzeslage, die durch sie im Bereich der Ansprüche mittelbarer Abnehmer hervorgerufen wird, auf Kritik. So ordnet der Class Action Fairness Act 2005 (CAFA)[383] die Zuständigkeit eines Bundesgerichts in allen größeren Sammelklageverfahren an, die die Schwellenwerte des CAFA 2005 erreichen und zwischenstaatlichen Bezug aufweisen[384]. Hierdurch wird es beklagten Unternehmen erspart, langwierige Verfahren vor mehreren einzelstaatlichen oder bundesstaatlichen Gerichten aufgrund ein und desselben Sachverhalts zu führen. Dies hat die Folge, dass Wettbewerbsbeschränkungen größerer Unternehmen, aufgrund der höheren Wahrscheinlichkeit, dass die Schwellenwerte des CAFA 2005 erfüllt werden, regelmäßig den Bundesgerichten zugewiesen werden.

Hierdurch unterliegen die Rechtsverstöße, die üblicherweise den umfangreichsten Schaden bei mittelbaren Abnehmern verursachen, bundesstaatlichem Recht und Jurisdiktion und damit der *direct purchaser rule* von *Illinois Brick*. Demgegenüber haben kleine und mittlere Unternehmen, deren Verstöße seltener die Schwellenwerte des CAFA 2005 erreichen, eine von Bundesstaat zu Bundesstaat unterschiedlich extensive Haftung durch Ansprüche indirekter Abnehmer zu befürchten. Letztlich muss sich derjenige, dessen rechtswidriges Verhalten die geringere Reichweite aufweist und häufig auch den geringeren Schaden nach sich zieht, nach den strengeren Gesetzen verantworten.

Insgesamt wurden durch den Class Action Fairness Act seit seinem Inkrafttreten im Jahr 2005 bereits eine signifikante Anzahl von Klagen mittelbarer Ab-

---

381 Ausführlich: Burns in 68 Antitrust L. J. 29 (35) (2000).
382 Burns in 68 Antitrust L. J. 29 (44) (2000); Prud'Homme/Cooper in 40 U.S.F. L. Rev. 675 (697) (2006).
383 28 U.S.C. §§ 1332(d); 1453; 1711-1715.
384 Ausführlich unter Kapitel 6 I 3.

nehmer vom *Multidistrict Litigation Panel*, einem überregionalen Verfahrensausschuss, an Bundesgerichte verwiesen und weitgehend zusammengefasst[385]. Bei der späteren Entscheidungsfindung muss das Gericht neuerdings alle Streitfragen des Falles untersuchen, die sich nach einzelstaatlichem und bundesstaatlichem Recht stellen, und kann einzelstaatliches Recht nicht etwa unberücksichtigt lassen[386]. Darüber hinaus werden *Parens-patriae*-Klagen von Generalstaatsanwälten, die im Namen mittelbarer Abnehmer angestrengt werden, nicht vom Class Action Fairness Act 2005 erfasst, was einen bedeutsamen Teil aller Klagen indirekter Abnehmer dem Gesetzeszweck des CAFA, Rechtsvereinheitlichung unter föderaler Jurisdiktion zu erreichen und die Komplexität derartiger Verfahren zu entschärfen, entzieht[387].

Auch die bereits angesprochene unbillige faktische Differenzierung nach Größe der Unternehmen, die die Schwellenwerte des CAFA nach sich ziehen, könnte nur durch eine einheitliche bundesstaatliche Regelung aufgehoben werden. Es besteht insgesamt jedoch aufgrund der föderalen Tradition der USA die Tendenz, eine Lösung des Problems nicht im Sinne eines einseitigen Vorrangs des bundesstaatlichen Rechts und korrespondierender höchstrichterlicher Rechtsprechung herbeizuführen, sondern im Sinne einer Anpassung föderalen Antitrustrechts an die Bedürfnisse der einzelstaatlichen Rechtsordnungen.

i) Ausblick und Lösungsansätze

Neben der bereits dargelegten Forderung, die *direct purchaser rule* der *Illinois-Brick*-Rechtsprechung mangels empirischer Bestätigung ihrer rechts- und wirtschaftspolitischen Rechtfertigung aufzugeben, werden auch Forderungen laut, den seit *Hannover Shoe* zementierten Grundsatz des absoluten Ausschlusses der passing-on defense zumindest zu lockern.

Der Ausschluss der passing-on defense ist lediglich in den Fällen relevant, in denen nicht alle Abnehmer innerhalb der Lieferkette ihre Ansprüche geltend machen, vom unmittelbaren Abnehmer bis zum Endverbraucher[388]. Ausschließlich dann kann der Rechtsverletzer den rechtswidrig erlangten Gewinn ganz oder teilweise behalten, was nicht zuletzt unter Abschreckungsgesichtspunkten abzu-

---

385 Bsp.: In re Dynamic Random Access Memory (DRAM) Antitrust Litigation, MDL 1486, 2006. U.S. Dist. Lexis 8977 (2006); In re Hydrogen Peroxide Antitrust Litigation, 401 F. Supp. 2d 451 (454) (2005).
386 In re Hydrogen Peroxide Antitrust Litigation, 401 F. Supp. 2d 451 (458) (2005).
387 Prud'Homme/Cooper in 40 U.S.F. L. Rev. 675 (698 Fn. 135) (2006).
388 Prud'Homme/Cooper in 40 U.S.F. L. Rev. 675 (692) (2006); external study on the quantification of harm sufferd by victims of competition law infringements, S. 120, abrufbar unter: http://ec.europa.eu/competition/antitrust/actionsdamages/quantification_study.pdf (10.12.2010).

lehnen ist. Sollten jedoch entsprechende zivilprozessuale Reformen dazu führen, dass Schadensersatzansprüche unmittelbarer und mittelbarer Abnehmer in effizienter Art und Weise wie in den oben genannten Beispielsfällen in ein und demselben Verfahren koordiniert werden können[389], so verliert der Ausschluss der passing- on defense seine Berechtigung, da die vorrangige Streitfrage zwischen Klägern und Beklagten die Höhe des Schadensersatzes darstellt und nicht die Frage, wie dieser Schadensersatz unter den Geschädigten verteilt wird[390].

Jedoch werden auch in der Frage der Schadensberechnung und Schadenszuordnung Reformansätze geäußert[391]. Nach Ansicht von Kommentatoren und Reformern ist untrennbar mit der Einführung der Aktivlegitimation für mittelbare Abnehmer auf föderaler Ebene auch die Änderung der aktuellen Verfahrensweise bei der Schadensberechnung und Schadenszuordnung notwendig.

So hat die *American Bar Association* im Jahr 2001 ein Modell vorgestellt, nach dem Gerichtsverfahren, in die auf Klägerseite sowohl direkte als auch indirekte Abnehmer involviert sind, in drei Phasen aufgeteilt werden. In der ersten Phase wird der haftungsbegründende Tatbestand festgestellt, in der zweiten Phase wird die Höhe des Schadensersatzes insgesamt berechnet, der in der dritten Phase unter den Geschädigten auf verschiedenen Marktstufen verteilt wird[392]. Der Vorschlag, der auch von der *Antitrust Modernization Commission* aufgegriffen wurde[393] und von nahezu allen Generalstaatsanwälten positiv bewertet wird[394], kommt sowohl Beklagten als auch Klägern zugute.

Die verschiedenen Klägergruppen auf ihren jeweiligen Marktstufen erhalten im Idealfall exakt den Schaden ersetzt, den sie durch die Wettbewerbsbeschränkung erlitten haben, während der Beklagte in der Phase der Schadensberechnung und Schadenszuordnung am Prozess nicht mehr beteiligt zu sein braucht und ihm insofern ein allzu zeitintensives Verfahren erspart bleiben kann, was die prozessuale Belastung der Unternehmen signifikant reduzieren könnte und das Verfahren

---

389 Beispiele für Modelle der Schadenszuordnung in einzelstaatlichen Rechtsordnungen: Lande in 61 Ala. L. Rev. 447 (475) (2010).
390 Prud'Homme/Cooper in 40 U.S.F. L. Rev. 675 (692) (2006).
391 Lande erörtert in 61 Ala. L. Rev. 447 (479/480) (2010) einen festen Verteilungsschlüssel von jeweils 1/2 bzw. 1/3 für direkte Abnehmer und 2/3 für indirekte Abnehmer.
392 The State and Federal Antitrust Enforcement, Report of the Task Force on the Federal Antitrust Agencies, 2001, A.B.A. Sec. Antitrust Law 24; krit.: Lande in 61 Ala. L. Rev. 447 (477) (2010).
393 Antitrust Modernization Commission, Report and Recommendations, April 2007, S. 267, Rn. 47, abrufbar unter: http://govinfo.library.unt.edu/amc/report_recommendation/amc_final _report.pdf (10.12.2010).
394 Vgl. Kommentar der Generalstaatsanwälte zu den vier Änderungsvorschlägen der AMC in Bezug auf private Rechtsbehelfe im Antitrust Recht v. 20.7.2006, S. 11, abrufbar unter: http://govinfo.library.unt.edu./amc/public_studies_fr28902/remedies_pdf/060720-stateAGsReme diesRev2.pdf (10.12.2010).

insgesamt vorhersehbarer macht[395]. Interessante Aspekte ergeben sich hinsichtlich der gesamten Höhe des Schadensersatzes. So ist sowohl im Konzept der *American Bar Association* als auch in dem der *Antitrust Modernization Commission* ausdrücklich die Möglichkeit vorgesehen, dass Schadensersatzansprüche, die auf einzelstaatlichem Recht beruhen, und solche, die aus bundesstaatlichem Recht hergeleitet werden, in einem kumulativen Verhältnis zueinander stehen können[396], wo dies möglich ist[397]. Somit wäre nach dem Vorschlag im Einzelfall ein über die *treble damages* des Section 4 Clayton Act hinausgehender Schadensersatz möglich.

Ein vielversprechender Lösungsansatz aus dem einschlägigen amerikanischen Schrifttum bezüglich Schadensberechnung und Schadensverteilung könnte zudem in der Änderung der Bezugsgröße zur Schadensberechnung zu sehen sein. Dies könnte sich nicht nur bei den zuvor erwähnten Fällen als praktikabel erweisen, in denen der unmittelbare Abnehmer den Schaden aufgrund von Verträgen, die ihm in jedem Fall einen kostendeckenden Sockelbetrag garantieren (sog. *cost-plus-contracts*), risikolos auf nachgelagerte Stufen der Lieferkette abwälzen kann[398], sondern auch in anderen Fallkonstellationen.

Das Problem der Aufteilung des Schadensersatzes zwischen direkten und indirekten Abnehmern stellt sich nur dann, wenn auf allen Stufen der Lieferkette dieselbe Art von Schäden ersatzfähig ist. Üblicherweise bestehen die durch Wettbewerbsbeschränkungen verursachten Schäden aus zwei Schadensposten: der Differenz zwischen dem infolge der wettbewerbswidrigen Verhaltensweise überhöhten Kaufpreis und wettbewerbsanalogem Preis, multipliziert mit der Stückzahl des bezogenen Produkts, sowie dem durch den Nachfragerückgang entgangenen Gewinn des Käufers[399].

Würde nun Abnehmern, die keine Endabnehmer sind, die erste Schadensart versagt und ihnen nur die Geltendmachung des entgangenen Gewinns zugebilligt, während ausschließlich der Abnehmer, der auf der letzten Stufe steht, den infolge der Wettbewerbsbeschränkung überhöhten Kaufpreis geltend machen

---

395 Prud'Homme/Cooper in 40 U.S.F. L. Rev. 675 (699/700) (2006); a. A.: Lande in 61 Ala. L. Rev. 447 (477) (2010).
396 Vgl. Kommentar der Generalstaatsanwälte zu den vier Änderungsvorschlägen der AMC in Bezug auf private Rechtsbehelfe im Antitrustrecht v. 20.7.2006, S. 11, abrufbar unter: http://govinfo.library.unt.edu./amc/public_studies_fr28902/remedies_pdf/060720-StateAGsRemediesRev2.pdf (10.12.2010).
397 So wird z.B. nach § 15.21 des Texas Business & Commerce Code nach föderalem Recht zugesprochener Schadensersatz auf den nach einzelstaatlichem Recht ersatzfähigen Schaden angerechnet.
398 Instruktiv Hovenkamp in 103 Harvard L. Rev. 1717 (1721-1725) (1990).
399 Eingehend: Kapitel 3 II 2.

könnte, wären die Marktstufen hinsichtlich der Schadensberechnung entkoppelt. Zwar bereitet die Berechnung des entgangenen Gewinns die Schwierigkeit, dass von einem hypothetischen Nachfrageverlauf beim direkten Abnehmer ausgegangen werden muss, dies hat seinen Ursprung jedoch in der Natur des Schadenspostens des entgangenen Gewinns und nicht in den Besonderheiten der Schadensweiterwälzung.

Die Frage, ob und insbesondere in welchem Umfang der unmittelbare Abnehmer einen erhöhten Kaufpreis weitergeben konnte, stellt sich nicht; dieses Modell der Schadensberechnung geht in allen Fällen von einer vollständigen Weiterwälzung des überhöhten Kaufpreises aus. Fraglich ist jedoch, inwieweit dieser Lösungsansatz, der die Schadensberechnung für die Gerichte unzweifelhaft erheblich erleichtern würde, auch außerhalb des Bereichs der *cost-plus-contracts* zu vertretbaren Ergebnissen führt. Insgesamt führt dieser Ansatz in allen Fällen zu billigen und rechtspolitisch wünschenswerten Ergebnissen, in denen unproblematisch von einer Weitergabe des Schadens in vollem Umfang ausgegangen werden kann. Demnach wäre eine Anwendung dieses Prinzips in Fällen denkbar, in denen der Markt der bezogenen Produkte eine geringe Nachfrageelastizität aufweist.

Je höher die Elastizität der Nachfrage ist, desto schwieriger ist die Weiterwälzung des infolge der Wettbewerbsbeschränkung zu hoch gezahlten Kaufpreises und umso schwerer ist der Wegfall der Ersatzfähigkeit gegenüber dem direkten Abnehmer zu vertreten. Diesbezüglich sei anzumerken, dass die Weitergabe eines substantiellen Teils des überhöhten Kaufpreises die Regel und nicht die Ausnahme darstellt[400]. Insofern bildet dieser Lösungsansatz einen Kompromiss zwischen der bislang praktizierten ausschließlichen Privilegierung unmittelbarer Abnehmer einerseits und der schrankenlosen Zulassung von Schadensersatzansprüchen mittelbarer Abnehmer andererseits.

Dies gilt insbesondere für den Umfang der finanziellen Belastung des Beklagten, da die absolute Höhe des Schadensersatzes größer ist als bei generellem Ausschluss der Klagebefugnis mittelbarer Abnehmer, jedoch geringer ist, als wenn die Geschädigten unterschiedlicher Marktstufen beide Schadensposten uneingeschränkt geltend machen können und die passing-on defense ausgeschlossen ist.

Problematisch dürfte sein, dass die bisherige Privilegierung des unmittelbaren Abnehmers in signifikantem Maße zum mittelbaren Abnehmer verschoben wird. Dies ist weniger aus Billigkeitsgesichtspunkten bedenklich, schließlich hatten weder deutsche noch amerikanische Gerichte jemals Bedenken beim vollständigen

---

400 Hovenkamp in 103 Harvard L. Rev. 1717 (1726, Fn. 42) (1990); Hellwig hält die Möglichkeit der Schadensabwältzung für „überwiegend" wahrscheinlich: Hellwig in Basedow, S. 121 (123); das Weißbuch der Kommission v. 2.4.2008, KOM (2008) 165 engültig schlägt deshalb auf S. 9, Punkt 2.6 eine widerlegliche Vermutung zugunsten der Schadensabwälzung vor.

Ausschluss der wesentlich größeren Gruppe der Konsumenten von der Berechtigung zum Schadensersatz, sondern insbesondere aus Abschreckungsgesichtspunkten. Ist es den unmittelbaren Abnehmern versagt, neben dem entgangenen Gewinn auch den überhöhten Einkaufspreis als Schaden beim Rechtsverletzer einfordern zu können, so ist die Wahrscheinlichkeit, dass durch ihre Initiative private Schadensersatzklagen in Gang gesetzt werden, erheblich geringer. Kein effektives und ausgeprägtes System der privaten Wettbewerbsrechtsdurchsetzung kann jedoch auf die Initiative des unmittelbaren Abnehmers verzichten, der aufgrund seiner Nähe zum Sachverhalt eine Schlüsselrolle für eine zeitnahe zivilrechtliche Ahndung von Rechtsverstößen einnimmt. Außerdem besteht die Gefahr einer gegebenenfalls ausufernden Haftung der Unternehmen zumindest hinsichtlich des Schadenspostens des entgangenen Gewinns fort.

Hauptargument der *Illinois-Brick*-Kritiker ist, dass der Supreme Court der großen Gruppe der Konsumenten durch die *direct purchaser rule* jeglichen privatrechtlichen Rechtsbehelf gegen wettbewerbswidrige Verhaltensweisen versagte. Die Begründung des Supreme Courts für den Ausschluss der Aktivlegitimation mittelbarer Abnehmer habe sich in den nunmehr 30 Jahren seit *Illinois Brick*, in denen einzelstaatliche Gerichte in vielen Bundesstaaten praktische Erfahrungen mit der Geltendmachung von Ansprüchen mittelbarer Abnehmer gesammelt haben, als haltlos erwiesen[401].

Vielmehr habe erst die durch *Illinois Brick* provozierte und durch *ARC America* vom Supreme Court gebilligte parallele Anwendung einzelstaatlichen und föderalen Wettbewerbsrechts die eigentlichen praktischen Probleme hervorgebracht, die mit der Thematik in Zusammenhang stehen[402]. Nicht vergessen werden sollte jedoch, dass die Diskussion um die Anspruchsberechtigung mittelbarer Abnehmer in der US-Wettbewerbsrechtsordnung vor dem Hintergrund der *treble damages* geführt werden muss, des dreifachen Schadensersatzes nach Section 4 Clayton Act.

Hierdurch erscheint die Gefahr einer übermäßigen Belastung der beklagten Unternehmen wesentlich virulenter als in der europäischen Diskussion um die Erweiterung privater Rechtsschutzmöglichkeiten gegen Kartellrechtsverstöße. Die US-Gerichte, der Supreme Court an ihrer Spitze, haben insofern die schwierige Aufgabe einer Gratwanderung zwischen Einzelfallgerechtigkeit einerseits und Sicherung der Effizienz des ausgeprägten US-Systems der privaten Wettbewerbsrechtsdurchsetzung andererseits. Im Rahmen dieser Interessenabwägung gilt es, zu hohe Belastungen für Unternehmen zu vermeiden.

Dennoch macht die progressive Fortbildung von Ausnahmen zur *direct purchaser rule* durch die Instanzgerichte deutlich, dass die Thematik auch in der

---

401 Lande in 61 Ala. L. Rev. 447 (497) (2010); Prud'Homme/Cooper in 40 U.S.F. L. Rev. 675 (700) (2006).
402 Prud'Homme/Cooper in 40 U.S.F. L. Rev. 675 (700/701) (2006).

US-Wettbewerbsrechtsordnung in Bewegung und weiterer Rechtsfortbildung zugänglich bleibt.

II. Europäisches Wettbewerbsrecht

Der Gerichtshof hatte bislang keine Gelegenheit, sich zur Problematik zu äußern, da Schadensersatzansprüche von Unionsbürgern aufgrund von Verletzungen der Art. 101 ff. AEUV, mangels gemeinschaftsrechtlicher Regelung, originär den nationalen Wettbewerbsrechtsordnungen und damit den Mitgliedsstaaten zugewiesen sind[403]. Dennoch entwickelte er in einer begrenzten Anzahl von Fällen einen eigenen Standpunkt zur Problematik. In der Mehrzahl dieser Fälle ging es um Schadensersatzklagen von Unionsbürgern gegen mitgliedstaatliche Regierungen. In einem Fall machte ein dänischer Bürger Schadensersatz für Verluste geltend, die er aufgrund einer rechtswidrigen, da unverhältnismäßig hohen Steuer auf Brandwein erlitt. Dem Kläger gelang es, die durch die Steuer verursachten Mehrkosten auf seine Kunden abzuwälzen. Der EuGH bestätigte das Urteil des vorlegenden dänischen Gerichts, welches in diesem Fall eine ungerechtfertigte Bereicherung des Klägers aufgrund der Weitergabe des Schadens an seine Kunden angenommen hatte[404]. Jedoch sollten diese Urteile nicht überbewertet werden.

Zum einen ging es in allen erwähnten Fällen überwiegend um die Frage der Subsidiarität in Bezug auf das Verhältnis zwischen mitgliedstaatlichen Behörden und Unionsbürgern i.S.d. Art. 5 Abs. 1 Satz 2 EUV – eine Materie, die vollkommen unterschiedlich zur Problematik der Schadensersatzklagen zwischen Unionsbürgern auf der Grundlage von EG-Wettbewerbsrechtsverletzungen ist. Zum anderen mussten in diesen Urteilen weder die Grundsätze der *Courage*-Rechtsprechung[405] noch die jüngsten Reformbestrebungen der Europäischen Kommission in Bezug auf die Dezentralisierung der Wettbewerbsrechtsdurchsetzung und ihre teilweise Verlagerung auf den privaten Bereich beachtet werden.

Auch das Grünbuch der Kommission beschäftigt sich mit der Klagebefugnis indirekter Abnehmer und erwähnt in den Optionen 21-24 vier mögliche Lösungsvorschläge[406].

---

403 Zuletzt: EuGH, 13.7.2006, RS C-295/04 bis C-298/04 – Manfredi/Lloyd Adriatico Assicurazioni = WuW/ E EU – Rs. 1107 (1116), Rn. 62.
404 EuGH, 27.2.1980, RS C-68/79, Slg. 1980, 501 – Hans Just gegen Ministerium für das Steuerwesen, Rn. 20; ähnlich: EuGH, 14.1.1997, RS C-192/95, Slg. 1997, I-165 – Societe Comateb and Others v. Directeur General des Douanes et Droits indirects, Rn. 6, 21.
405 EuGH v. 20.6.2001, RS C- 453/99, Slg. 2001, I-6297 – Courage/Crehan, Rn. 28-31; 36.
406 Grünbuch, KOM (2005) 672 endgültig, S. 9, Optionen 21-24.

In Option 21 wird sowohl die Zulässigkeit der passing-on defense als auch die Klageberechtigung indirekter Abnehmer vorgeschlagen. Die Option entspricht dem konsolidierten Lösungsvorschlag der Kommission im Weißbuch vom 2.4.2008[407]. Die Anspruchsberechtigung indirekter Abnehmer ist grundsätzlich zu begrüßen. Es entspricht dem Gerechtigkeitsgedanken und der Billigkeit, wenn derjenige, der einen ersatzfähigen Schaden erleidet, dem Grunde nach auch zum Schadensersatz berechtigt ist. Allerdings weist bereits das Grünbuch darauf hin, dass diese Option das Risiko birgt, dass weder der direkte noch der indirekte Abnehmer Schadensersatz erhält.

Während sich der Schadensersatzpflichtige gegenüber dem direkten Abnehmer häufig auf die passing-on defense berufen kann, dürfte der indirekte Abnehmer regelmäßig Schwierigkeiten haben, zu beweisen, zu welchem Anteil der gezahlte Kaufpreis kartellbedingt überhöht war, da er im Vergleich zum direkten Abnehmer vollkommen außerhalb des Geschehensablaufs steht[408]. Diesen Schwierigkeiten müsste durch alternative Beweislastregeln und Beweiserleichterungen begegnet werden[409]. Insofern stehen sich hier substantielle Billigkeitsgesichtspunkte und zivilprozessuale Durchsetzbarkeit der Ansprüche gegenüber[410].

In Option 22 wird die Möglichkeit des Rechtsverletzers, sich auf die passing-on defense zu berufen, ausgeschlossen und eine Klageberechtigung indirekter Abnehmer von vornherein verneint. Diese Option entspricht der Rechtslage des GWB in der Fassung der 6. GWB-Novelle und führt zu einer drastischen Benachteiligung indirekter Abnehmer. Option 22 ist demnach sowohl aus Billigkeitsgesichtspunkten als auch aufgrund ihrer schweren Vereinbarkeit mit der *Courage*-Rechtsprechung des EuGH[411] abzulehnen. Darüber hinaus könnte Option 22 den Bemühungen des europäischen und des deutschen Gesetzgebers, ein dezentrales und effektives System der privaten Wettbewerbsrechtsdurchsetzung zu gewährleisten, nicht unbedingt förderlich sein, da direkte Abnehmer aufgrund laufender Geschäftsbeziehungen zum Anspruchsgegner weniger geneigt sein könnten, Schadensersatzansprüche vor Gericht geltend zu machen (sog. *Ross-und-Reiter*-Problematik)[412].

Der in Option 23 genannte Lösungsvorschlag entspricht der aktuell geltenden Rechtslage nach § 33 Abs. 3 GWB in der Fassung der 7. GWB-Novelle. Die passing-on defense ist unzulässig, während sowohl direkte als auch indirekte

---

407 Weißbuch der Kommission v. 2.4.2008, KOM (2008) 165 engültig, S. 9, Punkt 2.6.
408 Grünbuch, KOM (2005) 672 endgültig, S. 9, Option 21.
409 Weißbuch der Kommission v. 2.4.2008, KOM (2008) 165 engültig, S. 5, 9, Punkt 2.2., 2.6; siehe unter Kapitel 12 II.
410 So Drexl/Gallego/Enchelmaier/Mackenrodt/Endter in IIC 2006, S. 700 (716).
411 EuGH v. 20.6.2001, C- 453/99, Slg. 2001, I-6297 – Courage/Crehan, Rn. 28-31; 36.
412 Hinsichtlich der Wahrscheinlichkeit von Klagen durch Wettbewerber und direkte Abnehmer: vgl.Möschel in WuW 2007, S. 483 (489); die Ross-und-Reiter-Problematik sorgt nach Erfahrungen des Autors auch in der behördlichen Praxis für Durchsetzungsdefizite.

Abnehmer klagebefugt sind. Diese Option ist rechts- und wirtschaftspolitisch umstritten. Isoliert betrachtet ist die Klagebefugnis indirekter Abnehmer zu begrüßen. Problematisch in diesem Zusammenhang ist allerdings die Gefahr, auf die auch das Grünbuch hinweist, dass Unternehmen den Schadensersatzansprüchen von direkten und indirekten Abnehmern, und damit einer unübersehbaren Zahl von Schadensersatzklagen, ausgesetzt sein könnten[413].

Theoretisch könnte dies zu unverhältnismäßig hohen Belastungen der Unternehmen führen, vorausgesetzt, die Geltendmachung von Ansprüchen mittelbarer Abnehmer ist ausreichend wahrscheinlich. Dies jedoch hängt größtenteils von den zivilprozessualen Bedingungen ab, unter denen mittelbare Abnehmer ihre Schadensersatzansprüche geltend machen können. Insgesamt weist § 33 Abs. 3 GWB dennoch eine konzeptionelle Schieflage auf, die, wie der Standpunkt der Kommission in ihrem Weißbuch verdeutlicht[414], zu einem nationalen Sonderweg zwingt.

Die letzte Option des Grünbuchs (Option 24) schlägt ein zweistufiges Verfahren vor. Wie in Option 23 sind indirekte Abnehmer klagebefugt, während sich der Rechtsverletzer nicht auf die Weiterwälzung des Schadens berufen kann. In der ersten Phase werden der Rechtsverstoß sowie der Schadenseintritt auf den jeweiligen Handelsstufen gerichtlich festgestellt. In der zweiten Phase soll dann ermittelt werden, wie hoch der jeweilige Anteil der Betroffenen auf den unterschiedlichen Marktstufen am erlittenen Schaden ist. Der in Option 24 aufgeführte Lösungsvorschlag stellt, wie sein Pendant im US-Antitrustrecht, sicher die gerechteste, weil am genauesten differenzierende Lösung dar. Insgesamt wird seine prozedurale Durchführbarkeit jedoch bestritten[415]. Darüber hinaus enthält er keine Aussagen zu den Beweisschwierigkeiten der Geschädigten, auf nachgelagerten Marktstufen ihren Schaden exakt zu beziffern[416]. Je komplexer und umfangreicher der zugrunde liegende Sachverhalt im Einzelfall ist, umso schwieriger wird die Allokation der Schäden, insbesondere weil für die Berechnung des auf den einzelnen Handelsstufen entstandenen Schadens häufig eine empirische Berechnung der Nachfrageelastizität notwendig ist, welche anhand von Vergleichsmärkten bestimmt werden muss[417].

Zusammenfassend kann somit festgestellt werden, dass sich ein Spannungsverhältnis zwischen Einzelfallgerechtigkeit einerseits und rechts- bzw. wirt-

---

413 Koch in WuW 2005, S. 1210 (1214) mit Verweis auf LG Mainz WuW DE-R S. 1349 (1350) und LG Mannheim GRUR 2004, S. 182 (183); Grünbuch vom 19.12.2005, KOM (2005) 672 endgültig, S. 9, Option 23.
414 Weißbuch der Kommission v. 2.4.2008, KOM (2008) 165 engültig, S. 9, Punkt 2.6.
415 Drexl/Gallego/Enchelmaier/Mackenrodt/Endter in IIC 2006, S. 700 (716).
416 Letztendlich müsste das zuständige Gericht im Rahmen der Anwendung des § 287 ZPO die jeweilige proportionale Schadensverteilung in einem aufwendigen Verfahren schätzen.
417 Instruktiv hierzu: Urteil des OLG Düsseldorf v. 26.6.2009, VI-2a Kart 2 – 6/08 OWi, Rn. 460 ff. m.w.N. (zitiert nach juris).

schaftspolitischer Machbarkeit andererseits insbesondere dann ergibt, wenn mittelbare Abnehmer anspruchsberechtigt sind und die passing-on defense ausgeschlossen ist. Zudem muss die Geltendmachung von Ansprüchen mittelbarer Abnehmer durch neu geschaffene zivilprozessuale Instrumente ausreichend wahrscheinlich sein, insbesondere wenn die passing-on defense, wie im jüngsten Vorschlag der Kommission[418], zugelassen werden soll. Aufgrund der Komplexität des Gegenstandes sowie der mit ihr verbundenen praktischen Probleme wird teilweise die Anspruchsberechtigung mittelbarer Abnehmer auch gänzlich verneint[419].

III. Lösungsoptionen

Die Komplexität der Problematik der Geltendmachung von Schadensersatzansprüchen mittelbarer Abnehmer des Beklagten verlangt nach einer Lösung, die sowohl unter Effizienzgesichtspunkten als auch unter Billigkeitsgesichtspunkten als vertretbar erscheint und die die gegenläufigen Interessen zu einem angemessenen Ausgleich bringt.

Insgesamt werden sechs Lösungsoptionen vorgestellt:

1. Ausschluss der Klagebefugnis mittelbarer Abnehmer bei gleichzeitigem Ausschluss der passing-on defense

Die erste Option schließt die Anspruchsberechtigung mittelbarer Abnehmer von vornherein aus und lässt konsequenterweise keine passing-on defense zu. Diese Lösung entspräche der geltenden Rechtslage im föderalen US-Antitrustrecht, im deutschen Kartellrecht vor der 7. GWB-Novelle sowie in vielen weiteren Wettbewerbsrechtsordnungen[420]. Rechts- und wirtschaftspolitische Grundlage dieser Option ist, dass eine Anspruchsberechtigung ausschließlich direkter Abnehmer auch unter Abschreckungsgesichtspunkten ausreichend ist[421] und eine übermäßige Belastung der Unternehmen durch Schadensersatzansprüche von Angehörigen mehrerer Wirtschaftsstufen verhindert werden muss[422]. Dadurch auftretende

---

418 Weißbuch der Kommission v. 2.4.2008, KOM (2008) 165 engültig, S. 9, Punkt 2.6.
419 Köhler in GRUR 2004, S. 99 (100); Drexl/Gallego/Enchelmaier/Mackenrodt/Endter in IIC 2006, S. 700 (716); auf die allgemeinen Grundsätze des deutschen Haftplichtsystems verweisend: Koch in WuW 2005, S. 1210 (1216) m.w.N.
420 Ashurst Study on the conditions of claims for damages in case of infringement of EC competition rules – Comparative Report, II. C. (i) a), S. 38 abrufbar unter: http://ec.europa.eu/competition/antitrust/actionsdamages/comparative_report_clean_en.pdf (10.12.2010).
421 So auch Haucap/Stühmeier in WuW 2008, S. 413 (422).
422 Vgl. nur Köhler in GRUR 2004, S. 99 (100, 101).

Schutzlücken seien durch die behördliche Verhängung von Bußgeldern zu schließen[423]. Konsequenterweise beinhaltet diese Option auch den Ausschluss der passing-on defense, da die beklagten Unternehmen andernfalls in allen Fällen, in denen eine Weiterwälzung des Schadens auf nachgelagerte Wirtschaftsstufen gelungen ist, keinerlei Schadensersatzhaftung zu fürchten hätten.

Der Umstand, dass es der Abnehmer verstand, den Schaden auf nachgelagerte Handelsstufen abzuwälzen, soll dem rechtswidrig handelnden Unternehmen nicht zugutekommen. Darüber hinaus werden die Schadensberechnung und Schadenszuordnung über mehrere Marktstufen hinweg als für die Gerichte nicht zumutbar und verfahrensökonomisch unvertretbar angesehen. Die Option besticht zunächst durch ihre Praktikabilität für Gerichte und Unternehmen. Es stellt sich hiernach weder das Problem der ausufernden Schadensersatzhaftung noch das Problem einer komplizierten Allokation der Schäden.

Unter Billigkeitsgesichtspunkten haftet dieser Option jedoch der Makel an, dass in allen Fällen, in denen dem Rechtsverletzer die Weiterwälzung des Schadens gelingt, derjenige, der den gesamten Schaden hat, nicht anspruchsberechtigt ist, während der unmittelbare Abnehmer, der keinen Schaden erleidet, Schadensersatz in vollem Umfang geltend machen kann[424]. Diesbezüglich ist anzumerken, dass die Schadensabwälzung auf untere Handelsstufen aufgrund einer geringen Elastizität der Nachfrage in vielen Märkten ganz oder zum großen Teil unproblematisch möglich ist, weshalb die Kommission in ihrem Weißbuch die Einführung einer widerleglichen Vermutung zugunsten der Schadensabwälzung favorisiert[425].

Darüber hinaus entstehen Durchsetzungsdefizite in Fällen, in denen unmittelbare Abnehmer aufgrund ihrer laufenden Geschäftsbeziehungen unwillig sind, gegen das rechtswidrig handelnde Unternehmen zivilrechtlich vorzugehen, was bereits in den meisten Märkten mit mittlerem Konzentrationsgrad nicht unwahrscheinlich ist[426]. Die Option ist zudem nur schwer mit dem vom europäischen Gesetzgeber angestoßenen Transformationsprozess der Wettbewerbsrechtsdurchsetzung und mit den Grundsätzen der Courage-Rechtsprechung des EuGH vereinbar[427].

---

423 Köhler in GRUR 2004, S. 99 (100, 101).
424 Ashurst Study on the conditions of claims for damages in case of infringement of EC competition rules – Analysis of Economic Models, Punkt 4.7, S. 31, abrufbar unter: http://ec.europa.eu/comm/ competition/antitrust/actionsdamages/economic_clean_en.pdf (10.12.2010).
425 Weißbuch der Kommission v. 2.4.2008, KOM (2008) 165 engültig, S. 9, Punkt 2.6; von einer „überwiegenden Wahrscheinlichkeit" der Schadensabwälzung spricht: Hellwig in Basedow, S. 121 (123).
426 Exemplarisch sei hier der Lebensmitteleinzelhandel genannt, wo nach Erfahrung des Autors aufgrund der Ross-und-Reiter-Problematik Verstöße häufig zu spät oder gar nicht beim Bundeskartellamt angezeigt werden.
427 Weißbuch der Kommission v. 2.4.2008, KOM (2008) 165 engültig, S. 4, Punkt 2.1.

2. Anspruchsberechtigung mittelbarer Abnehmer bei Zulässigkeit der passing-on defense

Die zweite Option ist die Zulassung von Ansprüchen mittelbarer Abnehmer bei gleichzeitiger Zulässigkeit der passing-on defense. Diese Lösung entspricht dem endgültigen Lösungsvorschlag der Kommission in ihrem Weißbuch vom 2.4.2008[428]. Diese Option hat den Vorteil, dass die Gerechtigkeitsdefizite der ersten Option nicht bestehen, da demjenigen, der den Schaden erlitten hat, auch Kompensation gewährt wird, während zu hohe Belastungen von Wirtschaftsbetrieben infolge sich potenzierender Schadensersatzansprüche nicht auftreten[429].

Problematisch erscheint jedoch, dass in allen Fällen, in denen nur eine teilweise Schadensabwälzung stattgefunden hat, den Gerichten die Bürde auferlegt wird, Schadensberechnung und Schadenszuordnung über mehrere Handelsstufen hinweg vorzunehmen. Der Einwand, dass dem beklagten Unternehmen ein Umstand zugutekommt, der aus seiner Sicht rein zufälligen Ursprungs ist, verliert mit der Zulassung von Ansprüchen mittelbarer Abnehmer zum größten Teil die Berechtigung. Die Tatsache, dass die passing-on defense für das beklagte Unternehmen dennoch vorteilhaft ist, da die Wahrscheinlichkeit der Geltendmachung von Schadensersatzansprüchen abnimmt, je weiter unten der Geschädigte in der Lieferkette steht, sollte jedoch nicht vernachlässigt werden.

Den mit zunehmender Entfernung von der ersten Wirtschaftsstufe zunehmenden Durchsetzungsdefiziten sollte mit entsprechenden prozessualen und materiellrechtlichen Anreizen, wie Beweiserleichterungen, überkompensatorischem Schadensersatz und der Einführung eines effektiven Konzepts der Sammelklage, begegnet werden[430]. Diese Änderungen werden auch von der Kommission in ihrem 2008 veröffentlichten Weißbuch für notwendig gehalten[431].

---

[428] Weißbuch der Kommission v. 2.4.2008, KOM (2008) 165 endgültig, S. 9, Punkt 2.6; mittlerweile auch BGH, Urteil vom 28.6.2011, KZR 75/10 = NJW 2012, 928, Rn. 28 ff.; Rn. 57 ff.
[429] Diesse Lösung auch unter dem Gesichtspunkt des effet utile favorisierend: Reich in WuW 2008, S. 1046 (1051).
[430] Instruktiv mit Verweis auf ökonomische Gesichtspunkte: Haucap/Stühmeier in WuW 2008, S. 413 (422).
[431] Weißbuch der Kommission v. 2.4.2008, KOM (2008) 165 engültig, S. 5, Punkt 2.1.

3. Klagebefugnis mittelbarer Abnehmer nur in Sammelklagen bei gleichzeitiger Zulässigkeit der passing-on defense

Eine dritte Option stellt die Möglichkeit dar, Schadensersatzklagen mittelbarer Abnehmer ausschließlich in Form von Opt-in-Sammelklagen[432] zuzulassen, während die passing-on defense ebenfalls zulässig ist. Diese Option, welche bei genauer Betrachtungsweise eine Weiterentwicklung der vorangegangenen Option darstellt, würde ebenfalls einer extensiven Haftung der Unternehmen vorbeugen, während Durchsetzungsdefiziten auf unteren Marktstufen durch das kollektive Rechtsschutzinstrument der Sammelklage wirksam begegnet werden könnte. Ein Vorteil dieser Option ist, dass Gerichten die Allokation der Schäden über mehrere Stufen der Lieferkette hinweg stark vereinfacht würde, da die exakte Schadensverteilung innerhalb der Gruppe, z.B. durch bereits vor Klageerhebung geschlossene vertragliche Vereinbarungen, geschehen könnte, welche vom Gericht als Ganze einen Schadensposten zugesprochen bekommen würde[433].

Der Beklagte wären vor einer ausufernden Inanspruchnahme geschützt, da, anders als bei der Opt-out-Sammelklage, nur derjenige klagebefugt wäre, der aktiv in die Gruppe der Kläger eintritt und die Geltendmachung seines Anspruchs betreibt. Jedoch müssten weitere Gruppen mittelbar Geschädigter daran gehindert sein, parallele Schadensersatzklagen einzureichen, und von der materiellen Rechtskraftwirkung des Urteils erfasst sein, welches gegenüber der ersten Gruppe ergeht. Mittelbare Abnehmer könnten somit ausschließlich in der Gruppe und ausschließlich in einer einzigen Gruppe Schadensersatzansprüche geltend machen. Neben anderen prozessualen Unwägbarkeiten dieses Modells[434] müssten zunächst alle Schadensersatzklagen aufgrund § 33 GWB an einem zentralen sachlich und örtlich zuständigen Gerichtsstand konzentriert werden. Zudem müssten der Mechanismus der Gruppenzulassung und die Frage der Präklusion anderer Klagen gesetzlich geregelt werden. Praktisch lässt sich diese Option am besten mit *Parens-patriae*-Klagen nach Section 4 c des Clayton Act vergleichen. Auch hier besteht eine Klagebefugnis mittelbarer Abnehmer nur bei Bündelung der Ansprüche in einem einzigen Verfahren.

Jedoch könnte dies eine effiziente Koordination der Interessen der Kläger unterschiedlicher Marktstufen ermöglichen, wie beispielsweise die Verhandlung eines gemeinsamen Vergleichs mit der Gegenseite. Zudem könnte die Aktivlegitimation mittelbarer Abnehmer ausschließlich in Sammelklageverfahren auch als

---

432 Zum Begriff siehe Kapitel 6.
433 Vgl. Lande, R.H. in 61 Ala. L. Rev. 447 (470/471) (2010).
434 Einzelheiten in Kapitel 6 V.

Lösung des Konflikts gesehen werden, dass mittelbare Abnehmer, auch aus Gesichtspunkten der Effektivität privater Wettbewerbsdurchsetzung, potentielle Kläger sein sollten, ihre Entfernung vom eigentlichen Kartellverstoß ihnen dies jedoch in erheblichem Maße erschwert[435].

Jedoch sollte nicht vergessen werden, dass ein derartiges Modell unter den derzeitigen Rahmenbedingungen im deutschen Zivilprozessrecht institutionelle Kläger voraussetzt, die über die Ressourcen zur Durchführung derart umfangreicher Verfahren verfügen[436]. Neben dem Drohpotential, welches zur Erzielung lukrativer Vergleiche missbraucht werden könnte, ist auch die Abhängigkeit der mittelbar Geschädigten von professionellen Klagegesellschaften zu berücksichtigen. Sollten diese im konkreten Fall aufgrund mangelnder Attraktivität des Gesamtstreitwertes oder einer zu geringen Anzahl Geschädigter nicht willens sein, eine Klage anzustrengen, so verbleibt dem einzelnen mittelbar Geschädigten keine Möglichkeit mehr, seinen Anspruch gerichtlich geltend zu machen.

Als Problem erweist sich in diesem Zusammenhang zudem, dass außerhalb der USA ein der Sammelklage vergleichbares originäres Rechtsinstitut nicht existiert. Sie müsste demnach neu eingeführt und mit entsprechenden materiellrechtlichen und zivilprozessualen Instrumenten versehen werden, um ihre Effektivität zu gewährleisten. Dies jedoch könnte, angesichts der Ablehnung, auf die selbst die Opt-in-Sammelklage in vielen kontinentaleuropäischen Staaten stößt, eher unwahrscheinlich bleiben.

Dennoch geht die Europäische Kommission weiterhin von der Notwendigkeit der Einführung eines effektiven kollektiven Rechtsbehelfs in die europäischen Rechtsordnungen aus[437].

4. Aufspaltung des Verfahrens in die Feststellung des haftungsbegründenden Tatbestandes und des haftungsausfüllenden Tatbestandes

Die vierte Option wird sowohl in der einschlägigen amerikanischen Literatur als auch in Option 24 des Grünbuchs vorgeschlagen. Sie beinhaltet die Aufspaltung des Verfahrens in zwei oder drei Teile sowie die grundsätzliche Anspruchsberechti-

---

435 In diese Richtung gehend: Haucap/Stühmeier in WuW 2008, S. 413 (424).
436 Vgl. Kapitel 6 V.
437 Weißbuch der Kommission v. 2.4.2008, KOM (2008) 165 engültig, Punkt 2.1, S. 4/5; jedoch äußerte sich Wettbewerbskommissar Almunia dahingehend, dass ein Sammelklagenmissbrauch in der EU-Jurisdiktion vermieden werden muss: Joaquin Almunia: „Common standards for group claims across the EU", University of Valladolid, 15.10.2010, Speech/10/554; vgl. auch Kapitel 6 IV.

gung mittelbarer Abnehmer. Im ersten Teil sollen Rechtsverletzung und Schadenseintritt festgestellt werden, während im zweiten und dritten Teil die Aufteilung des Schadens innerhalb der Gruppe der Geschädigten, die auf unterschiedliche Marktstufen erfolgt, stattfinden soll[438]. Wie bereits angeführt, ist die Lösung eines abgetrennten Verfahrens zur Schadensaufteilung unter Billigkeits- und Gerechtigkeitsgesichtspunkten wünschenswert. Sowohl das deutsche materielle als auch das prozessuale Zivilrecht stellen ausreichend Möglichkeiten zur Verfügung, die Fragen des Verstoßes, des entstandenen Schadens sowie die der Schadensverteilung zu trennen. Die Aufteilung des Schadensersatzprozesses in einen feststellenden und in einen quantifizierenden Teil kann im deutschen Zivilprozessrecht durch mehrere Rechtsinstitute verwirklicht werden. Nach der Feststellung durch das Gericht, dass ein Rechtsverstoß stattgefunden hat, könnte ein Zwischenurteil gemäß § 303 ZPO ergehen. Hierdurch würde das weitere Verfahren entlastet, während der Beklagte hinsichtlich der erledigten Streitpunkte Rechtssicherheit genießt, da das Gericht im Endurteil nicht vom Zwischenurteil abweichen darf[439]. Ebenso könnten Kläger oder Beklagter Zwischenfeststellungsklage bzw. Zwischenfeststellungswiderklage nach § 256 Abs. 2 ZPO erheben. Auch hier ist das Gericht hinsichtlich der das Endurteil tragenden Entscheidungsgründe an die in der Zwischenfeststellungsklage getroffenen Feststellungen gebunden[440].

Ebenso könnte der in der Praxis wenig bedeutsame Prätendentenstreit nach § 75 ZPO nutzbar gemacht werden. Der Schadensersatzschuldner kann nach Klärung des ursprünglichen Rechtsstreits Entlassung aus diesem beantragen[441]. Über die Aufteilung der zuvor vom Schadensersatzschuldner unter Verzicht auf jedes Zurücknahmerecht hinterlegten Schadensersatzsumme wird nach Entlassung aus dem Rechtsstreit ausschließlich zwischen den Schadensersatzgläubigern gestritten[442]. Nach herrschender Meinung handelt es sich hierbei um einen neuen, vom vorangegangenen Prozess unabhängigen Rechtsstreit, dem eigentlichen Prätendentenstreit[443].

Es besteht insgesamt jedoch die Gefahr, dass die Verfahren der Schadensverteilung aufgrund ihrer Komplexität und entsprechenden Rechtsmittel der Beteiligten, d.h. der Geschädigten untereinander, erheblich in die Länge gezogen werden könnten.

---

438 Vgl. Baker in: 16 Loy. Consumer L. Rev. 379 (394; 396) (2004) m.w.N.; Gavil in 69 Geo. Wash. L. Rev. 860 (884) (2001) m.w.N.
439 Sänger/Sänger, § 303 ZPO, Rn. 5.
440 Sänger/Sänger, § 256 ZPO, Rn. 26; zur Zulässigkeit eines Zwischenfestsellungsurteils gem. § 256 Abs. 2 ZPO bei kartellrechtlichen Vorfragen: OLG Frankfurt GRUR 1994, S. 76.
441 Schultes in MüKo zur ZPO, Bd. 1, 3. Auflage (2008), § 75 ZPO, Rn. 9.
442 Musielak/Wieth, § 75 ZPO, Rn. 2; diese Option favorisierend: Soyez in WuW 2009, S. 1233.
443 Musielak/Wieth, § 75 ZPO, Rn. 4 m.w.N.

Hierdurch würde die Anreizwirkung zur privaten Rechtsverfolgung von Wettbewerbsverstößen beeinträchtigt, da Kläger unter Umständen Jahre auf den ihnen zustehenden Teil des Schadensersatzes warten und darüber hinaus eventuell gegen Angehörige anderer Marktstufen weiterprozessieren müssten, die anderer Meinung hinsichtlich des ihnen zustehenden Anteils am Schadensersatz sind. Davon beeinträchtigt wäre indirekt auch die Abschreckungswirkung. Zudem würde eine derartige Lösung einen erheblichen Mehraufwand für die Gerichte bedeuten, bei denen bis zur endgültigen Verteilung des Schadensersatzes die Schadensersatzsumme hinterlegt werden müsste. In diesem Zusammenhang stellen sich auch praktische Fragen, wie die Verzinsung der hinterlegten Schadensersatzsumme.

Damit sich die schwierige Verteilung der durch die Wettbewerbsbeschränkung entstandenen Schäden nicht nachteilig auf die Prozessdauer und damit indirekt auch nachteilig auf die Parteien auswirkt, könnte auch Gesamtgläubigerschaft zwischen den Geschädigten angenommen werden[444]. Das eine solche Lösung befürwortende Berliner Kammergericht misst den unmittelbaren Abnehmern in den zitierten Entscheidungen die Funktion einer „Verteilungsstelle"[445] des gesamten Schadens zu. Für diese pragmatische Lösung spricht, dass der Beklagte durch Leistung an einen der Gesamtgläubiger gem. § 428 Satz 1 BGB von seiner Verpflichtung zur Leistung frei würde und so am Procedere der Schadensverteilung nicht mehr beteiligt wäre[446]. Aufgrund des Ausfallrisikos der übrigen Gläubiger nach dem Maße ihrer Innenbeteiligung setzt die Gesamtgläubigerschaft jedoch eine starke innere rechtliche Verbundenheit voraus, für die die gemeinschaftliche Schädigung durch eine einheitliche Handlung nicht ausreicht[447].

5. Differenzierung des ersatzfähigen Schadens anhand der Marktstufe des Geschädigten

Der vorgenannten Problematik trägt die fünfte Option Rechnung, die eine Differenzierung des ersatzfähigen Schadens nach der Handelsstufe des Geschädigten vornimmt. Ansprüche mittelbarer Geschädigter sind grundsätzlich zulässig, während es auf die Frage der Zulässigkeit der passing-on defense nicht ankommt. Lediglich

---

444   KG, Urteil v. 1.10.2009, 2 U 10/03 Kart., Rn. 108 (zitiert nach juris) = KG WuW/E DE-R 2773 (2783; 2785); KG, Urteil v. 1.10.2009, 2 U 17/03 Kart., Rn. 11 (zitiert nach Juris); Bechtold, § 33 GWB, Rn. 26; Soyez in WuW 2009, S. 1233.
445   Explizit: KG, Urteil v. 1.10.2009, 2 U 10/03 Kart. (nicht rechtskräftig), Rn. 108 (zitiert nach Juris) = KG WuW/E DE-R 2773 (2783; 2785)
446   Bydlinski in MüKo zum BGB, Bd. 2, 5. Auflage (2007), § 428 BGB, Rn. 3.
447   Ebenso: Bornkamm in GRUR 2010, S. 501 (505); ausführlich in Kapitel 11 II 1.

der Endverbraucher ist berechtigt, den durch die Wettbewerbsbeschränkung überhöhten Kaufpreis als Schadensposten geltend zu machen, während die Angehörigen aller vorgelagerten Handelsstufen ausschließlich entgangenen Gewinn als ersatzfähigen Schaden geltend machen können.

Auf die Frage einer Weiterwälzung des Schadens käme es nicht mehr an, da die Schäden der Betroffenen auf den unterschiedlichen Marktstufen, in Form des entgangenen Gewinns, keine Kongruenz von Vor- und Nachteil im Sinne der Vorteilsausgleichung aufweisen. Auch die Frage der passing-on defense wäre damit obsolet. Dieser Option haften jedoch zwei gravierende Nachteile an. Zum einen bestünde die Gefahr zu hoher Belastungen von Unternehmen zumindest hinsichtlich der Schadensposten des entgangenen Gewinns fort. Zum anderen wären die Geschädigten, die sich auf den oberen Stufen der Lieferkette befinden, aufgrund der Beschränkung ihres ersatzfähigen Schadens weniger motiviert, ihre Rechte mittels Schadensersatzklagen durchzusetzen, was die Abschreckungswirkung des privaten Rechtsschutzes insgesamt verringern würde.

6. Ausschließlicher Ersatz der höchsten Schäden innerhalb einer Lieferkette

Die sechste und letzte Option beinhaltet einen vereinfachten Lösungsansatz zur Problematik der Schadensersatzansprüche mittelbarer Abnehmer. Ansprüche mittelbarer Abnehmer sollen grundsätzlich zulässig sein, jedoch sollen im konkreten Fall ausschließlich die Ansprüche derjenigen Marktstufe bestehen bleiben, die den größten Schaden erlitten hat. In eine ähnliche Richtung geht ein Vorschlag der *Antitrust Modernization Commission*, der in den Fällen paralleler Geltendmachung von Ansprüchen mittelbarer und unmittelbarer Abnehmer die Höhe des Schadensersatzes der Gruppe der mittelbaren Abnehmer von vornherein der Höhe nach durch den der Gruppe der unmittelbaren Abnehmer zugesprochenen Schadensersatz begrenzt[448].

Der Lösungsansatz bietet neben Einfachheit und Praktikabilität für die Gerichte, die sich nicht mit der Allokation von Schäden befassen müssten, auch Sicherheit für die beklagten Unternehmen, da die Gefahr einer ausufernden Haftung gebannt wäre.

Die praktische Umsetzung sei hier am Beispiel der deutschen Kartellrechtsordnung demonstriert, die Ansprüche mittelbarer Abnehmer bei gleichzeitigem

---

448 Antitrust Modernization Commission, Report and Recommendations, April 2007, S. 276, abrufbar unter: http://govinfo.library.unt.edu/amc/report_recommendation/amc_final_report.pdf (10.12.2010).

Ausschluss der passing-on defense zulässt. Einen gangbaren Weg und einen mit dem Willen des deutschen Gesetzgebers zu vereinbarenden Kompromiss würde eine telelogische Reduktion von §§ 33 Abs. 1 Satz 3 und 33 Abs. 3 Satz 2 GWB darstellen.

In Fällen, in denen Angehörige unterschiedlicher Handelsstufen Schadensersatzklagen gegen denselben Schadensersatzgläubiger aufgrund einer identischen wettbewerbswidrigen Handlung geltend machen, könnten die §§ 33 Abs. 1 Satz 3 und 33 Abs. 3 Satz 2 GWB dahingehend teleologisch reduziert werden, dass ausschließlich die Schadensersatzklage mit der höchsten Schadensersatzforderung zugelassen wird. Hierdurch würde die passing-on defense nicht gänzlich ausgeschlossen, aber dennoch insoweit modifiziert, dass die Gruppen von Marktteilnehmern entschädigt würden, die den größten Schaden erlitten haben. Die privilegierte Gruppe wäre in der Mehrzahl der Fälle die Gruppe der Verbraucher, da davon auszugehen ist, dass diese regelmäßig den größten Schaden infolge wettbewerbswidrigen Verhaltens erleiden. Ist einer Gruppe von Zwischenhändlern dagegen aufgrund eines starken Umsatzrückgangs und/oder der Unmöglichkeit, den kartell- bzw. missbrauchsbedingt überhöhten Preis auf nachgelagerte Marktstufen abzuwälzen, ein höherer Schaden entstanden, so sollen diese klagebefugt sein.

Hierdurch würden private Schadensersatzklagen im kartellrechtlichen Sanktionssystem zudem das erwünschte Abschreckungspotential entfalten. Diesbezüglich sei anzumerken, dass es zwar als überwiegend wahrscheinlich, jedoch keineswegs als selbstverständlich anzusehen ist, dass überhöhte Einkaufspreise infolge von Wettbewerbsbeschränkungen automatisch an nachgelagerte Marktstufen weitergegeben werden können. Die Weiterwälzung des Schadens kann sowohl rechtlich als auch faktisch ausgeschlossen sein.

Zum einen kann es für den Zwischenhändler aufgrund langfristiger vertraglicher Verpflichtungen mit seinen Abnehmern, zu einem vorher festgelegten Preis zu verkaufen, von vornherein ausgeschlossen sein, höhere Preise von seinen Abnehmern zu verlangen, zum anderen wird er in Märkten, in denen eine hohe Nachfrageelastizität vorherrscht[449], lieber den unmittelbaren Schaden, den die Wettbewerbsbeschränkung nach sich zieht, in Kauf nehmen als einen erheblichen und gegebenenfalls längerfristigen Umsatzrückgang. In der Mehrzahl der Fälle ist jedoch davon auszugehen, dass direkte Abnehmer den gesamten bzw. einen Großteil des infolge des Wettbewerbsverstoßes erlittenen Schadens auf die ihnen nachgelagerte Marktstufe abwälzen können[450]. Insgesamt wird durch diese Methode die abschreckende Wirkung privater Schadensersatzklagen bewahrt,

---

449 Wie bspw. im Telekommunikationsdienstleistungssektor.
450 Hovenkamp in 103 Harvard L. Rev. 1717 (1726 Fn. 42) (1990); Weißbuch der Kommission v. 2.4.2008, KOM (2008) 165 endgültig, S. 9, Punkt 2.6.

was der gesetzgeberischen Intention der 7. GWB-Novelle entspräche, während eine übermäßige Belastung der Unternehmen vermieden würde.

Unzweifelhaft hätte eine derartige Vorgehensweise ebenso Nachteile. Zunächst müsste auch für dieses Modell eine Konzentration aller Schadensersatzklagen aufgrund von § 33 GWB an einem sachlich und örtlich zuständigen Gerichtsstand geregelt werden. Darüber hinaus erscheint es wenig praktikabel, wenn Zivilgerichte unter den verschiedenen Gruppen der Geschädigten die Gruppe mit dem höchsten Schaden auswählen müssten, um ihr die Klagebefugnis zuzubilligen. Jedoch zeigen die genannten Beispiele aus den USA, dass die Schadensallokation über mehrere Handelsstufen hinweg weniger problematisch ist, als es zunächst den Anschein hat[451]. Dieses Verfahren könnte zudem dadurch vereinfacht werden, dass die Betroffenen ihre bezifferten Klageanträge innerhalb einer vom Gericht festgelegten Frist einreichen müssen und nach Fristablauf vom zuständigen Gericht aus den gestellten Klageanträgen entschieden wird. Die bezifferten Klageanträge der potentiellen Kläger müssten besonders substantiiert und in Bezug auf die Schadenshöhe ausreichend begründet sein, um eine zu hohe Belastung des zuständigen Gerichts zu vermeiden.

Fraglich ist jedoch, ob eine teleologische Reduktion im Falle des § 33 GWB in der Fassung der 7. GWB-Novelle rechtsdogmatisch als möglich erscheint. Zweifel ruft diesbezüglich insbesondere die Tatsache hervor, dass § 33 GWB in seiner jetzigen Fassung am 16. Juli 2005 in Kraft getreten ist, was gegen die Zugänglichkeit der Norm zu richterrechtlicher Reduktion ihres Anwendungsbereiches spricht, zumal teleologische Reduktionen ohnehin in der Mehrzahl ihrer Fälle nicht unumstritten sind. Dem kann jedoch entgegengehalten werden, dass der Gesetzesbegründung zu entnehmen ist, dass sich der Gesetzgeber der Problematik sich potenzierender Schadensersatzansprüche, welche durch die Neufassung des § 33 GWB in die deutsche Kartellrechtsordnung Einzug gehalten hat, durchaus bewusst war und die Lösungsfindung explizit den Gerichten zugewiesen hat[452]. Dementsprechend kann nach Meinung des Autors davon ausgegangen werden, dass eine teleologische Reduktion im dargelegten Sinne mit dem Bestreben des Gesetzgebers vereinbar ist, den kartellrechtlichen Schadensersatzanspruch nach § 33 GWB aufzuwerten.

Grundsätzlich hat sich die Zulässigkeit einer teleologischen Reduktion im Einzelfall ausschließlich am Gesetzeszweck zu orientieren. Sie ist nicht nur zulässig, sondern auch geboten, wenn die Anwendung der Norm auf einzelne Sachverhaltsgruppen den Gesetzeszweck nicht mehr erreicht bzw. diesem zuwiderläuft. Darüber hinaus nimmt die sogenannte „wirtschaftliche Betrachtungs-

---

451 Vgl Kapitel 4 I 2 g.
452 BT-Drucks. 15/3640, S. 35, 54.

weise", als Teil der teleologischen Interpretationsmethode, im Steuer- und im Wirtschaftsrecht seit jeher eine herausgehobene Stellung ein[453]. Unzweifelhaft ist eines der dominierenden gesetzgeberischen Ziele der 7. GWB-Novelle, die Rechtsschutzmöglichkeiten der Marktbeteiligten zu verbessern, um eine Verminderung der Kontrolldichte infolge des Übergangs zum System der Legalausnahme zu verhindern und die Abschreckungswirkung des Sanktionssystems im Kartellzivilrecht zu erhöhen[454].

Darüber hinaus kommt auch in der Gesetzesbegründung zur 7. GWB-Novelle an vielen Stellen der dem GWB immanente Zweck zum Ausdruck, einer effizienten wirtschaftlichen Entwicklung der Unternehmen nicht nur nicht im Wege zu stehen, sondern dieser förderlich zu sein. So geht der Gesetzgeber ausdrücklich auf das Ziel der wirtschaftlichen Effizienzsteigerung der Unternehmen bei der Frage der Beurteilung von vertikalen Vereinbarungen[455] sowie auf das Ziel der Sicherung von Unternehmensexistenzen bei den beabsichtigten, aber nicht umgesetzten Änderungen des Pressefusionskontrollrechts ein[456].

Zudem umfassen die bis heute weitgehend unveränderten ökonomischen Zielsetzungen des GWB von 1958 eine optimale Faktorallokation, Anpassungsflexibilität und technischen Fortschritt[457]. Diese Ziele sind ohne die Sicherung einer Vielzahl von Unternehmensexistenzen unerreichbar. Insofern sind von diesem Schutzzweck nicht nur die durch Wettbewerbsbeschränkungen benachteiligten Unternehmen erfasst, sondern auch die Unternehmen, die Ziel kartellprivatrechtlicher Sanktionen sind. Hiervon sind bislang ebenfalls die Gerichte bei ihren Entscheidungen zur Problematik ausgegangen[458]. Es würde somit den fundamentalen wirtschaftspolitischen Zwecksetzungen des GWB widersprechen, hätten zivilrechtliche Rechtsfolgen, die nunmehr regelmäßige Folge von Wettbewerbsverstößen sein sollen, einen derart einschneidenden Charakter, dass sie die Existenz der Adressaten der Sanktionen gefährden. Hierfür sprechen sich auch ausdrücklich die Bußgeldleitlinien des Bundeskartellamtes aus[459].

Eine teleologische Reduktion im dargestellten Sinne wäre dem Ziel förderlich, ein effizientes System des privaten Rechtsschutzes bei Wettbewerbsverstößen zu gewährleisten und dabei die wirtschaftliche Existenz und Handlungsfähigkeit der

---

453 Säcker in Müko zum BGB, Bd. 1, 5. Auflage (2007), Einl., Rn. 134/135 mit Verweis u.a. auf Ulmer in WuW 1971, S. 878 (881) m.w.N.
454 BT-Drucks. 15/3640, S. 1, 35.
455 BT-Drucks. 15/3640, S. 24.
456 BT-Drucks. 15/3640, S. 37.
457 Schmidt, S. 169/170 mit Verweis auf die Gesetzesbegründung zum GWB 1958 in BT-Drucks. 1158 – 2. Wahlperiode.
458 Vgl. LG Mannheim GRUR 2004, S. 182 (183) – Vitamainkartell.
459 Bußgeldleitlinien des Bundeskartellamtes, Bekanntmachung Nr. 38/2006, Rn. 24.

betroffenen Unternehmen nicht zu gefährden. Die Steigerung der zivilgerichtlichen Verfahrensökonomie, die mit der Vermeidung von überlangen und impraktikablen Gerichtsverfahren einhergeht, kommt zudem der Effizienz des gesamten kartellzivilrechtlichen Rechtsschutzsystems zugute, während die Vermeidung einer ausufernden Anzahl von Schadensersatzgläubigern einer Gefährdung von Unternehmensexistenzen vorbeugt.

Die teleologische Reduktion von § 33 Abs. 1 Satz 3, Abs. 3 Satz 2 GWB stellt demzufolge eine gangbare und pragmatische Lösung der konzeptionellen Schieflage des § 33 GWB dar, die sowohl mit den Zielsetzungen des GWB im Allgemeinen als auch mit dem Gesetzeszweck der 7. GWB-Novelle im Besonderen vereinbar ist.

Kapitel 5: Mehrfachschadensersatz im deutschen Kartellrecht

I. Treble damages in den USA

Seit Inkrafttreten des Sherman Act im Jahre 1890 haben private Schadensersatzkläger die Möglichkeit, das Dreifache des durch die Wettbewerbsbeschränkung entstandenen Schadens zu verlangen. Ursprünglich war der Anspruch auf dreifachen Schadensersatz in Section 7 des Sherman Act geregelt. Mit Erlass des Clayton Act im Jahre 1914 wurde er in Section 4 Clayton Act normiert, der damit zur zentralen Schadensersatznorm für alle Ansprüche aufgrund von Verletzungen der föderalen Antitrustgesetze wurde[460].

Die zwingende Verdreifachung der für den eingetretenen Schaden notwendigen Kompensation ist von unterschiedlichen Zwecken charakterisiert. Die legislative Geschichte des Sherman Act zeigt, dass sowohl punitive und damit abschreckende Gesichtspunkte eine Rolle spielten als auch die Überlegung, entsprechende Anreize für private Kläger zur Einreichung und Durchführung von Schadensersatzklagen zu schaffen[461].

Richter Jerome Frank prägte im Jahr 1943 den Begriff vom „privaten Generalstaatsanwalt"[462], der, ermächtigt durch den Anspruch auf dreifachen Schadensersatz, die Herstellung wettbewerbskonformer Zustände in die eigene Hand nimmt[463]. Über die Jahre differenzierten Gerichte die Funktionen des dreifachen Schadensersatzes aus und ergänzten sie. Dementsprechend umfasst der Anspruch auf dreifachen Schadensersatz nach Section 4 Clayton Act vier Funktionen: Kompensation der Opfer, Abschreckung potentieller Rechtsverletzer, der Verfall unrechtmäßig erlangter Vermögenswerte und die Bestrafung für den Rechtsverstoß[464]. Innerhalb dieser Funktionen kommt der Kompensation ökonomischer

---

460 Cavanagh in 61 Tul. L. Rev. 777 (778/779) (1987).
461 Übersicht bei Cavanagh in 41 Loy. U. Chi. L. J. 629 (631-636) (2010).
462 „The private attorney general".
463 Associated Industries of New York State, Inc. v. Ickes, 134 F.2d 694 (704) (2nd Cir. 1943).
464 Brunswick Corp. v. Pueblo Bowl-O-Mat, Inc., 429 U.S. 477 (485) (1977); American Society of Mechanical Engineers v. Hydrolevel Corp., 456 U.S. 556 (572/573) (1982); Blue Shield of Virginia v. McCready, 457 U.S. 465 (472/473) (1982).

Schäden jedoch eine primäre Funktion zu⁴⁶⁵. Klagen auf dreifachen Schadensersatz können nicht nur von Privatrechtssubjekten betrieben werden, sondern auch von öffentlich-rechtlichen Körperschaften.

Im Fall *Georgia v. Evans*⁴⁶⁶ reichte der Bundesstaat Georgia eine Klage auf dreifachen Schadensersatz gegen einen Asphaltproduzenten ein, von dem staatliche Stellen im Rahmen öffentlicher Straßenbauprogramme kartellbedingt überteuerten Asphalt bezogen. Die Instanzgerichte wiesen die Klage zunächst mit der Begründung ab, der Staat Georgia sei nicht als „Person" im Sinne des Sherman Act anzusehen und könne dementsprechend nicht Partei des Zivilprozesses sein⁴⁶⁷. Der Supreme Court ging demgegenüber jedoch nicht vom zwingenden Ausschluss der Aktivlegitimation staatlicher Stellen aus und ließ die Klage zu⁴⁶⁸. Durch den Hart-Scott-Rodino Act 1976 wurde der Clayton Act dahingehend ergänzt, dass auch die Generalstaatsanwälte der Bundesstaaten ermächtigt sind, Klagen auf dreifachen Schadensersatz im Namen der Einwohner ihres Bundesstaates geltend zu machen (*Parens-patriae*-Klagen)⁴⁶⁹. Dreifacher Schadensersatz kann hier ausschließlich für Schäden geltend gemacht werden, die natürlichen Personen entstanden sind. Schäden juristischer Personen oder Körperschaften des öffentlichen Rechts können nicht durch die Generalstaatsanwälte im Rahmen ihrer *Parens-patriae*-Funktion geltend gemacht werden⁴⁷⁰.

Die Vereinigten Staaten von Amerika als Gesamtheit sind zwar nicht „Person" im Sinne von Section 4 des Clayton Act⁴⁷¹, sie sind jedoch nach Section 4a des Clayton Act dazu berechtigt, (trotz des entgegenstenden Wortlauts) nur kompensatorischen Schadensersatz und die Kosten des Rechtsstreits geltend zu machen⁴⁷².

---

465 PacifiCare Health Sys. v. Book, 538 U.S. 401 (405/406) (2003) m.w.N.
466 Georgia v. Evans, 316 U.S. 159 (1942).
467 Ausführlich: First in 69 Geo. Wash. L. Rev. 1004 (1006) (2001).
468 Georgia v. Evans, 316 U.S. 159 (161) (1942).
469 Section 4c Clayton Act 1914, 15 U.S.C. §§ 15c-15h (1982) (Stand 1. Februar 2010): „*Any attorney general of a State may bring a civil action in the name of such State, as parens patriae on behalf of natural persons residing in such State, in any district court of the United States having jurisdiction of the defendant, to secure monetary relief as provided in this section for injury sustained by such natural persons to their property by reason of any violation of sections 1 to 7 of this title. [...]*"
470 First in 69 Geo. Wash. L. Rev. 1004 (1009/1010) (2001).
471 United States v. Cooper Corp., 312 U.S. 600 (614) (1941).
472 Section 4a Clayton Act 1914, 15 U.S.C. §§ 15a (Stand: 1. Februar 2010): „*Whenever the United States is hereafter injured in its business or property by reason of anything forbidden in the antitrust laws it may sue therefor in the United States district court [...] shall recover threefold the damages by it sustained and the cost of suit. [...]*"; Erläuterungen bei Burbank v. General Electric Co., 329 F.2d 825 (830) (1964).

Ab den frühen 1960er Jahren entwickelte sich der Anspruch auf dreifachen Schadensersatz zum vorrangigen Instrument der Durchsetzung des föderalen Antitrustrechts[473]. Dies hängt unter anderem auch damit zusammen, dass der Supreme Court im Jahre 1946 judizierte, dass der private Kläger im Rahmen des Schadensersatzanspruchs nach Section 4 Clayton Act durch sein Vorbringen lediglich eine angemessene und vernünftige Schätzung durch die Jury ermöglichen muss[474]. Der Anspruch auf dreifachen Schadensersatz ist somit der Motor privater Wettbewerbsrechtsdurchsetzung in den USA. Hierdurch schont er Ressourcen öffentlicher Körperschaften und macht private Rechtsdurchsetzung von aktuellen wirtschaftspolitischen Überzeugungen der Exekutive unabhängig[475].

Jedoch ist das Rechtsinstitut des dreifachen Schadensersatzes seit seiner Entstehung auch substantieller Kritik ausgesetzt. So wird angeführt, dass die Haftung auf dreifachen Schadensersatz in Kombination mit zwingender gesamtschuldnerischer Haftung unverhältnismäßig sei und die kostensteigernden Effekte zwingender gesamtschuldnerischer Haftung ohne Innenausgleich nicht ausreichend Berücksichtigung fänden[476]. Zudem werde durch hohe Schadensersatzverbindlichkeiten die Fähigkeit von Unternehmen beeinträchtigt, weiterhin erfolgreich am Markt tätig zu sein[477]. Der dreifache Schadensersatzmultiplikator, der auf der Annahme beruht, dass nur jeder dritte Rechtsverstoß aufgedeckt wird, sei zudem nicht mehr adäquat, da er aus einer Zeit stamme, in der die Wettbewerbsrechtsdurchsetzung durch Bundesbehörden in den USA nicht existent bzw. vollkommen unterentwickelt war[478]. Hauptargument der Gegner der treble damages ist jedoch die Gefahr der Überabschreckung. In Fallgestaltungen außerhalb von Kernbeschränkungen, wie Joint Ventures, Forschungs- und Entwicklungskooperation oder Vertikalvereinbarungen, sei die Grenze des rechtlich gerade noch Zulässigen unklar[479]. Das Damoklesschwert des dreifachen Schadensersatzes halte Unternehmen davon ab, eine effiziente und optimale Firmenführung umzu-

---

473 Posner in 13 J.L. & ECON. 365 (371) (1970); Gelhorn/Kovacic/Calkins, S. 542/543 m.w.N.
474 Bigelow v. RKO Radio Pictures, Inc., 327 U.S. 251 (264) (1946); MidWest Paper Products Co. v. Continental Group, Inc., 596 F.2d 573 (584) (1979) vlg. außerdem Kapitel 12 II 2.
475 Cavanagh in 41 Loy. U. Chi. L. J. 629 (633) (2010).
476 Eizner in 75 UMKC L. Rev. 375 (379) (2006); ausführlich zur gesamtschuldnerischen Haftung im US-Antitrustrecht, vgl. Kapitel 11 I. 1.
477 Cavanagh in 61 Tul. L. Rev. 777 (793) (1987); auf diese Gefahr im Zusammenhang mit Jury-Prozessen hinweisend: Kalven in 81 Mich. L. Rev. 693 (702/703) (1983).
478 Baker in 16 Loy. Consumer L. Rev. 379 (382) (2004); vgl. auch Buxbaum in Basedow, S. 41 (52) m.w.N.
479 Explizit: Baker in 16 Loy. Consumer L. Rev. 379 (384) (2004); Cavanagh in 41 Loy. U. Chi. L. J. 629 (642) (2010); von „Grauzonen" des Antitrustrechts spricht Kalven in 81 Mich. L. Rev. 693 (703/704) (1983).

setzen[480], was wiederum der Konsumentenwohlfahrt schade[481]. Auch wird angeführt, dass die Aussicht auf dreifachen Schadensersatz Kläger dazu motiviere, unsinnige und missbräuchliche Schadensersatzklagen (sog. *junk suits*) zu betreiben, weshalb der Schadensersatzmultiplikator abgeschafft werden müsse[482]. Die Effizienzsteigerungen bei der Rechtsdurchsetzung wögen die hierdurch entstehenden sozialen Kosten nicht auf[483]. Im US-amerikanischen Zivilprozessrecht sollen Rule 11 b (1) und (3) der Federal Rules of Civil Proecedure[484] die missbräuchliche Einreichung von Schadensersatzklagen verhindern.

Nach Rule 11 b (1) FRCP versichert der Kläger mit der Einreichung von Schriftsätzen, Anträgen oder sonstigen Schriftstücken automatisch gegenüber dem Gericht, dass, ausgehend von seinem vernünftigerweise anzunehmenden Wissensstand, die von ihm eingereichte Klage weder der Schikane des Beklagten noch dessen Schädigung durch ein zeit- und kostenintensives Gerichtverfahren dient. Rule 11 b (3) FRCP erfordert, dass der Tatsachenvortrag des Klägers durch Beweise untermauert ist bzw. dass die Wahrscheinlichkeit besteht, dass im Rahmen eines Discovery-Verfahrens entsprechende Beweise vom Beklagten erlangt werden können[485]. Bei einem Verstoß gegen Rule 11 b FRCP drohen dem Kläger, bzw. seinem Prozessvertreter, Sanktionen des Gerichts in Form von Geldbußen oder Ersatz der beim Beklagten verursachten Rechtsanwaltskosten (Rule 11 c (4) FRCP). Die Effektivität der Regelung wird von Kommentatoren unterschiedlich beurteilt, insgesamt seien die in der Norm verwendeten unbestimmten Rechtsbegriffe von den Gerichten jedoch nicht ausreichend konturiert worden[486].

Tatsächlich ergab die Untersuchung von 2350 privaten Antitrustklagen, die von 1973 bis 1983 eingereicht wurden, dass die Mehrzahl aller Klagen von Wettbewerbern der beklagten Unternehmen angestrengt wurden (36,5 %), während die

---

480 Breit/Elzinga in 86 Harv. L. Rev. 693 (704-706) (1973).
481 Eizner in 75 UMKC L. Rev. 375 (380) (2006); anerkennend auch: Antitrust Modernization Commission, Report and Recommendations, April 2007, S. 243, abrufbar unter: http://govinfo.library.unt.edu/amc/report_recommendation/amc_final_report.pdf (10.12.2010).
482 Salop/White in 74 GEO. L.J. 1001 (1019) (1986); Möschel in WuW 2007, S. 483 (489/490).
483 Buxbaum in Basedow, S. 41 (57) m.w.N.
484 Federal Rules of Civil Procedure, U.S.C. Title 28 (Stand: 1. Dezember 2009): Rule 11 b: *„By presenting to the court a pleading, written motion, or other paper [...] an attorney or unrepresented party certifies that to the best of the person's knowledge, information, and belief, formed after an inquiry reasonable under the circumstances:
(1) it is not being presented for any improper purpose, such as to harass, cause unnecessary delay, or needlessly increase the cost of litigation;
(3) the factual contentions have evidentiary support or, if specifically so identified, will likely have evidentiary support after a reasonable opportunity for further investigation or discovery"*.
485 Zu den Einzelheiten des Discovery-Verfahrens, vgl. Kapitel 12 II 1 b.
486 Cavanagh in 41 Loy. U. Chi. L. J. 629 (645) (2010) m.jew.w.N.

zweitgrößte Gruppe der Kläger aus direkten Abnehmern des Beklagten bestand (27,3 %)[487]. Zu einem ähnlichen Ergebnis kam eine Studie, die alle im Staat New York von 2000 bis 2008 (sowohl nach föderalem als auch nach einzelstaatlichem Kartellrecht) eingereichten Schadensersatzklagen untersuchte[488]. Hier waren 41 % aller Klagen Wettbewerberklagen[489]. Wettbewerberklagen in den USA basieren üblicherweise auf einer angeblichen Verletzung von Section 2 Sherman Act wegen Monopolisierung bzw. versuchter Monopolisierung[490]. Um unter anderem der potentiellen Missbrauchsgefahr von Wettbewerberklagen auf dreifachen Schadensersatz Rechnung zu tragen, haben US-Gerichte das Erfordernis der *antitrust injury* und später das des *antitrust standing* entwickelt[491]. In diesem Zusammenhang wurde von den Gerichten der (direkte) Abnehmer gegenüber dem Wettbewerber als der bevorzugte Kläger angesehen[492].

In der Vergangenheit gab es dementsprechend immer wieder Initiativen und Vorschläge, Section 4 des Clayton Act zu reformieren. Mit dem Einzug der Reagan-Administration ins Weiße Haus fanden die Kritiker des dreifachen Schadensersatzes politische Befürworter. Im Jahr 1983 wurde eine Gesetzesinitiative auf den Weg gebracht, in der für die meisten Verstöße gegen die Antitrustgesetze lediglich kompensatorischer Schadensersatz vorgesehen war[493]. Trotz ihres Scheiterns wurden während der 1980er Jahre für bestimmte wirtschaftliche Aktivitäten gesetzliche Ausnahmen von der automatischen Verdreifachung des Schadensersatzes geschaffen. So sieht der Export Trading Company Act 1982 eine Begrenzung der Haftung für Wettbewerbsverstöße für Unternehmen vor, die im Exporthandel tätig sind[494]. Der National Cooperative Research Act 1984[495] ordnet an, in Fällen von Verstößen im Rahmen gemeinsamer Forschung und Entwicklung von Unternehmen einen Rule-of-Reason-Standard anzuwenden und lediglich kompensatorischen Schadensersatz zu gewähren sowie die Ersatzfähigkeit von Anwaltshonoraren in bestimmten Fällen einzugrenzen[496].

---

487 Salop/White in 74 GEO. L.J. 1001, (1007, Table 5) (1986).
488 Gehring in 5 NYU J. L. & Liberty 208 (2010).
489 Gehring in 5 NYU J. L. & Liberty 208 (234) (2010).
490 Section 2 Sherman Act, 15 U.S.C. § 2 (Stand: 1. Februar 2010): „*Every person who shall monopolize, or attempt to monopolize, or combine or conspire with any other person or persons, to monopolize any part of the trade or commerce among the several States, or with foreign nations, shall be deemed guilty of a felony [...].*"
491 Vgl. Kapitel 10 I.
492 Hovenkamp in 88 Mich. L. Rev. 1 (21 f.) (1989).
493 44 Antitrust & Trade Reg. Rep. (BNA) No. 1108, (681, 713) (31.3.1983); zusammenfassend und zu einem ablehnenden Ergebnis kommend: Cavangh in 41 Loy. U. Chi. L. J. 629 (642) (2010).
494 15 U.S.C. §§ 4001-4003 (1982).
495 15 U.S.C. §§ 4301-4305 (1984).
496 Übersicht bei McCall in 62 Notre Dame L. Rev. 643 (651; Fn. 51) (1987).

Zuletzt wurde der Anspruch auf dreifachen Schadensersatz durch den Antitrust Criminal Penalty Enhancement and Reform Act 2004[497] dahingehend eingeschränkt, dass Beklagte, denen vom US-Justizministerium Kronzeugenstatus zuerkannt wurde, von dreifachem Schadensersatz und zwingender gesamtschuldnerischer Haftung befreit sind[498]. Die Mehrheit der Berater sprach sich bei einer Anhörung durch die Antitrust Modernization Commission zuletzt für die Beibehaltung des Status quo aus[499]. Demgemäß betont die Antitrust Modernization Commission in ihrem Abschlussbericht vom 2. April 2007, dass der Anspruch auf dreifachen Schadensersatz konstitutives Element des US-amerikanischen Systems der privaten Kartellrechtsdurchsetzung sei[500].

Der Antitrust Modernization Commission sind die teilweise negativen Effekte des dreifachen Schadensersatzes bewusst. Die gesetzliche Festlegung auf Ausnahmen vom dreifachen Schadensersatz in Fällen, die unter einen Rule-of-Reason-Standard fallen, wird jedoch abgelehnt. Aufgrund der Dehnbarkeit und der ständigen richterrechtlichen Weiterentwicklung der Rule of Reason sei es nahezu unmöglich, sie adäquat zu kodifizieren[501].

Auch aus dem amerikanischen Schrifttum wurde wiederholt gefordert, wenigstens in Rule-of-Reason-Fällen von einer zwingenden Verdreifachung des Schadensersatzes abzusehen und Voraussetzungen für eine flexible Rechtsprechungspraxis zu schaffen[502].

Hier soll der zuständige Richter, je nach den Umständen des Einzelfalls, die Höhe des überkompensatorischen Teils des Schadensersatzes festlegen können[503]. In Common-Law-Rechtssystemen ist eine derartige Verschmelzung strafrechtlicher und zivilrechtlicher Kompetenzen nichts Ungewöhnliches, in den meisten europäischen Rechtsordnungen würde sie jedoch weit über die Funktion des

---

497 Antitrust Criminal Penalty Enhancement and Reform Act of 2004, Pub L 108-237, §§ 201-214, 118 Stat 661 (22. 6. 2004), 15 U.S.C. § 1 note.
498 Vgl. Kapitel 8 II 2.
499 Antitrust Modernization Commission, Summary of Civil Remedies Hearings, July 28, 2005, abrufbar unter: http://www.abanet.org/antitrust/at-links/pdf/at-mod/rem-hearings-7-28-05.pdf (10.12.2010).
500 Antitrust Modernization Commission, Report and Recommendations, April 2007, S. 243, abrufbar unter: http://govinfo.library.unt.edu/amc/report_recommendation/amc_final_report.pdf (10.12.2010).
501 Antitrust Modernization Commission, Report and Recommendations, April 2007, S. 247, abrufbar unter: http://govinfo.library.unt.edu/amc/report_recommendation/amc_final_report.pdf (10.12.2010).
502 Lande in 40 U.S.F. L. Rev. 651 (669) (2006) m.w.N.; Baker in 16 Loy. Consumer L. Rev. 379 (384) (2004).
503 Cavanagh in 41 Loy. U. Chi. L. J. 629 (644) (2010); a. A.: Lande in 40 U.S.F. L. Rev. 651 (669 ff.) (2006).

Zivilrichters hinausgehen[504]. Jedoch wird eingewandt, dass dreifacher Schadensersatz in den wenigsten Fällen tatsächlich geleistet werde, da die große Mehrzahl der Fälle mit einem Vergleich in Höhe von einfachem Schadensersatz ende[505]. Hierdurch werde die abschreckende Wirkung des dreifachen Schadensersatzes in der Praxis erheblich reduziert[506]. Zusammenfassend kann der bis heute einzig in den USA bestehende Anspruch auf dreifachen Schadensersatz als das Rückgrat der US-amerikanischen Kartellrechtsdurchsetzung bezeichnet werden.

II. Straf- bzw. Mehrfachschadensersatz im Deutschen Kartellrecht

Straf- bzw. Mehrfachschadensersatz kommen im Kartelldeliktsrecht im Wesentlichen zwei Funktionen zu: die Schaffung von Anreizen bei Geschädigten, ihre Rechte vor Gericht geltend zu machen und die Schaffung von Abschreckung gegenüber potentiellen Rechtsverletzern[507]. Beide Funktionen sind nicht trennscharf voneinander abzugrenzen, da die Abschreckung umso größer ist, je höher die Wahrscheinlichkeit ist, dass Geschädigte vor Gericht ziehen, was wiederum davon abhängt, wie hoch die Anreize für potentielle Kläger sind.

Der Schadensersatzanspruch im deutschen Recht ist demgegenüber nahezu ausschließlich von dem Zweck charakterisiert, einen angemessenen Ausgleich des Geschädigten für erlittene Nachteile herbeizuführen[508]. An der ausschließlichen Kompensationsfunktion des Schadensersatzanspruchs orientiert sich auch in erster Linie die Spruchpraxis deutscher Gerichte in Bezug auf die zuerkannten Schadensersatzhöhen[509]. Umstritten ist, ob und inwieweit neben der reinen Ausgleichsfunktion des Schadensersatzanspruchs diesem auch eine Präventivfunktion dahingehend zuerkannt werden soll, dass die Schadensersatzpflicht eine ab-

---

504 Böge in Basedow, S. 217 (220/223); vgl. auch § 308 ZPO.
505 Cavanagh geht in 41 Loy. U. Chi. L. J. 629 (644, Fn. 98) (2010) von ca. 89 % aus; insgesamt wurden lediglich 3, 17 % aller im Zeitraum von 1979 bis 2000 auf föderaler Ebene eingereichten Zivilklagen in den USA überhaupt streitig verhandelt: Schwartz in 84 Notre Dame L. Rev. 1247 (1292) (2009).
506 Instruktiv: Lande in 16 Loy. Consumer L. Rev. 329 (339) (2004) und Lande: Re: Commission's Request For Comments On The Use Of Disgorgement in Antitrust Matters, 29.3.2002, abrufbar unter: http://www.ftc.gov/os/comments/disgorgement/landeroberth.htm (10.12.2010).
507 Die Abschreckungsfunktion gerade im wirtschaftlichen Kontext heraushebend: Haucap/Stühmeier in WuW 2008, S. 413 (414); zusammenfassend: Monopolkommission, SG 41, Rn. 76.
508 Oetker in MüKo § 249 BGB, Bd. 2, 5. Auflage (2007), Rn. 8; Staudinger/Schiemann, 14. Auflage (2005), Vorb. zu §§ 249 ff. BGB, Rn. 3; Larenz, SchuldR Bd. 1, § 27 I (S. 424).
509 St. Rspr. seit BGH NJW 1955, S. 1675; BGH NJW 1981, S. 1836 (1837); BGH NJW 1993, S. 781 (782).

schreckende Wirkung erzeugt, die im Idealfall dazu führt, dass schädigende Verhaltensweisen erst gar nicht in Betracht gezogen werden[510].

Ansätzen, die die Funktion des Schadensersatzanspruchs, ähnlich wie in ausländischen Rechtsordnungen bereits geschehen, generell um präventive und damit abschreckende Aspekte erweitern wollen, wird nach noch überwiegender Ansicht eine Absage erteilt[511]. Ein derartiger „Strafschadensersatz" verstößt gegen den im deutschen Schadensersatzrecht geltenden Grundsatz, dass der Geschädigte durch die schädigende Handlung materiell nicht bessergestellt werden darf, als er ohne sie stünde (Bereicherungsverbot)[512], da zur Erzielung der Abschreckungswirkung eine in Relation zum tatsächlich eingetretenen Schaden erhöhte Ersatzpflicht notwendig ist[513]. Zudem ruft er Zweifel aufgrund einer möglichen Verletzung des Strafmonopols des Staates hervor[514].

Allerdings ist das präventive Aspekte grundsätzlich negierende Bereicherungsverbot des Schadensersatzanspruchs nicht als unumstößliches Fundamentalprinzip des deutschen Schadensersatzrechts aufzufassen. Vielmehr ist die Präventivfunktion des Schadensersatzanspruchs – neben der Kompensationsfunktion – zwar nicht als gleichberechtigt, zumindest jedoch als mitbestimmend zu werten[515].

Dass das Bereicherungsverbot durchaus eine gewisse Durchlässigkeit besitzt, zeigt sich insbesondere bei Schadensersatzansprüchen im gewerblichen Rechts-

---

510 Ausführliche Darstellung bei Larenz, SchuldR, Bd.1, § 27 I (S. 423).
511 Vgl. zu punitive or exemplary damages: BGH NJW 1992, S. 3096 (3102/3103); Staudinger/Schiemann, 14. Auflage (2005), Vorb. §§ 249 ff. BGB, Rn. 2; Palandt/Heinrichs, Vorb. § 249 BGB, Rn. 2; gegen abschreckende Aspekte im Kartellschadensersatzrecht auch Möschel in WuW 2006, S. 115; Möschel in WuW 2007, S. 483(486).
512 St.Rspr. vgl. nur BGH NJW 2001, S. 673 (674); BGH NJW 1995, S. 3248 (3249) m.jew.w.N.; Oetker spricht in MüKo, Bd. 2, 5. Auflage (2007), § 249 BGB, Rn. 20 vom notwendigen Korrektiv.
513 Vgl. nur BGH GRUR 1962, S. 105 (107) – Ginseng; Krit.: Larenz, SchuldR, Bd.1, § 27 I (S. 423).
514 So BGH NJW 1992, S. 3096 (3103); ebenso Böge in Basedow, S. 217 (220); jedoch ausdrücklich offen gelassen: BVerfGE 91, S. 335 (344) und sogar ablehnendend bereits: BverfG NJW 1973, S. 1221 (1226).
515 Instruktiv: Reich in WuW 2008, S. 1046 (1048) m.w.N.; I/M/Emmerich/Rehbinder/Markert, § 130 Abs. 2 GWB, Rn. 404; Roth in FK, § 33 GWB 1999 (2001), Tz. 16; in Bezug auf § 33 Abs. 3 GWB: Palandt/Heinrichs, Vorb. § 249 BGB, Rn. 2, der jedoch den Einzelfallcharakter betont; so auch Staudinger/Schiemann, 14. Auflage (2005), Vorb. §§ 249 ff., Rn. 2; BGH GRUR 1962, S. 105 (107) – Ginseng; BGH NJW 1995, S. 861 (865), BGH NJW 1996, S. 984 (985) – Caroline von Monaco; Bechtold/Buntscheck sehen in NJW 2005, S. 2966 (2969) präventive Aspekte des Schadensersatzes auch im Kartellrecht im Vordringen; G. Wagner spricht in der Beil. NJW H. 22/2006, S. 5 von gleichrangigen Kernaufgaben des Schadensersatzrechts, zustimmend: Staudinger, A. in NJW 2006, S. 2433 (2436).

schutz. Hier ist bereits seit geraumer Zeit gewohnheitsrechtlich anerkannt, dass der Verletzte seinen Schaden in dreifacher Weise berechnen kann. Eine der drei Berechnungsmethoden des Schadens stellt die Herausgabe des durch den Gebrauch des fremden Schutzrechts erzielten Reingewinns (sog. Verletzergewinn) dar[516].
Der Anspruch auf Herausgabe des Verletzergewinns verlässt den Pfad der reinen Ausgleichsfunktion des Schadensersatzes und eröffnet dem Kläger ohne weiteres die Möglichkeit, je nach Intensität und Dauer der Verletzung seinen ökonomischen Nutzen aus der Verletzungshandlung zu ziehen[517]. Er befindet sich insofern in einer Grauzone zwischen Ausgleichsfunktion und Präventionsfunktion[518], zumal die (hypothetische) Frage, ob der Verletzte selbst einen entsprechenden Gewinn hätte erwirtschaften können, ohne Bedeutung ist[519]. Freilich ist hierbei zuzugeben, dass sich die von der Rechtsprechung anerkannten Fallkonstellationen, in denen neben der Kompensationsfunktion eine präventive Komponente des Schadensersatzes anerkannt wurde, ausschließlich auf den gewerblichen Rechtsschutz, Eingriffe in das allgemeine Persönlichkeitsrecht und Schmerzensgeld bezogen[520].
Als Argumente werden in allen Fallkonstellationen Billigkeitserwägungen, wie die besondere Schutzwürdigkeit des Klägers aufgrund der Bedeutung und Verletzlichkeit des konkreten Rechtsguts sowie seine in diesen Fällen typischerweise bestehende Beweisnot angeführt[521]. Mit ähnlicher Begründung, nämlich der Höhe des Überwachungsaufwands des Rechtsverletzers, gewährt die Rechtsprechung der GEMA eine doppelte Schadensersatzpauschale in Form einer doppelten Lizenzgebühr im Fall einer Verletzung der sogenannten kleinen Musikaufführungsrechte[522].
Wenn jedoch im Immaterialgüterrecht die besondere Verletzlichkeit zugewiesener Rechtspositionen gebilligt und darüber hinaus die Notwendigkeit einer ausgleichsunabhängigen Präventions- und Sanktionswirkung des Schadensersatzanspruchs anerkannt wird, so stellt sich die Frage, warum der Schadensersatzkläger im Kartellrecht weniger schutzwürdig sein soll als im gewerblichen Rechtsschutz. Das Recht des Marktnewcomers auf Marktstrukturen, die ausreichend

---

516 RGZ 35, S. 63 (70); RGZ 43, S. 56 (57/58); BGH GRUR 1972, S. 189 (190) – Wandsteckdose II; BGH GRUR 1993, S. 55 (57) – Tchibo/Rolex II; BGH GRUR 2000, S. 715 (717) – Der blaue Engel.
517 Meier-Beck in GRUR 2005, S. 617.
518 So BGH GRUR 1977, S. 250 (254) – Kunststoffhohlprofil I.
519 BGH GRUR 1963, S. 255 (257) – Kindernähmaschinen.
520 Üersicht bei Rosengarten in NJW 1996, S. 1935-1937.
521 Instruktiv: BGH GRUR 1972, S. 189 (190) – Wandsteckdose II; Rosengarten in NJW 1996, S. 1935 (1937).
522 BGH NJW 1955, S. 1356 (1357); instruktiv: BGH NJW 1973, S. 96 (97); BGH NJW 1987, S. 1405 (1407/1408).

Durchlässigkeit aufweisen, um seinen Marktauftritt auch gegenüber bereits etablierten Marktteilnehmern mit vertretbarem wirtschaftlichem Aufwand zu ermöglichen, ist als nicht weniger verletzlich anzusehen[523]. Gleiches gilt für das Recht des Abnehmers von Waren oder Dienstleistungen, vor Vermögenseinbußen durch verbotene kollusive marktstrategische Vorgehensweisen auf übergeordneten Marktstufen geschützt zu sein.

Auch hier können, anders als bei materiellen Gütern, keine wirksamen Vorkehrungen tatsächlicher Art vom Rechtsinhaber gegen eine gegebenenfalls später erfolgende Rechtsverletzung getroffen werden. Mit denselben Schwierigkeiten sind Verbraucher konfrontiert, wenn es darum geht, festzustellen, inwieweit das ihnen durch das GWB eingeräumte Recht auf wettbewerbskonforme Zustände beeinträchtigt wird. Die Vergleichbarkeit der Sach- und Interessenlagen des Schadensersatzklägers im Kartellrecht und im gewerblichen Rechtsschutz zeigt sich auch daran, dass der Gesetzgeber im Zuge der 7. GWB-Novelle die im gewerblichen Rechtsschutz anerkannte Schadensberechnungsmethode des Verletzergewinns in § 33 Abs. 3 Satz 3 GWB einführte, wenngleich der Geschädigte auf die Herausgabe des Verletzergewinns keinen Anspruch hat[524]. Dennoch wird hierdurch – neben einer Minderung der Darlegungs- und Beweislast für den Kläger – auch seine finanzielle Besserstellung im Vergleich zur reinen Schadenskompensation erreicht.

Eine vergleichbare Interessenlage liegt ebenfalls hinsichtlich der Beweisproblematik vor: Rechtsverletzungen sind nur schwer festzustellen und der Nachweis eines entgangenen Gewinns bereitet dem Kläger aufgrund des hypothetischen Charakters des darzulegenden Geschehensablaufs ebenfalls Schwierigkeiten[525].

Insofern stellt sich die Frage, ob diese klägerfreundlicheren Bedingungen auch auf den Bereich des Kartellrechts ausgedehnt werden sollten, insbesondere nachdem infolge des Wegfalls des Systems der Administrativfreistellung ein Rückzug der behördlichen Kontrolltätigkeit und eine Verlagerung der Rechtsdurchsetzung auf Privatrechtssubjekte, und damit letztlich auch auf die Gerichte, erfolgte[526]. Dies bedeutet jedoch nicht, dass der Marktteilnehmer, der sein Unternehmen effizient und kostengünstig betreibt, seine Teilnahme am Wettbewerbsprozess über Gebühr einschränken muss.

---

523 Reich in WuW 2008, S. 1046 (1049); in diese Richtung ging schon Mailänder, indem er die Betätigungsfreiheit im Wettbewerb als subjektives Recht diskutierte (S. 180/181).
524 Vgl. Rehbinder in Loewenheim/Meessen/Riesenkampff, § 33 GWB, Rn. 38 m.w.N.
525 Siehe hierzu Kapitel 12 I.
526 Zu den diesen möglichen nachteiligen Folgen des Systems der Legalausnahme: Monopolkommission, SG 41, Rn. 11; diese möglichen Folgen sehen auch Bechtold/Buntscheck in NJW 2005, S. 2966 (2969).

Der bloße Hinweis, dass überkompensatorischer Schadensersatz einen zu großen Bruch mit kontinentaleuropäischen Rechtstraditionen in Bezug auf das Bereicherungsverbot, die Trennung zwischen Straf- und Zivilgerichtsbarkeit sowie auf den Verhältnismäßigkeitsgrundsatz zur Folge hätte, erscheint jedoch übertrieben[527]. Die Erfahrungen, die mit den *treble damages* im US-Antitrustrecht gesammelt wurden, sind diesbezüglich nur sehr eingeschränkt heranzuziehen, da der dreifache Schadensersatz nach Section 4 des Clayton Act nur einer von vielen Faktoren ist, die das US-Schadensersatzsystem zum weltweit klägerfreundlichsten machen. Gegen die Einführung des Straf- bzw. Mehrfachschadensersatzes im Deutschen Recht wird – neben zahlreichen praktischen Bedenken[528] – vor allem vorgebracht, dass er gegen den ordre public i.S.d. § 328 Abs. 1 Nr. 4 ZPO; § 6 Satz 2 EGBGB verstoße[529]. Ein Verstoß gegen den deutschen materiellen ordre public ist dann gegeben, *„wenn das Ergebnis der Anwendung ausländischen Rechts zu den Grundgedanken der deutschen Regelungen und den in ihnen enthaltenen Wertvorstellungen in so starkem Widerspruch steht, dass es nach inländischer Vorstellung untragbar erscheint"*[530]. Der Bundesgerichtshof räumt im zitierten Urteil ausdrücklich ein, dass einer Verhängung von Strafschadensersatz keine Ordre-public-Vorbehalte entgegenstehen, *„soweit mit der Verhängung von Strafschadensersatz restliche, nicht besonders abgegoltene oder schlecht nachweisbare wirtschaftliche Nachteile pauschal ausgeglichen [...] werden sollen"*[531].

Ebenso verhält es sich im Kartellzivilprozess. Der Kläger hat durch seine Pflicht zum Nachweis des Verstoßes, des ihm dadurch entstandenen Schadens und der beide verbindenden Kausalität aufwendige und kostenintensive Ermittlungen, bspw. zur Marktabgrenzung oder zur Preiselastizität, anzustellen. Hierdurch entstehen ihm wirtschaftliche Nachteile, die durch den nachfolgenden Zivilprozess nicht oder nur unvollständig ausgeglichen werden können. Das Gleiche gilt für Schadensposten, die der Kläger nicht als entgangenen Gewinn geltend machen kann, wie z.B. zukünftige Verluste durch Imageschäden infolge einer notwendigen Weitergabe von kartellbedingt überhöhten Preisen.

Jedoch kann dies nicht darüber hinwegtäuschen, dass der Bundesgerichtshof an einer ausschließlich kompensatorischen Funktion des Schadensersatzes im Deut-

---

527 So aber: Stürner in Basedow, S. 163 (183/187).
528 Siehe hierzu sogleich unten.
529 Ausführlich: BGH NJW 1992, S. 3096 (3103) m.w.N.; Möschel in WuW 2007, S. 483 (486); I/M/Emmerich/Rehbinder/Markert, § 130 GWB, Rn. 402.
530 BGH NJW 1993, S. 3269 (3270) m.w.N.
531 BGH NJW 1992, S. 3096 (3103) mit Verweis u.a. auf Assmann in BB 1985, S. 15 (23); zur verfassungsrechtlichen Zulässigkeit: OLG Naumburg WuW/DE – R 1774 (1777) – Electrical Carbon.

schen Recht festhält und lediglich die Einbeziehung weiterer, nicht eindeutig bezifferbarer Schadensposten in die Schadensberechnung zulässt. Einer überkompensatorischen Funktion des Schadensersatzes aus Abschreckungsgründen, bzw. zur Rechtsdurchsetzung durch Anreizschaffung, erteilt schon § 308 ZPO eine Absage, der Ausdruck der im deutschen Zivilprozessrecht geltenden Dispositionsmaxime ist[532]. Dementsprechend kommt es für die Frage der Vereinbarkeit von Straf- bzw. Mehrfachschadensersatz mit dem deutschen *ordre public* darauf an, ob die Kompensationsfunktion des Schadensersatzes gewahrt bleibt oder ob der Strafcharakter überwiegt[533]. Es erscheint jedoch fraglich, ob eine trennscharfe Abgrenzung anhand dieser Kriterien überhaupt möglich und sinnvoll ist.

Zum einen erscheint es willkürlich, die Grenze dort zu ziehen, wo Kompensationsfunktion und Straf- bzw. Abschreckungsfunktion gleichberechtigt sind, nämlich beim doppelten Schadensersatz, zum anderen zeigen die oben angeführten Beispiele aus dem Bereich des gewerblichen Rechtsschutzes, dass die Grundkonzeption des Straf- bzw. Mehrfachschadensersatzes nicht mit den Grundgedanken des deutschen Schadensersatzrechts in so starkem Widerspruch steht, dass sie nach deutscher Vorstellung als schlechthin untragbar erscheint. Der Schwerpunkt der Diskussion über die Einführung präventiver Elemente im deutschen Kartelldeliktsrecht findet jedoch auf rechtspolitischer Ebene statt. Im Rahmen dieser Diskussion zeigt sich das Schrifttum als höchst uneinheitlich. Die Monopolkommission des Bundeskartellamtes äußerte sich kurz nach Inkrafttreten der 7. GWB-Novelle dahingehend, dass auch sie es vorzöge, einen mehrfachen Schadensersatz einzuführen, um der Anreizproblematik zu begegnen[534]. Das Diskussionspapier des Bundeskartellamtes für die Sitzung des Arbeitskreises Kartellrecht vom 26. September 2005 spricht sich jedoch explizit gegen die Einführung eines Mehrfachschadensersatzes aus und verweist lediglich darauf, dass der neue Bußgeldrahmen des GWB ausreichendes Abschreckungspotential entfalte[535]. Während seine Befürworter den Mehrfachschadensersatz zumindest als probates und effizientes Mittel anerkennen, um die Anreizproblematik zu entschärfen[536],

---

532 Sänger/Sänger, § 308 ZPO, Rn. 1.
533 Musielak/Stadler § 328 ZPO, Rn. 25 m.w.N.; I/M/Emmerich/Rehbinder/Markert, § 130 GWB, Rn. 404.
534 Monopolkommission, SG 41, Rn. 75.
535 Diskussionspapier für die Sitzung des Arbeitskreises Kartellrecht am 26.9.2005: „Private Kartellrechtsdurchsetzung Stand, Probleme, Perspektiven", S. 28.
536 Berrisch/Burrianski in WuW 2005, S. 878 (887); Basedow in Ehlermann/Atanasiu, S. 137 (144); Hempel in WuW 2004, S. 362 (371); weitere Nachweise bei I/M/Emmerich/Rehbinder/Markert, § 130 GWB, Rn. 404.

halten seine Gegner ihn für rechts- und wirtschaftspolitisch verfehlt und lehnen nicht selten das Modell der privaten Kartellrechtsdurchsetzung insgesamt ab[537].

Kernargument der Gegner des Mehrfachschadensersatzes ist, dass das durch ihn entstehende Drohpotential missbraucht wird und Unternehmensleitungen sich durch die bloße Möglichkeit, einer Klage auf mehrfachen Schadensersatz ausgesetzt zu sein, auf einen Vergleich einlassen. Dieses Argument mündet letztlich in die Behauptung, dass privater Kartellrechtsschutz zu unzumutbaren Belastungen seitens der Unternehmen in Gestalt von hohen Rechtsberatungs- und Prozesskosten führt[538].

Darüber hinaus wird vorgebracht, dass Unternehmensleitungen in einem ausgeprägten System des Kartelldeliktsrechts aufgrund der Besorgnis diese oder jene Entscheidung verstoße gegen geltendes Recht und trete somit eine Prozesslawine von Wettbewerbern, Abnehmern und Endverbrauchern los, nicht in der Lage seien, ihre Geschäftsführung mit voller Effizienz auszuüben[539].

Diese Einwände erscheinen jedoch auch von einem unternehmerischen Standpunkt als eher hypothetisch. Bei genauer Betrachtungsweise erwecken sie nämlich den Eindruck, dass eine effiziente Firmenleitung notwendigerweise mit einem Verstoß gegen geltendes nationales oder europäisches Wettbewerbsrecht verbunden ist. Darüber hinaus implizieren sie einen erheblichen Grad von Rechtsunsicherheit in diesem Rechtsgebiet, der in dieser Form weder im Deutschen Kartellrecht in der Fassung der 7. GWB-Novelle noch im Europäischen Kartellrecht, auch nach Aufgabe des Freistellungsmonopols durch Inkrafttreten der VO (EG) 1/2003, vorhanden ist.

Zunächst muss klargestellt werden, dass eine effiziente Unternehmensleitung ohne weiteres in den Grenzen möglich ist, die vom nationalen und europäischen Gesetzgeber gezogen wurden. Diese Grenzen sind auch für alle Betroffenen sowohl hinsichtlich horizontaler und vertikaler Wettbewerbsbeschränkungen als auch hinsichtlich marktmachtmissbräuchlichen Verhaltens deutlich sichtbar, da

---

537 Überblick bei Möschel in WuW 2007, S. 463 (491/492); Buxbaum in Basedow, S. 41 (48) m.w.N.
538 Diskussionspapier für die Sitzung des Arbeitskreises Kartellrecht am 26.9.2005: „Private Kartellrechtsdurchsetzung Stand, Probleme, Perspektiven", S. 28; Möschel in WuW 2007, S. 483 (489/490) der in der privaten Kartellrechtsdurchsetzung eine ubiquitäre Missbrauchsgefahr sieht; zusammenfassend für die US-Wettbewerbsrechtsordnung: Buxbaum in Basedow, S. 41 (57) m.w.N.
539 Auf die Gefahr eines entstehenden betriebswirtschaftlichen Schadens durch Überabschreckung hinweisend: Haucap/Stühmeier in WuW 2008, S. 413 (424); Buxbaum in Basedow, S. 41 (52 f.) m.w.N; Kommentar der DIHK zum Grünbuch der Europäischen Kommission vom 23.3.2006, S. 4; Kommentar des VCI zum Grünbuch der Europäischen Kommission vom 22.3.2006, S. 1; Kommentar des BDI zum Grünbuch der Europäischen Kommission vom 21.4.2006, S. 2, abrufbar unter: http://ec.europa.eu/competition/antitrust/actionsdamages/green_paper_comments.html; vgl. auch Kapitel 5 I.

es auf diesen Gebieten an höchstrichterlicher Rechtsprechung nicht mangelt und sowohl die Europäische Kommission als auch nationale Wettbewerbsbehörden in Publikationen und Richtlinien ihre Verwaltungspraxis transparent darstellen. Mit keiner der oben angeführten Gesetzesreformen war eine tief greifende Gesetzesänderung im engeren Sinne einer materiellrechtlichen Umgestaltung bzw. Verschärfung der Gesetzeslage verbunden.

Dem Einwand, dass mit der Einführung eines klägerfreundlicheren Systems der privaten Kartellrechtsdurchsetzung automatisch höhere Rechtsberatungskosten verbunden sind, kann insofern eine Absage erteilt werden, als der höhere Rechtsberatungsbedarf aus der Einführung des Systems der Legalausnahme stammt, unmittelbar jedoch nichts mit der Schaffung von Anreizen für potentielle private Kläger zu tun hat.

Zugespitzt bedeutet dies, dass nur diejenigen Unternehmen eine effektivere private Rechtsdurchsetzung zu fürchten haben, deren Geschäftsführung geltendes Recht missachtet. Diesbezüglich sei darauf hingewiesen, dass der Schadensersatzanspruch in § 33 Abs. 3 Satz 1 GWB an das Erfordernis der vorsätzlichen oder fahrlässigen Begehung des Wettbewerbsverstoßes geknüpft ist. Das Argument der erhöhten Missbrauchsgefahr des Drohpotentials von Ansprüchen auf Mehrfachschadensersatz vermag ebenfalls nicht zu überzeugen. Die aus den USA zitierten diesbezüglichen Erfahrungen sind nur sehr eingeschränkt heranzuziehen. Dort entfaltet der Anspruch auf dreifachen Schadensersatz aufgrund der prozessualen Rahmenbedingungen, unter denen er geltend gemacht wird, wie insbesondere dem Discovery-Verfahren erheblich mehr Drohpotential, zumal die große Mehrzahl der Schadensersatzprozesse Juryprozesse sind, wodurch das Prozessrisiko für den Beklagten erheblich erhöht wird. Abschließend kann somit festgestellt werden, dass das Bereicherungsverbot kein unumstößliches Dogma im deutschen Schadensersatzrecht darstellt.

Die seit Jahrzehnten praktizierte Billigkeitsrechtsprechung im Bereich des Immaterialgüterrechts zeigt, dass das Bereicherungsverbot durchaus an die konkreten Umstände des Einzelfalls angepasst werden kann und insofern eine gewisse Durchlässigkeit besitzt. Vor diesem Hintergrund erscheint die Behauptung, die Gewährung eines Straf- bzw. Mehrfachschadensersatzes verstoße gegen den deutschen *ordre public* als unglaubwürdig. Auch der wirtschaftspolitische Einwand, deutsche Unternehmen seien vor einer extensiven Haftung zu schützen, wird argumentativ nicht überzeugend untermauert, zumal nicht ernsthaft behauptet werden kann, dass Unternehmen aus europäischen Rechtsordnungen mit Mehrfachschadensersatz[540] oder aus den USA im Vergleich weniger wettbewerbsfähig seien.

---

540 Das Arbeitspapier der Kommissionsdienststellen SEC (2005) 1732 nennt in Rn. 118-119 Großbritannien und Irland als Beispiele.

Dem Argument, dass die Europäische Kommission durch ihre Politik der ständig steigenden Bußgelder[541] – im Fall *Car Glass* wurde ein Rekordbußgeld von 1,38 Mrd. EUR festgesetzt[542] – ein ausreichendes Maß an Abschreckung liefere[543], kann entgegengesetzt werden, dass in einem komplementären dezentralen System der privaten Ahndung von Wettbewerbsverstößen die Gesamtzahl der aufgedeckten Verstöße wahrscheinlich höher ist[544]. Das Maß der Abschreckung ist demnach größer als in einem System ausschließlich administrativer Rechtsdurchsetzung. Damit effektiver privater Rechtsschutz im Rahmen der von der Kommission angestrebten Zwei-Säulen-Struktur[545] die erwünschte Wirkung entfalten kann, muss potentiellen Klägern überkompensatorischer Schadensersatz in Aussicht gestellt werden.[546]. Darüber hinaus erfolgte der auf europäischer Ebene initiierte Trend zur privaten und dezentralen Wettbewerbsrechtsdurchsetzung auch mit dem Ziel, die Europäische Kommission als eine für 27 Mitgliedsstaaten zuständige Wettbewerbsbehörde zu entlasten[547]. Im Rahmen der beabsichtigten Zwei-Säulen-Struktur könnten private Kläger schwerpunktmäßig die zivilrechtliche Ahndung von Kartellverstößen und einseitigen wettbewerbsbeschränken Verhaltensweisen betreiben, während sich die Wettbewerbsbehörden auf den ressourcenintensiven Bereich der Fusionskontrolle konzentrieren.

Teils wird auch die durch die 7. GWB-Novelle eingeführte erweiterte bzw. vorverlagerte Verzinsungspflicht in § 33 Abs. 3 Satz 4, Satz 5 GWB als Kompromiss des Gesetzgebers zwischen Mehrfachschadensersatz und lediglich kompensatorischem Schadensersatz bezeichnet[548]. Der Schadensersatz in Geld ist nicht erst ab Rechtshängigkeit zu verzinsen, sondern bereits ab Schadenseintritt. Gem. § 33 Abs. 3 Satz 5 GWB finden die Regelungen des Schuldrechts zur Verzinsung von Geldschulden entsprechende Anwendung (§§ 288 und 289 Satz 1 BGB). § 288 BGB legt den Verzinsungssatz unter Unternehmen auf acht Prozentpunkte über dem Basiszinssatz des § 247 BGB fest.

---

541 Übersicht bei Dannecker/Biermann in I/M EG-WettbR, VO 1/2003 EG, Art. 23, Rn. 92-96.
542 Entscheidung der Kommission vom 12. November 2008, Zusammenfassung: ABl. Nr. C 173 vom 25.7.2009 – Car Glass, S. 13-16.
543 Vgl. unter vielen Möschel in WuW 2007, S. 483 (488); gute Übersicht bei Buxbaum in Basedow, S. 41 (48) m.w.N.
544 Weißbuch der Kommission v. 2.4.2008, KOM (2008) 165 engültig, Punkt 1.2, S. 3; Folgenabschätzungsbericht der Kommission zum Weißbuch der Kommission v. 2.4.2008, SEC (2008) 405, Punkt 2. 1, S. 13, Rn. 38; a. A: Mäger/Zimmer/Milde in WuW 2009, S. 885 (894).
545 Arbeitspapier der Kommissionsdienststellen SEC (2005) 1732, Rn. 3.
546 Monopolkommission, SG 41, Rn. 75; Basedow in EuZW 2006, S. 97.
547 Auf die begrenzten Ressourcen der Kommission hinweisend: Daly in Bloomberg European Business Law Journal 2007, S. 315 (316); Soltész in WuW 2006, S. 867.
548 Zimmer/Logemann in WuW 2006, S. 982 (988).

Mit der erweiterten Verzinsungspflicht bezweckte der Gesetzgeber, die private Schadensersatzklage attraktiver zu machen und gleichzeitig zu verhindern, dass Unternehmen aus der langen Dauer von Kartellzivilverfahren Zinsgewinne erwirtschaften. Dies gilt insbesondere in Fällen, in denen der Kläger erst den Abschluss eines kartellbehördlichen Verfahrens abwartet, bevor er seine Klage einreicht, insbesondere wenn der Beklagte Rechtsmittel oder Rechtsbehelfe gegen die Feststellung des Verstoßes durch die Kartellbehörde einreicht[549].

Die Regelung der erweiterten Verzinsungspflicht nach § 33 Abs. 3 Satz 5 GWB kann jedoch keinesfalls als Substitut für eine Mehrfachschadensersatzregelung bzw. als Kompromisslösung zur Anreizproblematik betrachtet werden. Die erweiterte Verzinsungspflicht nach § 33 Abs. 3 Satz 5 GWB sichert lediglich die Kompensation des Klägers in vollem Umfang, indem ihm der für Geldschulden übliche Zinssatz gewährt wird. Die Vorverlagerung der Verzinsungspflicht auf den Zeitpunkt des Schadenseintritts ändert nichts an dem Umstand, dass der Schadensersatzgläubiger lediglich das erhält, was ihm ohnehin zusteht, nämlich Schadensersatz in Geld zuzüglich des für Unternehmen marktüblichen Zinssatzes. Demnach ist die erweiterte Verzinsungspflicht nach § 33 Abs. 3 Satz 5 GWB nicht dazu geeignet, Anreize für potentielle Geschädigte zu schaffen, Schadensersatz vor Gerichten einzuklagen und kann insofern auch nicht als Substitut für überkompensatorischen Schadensersatz bzw. als „deutsche Lösung" der Anreizproblematik angesehen werden.

1. Option eines an das Verschulden des Beklagten angepassten doppelten Schadensersatzes

Wie bereits angeführt, widerspricht es der Funktion des deutschen Zivilrichters aufgrund der im Zivilprozessrecht geltenden Dispositionsmaxime, überkompensatorischen Schadensersatz nach den Umständen des Einzelfalls und nach pflichtgemäßer Ermessensausübung zu verhängen[550].

Demnach muss eine in Gesetzesform gegossene Lösung größtmögliche Einzelfallgerechtigkeit gewährleisten und dennoch der Anreizproblematik effektiv begegnen. Ein befriedigender Kompromiss zwischen Klägerinteressen und Unternehmensinteressen könnte dadurch erzielt werden, dass der Umfang des ersatzfähigen Schadens an den Verschuldensgrad angepasst wird. Mehrfachschadensersatz könnte an die Voraussetzung der vorsätzlichen Begehung der Wettbewerbsbe-

---

549 Brück in Bloomberg European Business Law Journal 2007, S. 303 (310), der von einer für Follow-on-Klagen maßgeschneiderten Vorschrift spricht; Rehbinder in Loewenheim/Meessen/Riesenkampff, § 33 GWB, Rn. 41.
550 Vgl. Kapitel 5 II; zusammenfassend: Mann in NJW 1994, S. 1187 (1188) m.w.N.

schränkung geknüpft werden. Diese Lösung wäre insgesamt auch vom Grünbuch der Kommission sowie vom Arbeitspapier der Kommissionsdienststellen zum Weißbuch gedeckt[551]. Hinsichtlich der Abgrenzung der jeweiligen Verschuldensgrade, insbesondere zwischen bedingtem Vorsatz und grober Fahrlässigkeit, könnte auf die hierzu im Strafrecht entwickelten Kriterien verwiesen werden.

Für eine dahingehende Einschränkung sprechen zwei Gründe. Zum einen ist eine entsprechende Haftungsprivilegierung für den leicht fahrlässig handelnden Schadensersatzschuldner dem Deliktsrecht dogmatisch nicht fremd. Der Ersatz unmittelbarer Vermögensschäden nach § 826 BGB ist ebenfalls an die vorsätzliche Ausführung des schadensstiftenden Verhaltens geknüpft, wobei sich der Vorsatz unter anderem auch auf den eingetretenen Schaden beziehen muss[552]. Ebenso zeigen die Entwicklungsgeschichte und die Systematik des § 254 BGB, dass die Höhe des ersatzfähigen Schadens in fast allen Bereichen des deutschen Deliktsrechts an eine Abwägung der Verschuldensbeiträge gekoppelt ist[553].

Zum anderen wäre die Anpassung des Umfangs des Schadensersatzanspruchs an die Schuld eine sachgerechtere Lösung, als die von vielen favorisierte Anpassung des Schadensumfangs an die Art des Verstoßes. Hiernach soll im Einzelfall Mehrfachschadensersatz nur bei horizontalen Wettbewerbsbeschränkungen gewährt werden[554]. Dieses Unterscheidungskriterium ist jedoch nicht in allen Fällen als sachgerecht anzusehen. Abgesehen von der Tatsache, dass der Umfang des ersatzfähigen Schadens aus Klägersicht vollkommen zufällig determiniert werden würde (auch wenn dies durch rechts- und wirtschaftspolitische Erwägungen gerechtfertigt sein mag), ist nicht in jedem Fall unumstritten, dass vertikale Wettbewerbsbeschränkungen eine weniger schädliche Wirkung aufweisen als horizontale Wettbewerbsbeschränkungen[555].

Eine Anpassung des Schadensumfangs an das Verschulden des Schadensersatzschuldners würde ohnehin eine ähnliche Wirkung entfalten, da Preisabsprachen, Gebietsaufteilungen und andere Kernbeschränkungen ohne Vorsatz kaum

---

551 Grünbuch, KOM (2005) 672 endgültig, Frage D, Option 13, S. 7; Arbeitspapier der Kommissionsdienststellen zum Weißbuch, 2. 4. 2008, SEC (2008) 404, S. 57, Rn. 189.
552 Wagner in MüKo zum BGB, Bd. 5, 5. Auflage (2009), § 826 BGB, Rn. 24.
553 Jauernig/Teichmann, § 254 BGB, Rn. 1.
554 Für die US-Wettbewerbsrechtsordnung: Buxbaum in Basedow, S. 41 (53) m.w.N.; für die Deutsche Kartellrechtsordnung: Wulf-Henning Roth in Basedow, S. 61 (79); im europäischen Kontext: Grünbuch, KOM (2005) 672 endgültig, S. 8; Arbeitspapier der Kommissionsdienststellen SEC (2005) 1732, Rn. 150; Neelie Kroes: „Reinforcing the fight against cartels and developing private antitrust damage actions: two tools for a more competitive Europe" SPEECH/07/128 v. 8.3.2007.
555 Instruktiv: Bork S. 280 ff.; Drexl/Gallego/Enchelmaier/Mackenrodt/Endter in IIC 2006, S. 700 (712), kritisch auch: Emil Paulis: „Policy Issues in the Private Enforcement of EC Competition Law" in Basedow, S. 7 (13).

denkbar sind. Dennoch würde eine Orientierung an die Schuld des beklagten Unternehmens den Umständen des Einzelfalls besser gerecht werden und wäre sowohl aus Sicht des Schadensersatzgläubigers als auch des Schadensersatzschuldners die dogmatisch befriedigendere Lösung.

Hierfür spricht auch die Berücksichtigung fahrlässigen Verhaltens als mildernder Umstand in den Leitlinien der Kommission für das Verfahren zur Festsetzung von Geldbußen vom 1. September 2006[556].

Der doppelte, an den Verschuldensgrad des Beklagten gekoppelte Schadensersatz sollte ab dem Zeitpunkt des Verstoßes zu verzinsen sein. Die tatsächliche Belastung des Schadensersatzschuldners würde hierbei unter den US-amerikanischen *treble-damages* liegen, jedoch signifikant über dem derzeit im deutschen Deliktsrecht gewährten rein kompensatorischen Schadensersatz. Hierdurch könnte der vorherrschenden Anreizproblematik effektiv begegnet werden, während durch die Koppelung an vorsätzliche Begehungsweise ausreichend Einzelfallgerechtigkeit gewährleistet werden würde.

Wie bereits dargelegt, könnten diesbezüglich strafrechtliche Abgrenzungskriterien zu Hilfe genommen werden. Die Vorverlagerung der Verzinsungspflicht sollte auch bei der Gewährung von einfachem Schadensersatz infolge fahrlässigen Verhaltens des Beklagten gelten, um dem Kläger auch in diesen Fallkonstellationen ausreichend Anreiz zu bieten, zivilgerichtlich vorzugehen. Einer Überbelastung der Unternehmen durch Popularklagen bzw. durch missbräuchliche Ausnutzung ihres Drohpotentials zum Abschluss eines gewinnbringenden Vergleichs wäre durch die Vermeidung eines schematischen Schadensersatzmultiplikators ein Riegel vorgeschoben. Des Weiteren würde die Begrenzung überkompensatorischen Schadensersatzes auf Wettbewerbsbeschränkungen, die vorsätzlich oder bedingt vorsätzlich begangen wurden, auch rechtspolitisch wünschenswerte Ergebnisse liefern und generalpräventive Wirkung entfalten.

Von der Privilegierung fahrlässigen Verhaltens wären letztlich Fälle umfasst, in denen Unternehmen die Freistellungsfähigkeit horizontaler oder vertikaler Vereinbarungen rechtlich falsch einschätzen, im Irrtum über die koordinativen Elemente eines Gemeinschaftsunternehmens oder die Normadressateneigenschaft ihres Unternehmens nach den §§ 19-21 GWB bzw. nach Art. 102 AEUV sind. In derartigen Fällen besteht kein gesondertes rechtspolitisches Bedürfnis, vor der Verhaltensweise des beklagten Unternehmens besonders abzuschrecken bzw. privaten Klägern zusätzliche Anreize für Schadensersatzklagen zu geben. Die Haftungsprivilegierung würde dadurch auch einer gegebenenfalls erhöhten Rechtsunsicherheit in den genannten Fallgestaltungen infolge der Aufhebung des Frei-

---

556 Leitlininien für das Verfahren zur Festsetzung von Geldbußen gemäß Artikel 23 Abs. 2 lit. a) der Verordnung (EG) Nr. 1/2003, 2006/C 210/02, Rn. 29, zweiter Spiegelstrich.

stellungsmonopols der Europäischen Kommission durch Erlass der VO (EG) 1/2003 Rechnung tragen.

Demgegenüber wären von der doppelten Schadensersatzpflicht in der Praxis alle Kernbeschränkungen erfasst, da Preiskartelle oder Gebietsaufteilungen ohne vorsätzliches Handeln schwer denkbar sind. In der Grauzone zwischen bedingt vorsätzlichem Handeln und grober Fahrlässigkeit würden sich allenfalls noch Fälle befinden, in denen Unternehmen die Rechtmäßigkeit vertikaler Vereinbarungen oder ihre Normadressateneigenschaft nach den §§ 19 ff. GWB bzw. Art. 102 AEUV falsch einschätzten, wobei dies jedoch aufgrund der Fülle an einschlägiger Rechtsprechung sowie der von Wettbewerbsbehörden publizierten Bekanntmachungen und Leitlinien eher unwahrscheinlich sein dürfte.

Anders als in einem Modell der strafrechtlichen Geltungsverschaffung des Wettbewerbsrechts müsste vorsätzliche oder fahrlässige Begehung nicht bei jedem Handelnden in der Unternehmenshierarchie gesondert festgestellt werden, sondern könnte dem Unternehmen, abhängig vom rechtlichen Verhältnis zwischen Kläger und Beklagten, gem. § 31 BGB (gegebenenfalls analog), 278 BGB oder § 831 BGB zugerechnet werden. Das Vorliegen einer Exkulpationsmöglichkeit nach § 831 Abs. 1 Satz 2 BGB dürfte aufgrund der hohen Voraussetzungen, die an sie zu stellen sind[557], in der großen Mehrzahl der Fälle zu verneinen sein.

2. Mögliche Kollision mit Kronzeugenprogrammen

Verfolgt man jedoch das Modell eines am Verschuldensgrad des Beklagten ausdifferenzierten doppelten Schadensersatzes, so besteht die Gefahr einer Kollision mit Kronzeugenprogrammen nationaler oder supranationaler Wettbewerbsbehörden, da die Schadensersatzpflicht unabhängig vom Kronzeugenstatus fortbestehen würde[558].

Die Einschränkung des Schadensersatzes des beklagten Unternehmens bei positivem Kronzeugenstatus ist im deutschen Schadensersatzrecht nicht ohne weiteres machbar. Dem beklagten Unternehmen aufgrund seiner Kooperation mit der Wettbewerbsbehörde eine erweiterte Schadensersatzhaftung wegen vorsätzlicher Begehung abzuerkennen oder Kronzeugen bereits von vornherein davon auszuschließen, wäre dem deutschen Schadensersatzrecht fremd, da die strafrechtliche Figur der tätigen Reue weder im Deliktsrecht noch im allgemeinen Zivilrecht anerkannt ist.

Voraussetzung hierfür wäre die explizite gesetzliche Anerkennung einer sanktionierenden Komponente im überkompensatorischen Schadensersatz, auf deren Basis die Begrenzung des Schadens durch freiwillige Beendigung des schadens-

---

557 Einzelheiten bei Wagner in MüKo zum BGB, Bd. 5, 5. Auflage (2009), § 831 BGB, Rn. 43.
558 Vgl. Kapitel 8 II.

stiftenden Verhaltens und Kooperation des Beklagten mit der Wettbewerbsbehörde anspruchsmindernd in Ansatz gebracht werden könnte. Dies hängt jedoch davon ab, ob überkompensatorischer Schadensersatz ausdrücklich durch punitive Elemente ergänzt werden soll. Verneint man dies und stellt ausschließlich auf die Anreizfunktion des überkompensatorischen Schadensersatzes ab, so kann eine überwiegend sachgerechte Lösung durch die Differenzierung nach Follow-on-Klage und Stand-alone-Klage herbeigeführt werden, da die Gewährung überkompensatorischen Schadensersatzes in Fällen von Follow-on-Klagen aufgrund des regelmäßig geringeren Klägeraufwandes nicht so stark indiziert ist wie beim Stand-alone-Kläger[559].

Geht man jedoch davon aus, dass Unternehmen, die sich erfolgreich für den Kronzeugenstatus qualifiziert haben, bereits durch die Bußgeldreduktion der Wettbewerbsbehörde ausreichend privilegiert sind[560], spricht nichts dagegen, überkompensatorischen Schadensersatz, abhängig vom Grad des Verschuldens, auch dem Follow-on-Kläger zu gewähren. Die Überkompensation des Follow-on-Klägers lässt sich dann jedoch nur schwer rechtspolitisch rechtfertigen, da für ihn kein erhöhter Aufwand zur Verfolgung des Rechtsverstoßes entsteht und die Abschreckungswirkung, die normalerweise durch das Bußgeld erreicht wird, einen direkten Gewinn für den Kläger bedeuten würde.

III. Straf- bzw. Mehrfachschadensersatz im Kontext Europäischen Wettbewerbsrechts

Die Frage der Einführung eines Straf-, bzw. Mehrfachschadensersatzes gehört auch auf europäischer Ebene zu den intensiv diskutierten Fragen privater Kartellrechtsdurchsetzung. Die Rechtsprechung des Europäischen Gerichtshofs stellt lediglich fest, dass es, mangels gemeinschaftsrechtlicher Regelung, die Aufgabe der mitgliedsstaatlichen Rechtsordnungen sei, die Modalitäten von Schadensersatzansprüchen aufgrund von Verletzungen der Wettbewerbsregeln der Gemeinschaft im Einzelnen auszugestalten, wobei Effektivitäts- und Äquivalenzgrundsatz Beachtung finden müssen[561].

Die europäische Kommission hat in ihrem Grünbuch über Schadensersatzklagen wegen Verletzung des EU-Wettbewerbsrechts vom 19.12.2005[562] Optio-

---

559 Kapitel 12 II 1 d.
560 Vgl. Kapitel 8 II 1.
561 EuGH, 20.9.2001, Rs. C-453/99, Slg. 2001, I-6297 – Courage/Crehan, Rn. 30; EuGH, 13.7.2006, RS C-295/04 bis C-98/04 – Manfredi/Lloyd Adriatico Assicurazioni = WuW/E EU – Rs. 1107 (1116), Rn. 72.
562 Grünbuch, KOM (2005) 672 endgültig.

nen aufgelistet, die von einem lediglich kompensatorischen Schadensersatz bis hin zu einem Schadensersatz in doppelter Höhe (bei horizontalen Wettbewerbsbeschränkungen) reichen[563]. In dem später veröffentlichten Arbeitspapier der Kommissionsdienststellen vom 10.2.2006[564] stellt die Kommission ebenfalls fest, dass Straf- bzw. Mehrfachschadensersatz in einigen europäischen Rechtsordnungen möglich sei und dort, entsprechend dem Äquivalenzprinzip, auch auf die Verletzung von europäischem Wettbewerbsrecht angewandt werden müsse[565]. Gleiches gilt für das Arbeitspapier der Kommissionsdienststellen zum Weißbuch vom 2.4.2008[566]. Die Kommission bezieht insoweit nicht eindeutig Stellung, hat jedoch in ihrem kürzlich zurückgezogenen Richtlinienentwurf zum privaten Rechtsschutz im Kartellrecht klargestellt, dass Schadensersatz im Rahmen kollektiver Rechtsbehelfe lediglich kompensatorischer Natur sein sollte[567].

Sie erkennt jedoch an, dass die private Kartellrechtsdurchsetzung, zumindest für Stand-alone-Kläger, in den Rechtsordnungen, in denen Schadensersatz generell ausschließlich auf Kompensation begrenzt ist, eine Anreizproblematik besteht[568]. Sie spricht sich jedoch ausdrücklich gegen die Einführung zwingenden dreifachen Schadensersatzes nach US-amerikanischem Vorbild aus[569]. Zwischen den Extrempositionen des US-amerikanischen dreifachen Schadensersatzes und einem streng auf Kompensation begrenzten Schadensersatzmodell besteht allerdings erheblicher Spielraum für die mitgliedsstaatlichen Rechtsordnungen. Klägern, insbesondere auf Endverbraucherstufe, fehlt der Anreiz, langwierige Zivilprozesse zu führen und teils erheblichen finanziellen Aufwand für Sachverhaltsermittlung, anwaltlichen Rat und Beweisbeibringung zu betreiben, wenn der zu erlangende Schadens-

---

563 Grünbuch, KOM (2005) 672 endgültig S. 8, Optionen 14-17; Arbeitspapier der Kommissionsdienststellen SEC (2005) 1732, Rn. 150.
564 Arbeitspapier der Kommissionsdienststellen SEC (2005) 1732.
565 Arbeitspapier der Kommissionsdienststellen SEC (2005) 1732, Rn. 116-121.
566 Arbeitspapier der Kommissionsdienststellen zum Weißbuch, 2.4.2008, SEC (2008) 404, S. 57, Rn. 189.
567 Vgl. Art. 13 des (nicht veröffentlichten) Richtlinienentwurfs: Erläuterungen bei Hess in WuW 2010, S. 493 (495).
568 Arbeitspapier der Kommissionsdienststellen SEC (2005) 1732, Rn. 112; 150; auf Druck einiger Mitgliedsstaaten wurde diese Problematik im Weißbuch nicht mehr erwähnt und der kompensatorische Zweck der privaten Kartellrechtsdurchsetzung betont, vgl. Wagner-von Papp in EWS 2009, S. 445 (446).
569 Neelie Kroes, Speech/07/128, Commission/IBA Joint Conference on EC Competition Policy, Brussels 8th March 2007: „Reinforcing the fight against cartels and developing private antitrust damage actions: two tools for a more competitive Europe". S. 5; in Bezug auf Strafschadensersatz auf die nationalen Rechtsordnungen verweisend: Arbeitspapier der Kommissionsdienststellen zum Weißbuch, 2.4.2008, SEC (2008) 404, S. 57, Rn. 189.

ersatz ausschließlich kompensatorischer Natur ist[570]. Insofern ist die Frage der Einführung überkompensatorischen Schadensersatzes auch eng mit der Frage verbunden, in welchem Umfang die Mitgliedsstaaten die von der Kommission erwünschte Verlagerung der Kartellrechtsdurchsetzung vom öffentlichen auf den privaten Sektor nachvollziehen wollen.

Die Anreizproblematik stellt sich insbesondere in Fällen, in denen der Kläger keine Follow-on-Klage betreiben kann, d.h. eine vorangegangene behördliche Entscheidung bezüglich der Rechtsverletzung nicht vorliegt. Aufgrund der bereits angesprochenen Informationsasymmetrie und des dadurch entstehenden Aufwands für den Kläger wären Stand-alone-Klagen, d.h. Klagen ohne eine vorangegangene behördliche Entscheidung, ausschließlich von finanzstarken Unternehmen zu erwarten, die Konkurrenten oder unmittelbare Abnehmer des Beklagten sind. Die Anreizproblematik bei Endverbrauchern hängt darüber hinaus eng mit der Frage zusammen, in welchem Umfang Sammelklagen (*class actions*) in die europäischen Rechtsordnungen Einzug halten werden[571].

Wird von den Mitgliedsstaaten ein restriktiver Ansatz gewählt und weder überkompensatorischer Schadensersatz eingeführt noch eine Option für effektive Sammelklagen, so ist das Ziel der Kommission, eine „Wettbewerbskultur"[572] zu schaffen, die gleichberechtigt sowohl auf behördlicher als auch auf privater Rechtsdurchsetzung basiert, gefährdet. Zudem würden die Anstrengungen der Kommission vereitelt, die Wettbewerbsregeln der Gemeinschaft durch private Rechtsdurchsetzung näher an Kunden und Verbraucher im gemeinsamen Markt zu bringen[573]. Die geringe Anzahl der Stand-alone-Klagen in den europäischen Jurisdiktionen[574] zeigt, dass die europäische Wettbewerbsrechtspraxis noch weit von dem Ziel einer Zwei-Säulen-Struktur, d.h. einer komplementären Funktionsweise von staatlicher und behördlicher Wettbewerbsrechtsdurchsetzung, entfernt ist[575].

Die Ausführungen der Kommission im Grünbuch und im Arbeitspapier der Kommissionsdienststellen sind jedoch dahingehend zu verstehen, dass es dem Marktbürger möglich sein muss, Schadensersatz ohne ein vorangegangenes be-

---

570 Monopolkommission, SG 41, Rn. 75; die zentrale Bedeutung derartiger Anreizregelungen betonend: Basedow in EuZW 2006, S. 97.
571 Siehe hierzu ausführlich unter Kapitel 6.
572 Neelie Kroes, Enhancing Actions for Damages for Breach of Competition Rules in Europe Speech/05/533, New York, September 22nd 2005.
573 Arbeitspapier der Kommissionsdienststellen SEC (2005) 1732, Rn. 7.
574 Ashurst Paper S. 1, abrufbar unter: http://ec.europa.eu/comm/competition/antitrust/actionsda mages/comparative_report_clean_en.pdf (10.12.2010).
575 David Revelin: „An economic assessment of damages actions for breach of antitrust rules: Publication of the second set of results of the e-Competitions Damages Research Program" in e-Competitions, Damages, Vol. II, S. 1/2.

hördliches Verfahren geltend zu machen[576]. Ihn schon systematisch zum bloßen „Hilfsorgan" der Wettbewerbsbehörde zu machen, dem lediglich bußgelderhöhende Funktion zukommt, entspricht nicht dem Willen und den Zielen der Europäischen Kommission, privaten Rechtsschutz im europäischen Wettbewerbsrecht effektiver zu gestalten. Insbesondere das bedeutende Ziel der Abschreckung[577] würde nicht erreicht werden, wären die privaten Rechtsschutzmöglichkeiten der Bürger mit der Follow-on-Klage praktisch als erschöpft anzusehen. Lediglich die faktische Möglichkeit, eine von der Kommission getroffene Bußgeldentscheidung durch eine nachfolgende Schadensersatzklage zu „ergänzen", würde nicht der von der Kommission verfolgten Zwei-Säulen-Struktur entsprechen, sondern lediglich die Säule der behördlichen Rechtsdurchsetzung verstärken, zumal die Anzahl der aufgedeckten Verstöße insgesamt unverändert bliebe.

Teilweise wird auch im Zusammenhang mit der schwierigen Beweissituation des privaten Klägers in Wettbewerbsrechtsprozessen vertreten, dass die Schaffung von Beweiserleichterungen nicht notwendig sei, da die Einführung der Institution der Follow-on-Klage den Kläger bereits ausreichend privilegiere[578]. Der Europäische Gerichtshof überließ es zwar ausdrücklich den Mitgliedsstaaten, ob diese einen rein kompensatorischen Ansatz bei der Zusprechung von Schäden verfolgen[579], und die Courage-Rechtsprechung spricht lediglich vom „Ersatz des aus der Wettbewerbsrechtsverletzung entstandenen Schadens"[580], jedoch lässt sich aus der nachfolgenden EuGH-Rechtsprechung ein Trend ablesen. Mit seiner Begründung im Manfredi-Urteil, die Nichtgewährung von entgangenem Gewinn verletze den Effektivitätsgrundsatz da der ausschließliche Ersatz des unmittelbaren Schadens bei einem Verstoß gegen die Art. 101 ff. AEUV nur in seltenen Fällen angemessen erscheint[581], legt der EuGH die mitgliedstaatlichen Gerichte in Bezug auf den ersatzfähigen Schaden fest.

Aus dem Effektivitätsgrundsatz ließe sich vor dem Hintergrund der Anreizproblematik und des fehlenden zusätzlichen Abschreckungspotentials der ausschließlichen Verbreitung von Follow-on-Klagen auch ableiten, dass die prakti-

---

576 Vgl. Weißbuch, KOM (2008) 165 endgültig, Punkt 1.2, S. 3; In diesem Sinne auch Drexl/Gallego/Enchelmaier/Mackenrodt/Endter in IIC 2006, S. 700 (713), die sich für einen doppelten Schadensersatz zumindest bei Hardcore-Verstößen aussprechen.
577 Arbeitspapier der Kommissionsdienststellen SEC (2005) 1732, Rn. 6.
578 Vgl. Kap. 12 II 1 d.
579 Der Gerichtshof spricht lediglich von einer möglichen ungerechtfertigten Bereicherung der Anspruchsberechtigten, der die Mitgliedsstaaten entgegentreten könnten: EuGH, 13.7.2006, RS C-295/04 bis C-298/04 – Manfredi/Lloyd Adriatico Assicurazioni = WuW/E EU – Rs. 1107 (1119), Rn. 99; EuGH, 20.9.2001, Rs. C-453/99 – Courage/Crehan, Rn. 30.
580 EuGH, 20.9.2001, Rs. C-453/99, Slg. 2001, S. I 6297 – Courage/Crehan, Rn. 25.
581 EuGH EuZW 2006, S. 529 (595) – Manfredi, Rn. 95/96.

sche Wirksamkeit der Art. 101 ff. AEUV bereits dann eingeschränkt wird, wenn eine mitgliedsstaatliche Rechtsordnung lediglich einfache Schadenskompensation im Falle eines Verstoßes gegen die Art. 101 ff. AEUV vorsieht[582].

Freilich würde ein derartig extensives Verständnis des Effektivitätsgrundsatzes tief in die gewachsenen Schadensersatzrechtsordnungen der Mitgliedsstaaten eingreifen und gegebenenfalls mit dem ordre-public einiger Rechtsordnungen kollidieren. Legt man jedoch ein praktisches Verständnis der im Courage-Urteil zitierten „erhöhten Durchsetzungskraft"[583] der gemeinschaftlichen Wettbewerbsregeln zugrunde, erscheint dieser Schritt als notwendig, um zu verhindern, dass den Bemühungen um die Ausgestaltung eines effektiven Systems der privatrechtlichen Durchsetzung der Wettbewerbsregeln der Gemeinschaft in der Praxis lediglich theoretische Bedeutung zukommt.

IV. Koordination von Bußgeldsanktionen und privaten Schadensersatzverpflichtungen

1. Fallkonstellationen mit supranationalem Bezug

Weitgehend ungeklärt ist bislang die Frage, ob und inwieweit bereits geleistete zivilrechtliche Schadensersatzleistungen bei der Festlegung von Bußgeldern durch Wettbewerbsbehörden Berücksichtigung finden sollen und umgekehrt. Erörtert wird dies im Zusammenhang mit der Problematik, ob der Grundsatz „*ne bis in idem*", das Verbot der Doppelbestrafung, auch im Zusammenhang mit privatrechtlichen Schadensersatzleistungen gelten soll. Hierbei lässt sich zwischen einem rein nationalen Szenario und einem europäischen Szenario unterscheiden. Hier sei mit einem europäischen Szenario begonnen.

Zunächst ist festzustellen, dass der Ne-bis-in-idem-Grundsatz vom Europäischen Gerichtshof als tragender Grundsatz des Gemeinschaftsrechts anerkannt wurde, der zu einer Begrenzung des der Kommission bei der Verhängung von Bußgeldern zur Verfügung stehenden Ermessens führt[584]. Die Anwendung des Ne-bis-in-idem-Grundsatzes erfordert die Identität des Sachverhalts, des Zuwider-

---

582 In diese Richtung gehend: Berrisch/Burianski in WuW 2005, S. 878 (888); von der Einführung „innovativer Rechtsbehelfe" spricht Hess in WUW 2010, S. 493 (495); allgemein zum effet utile und nationaler Kartellgesetzgebung: Emmerich/Hoffmann in Dauses, EU-Wirtschaftsrecht, H.I.2., Rn. 13.
583 EuGH, 20.9.2001, Rs. C-453/99, Slg. 2001, S. I 6297 – Courage/Crehan, Rn. 27.
584 Nowak/Pombo in Loewenheim/Meesen/Riesenkampff, VerfVO, Art. 23, Rn. 48 m.w.N.

handelnden und des geschützten Rechtsguts[585]. Der Gerichtshof lehnte die Anwendung des Doppelbestrafungsverbotes im Verhältnis von Sanktionen nationaler Wettbewerbsbehörden zu Sanktionen der Europäischen Kommission ab[586]. Bezüglich des Verhältnisses von Sanktionen der Europäischen Kommission zu privatrechtlichen Schadensersatzverpflichtungen aus Drittstaaten, d.h. Nicht-EU-Staaten, wird eine Anwendung des Ne-bis-in-idem-Grundsatzes erst recht abgelehnt[587]. Begründung in beiden Fallkonstellationen ist jeweils, dass eine Identität der geschützten Rechtsgüter nicht vorliege, da die Sanktionen in allen Fällen die Erhaltung von Wettbewerb auf unterschiedlichen geographischen Märkten betreffe, und damit jeweils unterschiedliche Rechtsgüter[588]. Jedoch ist zu berücksichtigen, dass die Kommission im Fall des Fernwärmetechnik-Kartells[589] und im Fall Nintendo[590] jeweils Verminderungen der zu verhängenden Geldbuße aufgrund der Tatsache vornahm, dass die Unternehmen, die den Verstoß begangen hatten, gegenüber den Geschädigten „umfangreiche Kompensation" entweder bereits geleistet hatten[591] oder zumindest bereits vor Abschluss des Bußgeldverfahrens Bereitschaft zeigten, dies zu tun[592].

Hierdurch wird für Unternehmen, die gegen die Wettbewerbsregeln der Gemeinschaft verstoßen haben, ein nicht zu unterschätzender Anreiz geschaffen, die Schadenskompensation mit denjenigen, die durch den Wettbewerbsverstoß geschädigt wurden, zu suchen und voranzutreiben. Leider weist die Bußgeldpraxis der Kommission nicht die wünschenswerte Konsistenz auf, um entsprechende Signalwirkung zu entfalten.

Die pauschale Versagung der Anrechnung schadensersatzrechtlicher Verbindlichkeiten auf Bußgelder der Wettbewerbsbehörden wird auch von Teilen

---

585 EuG, 29.4.2004, verb. Rs. T-236/01, T-239/01, T-244/01 bis 246/01, T-251/01, Slg. 2004, S. II 1181 – Tokai Carbon/Kommission, Rn. 134.
586 EuGH, 13.2.1969, Rs. C-14/68, Slg. 1969, S. 1 – Walt Wilhelm u.a. gegen Bundeskartellamt, Rn. 11.
587 EuG, 27.9.2006, Rs. T-59/02, Slg. 2006, S. II 3627 – Archer Daniels Midland/Kommission, Rn. 63.
588 EuG, 27.9.2006, Rs. T-59/02, Slg. 2006, S. II 3627 – Archer Daniels Midland/Kommission, Rn. 63; EuG, 29.4.2004, verb. Rs. T-236/01, T-239/01, T-244/01 bis 246/01, T-251/01, Slg. 2004, S. II 1181 – Tokai Carbon/Kommission, Rn. 134 m.w.N.
589 Entscheidung der Kommission vom 21. Oktober 1998, ABl. Nr. L 024 vom 30.1.1999, S. 1 – Fernwärmetechnik-Kartell.
590 Entscheidung der Kommission vom 30. Oktober 2002, ABl. Nr. L 255 vom 8.10.2003, S. 33 – Nintendo.
591 Entscheidung der Kommission vom 21. Oktober 1998, ABl. Nr. L 024 vom 30.1.1999, S. 1 – Fernwärmetechnik-Kartell, Rn. 172.
592 Entscheidung der Kommission vom 30. Oktober 2002, ABl. Nr. L 255 vom 8.10.2003, S. 33 – Nintendo, Rn. 440, 441.

der Literatur abgelehnt. Es wird vorgeschlagen, im Einzelfall danach zu differenzieren, ob dem zu leistenden Schadensersatz nicht nur kompensatorische Funktion zukommt, sondern darüber hinaus auch die Funktion der Ahndung von Unrecht und die Prävention vor neuen Rechtsverstößen[593]. Ist dies der Fall, so soll eine Anrechnung der zivilrechtlichen Schadensersatzleistungen auf das zu leistende Bußgeld erfolgen. Diese Lösung führt zu sachgerechten Ergebnissen und hilft, eine Überbelastung der Unternehmen infolge einer Kumulation behördlicher Sanktionen und privatrechtlicher Schadensersatzleistungen zu verhindern. Die Kommission selbst sieht in ihren Leitlinien zur Bemessung von Bußgeldern eine generalklauselartige Regelung vor, die verhindern soll, dass Unternehmen, die Adressaten einer Geldbuße sind, in ihrer wirtschaftlichen Existenz gefährdet werden[594].

Im Verhältnis privatrechtlicher Schadensersatzverpflichtungen, die innerhalb von EU-Mitgliedsstaaten entstanden sind, zu behördlichen Sanktionen der Europäischen Kommission ist dieses Ergebnis dogmatisch auch zu begründen, da im Verhältnis der nationalen Märkte zum EU-Binnenmarkt hinsichtlich des geschützten Rechtsguts des freien Wettbewerbs zumindest Teilidentität vorliegt[595].

Das praktische Bedürfnis nach einer umfangreichen Koordination behördlicher und privater Kartellrechtsdurchsetzung liegt auf der Hand. Wird ein Wettbewerbsverstoß von der Kommission festgestellt und geahndet, ruft dies Geschädigte innerhalb der Mitgliedsstaaten auf den Plan, die Follow-on-Schadensersatzklagen vor nationalen Gerichten betreiben. Möglich ist dies in allen Mitgliedsstaaten, da die Entscheidungen der Europäischen Kommission gemäß Art. 16 Abs. 1 VO (EG) 1/2003 Bindungswirkung für nationale Zivilgerichte entfalten[596]. Denkbar ist insofern ein Szenario, in dem sich Unternehmen, die gegen die Art. 101 ff. AEUV verstoßen haben, einer Vielzahl von Follow-on-Klagen aus mehreren Mitgliedsstaaten ausgesetzt sehen. Ein derartiges Szenario ist nicht unwahrscheinlich, da wirtschaftliche Verhaltensweisen, die Gegenstand einer Untersuchung der Kommission, d.h. geeignet sind, den zwischenstaatlichen Handel zu beeinträchtigen, üblicherweise in mehreren Mitgliedsstaaten Schäden im privatrechtlichen Sinne auslösen. Um zu verhindern, dass ein Unternehmen hierdurch der zivilrechtlichen Schadensersatzpflicht aus mehreren Mitgliedsstaaten ausgesetzt ist, und darüber hinaus der Bußgeldpflicht gegenüber der Kommis-

---

593 I/M/Dannecker/Biermann in EG-WettbR, VO (EG) 1/2003, Vorb. Art. 23, Rn. 249 m.w.N.
594 Leitlinien der Kommission zur Bußgeldbemessung v. 1.9.2006, 2006/C210/02, Rn. 35.
595 In diese Richtung gehend: EuGH, 14.12.72, Rs. 7/72, Slg. 1972, S. 1281 – Boehringer Mannheim GmbH gegen Kommission der Europäischen Gemeinschaften, Rn. 3.
596 Ein Grundsatz, der schon vor Inkrafttreten der VO (EG) 1/2003 galt: EuGH, 14.12.2000, Rs. C-344/98, Slg. 2000, S. I 11369 – Masterfoods Ltd gegen HB Ice Cream Ltd., Rn. 52.

sion, muss notwendigerweise eine Anrechnung von Schadensersatzverpflichtungen erfolgen.

Hierbei kann zwischen zwei Grundkonstellationen unterschieden werden: In der ersten Konstellation enthalten die von den mitgliedsstaatlichen Gerichten zugesprochenen Schadensersatzleistungen Straf- bzw. Mehrfachschadensersatz, in der zweiten Konstellation lediglich kompensatorischen Schadensersatz.

In der ersten Konstellation sollte das Ermessen der Kommission in Bezug auf die Bußgeldverhängung dahingehend eingeschränkt werden, dass eine Anrechnung aller Schadensersatzleistungen, die der Höhe nach über bloße Kompensation hinausgehen, zwingend erfolgt. In der zweiten Konstellation, in der die mitgliedsstaatlichen Gerichte ausschließlich kompensatorischen Schadensersatz gewähren, sollte eine Anrechnung bei der Bußgeldbemessung ausschließlich ins Ermessen der Kommission gestellt und die Bußgeldhöhe dynamisch an die Höhe des zu leistenden Schadensersatzes angepasst werden. In beiden Fallgestaltungen erfolgt eine Reduktion des sich aus Schadensersatzforderungen und Bußgeld zusammensetzenden Gesamtbetrages, um eine Überbelastung des schadensersatzpflichtigen Unternehmens zu verhindern. Hier kann, falls es durch eine große Anzahl von Klägern zu hohen Schadensersatzforderungen gegenüber bußgeldpflichtigen Unternehmen kommt, die Höhe des Bußgeldes im Einzelfall auf null reduziert werden. Die Reduktion des Bußgeldes erfolgt in beiden Fallkonstellationen zugunsten privater Schadensersatzgläubiger[597]. Die finanzielle Belastung der Unternehmen würde damit insgesamt gleichbleiben, während die finanziellen Vorteile, die der Rechtsverletzer aus dem Rechtsverstoß ziehen konnte, nicht in Form von Bußgeldern in den EU-Haushalt fließen würden, sondern zurück an die Geschädigten[598].

Die hier beschriebene Vorgehensweise würde einen Kompromiss darstellen zwischen der extensiven Haftung von Unternehmen und dem erklärten Ziel der Kommission, jedem durch den Wettbewerbsverstoß Geschädigten Schadensersatz zubilligen zu wollen. Es würde somit eine Koordination von öffentlicher und privater Rechtsdurchsetzung zugunsten privater Schadensersatzgläubiger in den Fällen erfolgen, in denen diese vorhanden und willens sind[599], ihre Rechte gerichtlich geltend zu machen[600]. Hierdurch würde ebenfalls ein Anreiz für Unter-

---

597 Gemäß Rn. 37 der Leitlinien der Kommission für das Verfahren zur Festsetzung von Geldbußen (2006/C 210/02) kann unter Berücksichtigung besonderer Umstände des Einzelfalls von dem dort beschriebenen Verfahren abgewichen werden.
598 Auf den Vorteil dieses Bereicherungsausgleiches hinweisend: Wils, S. 55, Rn. 182.
599 Dies ist insbesondere in Fällen langjähriger Handelsbeziehungen problematisch oder dort, wo ein Unternehmen eine Monopolstellung hinsichtlich eines bestimmten Produkts innehat (sog. „Ross-und-Reiter-Problematik").
600 So auch Drexl/Gallego/Enchelmaier/Mackenrodt/Podszun in IIC 2008, S. 799 (806).

nehmen geschaffen, den Ausgleich mit den Geschädigten voranzutreiben und gegebenenfalls durch Vergleiche zeitnah abzuwickeln. Um Rechtssicherheit zu garantieren, müsste die genaue Verfahrensweise jedoch in neuen Bußgeldrichtlinien der Kommission festgeschrieben werden.

Praktisch könnte diese dadurch umgesetzt werden, dass das Bußgeldverfahren in einen feststellenden und in einen sanktionierenden Teil aufgeteilt wird. Im feststellenden Teil wird der Wettbewerbsverstoß sachlich ermittelt und bezüglich seines Umfangs abschließend bestimmt. Hiernach wird das Verfahren für eine angemessene Frist ausgesetzt, um potentiellen Follow-on-Klägern die Gelegenheit zu geben, Klagen vor zuständigen mitgliedsstaatlichen Gerichten zu erheben.

Nachdem die Verfahren vor den nationalen Gerichten durch Urteil oder Vergleich beendet wurden, könnte die Kommission mit dem sanktionierenden Teil des Bußgeldverfahrens beginnen und eine an die entstandenen Schadensersatzverpflichtungen angepasste Geldbuße verhängen[601]. Dem Einwand, dass die Bußgeldverfahren der Kommission hierdurch erheblich in die Länge gezogen werden, insbesondere falls Rechtsmittel gegen die Entscheidung der zuständigen Gerichte eingelegt werden, kann entgegengehalten werden, dass das Bußgeldverfahren mit Abschluss des feststellenden Teils de facto als beendet angesehen werden kann.

Umgekehrt könnte die Kommission, falls Stand-alone-Kläger eine Klage aufgrund eines Wettbewerbsverstoßes bei einem mitgliedsstaatlichen Gericht auf den Weg gebracht haben, noch bevor ein Bußgeldverfahren eingeleitet wurde, nach freiem Ermessen das Verfahren bereits durch einen feststellenden Beschluss beenden oder bereits auf die Einleitung des Verfahrens verzichten, wenn nach Auffassung der Kommission die hinreichende Wahrscheinlichkeit besteht, dass Stand-alone-Klagen Erfolg haben werden. Insgesamt würde durch diese Verfahrensweise das Ermessen der Kommission nicht vergrößert, sondern lediglich zugunsten des privaten Rechtsschutzes konkretisiert. Darüber hinaus böte sie die Möglichkeit einer flexiblen Selbstentlastung der Kommission.

2. Fallkonstellationen mit nationalem Bezug

Die dargelegten Grundsätze können ebenfalls auf rein nationale Sachverhalte angewendet werden, d.h. im Verhältnis von Bußgeldsanktionen des Bundeskartellamtes zu Schadensersatzforderungen privater Follow-on-Kläger. Sachlich und rechtlich weisen supranationale und nationale Fallkonstellationen eine hohe Kongruenz auf. Der Ne-bis-in-idem-Grundsatz findet hier unproblematisch Anwen-

---

601 Mit dem Hinweis auf Bellamy und Lever: Niemeier in WuW 2008, S. 927.

dung. Wenn, wie oben angenommen, zwischen den durch die Sanktionen der Kommission und den durch die zivilrechtlichen Sanktionen der mitgliedsstaatlichen Gerichte geschützten Rechtsgütern des unverfälschten Wettbewerbs auf dem gemeinsamen Markt Teilidentität vorliegt, so liegt zwischen dem durch die behördlichen Sanktionen des Bundeskartellamtes geschützten Rechtsgut und dem durch die nationalen zivilgerichtlichen Sanktionen geschützten Rechtsgut des unverfälschten Wettbewerbs auf dem nationalen Markt vollständige Identität vor.

Zudem ist das Bundeskartellamt, ebenso wie die Europäische Kommission, bestrebt, die Gefährdung der wirtschaftlichen Existenz der Unternehmen durch eine finanzielle Überbelastung zu verhindern, und berücksichtigt explizit bereits geleisteten oder noch zu leistenden Schadensersatz[602]. Gem. § 33 Abs. 4 GWB entfalten vom Bundeskartellamt festgestellte Verstöße ebenfalls Tatbestandswirkung gegenüber den Zivilgerichten. Darüber hinaus verfolgte der deutsche Gesetzgeber mit Erlass der 7. GWB-Novelle die umfassende Stärkung des privaten Rechtsschutzes im Kartellrecht[603].

Demnach sollte sowohl bei der Europäischen Kommission als auch beim Bundeskartellamt das rechtspolitische Ziel der privatrechtlichen Kompensation von durch Wettbewerbsbeschränkungen verursachten Schäden vorrangig behandelt werden, was die Anrechnung von zivilrechtlichen Kompensationszahlungen in der Bußgeldpraxis rechtfertigen würde. Dementsprechend geht auch der deutsche Gesetzgeber in der Gesetzesbegründung zur 7. GWB-Novelle davon aus, dass – außerhalb des Bereichs der Kernbeschränkungen – die Wettbewerbsbehörde im Einzelfall ihr Sanktionsinstrumentarium zugunsten der zivilrechtlichen Kompensation von Schäden unbenutzt lassen kann[604]. Die Tatsache, dass der Gesetzgeber auch nach der 7. GWB-Novelle eine Kumulation von zivil- und verwaltungsrechtlichen Sanktionen vorsieht, steht dem nicht entgegen[605]. Eine Verkürzung des behördlichen Rechtsschutzes, bzw. der behördlichen Rechtsdurchsetzung, ist mit der Einführung eines flexibleren Bußgeldregimes nicht verbunden, lediglich der Umfang des behördlichen Ermessens wird erweitert.

Probleme bereitet allerdings die Frage, ob zivilrechtliche Sanktionen aus Nicht-EU-Staaten (sog. Drittstaaten) im Bußgeldverfahren der Kommission Berücksichtigung finden sollen. Die Kommission hat diese Frage, wie bereits oben angeführt, bislang kategorisch verneint. Das Bundeskartellamt erkennt zwar den Ausgleich finanzieller Einbußen Dritter als mildernden Umstand im

---

602 Bußgeldleitlinien des Bundeskartellamtes, Bekanntmachung Nr. 38/2006, Rn. 24, 17.
603 Vgl. Begr. RegE. zu § 33 Abs. 3-5 GWB – BT-Drucks. 15/3640, S. 53-55.
604 BT-Drucks. 15/3640, S. 35.
605 BT-Drucks. 15/3640, S. 36.

Rahmen der Bußgeldverhängung an[606], jedoch ist hierbei davon auszugehen, dass sich dies nur auf Geschädigte bezieht, die dem Geltungsbereich des GWB unterfallen. Praktisch relevant sind diesbezüglich insbesondere Fälle, in denen sich die Wettbewerbsbeschränkungen von Unternehmen sowohl innerhalb der Europäischen Union als auch in den USA auswirken[607].

Neben der durch die Europäische Kommission verhängten Geldbuße haben Unternehmen in diesen Fällen insbesondere die nach Section 4 Clayton Act mögliche Verhängung von dreifachem Schadensersatz zu fürchten[608]. Eine Anwendung des Ne-bis-in-idem-Grundsatzes in diesen Fällen ist dogmatisch schwer zu begründen. Die für die Anwendung des Doppelbestrafungsverbots notwendige Identität der Rechtsgüter ist hier schlechthin nicht vorhanden. Auch eine Teilidentität der Rechtsgüter ist zu verneinen, da geschütztes Rechtsgut der einschlägigen Vorschriften des US-Wettbewerbsrechts ausschließlich die Erhaltung unverfälschten Wettbewerbs auf dem US-amerikanischen Markt ist[609].

Darüber hinaus besteht für die Kommission keine rechtspolitische Motivation, Bußgelder zugunsten privater Kläger zu reduzieren, da die privaten Kläger keine Unionsbürger sind und somit nicht vom wettbewerbspolitischen Ziel der Kommission umfasst sind, die private Rechtsdurchsetzung auf dem Gebiet des europäischen Wettbewerbsrechts zu fördern. In diesem Punkt unterscheidet sich diese Fallkonstellation eklatant von der zuvor erläuterten. Zudem unterscheidet sie sich signifikant in einem weiteren Punkt. Während in innereuropäischen Fallkonstellationen die Entscheidungen der Kommission gemäß Art. 16 Abs. 1 VO (EG) 1/2003 Bindungswirkung für die nationalen Gerichte entfalten, sind die zuständigen US-district courts nicht an Entscheidungen der Kommission gebunden. Faktisch bedeutet dies, dass die Gefahr kumulativer Schadensersatzansprüche im Verhältnis der Kommission zu den EU-Mitgliedsstaaten aufgrund der Bindungswirkung wesentlich höher ist als im Verhältnis der Kommission zu Drittstaaten.

Zivilrechtliche Sanktionen, die in Drittstaaten verhängt wurden, könnten somit ausschließlich dann in der Ermessensentscheidung der Kommission unter Verhältnismäßigkeitsgesichtspunkten Berücksichtigung finden, wenn die zusätzliche Verhängung einer Geldbuße die wirtschaftliche Überlebensfähigkeit des Unternehmens gefährdet, gegen das sie verhängt wird[610]. In vorangegangenen Entscheidungen hat die Kommission jedoch klargestellt, dass eine Berücksichtigung der finanziellen Situation eines bußgeldpflichtigen Unternehmens nur in-

---

606 Bußgeldleitlinien des Bundeskartellamts, Bekanntmachung Nr. 38/2006, Rn. 17.
607 Zur extraterritorialen Anwendung von US und EU-Kartellrecht vgl. Kapitel 9 II.
608 Vgl. EuG, 27.9.2006, Rs. T-59/02, Slg. S. II 3627 – Archer Daniels Midland/Kommission, Rn. 59.
609 EuG, 27.9.2006, Rs. T-59/02, Slg. S. II 3627 – Archer Daniels Midland/Kommission, Rn. 63.
610 Leitlinien der Kommission zur Bußgeldbemessung v. 1.9.2006, 2006/C 210/02, Rn. 35.

nerhalb sehr enger Grenzen stattfindet[611]. Diesbezüglich sei allerdings darauf verwiesen, dass diese Entscheidungen anhand der alten Bußgeldleitlinien der Kommission vom 14.1.1998[612] zustande gekommen sind.

Auch die US-Wettbewerbsbehörden, das US-Department of Justice und die Federal Trade Commission, berücksichtigen bei der Bußgeldbemessung keine infolge des Wettbewerbsverstoßes entstandenen schadensersatzrechtlichen Verbindlichkeiten. Allerdings besteht die Möglichkeit, den vollständigen Betrag, zu dem der Beklagte im Rahmen einer Klage auf dreifachen Schadensersatz verurteilt wurde oder den der Beklagte sich in einem Vergleich zu zahlen verpflichtete, von der Einkommensteuer abzusetzen[613]. Wurde der Beklagte jedoch darüber hinaus schuldig gesprochen, gegen Strafvorschriften verstoßen zu haben, bzw. räumte er dies vor Gericht ein, so bleibt lediglich ein Drittel des Betrages steuerlich abzugsfähig[614].

Die Frage, ob bereits geleistete Geldbußen im Rahmen der Zusprechung von Schadensersatz Berücksichtigung finden sollen, ist zu verneinen. Hierdurch würde der Schadensersatzanspruch des Klägers durch für ihn sachfremde und unvorhersehbare Umstände gemindert, was gegen die im deutschen Zivilprozessrecht geltende Dispositionsmaxime[615] verstoßen würde, da die Durchsetzung privater Rechte, zumindest zum Teil, zugunsten der durch die Wettbewerbsbehörden vertretenen öffentlichen Interessen vereitelt werden würde. Das sich gegebenenfalls an ein vorangegangenes behördliches Verfahren anschließende Zivilverfahren ist insofern als vollkommen unabhängig vom vorangegangenen Bußgeldverfahren anzusehen. Demgegenüber nimmt der High Court of Justice des Vereinigten Königreichs eine Anrechnung von durch die Europäische Kommission verhängten Bußgeldern auf Schadensersatzforderungen privater Kläger vor, sofern der zu zahlende Schadensersatz aufgrund von generalpräventiven Erwägungen strafenden Charakter aufweist[616].

---

611 EuGH, 10.5.2007, Rs. C-328/05 P, Slg. 2007, S. I 3921 – SGL Carbon AG gegen Kommission, Rn. 100; EuG, 29.4.2004, verb. Rs. T-236/01, T-239/01, T-244/01 bis 246/01, T-251/01, Slg. 2004, S. II 1181 – Tokai Carbon gegen Kommission, Rn. 370 ff. m.jew.w.N.
612 Leitlinien der Kommission für das Verfahren zur Festsetzung von Geldbußen, die gemäß Art. 15 Absatz 2 der VO Nr. 17 und gemäß Art. 65 Absatz 5 EGKS-Vertrag festgesetzt werden, ABl. 1998, C 9, S. 3.
613 Internal Revenue Code, Title 26 = 26 U.S.C. § 162 (g) (1982).
614 Internal Revenue Code, Title 26 = 26 U.S.C. § 162 (g) (1982); Übersicht bei: Cavanagh in 61 Tul. L. Rev. 777 (794) (1987).
615 Musielak/Musielak, Einleitung, Rn. 35.
616 High Court of Justice (UK), Urteil vom 19.10.2007, [2007] EWHC 2394 (Ch) – Devenish Nutrition, Rn. 74 = WuW/KRINT 213 (216).

Kapitel 6: Sammelklagen im deutschen Kartellrecht

Wenige Themen sind im Rahmen der Diskussion um privaten Rechtsschutz im Kartellrecht in gleicher Weise umstritten wie die Diskussion um die Einführung von Sammelklagen ins deutsche Kartellrecht.

Hauptkritikpunkt ist, dass Kläger mit dem Rechtsinstitut der Sammelklage ein Instrument in die Hand bekommen, mit dem sie so lange Druck auf Unternehmen ausüben können, bis diese einem Vergleich zustimmen. Vereinzelt wird in diesem Zusammenhang sogar von der Beförderung der Erpressung gesprochen[617]. Diesbezüglich sei schon von vornherein angemerkt, dass die Kontroversen, die US-amerikanische *class actions* heraufbeschwören, nicht mit dem Grundprinzip der kollektiven prozessualen Interessenvertretung zusammenhängen, sondern mit anderen Besonderheiten des materiellen und prozessualen US-Rechts, wie dreifachem Schadensersatz, der discovery, Jury-Prozessen, Erfolgshonoraren und insbesondere dem Fehlen einer Unterliegenshaftung (*american rule*)[618]. Auch die zwingende gesamtschuldnerische Haftung mehrerer Beklagter ohne Innenausgleich (*joint and several liability*)[619] übt einen nicht zu unterschätzenden Druck auf Unternehmen aus, sich eher auf Vergleiche mit den Klägern einzulassen, anstatt das Risiko eines Prozesses einzugehen, und wird demnach gemeinhin als schwer kalkulierbarer Kostenfaktor gesehen[620].

---

617 Explizit: Möschel in WuW 2007, S. 483 (487); von kommerziellem Klagewesen spricht Niemeier in WuW 2008, S. 927 ähnlich: Willet in National Legal Centre for the Public Interest, Vol. 9, Nr. 6, 2005, S. 10; Kommentar des Verbandes der chemischen Industrie zum Grünbuch der Europäischen Kommission v. 22.3.2006, S. 2, abrufbar unter: http://ec.europa.eu/competition/antitrust/actions damages/files_green_paper_comments/vci_de.pdf (10.12.2010).
618 Zutreffend: Stadler in Basedow, S. 195 (196).
619 Kapitel 11 I 1.
620 Baker in 16 Loy. Consumer L. Rev. 379 (387/388) (2004); Eiszner in 75 UMKC L. Rev. 375 (379) (2006); eingehend unter Kap. 11 I 1.

I. Erfahrungen im US-Antitrustrecht

1. Sinn und Zweck der Sammelklage

Das übliche Class-action-Szenario tritt auf, wenn der gesamte Schaden hoch ist, jedoch stark fragmentiert. Hierdurch wird die Wahrscheinlichkeit, dass der Rechtsverletzer zivilrechtlich haften wird, gering, da die Kosten der einzelnen Schadensersatzklage aufgrund der Zersplitterung der Klägerseite höher sind als die zu erwartende Kompensation (sog. Massen- oder Streuschaden).

Während in Wettbewerbsrechtsordnungen mit ausgeprägten strafrechtlichen oder administrativen Sanktionssystemen ein derartiges Szenario weniger problematisch beurteilt wird, deckt es in einem System der ausgeprägten privaten Rechtsdurchsetzung erhebliche Durchsetzungsdefizite auf. Es würde die paradoxe Situation entstehen, dass, je mehr Individuen von dem wettbewerbswidrigen Verhalten betroffen sind, desto weniger wahrscheinlich die Einreichung einer Schadensersatzklage der Betroffenen würde.

In Bundesstaaten, in denen Ansprüche mittelbarer Abnehmer zugelassen sind, kann durch die Sammelklage auch verhindert werden, dass den wettbewerbswidrig handelnden Unternehmen trotz Ausschluss der passing-on defense indirekt die erfolgreiche Weiterwälzung des Schadens zugutekommt.

Insoweit musste, zumindest in Systemen, die schwerpunktmäßig auf privatrechtliche Sanktionsmechanismen setzen, eine Lösung im privatrechtlichen Bereich durch die Bündelung gleichgerichteter Interessen und deren gerichtliche Geltendmachung gefunden werden.

2. Gesetzliche Grundlage der Sammelklage im US Zivilprozessrecht

Die class action war in Section 1 und 2 des Sherman Act nicht explizit vorgesehen, jedoch ist die gemeinsame Anstrengung einer Klage durch mehrere Kläger aufgrund der weiten Formulierung des Gesetzes bereits seit seinem Inkrafttreten im Jahr 1890 möglich. Die class action wurde in das US-Zivilprozessrecht im Jahr 1938 eingeführt, als ein einheitliches föderales Zivilprozessrecht verabschiedet wurde, die Federal Rules of Civil Procedure (FRCP)[621]. Das Verfahren sowie die Voraussetzungen für die Statthaftigkeit der Sammelklage sind in Rule 23 a-h der Federal Rules of Civil Procedure[622] geregelt.

---

[621] Federal Rules of Civil Procedure, U.S.C. Title 28 (Stand: 1. Dezember 2009); Willet in National Legal Centre for the Public Interest, Vol. 9, Nr. 6, 2005, S. 2.
[622] U.S.C. 28 Fed. Rules Civ. Proc. Rule 23 (Stand: 1. Dezember 2009).

Gemäß Rule 23 (a) FRCP können ein oder mehrere Mitglieder als Repräsentanten einer Gruppe vor Gericht klagen und verklagt werden, wenn das Auftreten aller Gruppenmitglieder vor Gericht aufgrund der Größe der Gruppe praktisch nicht durchführbar wäre, die rechtlichen oder tatsächlichen Streitfragen des Falls für alle Gruppenmitglieder dieselben sind, die Geltendmachung von Ansprüchen durch den Repräsentanten der Interessenwahrnehmung der repräsentierten Gruppe entspricht und die Repräsentanten die Interessen der Gruppe fair und adäquat vertreten.

Zusätzliche Voraussetzungen formuliert Rule 23 (b) FRCP. Hiernach muss eine separate Geltendmachung von Ansprüchen durch oder gegen einzelne Gruppenmitglieder entweder das Risiko inkonsistenter Rechtsprechung schaffen oder die Gefahr hervorrufen, dass die Interessen der restlichen Gruppenmitglieder verletzt werden bzw. deren Fähigkeit zur Interessenwahrnehmung behindert wird (Rule 23 (b) (1) (A, B) FRCP).

Gemäß Rule 23 (b) (2) FRCP muss darüber hinaus die gegnerische Partei eine Handlung gegenüber der Gruppe vorgenommen oder verweigert haben, die alle Gruppenmitglieder dem Grunde nach in gleicher Weise betrifft, so dass ein Anspruch auf Unterlassung oder auf die Vornahme einer Handlung dem Interesse der gesamten Gruppe entspricht. Andererseits kann das Gericht beschließen, dass die rechtlichen oder tatsächlichen Fragen, die im konkreten Fall aufgeworfen werden, die Interessen der Mehrheit der Gruppenmitglieder stärker betreffen als die Interessen einzelner Betroffener, so dass die Sammelklage gegenüber Einzelklagen vorrangiges Mittel zur fairen und effizienten Entscheidungsfindung im konkreten Fall ist (Rule 23 (b) (3) FRCP).

In Rule 23 (b) (3) (A-D) FRCP führt das Gesetz Leitlinien auf, anhand derer die vorgenannten Kriterien zu beurteilen sind. Entscheidend sind hiernach die Interessen der Gruppenmitglieder an einer separaten Rechtsverfolgung, der Umfang und das Stadium bereits begonnener Verfahren, die von oder gegen einzelne Gruppenmitglieder in derselben Rechtssache anhängig sind, ob die Konzentration der Klagen an einem bestimmten Gerichtsstand wünschenswert ist sowie mögliche Schwierigkeiten bei der Bewerkstelligung der Sammelklage im konkreten Fall.

Rule 23 (c) (Abs. 1-5) FRCP regeln die Organisation und das Verfahren innerhalb der repräsentierten Gruppe. Sie enthalten Vorschriften über die gerichtliche Bestimmung der Zugehörigkeit zur Gruppe, die Formulierung ihrer rechtlichen Interessen und die Ernennung eines rechtlichen Vertreters bzw. eines Rechtsbeistandes. Nach Prüfung durch das Gericht weist dieses durch Beschluss den Klägern Gruppenstatus im Sinne des Gesetzes zu (*certification order*). Das zuständige Gericht hat gem. Rule 23 (c) (2) (B) (i-vii) FRCP sämtliche Gruppenmitglieder rechtzeitig und detailliert über alle der genannten getroffenen

Feststellungen sowie über den Zeitrahmen des Verfahrens und die Bindungswirkung eines Urteils für die Gruppe zu informieren. Zudem kann das Gericht gem. Rule 23 (d) FRCP die Gruppenmitglieder durch Beschluss über den Gang des Verfahrens und alle relevanten Prozesshandlungen auf dem Laufenden halten, wenn dies notwendig erscheint, um die Interessen der Sammelkläger zu schützen und einen fairen Gang des Verfahrens zu gewährleisten. Darüber hinaus besteht die Möglichkeit, eine Klage falls notwendig, z.B. bei nicht ausreichender Homogenität der rechtlichen Interessen innerhalb der Gruppe, lediglich in Bezug auf gesonderte Aspekte als Sammelklage weiterzuverfolgen oder eine Gruppe von Klägern in weitere Untergruppen aufzuteilen und in deren Namen weitere Sammelklagen zu verfolgen (Rule 23 (c) (4-5) FRCP).

Ein Abschluss des Sammelklageverfahrens durch Vergleich, Klageabweisung oder außergerichtlichen Vergleich ist in Rule 23 (e) FRCP geregelt. Hiernach hat das Gericht einem entsprechenden Vorschlag zu einem Vergleich auf der Grundlage zuzustimmen, dass dieser vom Gericht angehört wurde und von diesem als fair, vernünftig und adäquat beurteilt wurde. Rule 23 (f) FRCP ermöglicht die Anfechtung der gerichtlichen Zuweisung des Gruppenstatus, der certification order, in einem Rechtsmittelverfahren vor dem zuständigen Berufungsgericht.

Die class action wurde aus Billigkeitsgründen eingeführt, indem sie es bestimmten Gruppen natürlicher Personen mit gleichgerichteten Interessen ermöglichte, ihre Rechte vor Gericht innerhalb einer einzigen Klage geltend zu machen[623]. Der detaillierte Regelungskomplex in Rule 23 FRCP macht deutlich, dass der Kongress die class action als notwendiges Instrument begriff, das zur Verbesserung der Prozessökonomie innerhalb eines Systems der überwiegenden Verfolgung öffentlicher Interessen mittels privater Klagen notwendig ist[624]. Mit der class action soll sowohl die Kompensation einer großen Anzahl Geschädigter erreicht werden als auch ein starker Abschreckungseffekt, der gesamtgesellschaftlich positive Wirkung entfalten soll[625].

Der Verfolgung öffentlicher Interessen mittels Sammelklage kommt in den USA auch deshalb eine besondere Bedeutung zu, weil in der Bevölkerung traditionell besonderes Misstrauen gegen administrative Regelungstätigkeit vorherrscht[626]. Jedoch gewann die Institution der Sammelklage erst 1966 herausgehobene prak-

---

623 Sherman in 215 F.R.D. 130 (132) (2003).
624 Diese positiven prozessökonomischen Effekte der Sammelklage scheinen in der deutschen bzw. europäischen Diskussion über die Einführung kollektiver Rechtsbehelfe nicht ausreichend Berücksichtigung zu finden.
625 Woods in 16 Loy. Consumer L. Rev. 431 (436) (2004); ausführlich: Calkins in 39 Ariz. L. Rev. 413 (437 ff.) (1997); Rosenberg in 62 Ind. L. J. 561 (563) (1987); a. A. Redish in 2003 U Chi Legal F 71 (74) (2003), der die Sammelklage ausschließlich als Instrument der Rechtsdurchsetzung ansieht.
626 Kotz in 13 Duke J. Comp. & Int'l L. 61 (75) (2003).

tische Bedeutung, als Rule 23 FRCP um die Grundsätze der gesamtschuldnerischen Haftung erweitert wurde[627].

Nach kurzer Zeit wurde die Sammelklage zur festen Konstante im Einkommensplan US-amerikanischer Rechtsanwälte auf dem Gebiet des Antitrustrechts[628]. Die Erfolgsgeschichte der Sammelklage wurde durch US-Gerichte beschleunigt, die ihre Bedeutung für die Rechtsdurchsetzung hoch einschätzen und betonen, *„dass die Sammelklage den einzigen Weg darstellt, auf dem Endkonsumenten überhaupt von ihren Rechten erfahren und darüber hinaus auch den einzigen Weg zur gerichtlichen Durchsetzung ihrer Ansprüche"*[629].

3. Vor- und Nachteile kollektiver Rechtsbehelfe im Gesamtsystem des amerikanischen Zivilrechts

Während Sammelklagen von einigen Kommentatoren vor allem als rechtspolitisches Werkzeug gesehen werden, um kleinere Unternehmen und Endverbraucher dazu zu ermutigen, ihre durch die Antitrustgesetze garantierten Rechtspositionen gegen etablierte und marktmächtige Unternehmen geltend zu machen[630], und dadurch signifikant der Wahrnehmung öffentlicher Interessen dienen[631], sind sie seit ihrer Einführung auch in den USA teils vehementer Kritik ausgesetzt. Hauptkritikpunkt des dortigen Schrifttums ist, dass die Sammelklage ein Instrument legalisierter Erpressung darstelle, welches der Gesellschaft eine gesamtwirtschaftliche Haftung für Wettbewerbsverstöße auferlege[632].

So können Sammelklagen auf dreifachen Schadensersatz nach Section 4 des Clayton Act schnell exorbitant hohe Streitwerte erreichen. Im Jahr 1996 leitete Wal-Mart, der größte Einzelhandelskonzern der USA, eine Gruppe von mehreren Millionen Zwischenhändlern, die eine Sammelklage gegen Visa und MasterCard anstrengten[633]. Gegenstand der Klage war die Geschäftspraxis von Visa und MasterCard, die Lizenz für die Annahme von Kreditkarten als Zahlungsmittel auch an die Annahme der konzerneigenen Lastschriftkarten zu koppeln. Die Kläger machten geltend, dass das Unternehmen versuche, den Markt für Last-

---

627 Calkins in 39 AZLR 413 (415) (1997).
628 Handler in 71 Colum. L. Rev. 1 (6) (1971).
629 Beispielaft: Coleman v. Cannon Oil Co., 141 F.R.D. MD. Ala 516 (520) (1992).
630 Übersicht bei Chavez, S. 542/543.
631 Kotz in 13 Duke J. Comp. & Int'l L. 61 (75) (2003).
632 Willet in National Legal Centre for the Public Interest, Vol. 9, Nr. 6, 2005, S. 10; Handler in 71 Colum. L. Rev. 1 (9) (1971).
633 Ausführlich: Bomse/Scott in 2005 Colum. Bus. L. Rev. 643 (658) (2005).

schriftkartendienste zu monopolisieren, und damit gegen Section 2 des Sherman Act[634] verstoße.

Die Kläger führten ins Feld, dass Visa und MasterCard ohne die Koppelungsbindungen nicht in der Lage gewesen wären, für ihre Lastschriftkartendienste höhere Preise zu verlangen als konkurrierende Online-Anbieter. Die Kläger berechneten ihren Schaden aus der Differenz zwischen den tatsächlich gezahlten Lastschriftkartengebühren und denen konkurrierender Online-Anbieter, welche als Grundlage für die Berechnung des wettbewerbsanalogen Preises dienten.

Die Klägerseite kalkulierte die Höhe des Schadensersatzes nach Verdreifachung auf ungefähr 100 Milliarden USD, eine sogenannte „Totenglocke" (*death knell*) für das beklagte Unternehmen, wie auch das Ausgangsgericht feststellte[635]. Auch die Anfechtung der gerichtlichen Zuweisung des Gruppenstatus für die Kläger nach Rule 23 (f) FRCP blieb erfolglos. Die Beklagten machten sowohl eine Interessendivergenz innerhalb der Gruppe aufgrund unterschiedlicher Problemstellungen zur Schadensberechnung als auch die fehlende Handhabbarkeit einer Sammelklage mit mehreren Millionen Klägern geltend[636].

Das Argument der extensiven Belastung von Unternehmen ist insbesondere angesichts der Tatsache, dass die Beklagten in der Praxis beträchtliche Anreize haben, einen Vergleich zu schließen, um das mit einem Prozess verbundene Kostenrisiko nicht eingehen zu müssen, nicht gänzlich von der Hand zu weisen sind. Im oben angeführten Beispielsfall stellte das Ausgangsgericht fest, dass in derartigen Fällen die Gefahr bestehe, dass sich der Beklagte, selbst wenn er sein Unternehmen vollkommen im Einklang mit den Gesetzen leite, aus rationalen Gründen eher auf einen einige hundert Millionen USD umfassenden Vergleich einlasse, anstatt das Risiko eines Prozesses einzugehen[637].

So ist ein beklagtes Unternehmen häufig selbst dann bereit, einen Vergleich mit den Sammelklägern zu schließen, wenn es gute Chancen hätte, einen späteren Prozess zu gewinnen, so lange der im Vergleich zu zahlende Betrag die erwarteten Prozesskosten unterschreitet[638]. Für die Kläger gilt dies nur eingeschränkt, da in

---

634 Section 2 Sherman Act 1890, 15 U.S.C. § 2 (Stand: 1. Februar 2010): *„Every person who shall monopolize, or attempt to monopolize, or combine or conspire with any other person or persons, to monopolize any part of the trade or commerce among the several States, or with foreign nations, shall be deemed guilty of a felony [...]."*
635 In re Visa Check/Mastermoney Antitrust Litig. v. Visa, United States, 280 F.3d 124 (148) (2001).
636 In re Visa Check/Mastermoney Antitrust Litig. v. Visa, United States, 280 F.3d 124 (138; 140) (2001).
637 In re Visa Check/Mastermoney Antitrust Litig. v. Visa, United States, 280 F.3d 124 (148) (2001).
638 Benston, G. J., S. 284, 285, Table 6.1, S. 298; explizit: In re Rhone-Poulenc Rorer Inc., 51 F.3d 1293 (1298) (1995); Eisen v. Carlisle & Jacquelin, 479 F.2d 1005 (1019) (1973).

ihrem Fall die anteiligen Kosten eines verlorenen Prozesses, je nach Größe der Gruppe, relativ gering sind. Dies ist insbesondere vor dem Hintergrund zu sehen, dass die Aussicht auf dreifachen Schadensersatz zuzüglich des (im Ermessen des Gerichts stehenden) anteiligen Ersatzes von Anwaltskosten sowie das fehlende Risiko der Unterliegenshaftung für potentielle Sammelkläger und insbesondere deren Anwälte einen erheblichen Anreiz darstellen, während potentielle Beklagte, aus Furcht vor einer eventuellen gesamtschuldnerischen Haftung ohne Innenausgleich[639], eher geneigt sind, einem Vergleich zuzustimmen. So wird die Anstrengung von Sammelklagen auf dreifachen Schadensersatz teilweise lediglich als Werkzeug von Anwälten gesehen, hohe Rechtsberatungskosten und Erfolgshonorare zu generieren[640]. Im Fall *Kamilewicz v. Bank of Boston Corp.*[641] handelten die rechtlichen Vertreter der Gruppe einen Vergleich mit dem Beklagten aus, der summenmäßig hinter den Anwaltshonoraren zurückblieb. Dexter J. Kamilewicz, eines der repräsentierten Gruppenmitglieder, erhielt bspw. die Summe von 2,19 USD als anteiligen Schadensersatz zugesprochen, dem die Summe von 91,33 USD anteiliger Rechtsanwaltskosten gegenüberstand[642].

90 % aller Sammelklagen in den USA enden mit einem Vergleich[643], während 73,3 % aller privaten Antitrust-Schadensersatzklagen insgesamt mit einem Vergleich abschlossen[644]. Lediglich 28,1 % der Verfahren, die durch ein Urteil beendet wurden, endeten auch mit einem Sieg für den Kläger[645].

Ob Sammelklagen das Potential haben, durch ihren Abschreckungseffekt die Konsumentenwohlfahrt, die vorrangige ökonomische Zielsetzung des US-Antitrustrechts ist[646], signifikant zu steigern, wird kontrovers diskutiert. Von den in den Besonderheiten des US-amerikanischen Zivilrechtssystems liegenden negativen Nebeneffekten abgesehen, sind die positiven Effekte der Sammelklage in Bezug auf Abschreckung und Rechtsdurchsetzung im Gesamtsystem des US-amerikanischen Antitrustrechts unübersehbar.

So hat erst die zunehmende Popularität von Sammelklagen dazu geführt, dass breite Schichten unmittelbarer Abnehmer Schadensersatzklagen aufgrund von Wettbewerbsbeschränkungen einreichten. Hiermit wurden einschneidende Folgen für die Effektivität des privaten Rechtsschutzes, die mit dem Ausschluss der

---

639 Vgl. Kapitel 11 I 1.
640 Redish in 2003 U Chi Legal F 71 (79) (2003); Cavanagh in 61 Tul. L. Rev. 777 (810) (1987) m.w.N.; Kramer v. Scientific Control Corp., 534 F.2d 1085 (1089) (1976) m.w.N.
641 Kamilewicz v. Bank of Boston Corp., 100 F.3d 1348 (1996).
642 Kamilewicz v. Bank of Boston Corp., 100 F.3d 1348 (1349) (1996).
643 Stadler in Basedow, S. 195 (210).
644 Salop/White in 74 Geo. L.J. 1001 (1010) (1986), Untersuchungszeitraum: 1973 bis 1983.
645 Salop/White in 74 Geo. L.J. 1001 (1010) (1986).
646 Reiter v. Sonotone Corp., 442 U.S. 330 (343) (1979); Brunswick Corp. v. Pueblo Bowl-o-Mat, Inc., 429 U.S. 477 (486 Fn. 10) (1977).

Klagebefugnis mittelbarer Abnehmer auf föderaler Ebene verbunden sind, abgewendet bzw. die direct purchaser rule rechtspolitisch erst vertretbar gemacht[647]. Diesbezüglich muss jedoch auch der unzweifelhaft höhere finanzielle Ressourceneinsatz infolge notwendigen Rechtsschutzes gegen ungerechtfertigte Klagen berücksichtigt werden, der wirtschaftliche Effizienzgewinne, die im Idealfall ebenso Gewinne der Konsumentenwohlfahrt sind, zunichtemachen kann. Dies sollte jedoch nicht darüber hinwegtäuschen, dass Sammelklagen durch ihre immense Abschreckungswirkung ein nicht zu unterschätzendes Potential zur Steigerung der Konsumentenwohlfahrt aufweisen, gleichwohl sie Unternehmen und Gerichten hohe Belastungen auferlegen können[648].

Darüber hinaus dient es auch den Interessen der Unternehmen und der Prozessökonomie, wenn die Anzahl der Gerichtsverfahren aufgrund ein und desselben Wettbewerbsverstoßes reduziert und dadurch früher Rechtssicherheit erreicht wird[649]. So verhindert ein für alle Gruppenmitglieder bindender Vergleich auch langwierige und teure Gerichtsverfahren, die aufgrund der Besonderheiten des US-amerikanischen Zivilprozessrechts, wie z.B. des für den Beklagten teuren Discovery-Verfahrens, des Fehlens einer Unterliegenshaftung (american rule) und anwaltlicher Erfolgshonorare, dort wesentlich wahrscheinlicher sind[650]. Ein Vorteil, den Wirtschaftsbetriebe angesichts einer durchschnittlichen Verfahrensdauer von 24,9 Monaten[651] zu schätzen wissen. Ein Mitglied einer vor Gericht im Rahmen einer class action repräsentierten Gruppe kann kein erneutes Verfahren anstrengen, wenn es sich bei diesem Verfahren um denselben Sachverhalt handelt und das vorangegangene Verfahren mit einer Entscheidung in der Hauptsache endete[652].

Das Urteil, das in der Sammelklage ergeht, entfaltet somit für jeden repräsentierten Kläger dieselbe materielle Rechtskraftwirkung wie ein Einzelurteil. Der Geschädigte, der von der materiellen Rechtskraftwirkung des Urteils nicht erfasst werden will, muss aktiv aus der Gruppe ausscheiden (sog. Opt-out-Modell nach Rule 23 c Nr. 2, d FRCP). Hierdurch bietet das US-Sammelklagenmodell eine beträchtliche Prozessökonomie und entfaltet ein hohes Maß an Rechtssicherheit und Rechtsfrieden. Der Rechtssicherheit wird auch gedient, indem divergierende Entscheidungen in einer einheitlichen Rechtsfrage vermieden werden[653], was in der ausgeprägten föderalen Struktur des US-amerikanischen Rechtssystems einen

---

647 Eiszner in 75 UMKC L. Rev. 375 (378 Fn. 20) (2006).
648 Benston, S. 311.
649 Stadler in Basedow, S. 195 (212).
650 Stadler in Basedow, S. 195 (212).
651 Salop/White in 74 Geo. L.J. 1001 (1009) (1986).
652 Reyn's Pasta Bella, LLC v. Visa USA, Inc., 442 F.3d 741 (746) (2006).
653 Sherman in 215 F.R.D. 130 (2003).

nicht zu unterschätzenden Vorteil darstellt – dies insbesondere dann, wenn der Rechtsstreit dem Class Action Fairness Act 2005 unterfällt, da dann auch nachfolgende Klagen auf gesetzlichen Grundlagen einzelstaatlicher Rechtsordnungen ausgeschlossen sind[654]. Ein weiterer praktischer Vorteil der Sammelklage ist, dass der üblicherweise komplexe Antitrustprozess lediglich zwischen dem Repräsentanten der Gruppe und dem Beklagten stattfindet, wovon Prozessökonomie und Effizienz der Rechtsdurchsetzung gleichermaßen profitieren[655].

Die mit der Sammelklage verbundene Gefahr der Überbelastung von Unternehmen und die mit ihr zusammenhängende Missbrauchsproblematik wurden auch vom amerikanischen Gesetzgeber erkannt. Am 18. Februar 2005 trat der Class Action Fairness Act 2005[656] in Kraft. Der Gesetzesinitiative war eine Kampagne des Präsidenten vorausgegangen, in der er den Kampf gegen missbräuchliche Sammelklagen (*junk lawsuits*) sowie eine gründliche Überholung des amerikanischen Systems der deliktischen Schadensersatzhaftung ankündigte[657]. Das Gesetz hat den Zweck, umfangreiche Sammelklageverfahren, an denen Parteien aus verschiedenen Bundesstaaten beteiligt sind, unter föderale Jurisdiktion zu stellen und sie damit sogenannten einzelstaatlichen „Magnet-Gerichtsbarkeiten" zu entziehen, die durch eine allzu progressive klägerfreundliche Rechtsprechung auffallen[658]. Erreicht der Streitwert einer Sammelklage eine Summe von mehr als fünf Millionen US-Dollar und sind weniger als ein Drittel der Kläger aus dem Staat, in dem der Beklagte seinen Geschäftssitz hat, wird die Klage von Bundesgerichten entschieden[659].

Das Gesetz wurde von kritischen Stimmen als Übervorteilung großer Kapitalgesellschaften bezeichnet, da diese eher Ziel von Sammelklagen mit entsprechend hohem Streitwert sind und ihre wettbewerbswidrigen Verhaltensweisen regelmäßig nachteilige wirtschaftliche Effekte in mehreren Bundesstaaten entfalten[660].

Diese Kritik erscheint insbesondere aufgrund der Tatsache plausibel, dass Unternehmen, die in Klagen involviert sind, die nicht unter den CAFA 2005 fallen, aufgrund paralleler Anwendbarkeit von einzelstaatlichem und bundesstaatlichem

---

654 Siehe hierzu sogleich unten.
655 Stadler in Basedow, S. 195 (210); eine Tatsache, die in der deutschen und europäischen Diskussion scheinbar vernachlässigt wird.
656 The Class Action Fairness Act of 2005, 28 U.S.C. §§ 1332(d); 1453; 1711-1715.
657 William Branigin, Washington Post v. 17.2.2005, abrufbar unter: www.washingtonpost.com/wp-dyn/articles/A32674-2005Feb17.html (10.12.2010).
658 William Branigin, Washington Post v. 17.2.2005, abrufbar unter: www.washingtonpost.com/wp-dyn/articles/A32674-2005Feb17.html (10.12.2010).
659 Section 4 Class Action Fairness Act 2005 = 28 U.S.C. § 1711.
660 William Branigin, Washington Post v. 17. 2. 2005, abrufbar unter: www.washingtonpost.com/wp-dyn/articles/A32674-2005Feb17.html (10.12.2010).

Wettbewerbsrecht, je nach Gerichtsbarkeit, auch Schadensersatzklagen mittelbarer Abnehmer zu fürchten haben[661]. Die hauptsächliche Wirkung des Class Action Fairness Act 2005 entfaltet sich demnach auf rein zivilprozessualem Gebiet, indem Klägern in bestimmten Fällen zwingend föderale Jurisdiktion zugewiesen wird, um sog. *forum shopping*, d.h. eine Suche des Klägers nach dem für seine Klage aussichtsreichsten Gerichtsstand, zu verhindern[662].

II. Kollektive Rechtsbehelfe in Europa

Auch in zahlreiche europäische Wettbewerbsrechtsordnungen haben Sammelklagen mittlerweile Einzug gehalten. Zwischen US-amerikanischen und europäischen Instrumenten der kollektiven Geltendmachung von Ansprüchen besteht jedoch lediglich eine eingeschränkte Vergleichbarkeit, was sich bereits an der Terminologie zeigt. Der entscheidende Unterschied besteht darin, dass im US-amerikanischen System der Sammelklagen die Personengruppe, die durch den Gruppenrepräsentanten vertreten wird, nicht näher spezifiziert werden muss und dass derjenige, der von der materiellen Rechtskraftwirkung des durch die Gruppe erstrittenen Urteils nicht erfasst werden möchte, aktiv aus ihr ausscheiden muss (sog. Opt-out-Modell) [663].

In europäischen Rechtsordnungen wird auf ähnliche Instrumente der kollektiven Rechtsdurchsetzung unter dem Namen „Gruppenklagen" oder „Repräsentativklagen" Bezug genommen. Sie unterscheiden sich konzeptionell grundsätzlich darin, dass die in der Sammelklage repräsentierten Kläger identifizierbar sein müssen (Opt-in-Modell) oder durch Verbände vertreten werden müssen, die bestimmten Anforderungen genügen[664]. Die Einführung derartiger Instrumente in die nationalen europäischen Wettbewerbsrechtsordnungen wurde maßgeblich durch den Erlass der Richtlinie des Europäischen Parlaments und des Rates über Unterlassungsklagen zum Schutz der Verbraucherinteressen von 1998[665] mitbestimmt.

Die Richtlinie sieht vor, dass private oder unabhängige öffentliche Organisationen (sog. qualifizierte Einrichtungen) in die Lage versetzt werden sollen, Unterlassungsklagen im Namen und Interesse einer spezifisch bestimmten Gruppe von Personen geltend zu machen, die nachteilig vom wettbewerbswidrigen Verhal-

---

661 Siehe hierzu Kapitel 4 I 2 g.
662 Hoffman in 39 Loy. L.A. L. Rev. 1135 (1154) (2006).
663 Vgl. Rule 23 c Nr. 2, d FRCP; Übersicht bei Woods in 16 Loy. Consumer L. Rev. 431 (444) (2004).
664 Übersicht bei Woods in 16 Loy. Consumer L. Rev. 431 (444-449) (2004).
665 Richtlinie 98/27/EG des Europäischen Parlaments und des Rates vom 19. Mai 1998 über Unterlassungsklagen zum Schutz der Verbraucherinteressen, ABl. L 166 vom 11.6.1998, S. 51-55.

ten des Beklagten betroffen ist. Dementsprechend führten zahlreiche europäische Länder entsprechende Regelungen für die kollektive Durchsetzung von Ansprüchen bei Wettbewerbsverstößen in ihre Rechtsordnungen ein, wie die Niederlande im Jahr 1994, Portugal im Jahr 1995, England und Wales im Jahr 2000, Spanien im Jahr 2001 und Schweden im Jahr 2002[666].

Im Jahr 2010 gab es in der gesamten EU über 400 qualifizierte Einrichtungen, davon 75 in Deutschland[667]. Die Richtlinie sieht als Möglichkeit der Rechtsdurchsetzung durch die Einrichtungen lediglich Unterlassungsklagen vor, jedoch ist es den Mitgliedsstaaten gem. Art. 8 (1) RL 98/27/EG nicht verwehrt, von einer überschießenden Umsetzung der Richtlinie Gebrauch zu machen und den Einrichtungen weitergehende Rechtsschutzmöglichkeiten einzuräumen. Insgesamt sehen ausschließlich die Wettbewerbsrechtsordnungen Schwedens, in gewissem Maße auch die Spaniens, Portugals und Großbritanniens, kollektive Klagen auf Schadensersatz vor. In den Niederlanden trat im Jahr 2004 eine Gesetzesänderung in Kraft, wonach ausschließlich ein außergerichtlicher Vergleich zwischen Personengruppen bzw. Verbraucherverband und Rechtsverletzer(n) ermöglicht wird, kollektive Schadensersatzklagen jedoch ausgeschlossen sind[668].

In der Französischen Rechtsordnung ist eine Sammelklageoption im Gesetz nicht ausdrücklich vorgesehen. Dennoch können, ähnlich den Parens-patriae-Klagen in den USA, vom zuständigen Minister Sammelklagen auf Schadensersatz bei bestimmten wettbewerbswidrigen Praktiken angestrengt werden, während den Verbraucherverbänden selbst lediglich die Möglichkeit bleibt, die Interessen ihrer Mitglieder durch die Anstrengung von Unterlassungsklagen geltend zu machen[669].

III. Die Verbandsklage nach § 34a GWB

Verbandsklagen auf Unterlassung waren bereits im GWB von 1958 enthalten[670]. Ein weitergehendes Instrument der kollektiven Geltendmachung von Ansprüchen auf Vorteilsabschöpfung durch rechtsfähige Verbände wurde in der deutschen Kartellrechtsordnung jedoch erst im Zuge der 7. GWB-Novelle mit der Verbandsklage in § 34a GWB geschaffen. Vorbild des Gesetzgebers war der Anspruch auf

---

666 Willet in National Legal Centre for the Public Interest, Vol. 9, Nr. 6, 2005, S. 2.
667 Mitteilung der Kommission zu Artikel 4 Absatz 3 der Richtlinie 98/27/EG des Europäischen Parlamentes und des Rates über Unterlassungsklagen zum Schutz der Verbraucherinteressen bezüglich der qualifizierten Einrichtungen, die berechtigt sind, eine Klage im Sinne des Artikels 2 der Richtlinie zu erheben, ABl. v. 25.6.2010 Nr. C 167, S. 37-97.
668 Übersicht bei: Stadler in Basedow, S. 195 (197).
669 Woods in 16 Loy. Consumer L. Rev. 431 (447) (2004).
670 Übersicht bei I/M/Emmerich § 33 GWB, Rn. 105 ff.

Vorteilsabschöpfung im Lauterkeitsrecht (§ 10 UWG), weshalb § 34a GWB mit diesem auch nahezu wortgleich übereinstimmt. § 34a GWB hat das Ziel, Durchsetzungsdefizite in Fällen zu beseitigen, in denen aufgrund von Massen- und Streuschäden die zivilrechtliche Sanktionierung von Kartellrechtsverstößen durch Schadensersatzklagen unwahrscheinlich ist, während behördliche Sanktionen im Aufgreif- und Verfolgungsermessen der Wettbewerbsbehörden liegen[671]. § 34a GWB leidet jedoch, ebenso wie § 10 UWG, an einigen konzeptionellen Mängeln, die bislang verhindert haben, dass die Regelung praktische Relevanz erlangte[672]. Der Anspruch ist subsidiär zum Anspruch auf Schadensersatz aus § 33 Abs. 3 GWB sowie zur Vorteilsabschöpfung durch die Behörde gem. § 34 GWB.

Des Weiteren muss der Wettbewerbsverstoß einen wirtschaftlichen Vorteil des beklagten Unternehmens zu Lasten einer Vielzahl von Abnehmern oder Anbietern herbeigeführt haben. Die hohen materiellen Anforderungen des Anspruchs auf Vorteilsabschöpfung, für deren Vorliegen der klagende Verband die uneingeschränkte Beweislast trägt, machen es für private Wirtschaftsverbände schwierig, die ihnen vom Gesetzgeber zugedachte ergänzende Funktion der Rechtsdurchsetzung zu übernehmen. Da diese nicht über ähnliche Ermittlungsbefugnisse wie die Kartellbehörden verfügen, sondern lediglich über einen aus § 242 BGB abgeleiteten Auskunftsanspruch, dürfte es ihnen regelmäßig schwerfallen, das Vorliegen aller Voraussetzungen im Prozess schlüssig darzulegen[673]. Weiterhin erfolgt die in § 34a GWB vorgesehene Abschöpfung des wirtschaftlichen Vorteils an den Bundeshaushalt. Insofern fehlt den Wirtschaftsverbänden der wirtschaftliche Anreiz, umfangreiche Ermittlungen anzustellen, um dann selbst bei erfolgreicher Klage lediglich einen Anspruch auf Aufwendungsersatz nach § 34a Abs. 4 GWB zu haben[674].

IV. Notwendigkeit einer vereinheitlichten Form von Sammelklagen in den europäischen Wettbewerbsrechtsordnungen

Ausgangspunkt der Diskussion um die Einführung kollektiver Rechtsbehelfe in die europäischen Rechtsordnungen sollte die Frage sein, wie den privatrechtlichen Durchsetzungsdefiziten bei Massen- und Streuschäden in effektiver Weise

---

671 BT-Drucks. 15/3640, S. 36.
672 Fuchs in WRP 2005, S. 1384 (1391); Hartog/Noack in WRP 2005, S. 1396 (1405); Lutz in WuW 2004, S. 718 (729/730).
673 Vgl. diesbezügl. die Kritik Emmerichs in I/M/Emmerich, § 34a GWB, Rn. 17, 18.
674 Vgl. diesbezügl. die Kritik Emmerichs zu § 10 UWG in I/M/Emmerich, § 34a GWB, Rn. 6.

begegnet werden kann. Die Tatsache, dass mittelbare Abnehmer nach den Plänen der Europäischen Kommission grundsätzlich klagebefugt sein sollen, ändert nichts am Vorliegen einer Anreizproblematik in den Fallkonstellationen der Massen- und Streuschäden[675].

Demzufolge könnte die Einführung einer attraktiven Sammelklageoption in die mitgliedsstaatlichen Rechtsordnungen sowohl aus Effektivitätsgesichtspunkten als auch aus Gründen der Billigkeit notwendig und geboten sein[676]. Die unzweifelhaft teilweise fragwürdigen und wenig wünschenswerten wirtschaftlichen Folgen der US-amerikanischen *class actions* sollten diesbezüglich nicht abschreckend wirken, da sie nicht im Grundkonzept kollektiver zivilgerichtlicher Geltendmachung gleichgerichteter Interessen zu suchen sind.

Sie beruhen sowohl auf Eigenheiten der US-amerikanischen Rechtsordnung, die keinen spezifischen Zusammenhang mit dem Kartellrecht aufweisen, als auch in der spezifischen Ausgestaltung der Sammelklage. So wurde insbesondere das Prinzip des anwaltlichen Erfolgshonorars (*no win no pay*), das in den USA seit dem frühen 19. Jahrhundert angewandt wird[677], oft als Katalysator für Sammelklagen kritisiert[678]. Aufgrund der hohen Prozesskosten, die Erfolgshonorare verursachen, wird auch in den USA seit den 1990er Jahren der Vorschlag diskutiert, die Höhe von Erfolgshonoraren pauschal zu begrenzen[679].

In den Rechtsordnungen der EU-Mitgliedsstaaten hat eine Etablierung des anwaltlichen Erfolgshonorars bislang nicht stattgefunden. Lediglich in Griechenland ist die Vereinbarung eines anwaltlichen Erfolgshonorars bis zu 20 % des eingeklagten Schadens rechtlich möglich[680]. In Deutschland sind gem. § 49 b Abs. 2 Satz 2 BRAO i.V.m. § 4a RVG alle erfolgsbezogenen Vergütungen des Rechtsanwaltes sowie Honorare, die sich quotenmäßig am erstrittenen Betrag orientieren (quota litis), nur dann zulässig, wenn der Auftraggeber aufgrund seiner wirtschaftlichen Verhältnisse bei verständiger Betrachtung ohne die Vereinbarung eines Erfolgshonorars von der Rechtsverfolgung abgehalten würde. Der Gesetzgeber zog mit der Regelung die Konsequenzen aus einem Beschluss des Bundesverfassungsgerichts vom 12.12.2006, nach dem das pauschale Verbot

---

675 Joaquin Almunia: „Common standards for group claims across the EU", University of Valladolid, 15.10.2010, Speech/10/554.
676 Unter Rekurs auf den Effektivitätsgrundsatz: Hess in WuW 2010, S. 493 (495); a.A. Niemeier in WuW 2008, S. 927; Möschel in WuW 2007, S. 483 (487).
677 Übersicht bei Karsten in 47 De Paul L. Rev. 231 (1998).
678 Kritzer in 80 Wash. U. L. Q., S. 739 (740/741) (2002).
679 Kritzer in 80 Wash. U. L. Q., S. 739 (743) (2002); Übersicht bei Cavanagh in 57 Fordham L. Rev. 51 (75) (1988); zur Ersatzfähigkeit der Rechtsanwaltskosten im US-Antitrustrecht vgl. Kapitel 12 III.
680 Kritzer in 80 Wash. U. L. Q., S. 739 (747) (2002).

anwaltlicher Erfolgshonorare, einschließlich des Verbotes der „quota litis", mit Art. 12 Abs. 1 GG nicht vereinbar war[681].

Für den Bereich der kartelldeliktsrechtlichen Schadensersatzklage dürfte die Regelung jedoch von untergeordneter Bedeutung sein, da die ausschlaggebenden Umstände bei den Klägern regelmäßig nicht vorliegen dürften. Jedoch würde auch eine Lockerung des Erfolgshonorars nicht die vielfach befürchtete „Sammelklagenindustrie" heraufbeschwören. Die Möglichkeit, Erfolgshonorare zu vereinbaren, ist nur dann rechtspolitisch problematisch, wenn eine Unterliegenshaftung als notwendiges Korrektiv zur Anreizwirkung der Erfolgshonorare fehlt. Würde klägerfreundlichen, materiellrechtlichen und prozessualen Instrumenten das Risiko gegenüberstehen, bei einem möglichen Unterliegen die zuvor in die Höhe getriebenen Prozesskosten selbst tragen zu müssen, so würden Kläger weniger sorglos von ihnen Gebrauch machen und keine Prozesse nach dem „Try-and-error-Prinzip" führen[682]. Auch der Ausnutzung der kostensteigernden Wirkung dieser Instrumente durch Kläger, die von vornherein beabsichtigen, einen lukrativen Vergleich mit dem Beklagten abzuschließen, wäre hierdurch ein Riegel vorgeschoben, da sich der Kläger in einer wesentlich schlechteren Verhandlungsposition wiederfinden würde.

Insofern liegen die negativen Aspekte der Sammelklage in der spezifischen Ausgestaltung des amerikanischen Rechtssystems selbst und stehen nicht unmittelbar mit dem Konzept der Bündelung von Konsumenteninteressen und deren zivilprozessualer Durchsetzung mittels Schadensersatzansprüchen in Zusammenhang. Dies erkennt auch die Europäische Kommission an und ist bemüht, für ein europäisches Modell der kollektiven Rechtsdurchsetzung mit möglichst geringem Missbrauchspotential zu werben[683].

Sie hat zuletzt in ihrem Weißbuch die Notwendigkeit kollektiver Rechtsbehelfe hervorgehoben und ein Opt-in-Sammelklagenmodell vorgestellt, das über das Konzept der Verbraucherklage durch qualifizierte Einrichtungen hinausgeht und zumindest teilweise an die US-amerikanischen class actions angelehnt ist[684].

---

681 BVerfG NJW 2007, S. 979.
682 So auch Baker in 16 Loy. Consumer L. Rev. 379 (386/387) (2004); Cavanagh in 41 Loy. U. Chi. L. J. 629 (646) (2010).
683 Joaquin Almunia: „Common standards for group claims across the EU", University of Valladolid, 15.10.2010, Speech/10/554.
684 Weissbuch der Kommission v. 2.4.2008, KOM (2008) 165 engültig, S. 5, Punkt 2.1; auf die notwendige Interaktion zwischen Verbraucherpolitik und Wettbewerbspolitik hinweisend: Meglena Kuneva, European Commissioner for Consumer Protection, „Consumer and Competition Policies – Both for Welfare and Growth", OECD Global Forum on Competition, Paris, 22 February 2008; abrufbar unter: http://www.oecd.org/dataoecd/62/28/40152200.pdf (10.12.2010); krit: Niemeier in WuW 2008, S. 927; Drexl/Gallego/Enchelmaier/Mackenrodt/Podszun in IIC 2008, S. 799 (802).

Zudem enthält der von der Generaldirektion Wettbwerb erarbeitete, jedoch nicht veröffentlichte Richtlinienentwurf auch zum kollektiven Rechtsschutz im Kartellrecht gemeinschaftsweite Mindeststandards, welche unter maßgeblicher Mitwirkung der Generaldirektion Verbraucherschutz entstanden. In ihrem Richtlinienentwurf unterscheidet die Kommission zwischen Opt-in-Gruppenklagen, in denen Gruppen Geschädigter direkt klagebefugt sein sollen und Opt-out-Gruppenklagen, welche ausschließlich von qualifizierten Einrichtungen erhoben werden können[685]. Die Beschränkung der Klagebefugnis für Opt-out-Gruppenklagen auf qualifizierte Einrichtungen soll das Missbrauchspotential von Opt-out-Gruppenklagen reduzieren, zumal die qualifizierten Einrichtungen, laut Richtlinienentwurf, ständiger Kontrolle durch die Mitgliedsstaaten unterstehen sollen[686]. In materiellrechtlicher Hinsicht stellt der Richtlinienentwurf klar, dass Gruppenklagen auf kompensatorischen Schadensersatz begrenzt sein sollten, bei Verschuldenshaftung jedoch eine Beweislastumkehr zugunsten der Kläger erfolgen soll[687].

Insgesamt verfolgt die Kommission hiermit einen Mittelweg zwischen der institutionalisierten privatrechtlichen Durchsetzung kollektiver Interessen nach dem Modell der Richtlinie 98/27/EG[688] und der Vereinfachung direkter Gruppenklagen nach dem Opt-in-Modell. Hierbei soll die Gruppenklage zur Realisierung der Prozessökonomie als ein einheitliches Verfahren behandelt werden, wobei es den Beklagten jedoch möglich bleiben soll, separate Verteidigungsmittel gegen einzelne Kläger vorzubringen[689]. Während die Umsetzung eines Opt-in-Modells in den meisten Mitgliedsstaaten möglich sein sollte und insbesondere im Hinblick auf die Begrenzung auf kompensatorischen Schadensersatz politisch wohl auch größtenteils akzeptiert werden würde, betritt die Kommission mit dem Opt-out-Modell Neuland. Inwieweit es in den einzelnen Rechtsordnungen der Mitgliedsstaaten erwünscht und auch umsetzbar ist[690], ist zum gegenwärtigen Zeitpunkt noch unklar, jedoch spricht die Nichtveröffentlichung des Richtlinienentwurfes zunächst dagegen[691].

---

685 Art. 4-7 des Richtlinienentwurfes; Übersicht bei Hess in WuW 2010, S. 493 (495 f.).
686 Art. 7 des Richtlinienentwurfes, vgl. Übersicht und Kritik bei Hess in WuW 2010, S. 493 (496/497).
687 Art. 13, 14 des Richtlinienentwurfes, vgl. Hess in WuW 2010, S. 493 (495).
688 So Hess in WuW 2010, S. 493 (497).
689 Art. 5 Richtlinienentwurf, vgl. Wagner-von Papp in EWS 2009, S. 445 (446).
690 In Bezug auf die deutsche Rechtsordnung siehe sogleich unten.
691 Wagner-von Papp in EWS 2009, S. 445 (446).

V. Sammelklagen im deutschen Kartellrecht

Es würde zu kurz greifen, das Konzept der Sammelklage insgesamt und pauschal als mit der allgemeinen europäischen Rechtsauffassung unvereinbar und für die deutsche Wettbewerbsrechtsordnung unpassend anzusehen[692].

Ein Opt-in-Modell wird zunächst grundsätzlich als mit der deutschen Zivilprozessordung vereinbar angesehen. Diesbezüglich wird darauf verwiesen, dass Gruppen Geschädigter bereits jetzt ausreichende Möglichkeiten zur Verfügung stünden, Schadensersatz geltend zu machen, ohne auf die Vorteile der Interessen- und Ressourcenbündelung verzichten zu müssen, die die Gruppenklage bietet.

Diesbezüglich ist zunächst die Abtretung von Schadensersatzansprüchen an große kommerzielle Kläger (Factoring) zu nennen, was letztlich die Umgehung des Fehlens europäischer class actions bedeutet[693]. So kaufte die belgische Cartel Damage Claims S.A. Schadensersatzansprüche von Abnehmern des deutschen Zementkartells auf und macht diese vor dem Landgericht Düsseldorf geltend[694].

Sie wird als Follow-on-Klage nach einem vorangegangenen Bußgeldverfahren des Bundeskartellamts gegen sechs deutsche Zementhersteller betrieben. Die Feststellungen des Bundeskartellamtes hinsichtlich des Rechtsverstoßes wurden mittlerweile durch das Oberlandesgericht Düsseldorf bestätigt[695]. Die Zulässigkeit der von der belgischen Cartel Damage Claims eingereichten Schadensersatzklage wurde am 14. Mai 2008 vom Oberlandesgericht Düsseldorf[696] und vom Bundesgerichtshof bestätigt[697]. Die Beklagten machten diesbezüglich geltend, dass die Klägerin keinen ausreichend bezifferten Klageantrag gestellt habe (§ 253 II Nr. 2 ZPO), was auch darauf beruhe, dass die Klägerin eine unüberschaubare Anzahl von Einzelforderungen in einer Klagehäufung gebündelt habe. Der Bundesgerichtshof stellte fest, dass nach ständiger Rechtsprechung in Fällen, in denen die Schadenshöhe von einer Schätzung durch das Gericht nach § 287 ZPO abhänge, ein unbezifferter Klageantrag zulässig sei und allein die Fülle des Prozessstoffes nicht zur Unzulässigkeit der Klage führe[698].

Die Schadensersatzforderung der Klägerin, die sich Forderungen von 36 Geschädigten abtreten ließ und geltend macht, beläuft sich ohne Zinsen auf ca. 176

---

692 Zur Vereinbarkeit US-amerikanischer class actions mit dem deutschen ordre puplic, vgl. Mann in NJW 1994, S. 1187 (1188).
693 Haucap/Stühmeier in WuW 2008, S. 413/414.
694 Vgl. http://www.carteldamageclaims.com/German%20Cement (10.12.2010).
695 Urteil des OLG Düsseldorf v. 26.6.2009, VI-2a Kart 2 – 6/08 OWi.
696 Urteil des OLG Düsseldorf v. 14.5.2008, VI U Kart 14/07.
697 Beschluss des BGH vom 7.4.2009, KZR 42/08 = GRUR-RR 2009, S. 319.
698 Beschluss des BGH vom 7.4.2009, KZR 42/08 = GRUR-RR 2009, S. 319.

Millionen EUR[699]. Der Nachteil für die Geschädigten besteht hier darin, dass sie lediglich 75-80 % ihrer ursprünglichen Schadenersatzforderung tatsächlich erhalten[700], während sie bei der klageweisen Geltendmachung ihrer Ansprüche im Sammelklageverfahren eine Kompensation für den gesamten eingetretenen Schaden erhalten. Trotz der Unterkompensation des Schadens der Kläger wird, unter Verweis auf eine drohende „Klageindustrie", dieses Modell teilweise dem Modell einer kodifizierten kollektiven Geltendmachung erlittener Schäden vorgezogen[701].

Ein weiterer Nachteil besteht darin, dass zunächst ein Kläger vorhanden sein muss, der über ausreichend Kapital verfügt, um in der Lage zu sein, einen umfangreichen Forderungskauf vornehmen zu können. Insofern sind die Betroffenen davon abhängig, dass ein kommerzieller Kläger, häufig eine Kapitalgesellschaft, vorhanden ist, dem es aussichtsreich und profitabel erscheint, ihre Schadensersatzforderungen zu kaufen.

Als „deutsche Sammelklage" wird zudem die Möglichkeit der Geschädigten bezeichnet, eine Gesellschaft Bürgerlichen Rechts zu gründen, um eine gemeinsame Prozessführung zu ermöglichen. Die BGB-Gesellschaft ist bereits seit längerem uneingeschränkt rechts- und parteifähig und kann als Gesellschaftszweck auch die gemeinsame Rechtsverfolgung haben[702]. Jedoch dürfte sich der relativ hohe Aufwand der Geschädigten, der mit der Gründung einer BGB-Gesellschaft einhergeht, insbesondere bei Massen- oder Streuschäden als nachteilig erweisen[703]. Problematisch ist insoweit auch, dass die Kommission in ihrem Richtlinienentwurf bei der Opt-in-Sammelklage vorgesehen hatte, dass der Beklagte in der Lage bleiben muss, Verteidigungsmittel gegen einzelne Gruppenmitglieder vorbringen zu können[704]. Dies wäre bei der Sammelklage mittels „Klagegesellschaft" nicht möglich, da die Klägerin ausschließlich die Gesellschaft ist und nicht die hinter ihr stehenden Gesellschafter. Insofern entspricht dieses Modell nicht den derzeitigen rechtspolitischen Vorstellungen auf Gemeinschaftsebene.

Das sich auf den ersten Blick anbietende Rechtsinstitut der Streitgenossenschaft nach den §§ 59 ff. ZPO entspricht nicht der Interessenlage der Kläger bei der kollektiven Geltendmachung von Schadensersatzansprüchen, da trotz Streitgenossenschaft für jeden Streitgenossen ein unterschiedlicher Prozessausgang in

---

699 Vgl. http://www.carteldamageclaims.com/German Cement (10.12.2010).
700 Süddeutsche Zeitung vom 12.8.2008, S. 18.
701 Niehmeier in WuW 2008, S. 927, der das „CDC-Modell" als ausreichend ansieht; zur Vereinbarkeit mit dem Richtlinienentwurf der Kommission: Hess in WuW 2010, S. 493 (496).
702 Ausführlich: Koch, H. in NJW 2006, S. 1469 (1469/1470).
703 Ähnlich: Koch, H. in NJW 2006, S. 1469 (1471).
704 Art. 5 Richtlinienentwurf, vgl. Wagner von Papp in EWS 2009, S. 445 (446).

Frage kommt[705]. Die oben genannten Vorteile der Prozessökonomie, des Rechtsfriedens und der adäquaten Kompensation von Streuschäden können mit der Streitgenossenschaft nicht erreicht werden[706].

Die Ausgestaltung einer effektiven Sammelklage, welche den Klägerinteressen Rechnung trägt, Prozessökonomie und Rechtsfrieden realisiert und dennoch übermäßigen Belastungen der Unternehmen vorbeugt, muss somit noch vom deutschen Gesetzgeber vorgenommen werden[707].

Der im deutschen Zivilprozessrecht geltenden Unterliegenshaftung nach § 91 ZPO kommt bei der Verhinderung missbräuchlicher Schadensersatzklagen eine hohe Bedeutung zu[708]. Sie beruht auf dem Grundsatz, dass derjenige, der einem anderen durch die Einreichung einer Zivilklage Kosten verursacht, diese bei einem Unterliegen im Rechtsstreit auch zu tragen hat[709]. Die unterliegende Partei hat gem. § 91 Abs. 1 Satz 1 ZPO diejenigen Kosten der gegnerischen Partei zu tragen, die zur zweckentsprechenden Rechtsverfolgung oder Rechtsverteidigung notwendig waren. Üblicherweise ist davon auszugehen, dass je höher der Streitwert im Zivilprozess ist, umso größer fällt auch der Umfang der Rechtsstreitigkeit aus, was gleichzeitig die Rechtsverfolgungs- und Rechtsverteidigungskosten in die Höhe treibt. Zusätzlich hat der Unterlegene die Gerichtskosten zu tragen, welche sich gem. § 3 Abs. 1 GKG nach dem Streitwert richten[710].

Die Unterliegenshaftung entfaltet hierdurch eine nicht zu unterschätzende Korrektivwirkung in Bezug auf den Einsatz des Drohpotentials übertriebener Schadensersatzforderungen als Druckmittel zur Anbahnung eines Vergleichs. Wird dem Repräsentanten der Sammelkläger bewusst, dass er im Fall eines späteren Unterliegens die Kosten eines etwaigen Rechtsstreits zu tragen hat und hierfür auch den Gruppenmitgliedern gegenüber später gegebenenfalls nach § 280 Abs. 1 BGB des Anwaltsvertrages zu haften hat, so wird er regelmäßig größere Zurückhaltung bei der Artikulation seiner Forderungen üben. Stürzt der Repräsentant einer Gruppe von Sammelklägern mit überzogenen Schadensersatzforderungen in einen risikoreichen Prozess, welchen diese dann verlieren, so kommt auch eine strafrechtliche Verantwortlichkeit wegen Untreue nach § 266, 1. Alt. StGB in Betracht, da dem Repräsentanten als Prozessbevollmächtigtem

---

[705] Musielak/Weth, § 61 ZPO, Rn. 7.
[706] Anders scheinbar: Wagner-von Papp in EWS 2009, S. 445 (449).
[707] So hat der Gesetzgeber im Fall des KapMuG mit der Musterklage einen sektoriellen kollektiven Rechtsbehelf eingeführt, um Durchsetzungsdefizite infolge hoher Prozesskosten zu vermeiden, vgl. Begr. RegE, BT-Drucks. 15/5091, S. 1.
[708] Vgl. Cavanagh in 41 Loy. U. Chi. L. J. 629 (645) (2010).
[709] Siehe unter Kapitel 12 III.
[710] Hinsichtlich der Streitwertanpassung nach § 89a GWB siehe unter Kapitel 12 III.

gem. § 81 ZPO eine Verfügungs- bzw. Verpflichtungsbefugnis über das Vermögen der Gruppenmitglieder zukommt[711].

Auch gibt es in Deutschland, anders als in den USA, keine Jury-Prozesse, die die Abschätzbarkeit des Kostenrisikos im Vorfeld des Prozesses für den potentiellen Beklagten erheblich verringern[712].

In allen Fällen, in denen auf nachgelagerten Marktstufen keine ausreichende Elastizität der Nachfrage besteht und eine Weiterwälzung des Schadens damit unproblematisch möglich ist, sind die Konsumenten diejenige Gruppe, die den größten Schaden durch wettbewerbswidriges Verhalten von Unternehmen erleiden. Aufgrund ihrer Entfernung zum Sachverhalt und der damit verbundenen Beweisproblematik stellt die Sammelklage die notwendige Ergänzung der Anspruchsberechtigung mittelbarer Abnehmer dar. Die tatsächliche Wahrnehmung ihrer Interessen ist bei mittelbaren Abnehmern nur mit Hilfe kollektiver Rechtsschutzinstrumente ausreichend wahrscheinlich und damit notwendig, um die beabsichtigte ergänzende Abschreckungswirkung zu entfalten. Unter dem Gesichtspunkt der Anreizproblematik ist es ausreichend, Sammelklägern lediglich kompensatorischen Schadensersatz zu gewähren, da diese hinsichtlich Sachverhaltsaufklärung und Prozessaufwand gegenüber Stand-alone-Klägern in signifikantem Maße privilegiert sind.

Ein Opt-out-Modell, wie es Rule 23 c Nr. 2, d FRCP vorsieht, wäre jedoch kaum mit den Grundprinzipien des deutschen Zivilprozessrechts vereinbar[713]. Das deutsche Zivilprozessrecht ist von dem Gedanken des Zweiparteienprozesses dominiert, was bereits erfordert, dass der Kläger die Prozessparteien individuell bestimmt[714]. Ein Prozess für oder gegen *„den den es angeht"*, ist unzulässig[715]. Zwischen den Parteien des Zivilprozesses entsteht ein Prozessrechtsverhältnis, dessen Aufhebung und Änderung durch die §§ 265 ff. ZPO und dessen Wirkung durch die §§ 325 ff ZPO bestimmt wird. Für die Opt-out-Gruppenklage würden sich somit bei Klageerhebung eine unbegrenzte Vielzahl von Prozessrechtsverhältnissen mit unbekannten Klägern bilden, was mit den Grundsätzen des Zweiparteienprozesses unvereinbar wäre[716].

---

711 Schönke/Schröder/Perron, § 266 StGB, Rn. 8.
712 Eingehend: Kotz in 13 Duke J. Comp. & Int'l L. 61 (76) (2003).
713 Instruktiv: Ritter in WuW 2008, S. 762 (767); Mann in NJW 1994, S. 1187 (1188).
714 Vgl. Musielak/Weth, § 50 ZPO, Rn. 5.
715 Vgl. Musielak/Weth, § 50 ZPO, Rn. 6.
716 Eingehend: Hess in WuW 2010, S. 493 (498); Fragen werfen ebenfalls die Informationspflichten des Gerichts gegenüber Geschädigten auf, vgl. Hess in WuW 2010, S. 493 (498/499).

Kapitel 7: Öffentliche versus private Rechtsdurchsetzung

I. Strafrechtliche Sanktionen gegen Individuen

Strafrechtliche Sanktionsmechanismen sind trotz gewisser Kongruenz als selbstständig neben dem wettbewerbsbehördlichen Bußgeldverfahren existierend anzusehen. Signifikantester Unterschied zwischen wettbewerbsbehördlichen Bußgeldverfahren und der strafrechtlichen Verfolgung von Wettbewerbsverstößen ist, jedenfalls im europäischen Kontext, der Adressat der sanktionierenden Maßnahme. Im Unterschied zur Verhängung eines Bußgeldbescheides gegen ein Unternehmen wird die strafrechtliche Sanktion ausschließlich gegenüber derjenigen Einzelperson verhängt, der die Wettbewerbsbeschränkung nach strafrechtlichen Grundsätzen zurechenbar ist.

Von einem systematischen Standpunkt aus gesehen, sind sowohl die strafrechtliche Sanktionierung von Wettbewerbsverstößen als auch die Verhängung von Bußgeldern durch Wettbewerbsbehörden als voneinander unabhängige Institutionen anzusehen, welche unter dem gemeinsamen Dach der öffentlichen Wettbewerbsrechtsdurchsetzung denselben Zweck verfolgen[717].

Der Umfang strafrechtlicher Verfolgung von Wettbewerbsverstößen divergiert stark in den unterschiedlichen Wettbewerbsrechtsordnungen.

1. Strafrechtliche Wettbewerbsrechtsdurchsetzung in Deutschland

In der Bundesrepublik stellt der Verstoß gegen nationales oder europäisches Wettbewerbsrecht gem. § 81 Abs. 1 – Abs. 3 GWB eine Ordnungswidrigkeit dar, die mit einem Bußgeld von bis zu einer Million EUR gegenüber natürlichen Personen geahndet werden kann. Im Übrigen ist in der Bundesrepublik ausschließlich der sogenannte Submissionsbetrug sowohl durch § 263 StGB als auch durch § 298 StGB unter Strafe gestellt und kann eine Höchststrafe von fünf Jahren Freiheitsentzug nach sich ziehen.

---

717 So auch Wabnitz/Janovsky/Dannecker, 16. Kapitel D. IV. 4., Rn. 171.

Beide Straftatbestände verlangen eine Ausschreibungssituation, in der Wettbewerber dem Ausschreibenden vorspiegeln, die von ihnen abgegebenen Angebote entsprächen dem wettbewerbsanalogen Preis, während sie tatsächlich, bedingt durch die Absprache derjenigen, die das Angebot abgaben, darüber liegen. Die Täuschung liegt in der Vorspiegelung der Existenz tatsächlichen Wettbewerbs[718], der beim Opfer eingetretene Vermögensschaden im positiven Saldo zwischen dem tatsächlich gezahlten Kaufpreis und wettbewerbsanalogem Preis[719].

Demgegenüber verlangt der objektive Tatbestand des Submissionsbetrugs i.S.d. § 298 StGB explizit *„eine Ausschreibung über Waren oder gewerbliche Leistungen"*, bei der der Wettbewerbsprozess vom Täter durch Absprache mit anderen Bewerbern gestört wird, was den Ausschreibenden zur Annahme eines Angebots veranlasst, das über dem wettbewerbsanalogen Preis liegt. Aufgrund der bereits erläuterten Probleme zur Berechnung der Differenz zwischen wettbewerbsanalogem und absprachebedingt überhöhtem Preis wurde im Rahmen des § 298 StGB auf das Erfordernis des Eintritts eines Vermögensschadens verzichtet[720]. Ebenso wenig ist die Herbeiführung einer Täuschung Tatbestandsvoraussetzung[721]. Der Submissionsbetrug nach § 298 StGB ist demnach dem Betrugstatbestand als abstraktes Vermögensgefährdungsdelikt vorgelagert[722]. Der Begriff der „Ausschreibung" umfasst sowohl alle Vergabeverfahren der öffentlichen Hand[723] als auch das Vergabeverfahren privater Veranstalter (wie juristischer oder natürlicher Person)[724].

Praktisch entfaltet die Vorschrift im Bereich Privater zueinander jedoch kaum Wirkung, da das Vergabeverfahren des privaten Veranstalters dem öffentlichen Vergabeverfahren zumindest ähnlich ausgestaltet sein muss[725]. Es ist für private Veranstalter von Ausschreibungen nahezu unmöglich, sich an alle für behördliche Ausschreibungen geltenden Vorschriften und Grundsätze zu halten[726].

---

718 Schönke/Schröder/Cramer, § 263 StGB, Rn. 137a.
719 BGH NJW 1995, S. 737 (738); WuW/E BGH 2849 (2853) – Arbeitsgemeinschaft Rheinausbau I; WuW/E BGH 2945 (1946 f.) – Rheinausbau II; NStZ 2005, S. 157 (158); OLG Frankfurt am Main WuW/DE – R 2015 (2017) – Bieterhaftung.
720 I/M/Zimmer, § 1 GWB, Rn. 232.
721 Zusammenfassend: I/M/Zimmer, § 1 GWB, Rn. 232.
722 Entwurf eines Gesetzes zur Bekämpfung der Korruption vom 24.9.1996, BT-Drucks. 13/5584, S. 13/14.
723 Schönke/Schröder/Heine, § 298 StGB, Rn. 4.
724 BGH NZBau 2003, S. 408; Hohmann in NStZ 2001, S. 566 (571).
725 Instruktiv: Hohmann in MüKo zum StGB, Bd. 4, 1. Auflage (2006), § 298 StGB, Rn. 53 m.w.N.
726 So hat der private Veranstalter der Ausschreibung nicht nur die §§ 97 ff GWB, die VOB/A und VOL/A zu beachten. Er ist darüber hinaus auch an allgemein geltende Verwaltungsgrundsätze gebunden, wie die Erstellung eines Leistungsverzeichnisses, in dem alle zu erbringenden Leistungen eindeutig beschrieben sein müssen, die Fest- und Offenlegung der Wertungskriterien für Angebote sowie den Ausschluss der willkürlichen Beendigung des Verfahrens.

Nichtsdestotrotz wurden nach den amtlichen Statistiken in den Jahren 1998 bis 2007 240 Fälle abgeurteilt, wobei 164 Täter verurteilt wurden, hiervon 21 zu Freiheitsstrafen[727].

Sowohl aufgrund des Fehlens spezieller Straftatbestände als auch aufgrund der nahezu ausschließlichen Beschränkung der Anwendbarkeit des § 298 StGB auf das Verhältnis zwischen Hoheitsträger und privaten Unternehmen spielt das deutsche System der strafrechtlichen Sanktionierung von Wettbewerbsverstößen eine untergeordnete Rolle.

2. Strafrechtliche Ahndung von Wettbewerbsverstößen in Europa

In den europäischen Rechtsordnungen ist die Aufrechterhaltung wirksamen Wettbewerbs mittels hoheitlicher Sanktionierung hauptsächlich auf die Verhängung von Geldstrafen beschränkt. Ausschließlich die Wettbewerbsrechtsordnungen Irlands, Großbritanniens und Norwegens sehen Haftstrafen als Form der Ahndung wettbewerbswidrigen Verhaltens vor[728]. In Irland wurde im März 2006 ein Geschäftsführer, dem die Funktion eines Anführers in einem Heizölkartell beigemessen wurde, zu einer Freiheitsstrafe von sechs Monaten und einer Geldstrafe von 15000 Euro verurteilt[729]. Dies war die erste Haftstrafe innerhalb der EU, die aufgrund wettbewerbsbeschränkenden Verhaltens verhängt wurde.

In weniger als der Hälfte der OECD-Staaten sehen die einschlägigen Gesetze die Möglichkeit der Verhängung von Geldstrafen gegen natürliche Personen vor[730]. Dennoch erscheint international die Tendenz erkennbar, Kartellverstöße mit Kriminalstrafen zu ahnden. So wurden beispielsweise in Australien, Griechenland, Israel, Schweden, der Tschechischen Republik und den Niederlanden Gesetzesinitiativen auf den Weg gebracht, die Strafen gegen natürliche Personen aufgrund wettbewerbswidriger Verhaltensweisen ermöglichen sollen[731]. Teilweise wird es unter Abschreckungsgesichtspunkten als unerlässlich angesehen, strafrechtliche

---

727 Wagner-von Papp in WuW 2009, S. 1236 (1243).
728 OECD Report on Nature and Impact of Hard Core Cartels and Sanctions against Cartels under National Competition Laws, 9.2.2002, Annex B und C, abrufbar unter: www.oecd.org/data oecd/16/20/2081831.pdf (10.12.2010).
729 Daly in Bloomberg European Business Law Journal 2007, S. 315 (318).
730 OECD Report on Hard Core Cartels: Third report on the implementation of the 1998 Council Recommendation, 2005, S. 26, abrufbar unter: www.oecd.org/dataoecd/58/1/35863307.pdf (10.12.2010).
731 Gute Übersicht bei: Hammond before the National Institute on White Collar Crime (Stand: 25. Februar 2010), S. 11/12 m.w.N. abrufbar unter: http://www.justice.gov/atr/public/speeches/255515.pdf (10.12.2010).

Sanktionen gegen Individuen einzuführen, die als Ergänzung zu privatrechtlichen Schadensersatzansprüchen fungieren sollen[732]. Auf europäischer Ebene ist nach Ansicht einiger Beobachter bereits eine Entwicklung hin zu einem einheitlichen Rahmen für Strafsanktionen gegen Individuen aufgrund von Kartellverstößen zu bemerken. Ebenso wie im Bereich der Ausgestaltung des privatrechtlichen Rahmens für Schadensersatzklagen hat der europäische Gesetzgeber keine Regelungsbefugnis im Bereich des Strafrechts.

Die Ausgestaltung strafrechtlicher Sanktionen für die Verletzung der Art. 101 ff. AEUV ist ausschließlich den Mitgliedsstaaten zugewiesen. Dennoch sollte nicht von vornherein jegliche Kompetenz der Gemeinschaftsorgane auf dem Gebiet des Strafrechts bestritten werden. Im September 2005 urteilte der EuGH, dass Strafrecht und Strafprozessrecht durchaus in den Zuständigkeitsbereich der Gemeinschaft fallen können, sofern dies notwendig sei, um die volle Wirksamkeit der vom Gemeinschaftsgesetzgeber auf dem Gebiet des Umweltrechts erlassenen Rechtsnormen zu gewährleisten[733]. Der Gerichtshof bestätigte damit die Rechtmäßigkeit eines Rahmenbeschlusses, der die Mitgliedsstaaten verpflichtete, Verhaltensweisen, die besonders schwere Umweltschäden zur Folge haben, zu pönalisieren und als Straftatbestände auszugestalten. Der Vorschlag enthielt ebenfalls gemeinschaftsweite Mindeststandards in Bezug auf Rechtsfolgen und Strafrahmen. Auch auf anderen Gebieten, insbesondere im Bereich der Wirtschaftskriminalität[734] und des Transportwesens[735], hat der Gemeinschaftsgesetzgeber die Mitgliedsstaaten wirksam zur Einhaltung von Mindeststandards auf dem Gebiet des Strafrechts verpflichtet.

Die Regelungstätigkeit der Europäischen Kommission auf dem Gebiet des Strafrechts konzentrierte sich bislang auf den Bereich der typischerweise grenzüberschreitenden Wirtschaftskriminalität. Berücksichtigt man nun den immensen wirtschaftlichen Schaden, den Kartelle innerhalb der EU-Mitgliedsstaaten verursachen[736], so liegt kein Grund vor, diese als weniger strafwürdiges Unrecht

---

732 Instruktiv: Daly in Bloomberg European Business Law Journal 2007, S. 315; OECD Report on Hard Core Cartels: Third report on the implementation of the 1998 Council Recommendation, 2005, S. 26, abrufbar unter: www.oecd.org/dataoecd/58/1/35863307.pdf (10.12.2010); allgemein für strafrechtliche Kartellrechtsdurchsetzung: Möschel in WuW 2007, S. 483 (484).
733 EuGH, 13.9.2005, Rs. C-176/03, Slg. 2005, S. I 7897 – Kommission der Europäischen Gemeinschaften gegen Rat der Europäischen Union, Rn. 47-49.
734 Richtlinie 91/308/EWG des Rates vom 10.6.1991 zur Verhinderung der Nutzung des Finanzsystems zum Zwecke der Geldwäsche, ABl. Nr. L 166, 28. 6. 1991, S. 77; Rahmenbeschluss des Rates vom 28.5.2001 zur Bekämpfung von Betrug und Fälschung im Zusammenhang mit unbaren Zahlungsmitteln, ABl. Nr. L 149 vom 2. 6. 2001, S. 1.
735 Richtlinie 2002/90/EG des Rates vom 28. 11. 2002 zur Definition der Beihilfe zur unerlaubten Ein- und Durchreise und zum unerlaubten Aufenthalt, ABl. Nr. L 328, 5. 12. 2002, S. 17.
736 Kapitel 7 I 4.

anzusehen. Darüber besteht im Bereich der internationalen Kartelle ein Bedürfnis zur Harmonisierung strafrechtlicher und strafprozessualer Vorschriften, da sich Aufdeckung und Verfolgung derartiger Verstöße alleine durch einzelstaatliche Strafverfolgungsbehörden schwierig und ineffizient gestalten würde. Kompetenzrechtliche Probleme stünden der Kommission bei der Verpflichtung der Mitgliedsstaaten zur Ausgestaltung strafrechtlicher Mindeststandards jedenfalls nicht entgegen[737]. Um ausreichend Effektivität entfalten zu können, müssten die einzelstaatlichen Strafverfolgungsbehörden jedoch die Ermittlungsergebnisse der Europäischen Kommission sowie der Wettbewerbsbehörden anderer Mitgliedsstaaten anerkennen[738]. Aus Effektivitätsgründen wäre es zudem notwendig, die Liste der Straftaten, auf deren Basis ein europäischer Haftbefehl erwirkt werden kann[739], um Kernbeschränkungen des Wettbewerbs zu erweitern, um so die gemeinschaftsweite Rechtsdurchsetzung zu sichern[740].

3. Strafrechtliche Wettbewerbsrechtsdurchsetzung in den USA

In den USA ermächtigen sowohl Section 1 als auch Section 2 des Sherman Act das US-Justizministerium (*Antitrust Division of the Department of Justice*), wettbewerbswidrige Verhaltensweisen als Straftaten zu verfolgen und Strafprozesse vor den zuständigen Gerichten einzuleiten. Der Strafrahmen wurde 2004 durch den Antitrust Criminal Penalty Enhancement and Reform Act[741] erweitert und reicht bei Individuen bis zu zehn Jahren Haft bzw. bis zu einer Geldstrafe von einer Millionen USD.

Zweck der Gesetzesänderung war es, den enormen Schaden für Wirtschaft und Verbraucher, der durch Kartellaktivität hervorgerufen wird, durch angemessenere strafrechtliche Sanktionen zu beantworten und damit gleichzeitig das Abschreckungspotential zu erhöhen[742]. Von der Verhängung von Haftstrafen

---

737 Ausführlich: Daly in Bloomberg European Business Law Journal 2007, S. 315 (321).
738 Auf die französische Rechtsordnung hinweisend: Cimamonti, S., e-Competitions, Criminal Antitrust-I, S. 1.
739 Art. 2 II des Rahmenbeschluss der Rates vom 13. Juni 2002 über den Europäischen Haftbefehl und die Übergabeverfahren zwischen den Mitgliedsstaaten, ABl. Nr. L 190 vom 18.7.2002, S. 1.
740 Ausführlich: Daly in Bloomberg European Business Law Journal 2007, S. 315 (321/322).
741 Antitrust Criminal Penalty Enhancement and Reform Act of 2004, Pub. L. No. 108-237, 118 Stat. 661, 665-669.
742 Harrison/Bell in 6 Hous. Bus. & Tax L.J. 207 (208) (2006).

machen die US-Wettbewerbsbehörden zunehmend Gebrauch[743]. So wurden zwei ehemalige Vorstandsmitglieder des Unternehmens Archer Daniels Midland im Jahr 2000 aufgrund der Teilnahme an einem Preiskartell zu 36 und zu 33 Monaten Haft verurteilt[744]. Ein früheres Vorstandsmitglied des Auktionshauses Sotheby's wurde im Jahr 2002 aufgrund der Teilnahme an einem Preiskartell zu 13 Monaten Haft und 7,5 Millionen USD Geldstrafe verurteilt[745]. Während in den 1990er Jahren die Anzahl an Tagen, die Verurteilte im Gefängnis verbrachten, durchschnittlich bei jährlich 3.313 lag, waren es alleine im Jahr 2002 bereits 10.501 Tage. Das Jahr 2007 markiert mit 31.391 Hafttagen einen vorläufigen Höhepunkt seit Erlass des Sherman Act[746], während im Jahr 2008 die Zahl der Hafttage auf 14.331 Tage sank[747].

Eine besondere Brisanz weist die strafrechtliche Verfolgung von Wettbewerbsverstößen auf, wenn ausländische Personen am Verstoß beteiligt sind, in deren Heimatrechtsordnungen keine Verhängung von Haftstrafen aufgrund von Wettbewerbsverstößen vorgesehen ist[748]. Im Jahr 2004 wurden vier Mitarbeiter der Firma Infineon Technologies AG und ihrer Tochterfirmen zu Haftstrafen in Höhe von vier bis acht Monaten verurteilt[749]. Drei der Verurteilten waren deutsche Staatsbürger. Im November 2007 wurden zwei französische Staatsangehörige zu Haftstrafen von jeweils 14 Monaten verurteilt, nachdem sie gestanden hatten, in einem internationalen Preis- und Gebietskartell beim Vertrieb von Spezialgummischläuchen involviert gewesen zu sein. Die Verhängung der verhältnismäßig langen Haftstrafen ist insbesondere darauf zurückzuführen, dass das Kartell über einen Zeitraum von 1999 bis zum Mai 2007 durchgeführt wurde[750].

Am 12.12.2007 wurden drei britische Staatsbürger aufgrund der Teilnahme am gleichen Kartell zu Gefängnisstrafen von 30, 24 und 20 Monaten verurteilt[751].

---

743 Übersicht bei Chavez, S. 519 (542/543); Hammond in: The 56th Annual Spring Meeting of the Department of Justice, March 26, 2008, S. 4, abrufbar unter: www.justice.gov/atr/public/speeches/232716.htm (10.12.2010).
744 Pressemitteilung des US Justizministeriums vom 22.9.2000, abrufbar unter: www.justice.gov/atr/public/press_releases/2000/6544.htm (10.12.2010).
745 US v. Taubman, Cr. No. 01 Cr. 429 (S.D.N.Y. 2001), 297 F.3d 161 (2nd Cir. 2002).
746 Hammond in: The 56th Annual Spring Meeting of the Department of Justice, March 26, 2008, S. 4, abrufbar unter: www.justice.gov/atr/public/speeches/232716.htm (10.12.2010).
747 Vgl. Tabelle bei Wagner-von Papp in WuW 2009, S. 1236 (1239).
748 Zum Auswirkungsprinzip und zur extraterritorialen Anwendung des Sherman Act, vgl. Kapitel 9 II 1.
749 Pressemitteilung des US-Justizministeriums v. 22.9.2000, abrufbar unter: www.justice.gov/atr/public/press_releases/2004/206631.htm (10.12.2010).
750 Pressemitteilung des US-Justizministeriums v. 6.11.2007, abrufbar unter: www.justice.gov/atr/public/press_releases/2007/227435.htm (10.12.2010).
751 Pressemitteilung des US-Justizministeriums v. 12.12.2007, abrufbar unter: www.justice.gov/atr/public/press_releases/2007/228561.htm (10.12.2010).

Dies waren die höchsten Gefängnisstrafen, die jemals gegen Ausländer aufgrund der Verletzung der Antitrustgesetze verhängt wurden[752].

Von Mai 1999 bis Anfang 2008 wurden 31 Ausländer wegen eines Verstoßes gegen das US-amerikanische Kartellrecht und/oder aufgrund der Behinderung der Ermittlungen der Wettbewerbsbehörden zu Haftstrafen verurteilt[753]. Die Höhe der gegen Ausländer verhängten Gefängnisstrafen stieg von durchschnittlich 4,5 Monaten im Jahr 2003 auf 6,9 Monate im Jahr 2006 und auf zwölf Monate im Jahr 2007[754].

Die USA sind damit weltweit führend bei der Verhängung von Haftstrafen aufgrund von Verstößen gegen das nationale Kartellrecht. Im Vergleich hierzu ergingen in Kanada seit Inkrafttreten der Kartellgesetze bis zum Jahr 2002 lediglich drei Verurteilungen zu Haftstrafen[755], obwohl die kanadische Wettbewerbsrechtsordnung traditionell auf strafrechtliche Sanktionierung von Wettbewerbsverstößen setzt.

90 % der strafrechtlichen Sanktionen in den USA werden aufgrund von Kartellaktivität oder anderen Per-se-Verstößen verhängt[756]. So hat das US-Justizministerium bekanntgegeben, dass die Priorität strafrechtlicher Verfolgung von Wettbewerbsbeschränkungen das Aufspüren und Verfolgen von Kartellen sowie die Schaffung ausreichender Abschreckung vor neuer Kartellaktivität sei[757] – eine Praxis, die von der Antitrust Moderization Commission bestätigt wurde[758].

Der letzte dem Autor bekannte Fall, in dem eine strafrechtliche Verurteilung aufgrund eines anderen Verstoßes als Kartellbildung stattfand, nämlich aufgrund versuchter Monopolisierung nach Section 2 Sherman Act, war *United States v. Dunham Concrete Products, Inc.* aus dem Jahre 1973[759]. Jedoch hat das US-

---

752 Hammond in: The 56th Annual Spring Meeting of the Department of Justice, March 26, 2008, S. 7, abrufbar unter: www.justice.gov/atr/public/speeches/232716.htm (10.12.2010).
753 Hammond in: The 56th Annual Spring Meeting of the Department of Justice, March 26, 2008, S. 7, abrufbar unter: www.justice.gov/atr/public/speeches/232716.htm (10.12.2010).
754 Hammond in: The 56th Annual Spring Meeting of the Department of Justice, March 26, 2008, S. 8, abrufbar unter: www.justice.gov/atr/public/speeches/232716.htm (10.12.2010).
755 OECD Report on Nature and Impact of Hard Core Cartels and Sanctions against Cartels under National Competition Laws v. 9.4.2002, S. 11, Rn. 32, abrufbar unter: www.oecd.org/dataoecd/ 16/20/2081831.pdf (10.12.2010).
756 Chavez, S. 537; so auch Stucke in 2006 Colum. Bus. L. Rev. 443 (451) (2006); Gellhorn/ Kovacic/Calkins, S. 42/43; Spratling in 69 Geo. Wash. L. Rev. 798 (2001).
757 Hammond: „An Update of the Antitrust Division's Criminal Enforcement Program", before the ABA Section of Antitrust Law Cartel Enforcement Roundtable, 16. Nov. 2005, S. 1, abrufbar unter: www.justice.gov/atr/public/speeches/213247.htm (10.12.2010).
758 Antitrust Modernization Commission, Report and Recommendations, April 2007, S. 296, Rn. 50, abrufbar unter: http://govinfo.library.unt.edu/amc/report_recommendation/amc_final_ report.pdf (10.12.2010).
759 United States v. Dunham Concrete Products, Inc., 475 F.2d 1241 (1973).

Justizministerium angekündigt, im Rahmen seiner zukünftigen Tätigkeit auch Verstöße nach Section 2 Sherman Act häufiger aufzugreifen[760].

Das US-Justizministerium entscheidet anhand höchstrichterlicher Rechtsprechung und aktueller wirtschaftspolitischer Zielsetzungen der Exekutive, ob es wettbewerbswidriges Verhalten als Zivilsache oder als Strafverfahren vor Gericht bringt. Als Exekutivorgan ist ihm diese Kompetenz ausschließlich zugewiesen und es verfügt diesbezüglich über Ermessensspielraum[761]. Daneben stehen den Gerichten bundesstaatliche Richtlinien zur Strafzumessung zur Verfügung, die *Sentencing Guidelines for the United States Courts*[762], die von einer eigens dafür vorgesehenen Kommission, der *Sentencing Commission*, periodisch neugefasst werden[763].

4. Vor- und Nachteile strafrechtlicher Sanktionierung von Wettbewerbsverstößen

Die strafrechtliche Verfolgung wettbewerbswidrigen Verhaltens einzelner Individuen schafft unzweifelhaft eine andere Art der Abschreckung als die Verhängung von Bußgeldern gegen Unternehmen[764]. Einige Autoren weisen darauf hin, dass mittels der Androhung strafrechtlicher Sanktionen in Gestalt von Geld- oder Haftstrafen diejenigen Personen von wettbewerbswidrigem Verhalten abgeschreckt werden, die typischerweise am häufigsten die Ursachen dafür setzen[765]. Hauptsächlich sind dies Angehörige der mittleren Managementebene, wie Abteilungsleiter oder Vertriebschefs[766].

Durch die Möglichkeit der strafrechtlichen Ahndung wettbewerbsbeschränkender Praktiken wird zudem die gewinnoptimierende Strategie vieler Unternehmen durchkreuzt, den aus dem Rechtsverstoß möglicherweise zu erlangenden Gewinn gegen die Möglichkeit seiner Entdeckung schlicht abzuwägen und sich anhand dieser Abwägung für oder gegen den Verstoß zu entscheiden[767]. Während Bußgelder von Wettbewerbsbehörden oder die Verpflichtung des Unter-

---

760 Pressemitteilung des Department of Justice vom 11.5.2009, abrufbar unter: www.justice.gov/opa/pr/2009/May/09-at-459.html (10.12.2010).
761 Stucke in 2006 Colum. Bus. L. Rev. 443 (450 FN. 13) (2006).
762 18 USCS Appx § 2R1.1.
763 28 USCS § 994 (a).
764 Wils, S. 183, Rn. 566 ff.
765 Vgl. unter vielen: Wagner-von Papp in WuW 2009, S. 1236 (1248).
766 Renfrew, S. 379 (380); Stucke in 2006 Colum. Bus. L. Rev. 443 (458) (2006) m.w.N.
767 Auf die Verbreitung dieser Verfahrensweise hinweisend: Stucke in 2006 Colum. Bus. L. Rev. 443 (458/459) (2006).

nehmens zum Schadensersatz gegenüber Privaten letztlich mehrheitlich Aktionäre und Kunden treffen dürften, entfalten sie gegenüber denjenigen, die die Wettbewerbsbeschränkung initiierten, abgesehen von unternehmensinternen Sanktionen, keine direkte Wirkung[768].

Die Gefahr für die Verantwortlichen, gegebenenfalls selbst einem etwaigen Strafverfahren entgegenzusehen und Adressat einer Geld- oder Haftstrafe zu werden, entfaltet demgegenüber eine intensivere und direktere Abschreckungswirkung, welche in der Vergangenheit sogar zu umfangreichen Selbstverpflichtungsprogrammen von Firmen hinsichtlich der Beachtung der geltenden Wettbewerbsregeln führte[769], jedoch auch dazu, dass Firmen ihre Mitarbeiter für zu zahlende Geldstrafen entschädigten[770]. Teilweise wird auch die Statthaftigkeit anderer Sanktionen gegenüber Individuen diskutiert, wie ein (zeitlich begrenztes) Berufsverbot für Führungskräfte in öffentlichen Unternehmen[771].

Dem Argument der Abschreckung wird jedoch entgegengehalten, dass der Abschreckungseffekt strafrechtlicher Sanktionen empirischem Beweis unzugänglich sei[772]. Zum einen sei aufgrund der Schwierigkeiten, Kartellsachverhalte offenzulegen, die Bestimmung der absoluten Anzahl von Hardcore-Kartellen unmöglich, wodurch keine verlässlichen Daten hinsichtlich des Einflusses strafrechtlicher Wettbewerbsrechtsdurchsetzung erhoben werden könnten. Zum anderen sei der abschreckende Effekt strafrechtlicher Sanktionen von anderen Faktoren, die die Kartellbildung ermöglichen, wie hohen Marktzutrittsschranken, unelastischer Nachfrage oder laxer Fusionskontrolle[773], nicht zu isolieren[774]. Ebenfalls wird angeführt, dass trotz einer kontinuierlichen Ausweitung des Strafrahmens für

---

768 Vgl. hinsichtlich der in Frage kommenden gesellschaftsrechtlichen Sanktionen: Säcker in WuW 2009, S. 3 und in WuW 2009, S. 362 (366); Dreher leitet in WuW 2009, S. 133 (139) daneben bereits aus dem Wortlaut des § 33 GWB die unmittelbare Haftung des persönlich Handelnden ab.
769 Renfrew, S. 379 (380); OECD Report on Hard Core Cartels: Third report on the implementation of the 1998 Council Recommendation, 2005, S. 26, abrufbar unter: www.oecd.org/dataoecd/58/1/35863307.pdf (10.12.2010).
770 OECD Report on Cartel Sanctions against Individuals, 2003, S. 17, abrufbar unter: www.oecd.org/dataoecd/61/46/34306028.pdf (10.12.2010).
771 OECD Report on Cartel Sanctions against Individuals, 2003, S. 17, abrufbar unter: www.oecd.org/dataoecd/61/46/34306028.pdf(10.12.2010).
772 OECD Report on Hard Core Cartels: Third report on the implementation of the 1998 Council Recommendation, 2005, S. 27, abrufbar unter: www.oecd.org/dataoecd/58/1/35863307.pdf (10.12.2010).
773 Gute Darstellung bei Carlton/Perloff, S. 131.
774 Stucke in 2006 Colum. Bus. L. Rev. 443 (470) (2006).

wettbewerbswidriges Verhalten in den letzten 30 Jahren die Anzahl der entdeckten Kartelle stetig steige[775].

Dem kann jedoch entgegengehalten werden, dass das Volumen grenzüberschreitender Geschäftstätigkeiten, die Wettbewerbsbehörden Anlass zu genauer Prüfung geben, aufgrund des Globalisierungsprozesses seit Anfang der 1990er Jahre ebenfalls exponentiell gestiegen sind[776].

So gehen an Kartellabsprachen beteiligte Führungskräfte zunehmend dazu über, sich entweder in Ländern zu treffen, die von der Kartellabsprache nicht oder nur gering betroffen sind, oder Tochterfirmen in Ländern zu gründen, in denen niedrigere Standards hinsichtlich der Durchsetzung der Anti-Kartellregeln gelten[777]. Beide Strategien schützen aufgrund des in den USA und in der großen Mehrzahl der Wettbewerbsrechtsordnungen geltenden Auswirkungsprinzips[778] nicht vor Strafverfolgung, erschweren die Beweissammlung der Strafverfolgungsbehörden aber erheblich.

Weiterhin wird gegen die Pönalisierung von Wettbewerbsbeschränkungen vorgebracht, dass das Strafrecht an sich überfordert sei, wettbewerbswidrige Verhaltensweisen anhand ihrer Schädlichkeit für Wirtschaft und Gesellschaft einzuordnen[779]. Strafrecht sei dem Grunde nach in erster Linie ein Mittel, moralische Standards in der Gesellschaft aufrechtzuerhalten und durchzusetzen. Es sei seinem Wesen nach nicht geeignet, ökonomische Zielsetzungen zu realisieren, sondern Grundfreiheiten des Einzelnen zu schützen, die dem sozialethischen Konsens entsprechen.

Unter Zugrundelegung dieses „moralischen Auftrags" laufe das Strafrecht ins Leere, da wettbewerbswidrige Verhaltensweisen aufgrund ihres rein ökonomischen Charakters moralisch als neutral anzusehen seien. Vielmehr werde durch die Pönalisierung moralisch neutraler Verhaltensweisen die Effektivität der Bekämpfung sozialinadäquaten Verhaltens durch das Strafrecht beeinträchtigt[780]. Dem wird jedoch entgegengesetzt, dass es keineswegs berechtigt sei, Managern von Wirtschaftsbetrieben zu unterstellen, den Verstoß gegen Rechtsvorschriften lediglich als Kostenfaktor in die Abwägung ihres wirtschaftlichen Verhaltens miteinzubeziehen. Ein Rechtsverstoß stelle hier ebenso eine moralische Hemmschwelle dar wie bei allen anderen Normen[781]. Dies zeige unter anderem die

---

775 Stucke in 2006 Colum. Bus. L. Rev. 443 (473) (2006).
776 Dabbah, S. 13/14; vgl. Kapitel 9 I.
777 Stucke in 2006 Colum. Bus. L. Rev. 443 (455) (2006).
778 Vgl. statt vieler: United States v. Aluminium Co. of America, 148 F.2d 416 (1945); ausführlich unter Kapitel 9 II.
779 Gelhorn/Kovacic/Calkins, S. 43.
780 Stucke in 2006 Colum. Bus. L. Rev. 443 (535) (2006) m.w.N.
781 Stone in 71 Bost. Univ. L. Rev. 383 (389) (1991).

höhere Zahl von Bewerbungen für den Kronzeugenstatus in Rechtsordnungen, die Wettbewerbsverstöße unter Strafe gestellt haben[782].

Jedoch stellt sich die berechtigte Frage, ob Wettbewerbsverstöße, auch Kernbeschränkungen, an sich strafwürdiges Unrecht darstellen. Die Beantwortung dieser Frage innerhalb der unterschiedlichen Rechtssysteme hängt von ökonomischen Zielsetzungen, gesellschaftlichen Wertvorstellungen und nicht zuletzt von der historischen Entwicklung der Wirtschaftsverfassung des jeweiligen Landes und seiner Bevölkerung ab[783]. So muss berücksichtigt werden, dass selbst Preiskartelle oder der Missbrauch von Marktmacht aufgrund ihrer Breitenwirkung von der Bevölkerung ohne die Öffentlichkeitsarbeit der Wettbewerbsbehörden eher als unsichtbare Verstöße wahrgenommen werden die trotz der Tatsache, dass sie unmittelbar kausal für höhere Preise sind, keine für den Einzelnen direkt zu identifizierende Opferwirkung aufzeigen[784].

So schätzt die Europäische Kommission den Schaden, den grenzüberschreitende Hardcore-Kartelle innerhalb der EU-Mitgliedsstaaten verursachen, auf eine Größenordnung zwischen 13 und 37 Milliarden EUR pro Jahr, werden hierzu noch Hardcore-Kartelle addiert, die ausschließlich auf nationaler Ebene Auswirkungen haben, so ergeben sich Schätzungen zwischen 25 und 69 Milliarden EUR pro Jahr, was 0,23 % bis 0,62 % des EU-weiten Bruttoinlandsprodukts entspricht[785].

Abschließend kann festgestellt werden, dass es eine Frage des rechts- und wirtschaftspolitischen Standpunktes ist und darüber hinaus von der Rechtstradition eines Landes abhängt, ob strafrechtliche Sanktionen aufgrund von Wettbewerbsverstößen gegen Individuen eingeführt werden sollen oder nicht. Einige Staaten wie Frankreich und Deutschland haben ein ausgeprägtes System der administrativen Kartellrechtsdurchsetzung entwickelt, während die strafrechtliche Sanktionierung wettbewerbsbeschränkender Praktiken eine marginale Rolle spielt. Demgegenüber sehen andere Staaten, wie die USA, Kanada oder Irland, die Herstellung kartellrechtsmäßiger Zustände als originäre Aufgabe des Strafrechts an[786].

Staaten, in denen sowohl administrative als auch strafrechtliche Sanktionen für wettbewerbswidriges Verhalten in Frage kommen, wie bspw. Frankreich, organisieren das Verhältnis der beiden Sanktionsmechanismen auf dem Prinzip der gegenseitigen Anerkennung. Um nicht den Ne-bis-in-idem-Grundsatz zu

---

782 Wils, S. 182, Rn. 560 ff.; eingehend zu Kronzeugenprogrammen: Kapitel 8.
783 So lehnten es verschiedene OECD Mitgliedsstaaten aufgrund der Inkompatibilität mit ihrer Rechtstradition ab, strafrechtliche Sanktionen für Wettbewerbsverstöße gegen Individuen einzuführen, siehe Stucke in 2006 Colum. Bus. L. Rev. 443 (543) (2006) m.w.N.
784 Gute Darstellung bei Stucke in 2006 Colum. Bus. L. Rev. 443 (541) (2006).
785 Folgenabschätzungsbericht der Kommission zum Weissbuch der Kommission v. 2.4.2008, SEC (2008) 405, S. 14/15, Punkt 2.2, Rn. 42, 43.
786 Übericht bei: Cimamonti, e-Competitions, Criminal Antitrust-I, S. 1 m.w.N.

verletzen, erkennen die Strafgerichte bereits durch die nationale Wettbewerbsbehörde verhängte Sanktionen an und umgekehrt[787].

Interessanterweise wird ein von der Wettbewerbsbehörde anerkannter Kronzeugenstatus von den französischen Strafverfolgungsbehörden nicht akzeptiert und schließt eine spätere Verurteilung im Gegensatz zur britischen Rechtsordnung nicht aus[788]. Die Befürworter von Geld- oder Haftstrafen gegen Individuen führen im Wesentlichen an, dass diese im Vergleich zu Bußgeldsanktionen gegen Unternehmen ein wesentlich höheres Abschreckungspotential entfalten. Während Bußgeldsanktionen gegen Unternehmen größtenteils an den wahren Verantwortlichen vorbeigingen und überwiegend von Aktionären und Konsumenten getragen würden, etabliere die Strafdrohung gegenüber dem einzelnen Mitglied der Unternehmensführung eine wesentlich höhere Hemmschwelle, Wettbewerbsbeschränkungen zu verursachen oder zu tolerieren. Hierbei sind ausschließlich Kernbeschränkungen, wie Kartelle und Submissionsabsprachen, Gegenstand der Diskussion. Dementsprechend haben auch alle Wettbewerbsrechtsordnungen, die strafrechtliche Sanktionen gegen Individuen vorsehen, den Anwendungsbereich einschlägiger Strafvorschriften entweder de lege lata oder aufgrund geltender Praxis der Strafverfolgungsbehörden auf Kernbeschränkungen limitiert. Insbesondere deshalb, weil gemeinhin anerkannt ist, dass Hardcore-Verstöße ausschließlich negative Wirkung auf Wirtschaft, Wettbewerb und Konsumentenwohlfahrt zeigen können. Das Argument einer intensivierten Abschreckungswirkung mittels strafrechtlicher Sanktionen gegen Individuen erscheint schlüssig und nachvollziehbar. Die Tatsache, dass diese ergänzende abschreckende Wirkung nicht empirisch nachweisbar ist, spricht nicht von vornherein gegen sie. Die fehlende empirische Nachweisbarkeit ist vielmehr im verborgenen Charakter von Kartellen begründet, der exakte Schätzungen ihrer absoluten Anzahl unmöglich macht. Auch die steigende Häufigkeit der Entdeckung von Kernbeschränkungen, insbesondere von Preisabsprachen, in den letzten zehn bis fünfzehn Jahren spricht nicht gegen den Abschreckungseffekt strafrechtlicher Sanktionen.

Zwar ist der Einwand, Kartellrechtsnormen enthielten unvermeidlich weitgehend unbestimmte Rechtsbegriffe, berechtigt, dem Kartellrecht jedoch aufgrund der Vielgestaltigkeit möglicher Fallkonstellationen von vornherein die Geeignetheit als Grundlage strafrechtlicher Sanktionen abzusprechen, erscheint unangemessen[789].

---

787 Übericht bei: Cimamonti, e-Competitions, Criminal Antitrust-I, S. 2.
788 Cimamonti, e-Competitions, Criminal Antitrust-I, S. 2.
789 So aber Möschel in WuW 2007, S. 483 (487), der die unbestimmten Rechtsbegriffe in Kartellrechtsnormen als Hindernis für kartellrechtlichen Privatrechtsschutz sieht, sich jedoch widersprüchlicherweise in WuW 2006, S. 115 für den Ausbau strafrechtlicher kartellrechtlicher Sanktionsmechanismen ausspricht.

Die strafrechtliche Verfolgung derjenigen, die die schwerwiegendsten Wettbewerbsbeschränkungen unmittelbar verursachen, schafft ein zusätzliches Maß an Abschreckung, für das, angesichts zunehmender Aufdeckung internationaler Kartelle, ein Bedürfnis besteht[790]. So gingen bei der Europäischen Kommission zwischen Februar 2002 und Dezember 2005 167 Nachfragen von Unternehmen ein, die eine Teilnahme an Kartellaktivitäten zugaben und sich für den Kronzeugenstatus qualifizieren wollten. Jedoch traf die Kommission im Jahr 2006 lediglich sieben Kartellentscheidungen[791].

Insbesondere kann die strafrechtliche Ahndung von Wettbewerbsverstößen für die an Kartellabsprachen beteiligten Personen einen starken Anreiz bieten, Kronzeugenregelungen in Anspruch zu nehmen und mit den Strafverfolgungsbehörden zu kooperieren[792], was im Rahmen von Follow-on-Klagen auch den privaten Schadensersatzklägern zugutekommt. Jedoch darf eine ergänzende Pönalisierung der schwerwiegendsten Wettbewerbsbeschränkungen nicht als Substitut für die Schaffung eines ausgeprägten Systems der Rechtsdurchsetzung mittels Schadensersatzansprüchen angesehen werden. Zum einen fallen strafrechtliche Sanktionen im Bereich der Missbrauchsaufsicht und der Vertikalvereinbarungen aus den genannten Gründen weg, zum anderen erfolgt ein weiterer Ausbau der öffentlichen Wettbewerbsaufsicht gegenläufig zu den gegenwärtigen Bemühungen des nationalen und europäischen Gesetzgebers, die Kompensation der Geschädigten herbeizuführen und als rechtspolitisches Instrument der Abschreckung aufzuwerten.

Darüber hinaus sind Intensität und Ausgestaltung strafrechtlicher Verfolgung von Wettbewerbsverstößen von den praktizierten wirtschafts- und gesellschaftspolitischen Zielsetzungen der Exekutive abhängig. Die Wettbewerbpolitik des Republikanischen Präsidenten Ronald Reagan und in abgeschwächtem Maße auch die seines Nachfolgers George Bush I folgte den Grundsätzen der *Chicago School*[793]. In der Praxis wirkte sich dies dahingehend aus, dass die Wettbewerbs-

---

790 OECD Report on Hard Core Cartels: Third report on the implementation of the 1998 Council Recommendation, 2005, S. 26, abrufbar unter: www.oecd.org/dataoecd/58/1/35863307.pdf (10.12.2010).
791 Daly in Bloomberg European Business Law Journal 2007, S. 315 (316); zur Problematik insgesamt: Soltész in WuW 2006, S. 867; vgl. European Commission, Cartel Statistics, Punkt 1.9, S. 5 (Stand: 9. November 2010), abrufbar unter: http://ec.europa.eu/competition/cartels/statistics/statistics.pdf (10.12.2010).
792 OECD Report on Hard Core Cartels: Third report on the implementation of the 1998 Council Recommendation, 2005, S. 26/27 abrufbar unter: www.oecd.org/dataoecd/58/1/35863307.pdf (10.12.2010).
793 Gelhorn/Kovacic/Calkins, S. III; eingehend zu den Grundsätzen der Chicago School: Bork, S. XI.

behörden fast ausschließlich Kartelle verfolgten[794]. In den Jahren von 1981 bis 1992 wurden von den US-Wettbewerbsbehörden lediglich drei Untersuchungen wegen Monopolisierung oder versuchter Monopolisierung nach Section 2 eingeleitet[795].

II. Wettbewerbsrechtsdurchsetzung mittels straf- bzw. bußgeldrechtlicher Sanktionen gegen Unternehmen

1. Grundkonzeption der Bußgeldverhängung gegen Unternehmen

Öffentlicher Kartellrechtsdurchsetzung kommen insgesamt drei Hauptfunktionen zu: die Klarstellung des Normeninhalts, die Verhinderung der Verletzung dieser Normen und die Definition von Konsequenzen, falls Rechtsverstöße dennoch stattfanden.

Innerhalb dieser Trias wird der Schaffung von Abschreckung vor neuen Verstößen eine zentrale und vorrangige Bedeutung beigemessen[796]. Die Europäische Kommission wendet deshalb, gebilligt durch den Gerichtshof, bei der Bußgeldbemessung explizit einen sog. Abschreckungsmultiplikator an[797]. Die Kosten wettbewerbswidrigen Verhaltens können hierbei von hoheitlicher Seite nicht nur durch die Verhängung von Bußgeldern in die Höhe getrieben werden. Auch die zwingende Nichtigkeitsfolge wettbewerbsbeschränkender Absprachen erhöht deren Kosten, da sie die rechtliche Durchsetzbarkeit der Absprachen unmöglich und Kartelle damit fragiler macht. Ebenso können Kronzeugenregelungen die Durchführbarkeit von Kartellen erschweren und deren Kosten erhöhen, da sie die Kartellpartner in höherem Maße zum Bruch der Absprache verleiten[798].

Der Hauptabschreckungseffekt von Bußgeldsanktionen besteht jedoch in der Schaffung einer ernst zu nehmenden Drohung gegenüber den Unternehmen, im Fall einer Wettbewerbsbeschränkung verfolgt und mit einer Geldbuße belegt zu werden. Diese Drohung soll die Abwägung finanzieller Vor- und Nachteile wettbewerbswidrigen Verhaltens durch profitmaximierende Unternehmen im Idealfall

---

794 Stucke in 2006 Colum. Bus. L. Rev. 443 (452). (2006) m.w.N.
795 Gelhorn/Kovacic/Calkins, S. III.
796 Wils, S. 50, 51, Rn. 167, 169.
797 Vgl. EuGH, 29.6.2006, RS-C-289/04 P, Slg. 2006, S. I 5859 – Showa Denko KK gegen Kommission der Europäischen Gemeinschaften, Rn. 15.
798 Übersicht bei Wils, S. 52, Rn. 172.

von vornherein zuungunsten des wettbewerbswidrigen Verhaltens beeinflussen. Zumindest vom Abschreckungsgesichtspunkt aus gesehen ist unerheblich, ob dies von öffentlicher oder privater Seite aus geschieht[799].

Hierbei ist zu beachten, dass die finanziellen Nachteile wettbewerbswidrigen Verhaltens von den Unternehmen nur in der Höhe in die Abwägung eingestellt werden, in der auch die potentielle Entdeckung dieses Verhaltens droht, d.h. die nominale Höhe des Bußgeldes multipliziert mit der Wahrscheinlichkeit der Entdeckung dieses Verstoßes. Um Abschreckung zu entfalten, muss die minimale Höhe des Bußgeldes demnach dem zu erwartenden finanziellen Vorteil entsprechen, multipliziert mit dem Kehrwert der Höhe der Wahrscheinlichkeit der Entdeckung der Wettbewerbsbeschränkung. Nach diesem *Abschreckungsansatz* orientiert sich die Höhe zu verhängender Bußgelder ausschließlich daran, ob diese im Einzelfall die optimale Abschreckungswirkung entfalten.

Dem steht der sog. *Internalisierungsansatz* gegenüber. Hiernach soll sich die Höhe der Geldbuße am Nettoverlust orientieren, den alle Personen außer dem Rechtsverletzer adäquat kausal durch die Wettbewerbsbeschränkung erlitten haben. Dieser Betrag wiederum wird mit dem Kehrwehrt der Wahrscheinlichkeit einer Entdeckung des Rechtsverstoßes multipliziert[800]. Die so gefundene Höhe des Bußgeldes zwinge den Rechtsverletzer, alle durch den Rechtsverstoß verursachten Vor- und Nachteile zu internalisieren. Hierdurch werde er dazu angehalten, ausschließlich Verhaltensweisen vorzunehmen, die gesamtwirtschaftlich vorteilhaft sind, d.h. sich als gesamtwirtschaftlich effizient darstellen. Der Internalisierungsansatz geht auf die Chicago School zurück, die das Ziel des Verbots wettbewerbsbeschränkender Verhaltensweisen ausschließlich darin sieht, gesamtwirtschaftliche Effizienz bzw. gesamtwirtschaftliche Wohlfahrt zu maximieren. Diese wird als die Summe der wirtschaftlichen Wohlfahrt sowohl von Käufern als auch von Verkäufern begriffen[801]. Der Internalisierungsansatz steht jedoch im Widerspruch zu der heute überwiegend vertretenen Zielvorstellung des Kartellrechts, Beeinträchtigungen der Konsumentenwohlfahrt zu verhindern und damit einem Transfer wirtschaftlichen Wohlstandes von Konsumenten zu Produzenten vorzubeugen[802].

Unter Zugrundelegung dieser Zielvorstellung ist es konsequent, den Abschreckungsansatz zu vertreten, da der Schutz der Konsumentenwohlfahrt notwendigerweise die Verhinderung aller Wettbewerbsverstöße voraussetzt, unab-

---

799 So auch Polinski, S. 88; Wils, S. 55, FN. 37 m.w.N.
800 Wils, S. 56, 57, Rn. 184, 185.
801 Übersicht bei Wils, S. 56, 57, Rn. 185, 187 unter Verweis auf Becker und Landes; Carlton/Perloff, S. 634.
802 Vgl. Bekanntmachung der Kommission – Leitlinien für vertikale Beschränkungen, ABl. C 130 vom 19.5.2010, S. 21, Rn. 97.

hängig davon, ob der Vorteil des Rechtsverletzers den Schaden der Konsumenten übersteigt. Dies wird umso deutlicher, wenn man den Schutz der Wahlfreiheit von Konsumenten oder die Gewährleistung offener Marktstrukturen als von den Zielen des Kartellrechts mit umfasst ansieht[803].

Wie bereits im Zusammenhang mit der Thematik des Straf- und Mehrfachschadensersatzes erwähnt, existieren Stimmen in der Literatur, die bereits ausreichende Abschreckung vor Wettbewerbsverstößen durch bußgeldrechtliche Sanktionen gegen Unternehmen gewährleistet sehen. Sie weisen auf ständig steigende Bußgelder hin, die von den Wettbewerbsbehörden verhängt werden[804]. So können sowohl von der europäischen Kommission als auch vom Bundeskartellamt Geldbußen in Höhe von 10 % des Gesamtumsatzes eines Unternehmens verhängt werden[805]. Dies entspreche, unter Zugrundelegung einer durchschnittlichen Gewinnrendite europäischer Unternehmen von 2 % nach Steuern, dem Entzug des Gewinns eines Unternehmens für einen Zeitraum von fünf Jahren[806]. In der Tat erwecken spektakuläre Bußgeldentscheidungen der Kommission, wie das Rekordbußgeld im Kartell der Autoglashersteller in Höhe von 1,38 Mrd. EUR[807] oder im E.ON/GDF-Gaskartell in Höhe von 1,1 Mrd. EUR[808], den Eindruck, dass den Wettbewerbsbehörden ausreichende Instrumentarien gegen Rechtsverletzungen von Unternehmen zur Verfügung stehen, die den Aufbau einer eigenständigen Säule der privatrechtlichen Rechtsdurchsetzung unter Abschreckungsgesichtspunkten obsolet machen.

Anfang 2007 wurden die vier größten Hersteller von Aufzügen in Deutschland von der Kommission zu einem Bußgeld von insgesamt 992 Millionen EUR verurteilt[809]. Die Höhe des Bußgeldes wurde unter anderem mit der außergewöhnlichen Dauer des Preiskartells begründet[810]. Die Thyssen-Krupp AG, eines der Kartellmitglieder, wurde zur Zahlung einer Einzelgeldbuße von 480 Millionen EUR verurteilt, da sie in der Vergangenheit wiederholt die Wettbewerbsregeln

---

803 Wils, S. 57, Rn. 188.
804 Möschel in WuW 2007, S. 483 (488); a.A.: Daly in Bloomberg European Business Law Journal 2007, S. 315.
805 Art. 23 II S. 2 VO 1/2003; § 81 IV S. 2 GWB.
806 Möschel in WuW 2007, S. 483 (488).
807 Entscheidung der Kommission vom 12. November 2008, Zusammenfassung in ABl. Nr. C 173 vom 25.7.2009 – Car Glass, S. 13-16.
808 Entscheidung der Kommission vom 8. Juli 2009, Zusammenfassung in ABl. Nr C 248 vom 16.10.2009, S. 5-6.
809 Entscheidung der Kommission vom 21.2.2007, COMP/E-1/38.823, Zusammenfassung in ABl. Nr. C 075 v. 26.3.2008, S. 19; gute Darstellung in: Handelsblatt vom 22.2.2007, S. 1.
810 Entscheidung der Kommission vom 21.2.2007, ABl. Nr. C 075 v. 26. 3. 2008, S. 19 – Aufzüge und Rolltreppen, Rn. 14.

der Gemeinschaft verletzte[811]. Ebenso wurde Anfang 2007 die Siemens AG aufgrund eines Preiskartells zu einem Bußgeld von 419 Millionen EUR verurteilt[812]. Bereits im Jahr 2001 hat die Kommission gegen Hoffmann-La Roche aufgrund eines Vitaminkartells eine Einzelgeldbuße in Höhe von 462 Millionen EUR verhängt[813]. Insgesamt mussten die acht beteiligten Vitaminhersteller, die zwischen September 1989 und Februar 1999 Preisabsprachen trafen und Gebietsaufteilungen vereinbarten, 855 Millionen EUR Geldbuße zahlen[814].

2. Wettbewerbsrechtsdurchsetzung mittels Geldstrafen in den USA

Auch in den USA wird in den letzten zwei Jahrzehnten, insbesondere im Bereich der Kernbeschränkungen, verstärkt auf die zusätzliche Verhängung von Geldstrafen gesetzt. Bei Unternehmen und Unternehmensvereinigungen reicht der Strafrahmen von Section 1 und 2 des Sherman Act bis zu einer Geldstrafe von 100 Millionen USD. Er wurde zuletzt im Jahr 2004 durch den Antitrust Criminal Penalty Enhancement and Reform Act[815] von zehn auf 100 Millionen USD ausgeweitet. Die Unterscheidung zwischen Geldstrafe und Bußgeld entfällt, da nach Section 7 des Sherman Act auch juristische Personen in einem Strafverfahren wegen Verstoßes gegen Vorschriften des Sherman Act verurteilt werden können[816].

Das US-Justizministerium scheut sich nicht, von den ihm zur Verfügung stehenden strafrechtlichen Instrumentarien Gebrauch zu machen. So wurde im Mai 1999 die Firma Hoffmann-La Roche Ltd. nach einem Geständnis über die Durchführung eines internationalen Preis- und Gebietskartells zu einer Geldstrafe von 500 Millionen USD verurteilt[817]. Die BASF AG, Mitglied im gleichen Kartell, gestand den Verstoß ebenfalls und wurde zu einer Geldstrafe von 225

---

811 Entscheidung der Kommission vom 21.2.2007, ABl. Nr. C 075 v. 26.3.2008, S. 19 – Aufzüge und Rolltreppen, Rn. 15.
812 Entscheidung der Kommission vom 24.1.2007, ABl. Nr. C 005 v. 10.1.2008, S. 7 – Gasisolierte Schaltanlagen.
813 Entscheidung der Kommission vom 22.11.2001, ABl. Nr. L 006 vom 10.1.2003, S. 1 – Vitamine.
814 Entscheidung der Kommission vom 22.11.2001, ABl. Nr. L 006 vom 10.1.2003, S. 1 – Vitamine.
815 Antitrust Criminal Penalty Enhancement and Reform Act of 2004, Pub. L. No. 108-237, 118 Stat. 661, 665-669.
816 Vgl. Section 8 Sherman Act, 15 U.S.C. § 8 (Stand: 1. Februar 2010): *„The word 'person', or 'persons', wherever used in sections 1 to 7 of this title shall be deemed to include corporations and associations existing under or authorized by the laws of either the United States, the laws of any of the Territories, the laws of any State, or the laws of any foreign country."*
817 Pressemitteilung des DoJ vom 20.5.1999, abrufbar unter: www.justice.gov/atr/public/press_releases/1999/2450.htm (10.12.2010).

Millionen USD verurteilt. Im Jahr 2007 wurden Korean Air Lines Co., Ltd. und British Airways jeweils zu einer Geldstrafe in Höhe von 300 Millionen USD verurteilt[818]. In allen genannten Beispielsfällen überstiegen die Geldstrafen die Strafrahmenobergrenzen des Sherman Act um ein Vielfaches. Um höhere Geldstrafen für die Beschuldigten vor Gericht fordern zu können, wird eine Alternativvorschrift zur Strafzumessung aus dem allgemeinen Strafprozessrecht herangezogen[819]. Hiernach kann maximal der doppelte finanzielle Vorteil, den der Beschuldigte aus der Rechtsverletzung gezogen hat, als Grundlage der Strafbemessung herangezogen werden[820]. Von dieser Möglichkeit macht das US-Justizministerium in den letzten zwei Dekaden verstärkt Gebrauch[821].

Dennoch dürfte in der Mehrheit aller Fälle die Möglichkeit der Einreichung privater Klagen auf dreifachen Schadensersatz die einschneidendere wirtschaftliche Sanktion darstellen, selbst wenn man, der direct purchaser rule folgend, eine Anspruchsberechtigung mittelbarer Abnehmer ausschließt[822].

Insgesamt kann bis heute eine deutliche Tendenz hin zu einem extensiveren Gebrauch von Gelstrafen festgestellt werden. Bis zum Jahre 1994 wies die höchste Geldstrafe, die aufgrund einer Verletzung des Sherman Act verhängt wurde, einen Betrag von sechs Millionen USD auf. Von 1994 bis 2007 wurden gegen 56 Unternehmen Geldstrafen von zehn Millionen USD oder mehr verhängt, während gegen elf Unternehmen Geldstrafen von mehr als 100 Millionen USD verhängt wurden[823].

In den Haushaltsjahren von 1987 bis 1997 wurden pro Jahr durchschnittlich 29 Millionen USD Geldstrafen verhängt. Danach machte sich ein spürbarer Trend zu einem intensiveren Gebrauch strafrechtlicher Instrumente bemerkbar. Allein im Haushaltsjahr 1997 wurde ein Betrag von insgesamt 205 Millionen USD Geldstrafen an Unternehmen verhängt. Das Haushaltsjahr 1999 stellte mit einem Betrag von 1,1 Milliarden USD den vorläufigen Höhepunkt dieser Entwicklung dar. Die 1999 verhängten Geldstrafen überstiegen die Gesamtsumme aller Geldstrafen, die seit Inkrafttreten des Sherman Act im Jahre 1890 verhängt

---

818 Hammond in: The 56th Annual Spring Meeting of the Department of Justice, March 26, 2008, S. 12, abrufbar unter: www.justice.gov/atr/public/speeches/232716.htm (10.12.2010).
819 18 USCS § 3571 Sentence of Fine.
820 18 USCS § 3571 (d): „*If any person derives pecuniary gain from the offense, or if the offense results in pecuniary loss to a person other than the defendant, the defendant may be fined not more than the greater of twice the gross gain or twice the gross loss, unless imposition of a fine under this subsection would unduly complicate or prolong the sentencing process.*"
821 Harrison/Bell in 6 Hous. Bus. & Tax L.J. 207 (213) (2006).
822 Vgl. Baker in 69 Geo. Wash. L. Rev. 693 (703) (2001).
823 Hammond in The 56th Annual Spring Meeting of the Department of Justice, March 26, 2008, S. 12, abrufbar unter: www.justice.gov/atr/public/speeches/232716.pdf (10.12.2010).

wurden. Der fortschreitende Anstieg der insgesamt aufgrund von Antitrustverstößen verhängten Geldstrafen beruht auch auf dem zunehmenden Erfolg der vom US-Justizministerium 1978 eingeführten und 1993 modifizierten Kronzeugenregelung (*amnesty program*)[824].

Mit Zunahme der Unternehmen, die sich für die Kronzeugenregelung bewarben, stieg auch die Summe der im Rahmen von Kartellsachverhalten gegen Unternehmen verhängten Geldstrafen an[825].

Die Tendenz, höhere Geldstrafen zu verhängen, setzt sich laut Statistik fort und geht auf den direkten politischen Willen zurück, die Strafverfolgung bei Wettbewerbsverstößen zu intensivieren[826]. Die Geltungsverschaffung der Antitrustgesetze durch strafrechtliche Sanktionierung wurde sogar als „wichtigster Teil" der Arbeit der Antitrust Division des Departments of Justice bezeichnet[827]. Im Haushaltsjahr 2006 wurden insgesamt 473 Millionen USD als Geldstrafe gegen Unternehmen verhängt, während es im Haushaltsjahr 2007 insgesamt 630 Millionen USD waren[828]. In der Dekade von 1997 bis 2007 wurden insgesamt 2,4 Milliarden USD Geldstrafen gegen Unternehmen aufgrund von Verstößen gegen den Sherman Act verhängt[829].

3. Abwägung der Vor- und Nachteile bußgeldrechtlicher Sanktionen gegenüber privaten Schadensersatzklagen

a) Abschreckung

Den Befürwortern bußgeldrechtlicher Abschreckung vor Kartellverstößen wird entgegengehalten, dass die aufgeführten spektakulären Fälle lediglich die Spitze

---

824 Harrison/Bell in 6 Hous. Bus. & Tax L.J. 207 (216) (2006); vgl. zudem unter Kapitel 8 I.
825 Spratling in: „Making Companies an Offer They Shouldn't Refuse: The Antitrust Division's Corporate Leniency Policy – an Update", Rede vom 16.2.1999, abrufbar unter: www.justice.gov/atr/public/speeches/2247.pdf (10.12.2010).
826 Hammond: „From Hollywood to Hong Kong, Criminal Antitrust Enforcement is Coming to a city near you", Rede vom 9. 9. 2001, abrufbar unter: www.justice.gov/atr/public/speeches/9891.htm (10.12.2010).
827 Hewitt: „Anti-Cartel Enforcement: The Core Antitrust Mission", Address Before the British Institute of International and Comparative Law Third Annual Conference on International and Comparative Law (16.5.2003), abrufbar unter: www.justice.gov/atr/public/speeches/201199.htm (10.12.2010).
828 Hammond in: The 56th Annual Spring Meeting of the Department of Justice, March 26, 2008, S. 11, abrufbar unter: www.justice.gov/atr/public/speeches/232716.pdf (10.12.2010).
829 Hammond in: The 56th Annual Spring Meeting of the Department of Justice, March 26, 2008, S. 11, abrufbar unter: www.justice.gov/atr/public/speeches/232716.pdf (10.12.2010).

des Eisbergs darstellten. Praxisnahe Beobachter beklagen, dass die Entscheidungsprozesse der Kommission zu langsam seien, um die Kartellproblematik nur ansatzweise in den Griff zu bekommen[830]. Weiterhin wird angeführt, dass Unternehmen erhebliche Bußgeldnachlässe erzielen können, falls sie mit der Kommission kooperieren, und auch von den Gemeinschaftsgerichten teils erhebliche Bußgeldreduktionen gewährt werden.

Die Untersuchung von 30 Bußgeldentscheidungen, die die Kommission von 1999 bis 2006 in Kartellfällen traf, kam zu dem Ergebnis, dass ca. 85 % aller Kartellentscheidungen einer rechtlichen Überprüfung durch die Gemeinschaftsgerichte unterzogen wurden[831]. Dies führte zu einer durchschnittlichen Bußgeldreduktion von 22,7 %[832].

Nicht abzustreiten ist, dass die Entscheidungspraxis der Wettbewerbsbehörden zunimmt, Bußgelder zu verhängen, die der Größenordnung nach ohne weiteres an die Beträge heranreichen, auf die Unternehmen in den USA in Zivilklagen auf dreifachen Schadensersatz verurteilt werden. Deshalb wird teilweise vertreten, dass die bloße Erhöhung der durch die Wettbewerbsbehörden zu verhängenden Bußgelder eine kosteneffizientere Abschreckung liefere als die Erleichterung privater Schadensersatzklagen und darüber hinaus konsistenten wettbewerbspolitischen Zielsetzungen zugänglich sei und nicht von den Partikularinteressen der Kläger dominiert werde[833].

Insoweit wird vorgebracht, dass die Kartellbehörden zum einen über die effektiveren Ermittlungsbefugnisse und Sanktionsmöglichkeiten verfügten, welche sie zum Zwecke des Gemeinwohls einsetzten und, anders als private Kläger, nicht von Eigeninteressen getrieben würden, die bisweilen dem öffentlichen Interesse diametral entgegenstünden[834].

Von Beginn des Jahres 2006 bis Mitte des Jahres 2010 (20. Juli 2010) wurden von der Europäischen Kommission insgesamt 10,7 Mrd. EUR an Bußgeldern wegen Verstößen gegen die Wettbewerbsregeln der Gemeinschaft verhängt, während im Zeitraum von 2000-2004 3,46 Mrd. EUR und im Zeitraum von 1995-1999 lediglich 292,8 Mio. EUR an Bußgeldern verhängt wurden[835]. Diese

---

830 Daly in Bloomberg European Business Law Journal 2007, S. 315 (317); die Verfolgungsgerechtigkeit gefährdet sieht Soltész in WuW 2006, S. 867.
831 Veljanovski in World Competition 30(1) S. 65 (76) (2007) abrufbar unter: http://www.casecon.com/data/pdfs/Cartel%20Fines%20in%20Europe.pdf (10.12.2010).
832 Veljanovski in World Competition 30 (1) S. 65 (78) (2007) abrufbar unter: http://www.casecon.com/data/pdfs/Cartel%20Fines%20in%20Europe.pdf (10.12.2010).
833 Buxbaum in Basedow, S. 41 (48) m.w.N.; die Fixierung der Kommission auf die private Rechtsdurchsetzung kritisierend: Ritter in WuW 2008, S. 762 (773).
834 Vgl. Mäger/Zimmer/Milde in WuW 2009, S. 885 (894).
835 European Commission, Cartel Statistics (Stand: 9. November 2010) abrufbar unter: http://ec.europa.eu/competition/cartels/statistics/statistics.pdf (10.12.2010).

Tendenz der Kommission, ihren Bußgeldrahmen auszuweiten, hängt auch mit den am 1. September 2006 erlassenen neuen Leitlinien zur Bußgeldbemessung zusammen[836]. Die Kommission stellt hier nun ausdrücklich klar, dass mitbestimmender Zweck der Bußgeldsanktionierung auch die Abschreckung vor neuen Verstößen ist[837].

Dennoch wird insbesondere von Praktikern bezweifelt, dass die von der Kommission praktizierte Bußgeldpolitik das notwendige Maß an Abschreckung liefern kann[838]. So empfiehlt eine 2002 veröffentlichte Studie der OECD, Bußgelder in dreifacher Höhe des durch die Kartellabsprache erlangten Gewinns der Kartellanten[839]. Die Empfehlung eines Abschreckungsmultiplikators von drei basiert auf der Annahme, dass lediglich eines von drei Hardcore-Kartellen aufgedeckt wird. Hiervon ging auch der US-amerikanische Gesetzgeber aus, als er das Rechtsinstitut des dreifachen Schadensersatzes in Section 4 des Clayton Act normierte[840]. Teilweise wird jedoch von einer weit geringeren Wahrscheinlichkeit der Entdeckung von Hardcore-Verstößen ausgegangen, die sich im Bereich zwischen 1/6 und 1/7 bewegen soll[841]. Infolgedessen kommen Kommentatoren zu dem Ergebnis, dass ein wesentlich höherer Abschreckungsmultiplikator, bis hin zum 17-Fachen des erlangten Kartellerlöses, notwendig sei, um optimale Abschreckung zu gewährleisten[842].

Eine Untersuchung von 24 Bußgeldentscheidungen, die die Kommission von 1999 bis 2006 in Kartellfällen traf, ergab, dass die von der Kommission verhängten Bußgelder in der großen Mehrzahl der Fälle hinter den durch die Kartellabsprachen hervorgerufenen Verlusten der Konsumenten zurückblieben, geht man von einer durchschnittlichen jährlichen kartellbedingten Preissteigerung von 20 % aus[843].

---

836 Leitlinien der Kommission für das Verfahren zur Festsetzung von Geldbußen, ABl. Nr. C 210 vom 1.9.2006, S. 2.
837 Leitlinien der Kommission für das Verfahren zur Festsetzung von Geldbußen, ABl. Nr. C 210 vom 1.9.2006, S. 2, Rn. 4.
838 Daly in Bloomberg European Business Law Journal 2007, S. 315 (318).
839 OECD Report on the Nature and Impact of Hard Core Cartels and Sanctions against Cartels under National Competition Laws, v. 9.4.2002, S. 13, Rn. 36, abrufbar unter: www.oecd.org/dataoecd/16/20/2081831.pdf (10.12.2010).
840 Buxbaum in Basedow, S. 41 (52).
841 OECD Report on the Nature and Impact of Hard Core Cartels and Sanctions against Cartels under National Competition Laws, v. 9.4.2002, S. 13, Rn. 36, abrufbar unter: www.oecd.org/dataoecd/16/20/2081831.pdf (10.12.2010).
842 Veljanovski in World Competition, 30(1) S. 65 (81) (2007) abrufbar unter: http://www.casecon.com/data/pdfs/Cartel%20Fines%20in%20Europe.pdf (10.12.2010).
843 So Veljanovski in World Competition, 30(1) S. 65 (79) (2007) abrufbar unter: http://www.casecon.com/data/pdfs/Cartel%20Fines%20in%20Europe.pdf (10.12.2010); von 24-29% gehen Connor und Helmers auf S. 21 aus (Stand: 11.3.2008), abrufbar unter: http://ssrn.com/abstract=1103610 (10.12.2010).

In lediglich drei der 24 untersuchten Bußgeldentscheidungen entsprachen die verhängten Bußgelder den bei den Konsumenten verursachten Schäden, in 17 Fällen unterschritten sie diese sogar um mehr als 60 %[844]. Darüber hinaus wird von Praktikern kritisiert, dass die Kommission von Sektor zu Sektor unterschiedliche Verfolgungspräferenzen ausübt. Dementsprechend bestünden in manchen Sektoren gute Chancen, letztlich überhaupt keine Geldbuße zu erhalten, während in anderen Sektoren Verstöße kompromisslos verfolgt und geahndet würden[845].

Trotz der Tendenz der Europäischen Kommission und anderer nationaler Wettbewerbsbehörden, die Bußgeldrahmen für Wettbewerbsverstöße immer weiter auszudehnen, ist davon auszugehen, dass die Abschreckungswirkung in einem dezentralen System der ausgeprägten und effektiven privaten Kartellrechtsdurchsetzung höher ist als in einem System, das ausschließlich auf administrative Sanktionen setzt[846]. Dies ist insbesondere dann anzunehmen, wenn das Instrumentarium privater Kläger Mehrfachschadensersatz und die Möglichkeit der kollektiven Geltendmachung von Schadensersatzansprüchen mittels Sammelklagen umfasst.

b) Ökonomische Verträglichkeit

Von Kritikern wird vorgebracht, dass eine umfangreiche Verlagerung der Abschreckungsfunktion der Geldbußen auf private Kläger sowohl hinsichtlich einer möglichen Überbelastung der Unternehmen als auch in Bezug auf potentiellen Missbrauch keinerlei administrativen Kontrolle unterstehe[847]. Dies ist insbesondere in Fallgestaltungen von erheblicher Bedeutung, in denen ein Unternehmen einer Vielzahl von Schadensersatzgläubigern gegenübersteht und dadurch in seiner Überlebensfähigkeit gefährdet ist.

Während sowohl die Europäische Kommission[848] als auch das Bundeskartellamt[849] eine derartige Situation aufgrund des Verhältnismäßigkeitsgrundsatzes von Amts wegen zu berücksichtigen haben und ihr aufgrund des ihnen eingeräumten Ermessens Rechnung tragen können, gilt dies weder für den privaten Kläger noch für den Zivilrichter. Funktion der Zivilgerichte ist es, das Bestehen

---

844 Veljanovski in World Competition, 30(1) S. 65 (80) (2007), abrufbar unter: http://www.casecon.com/data/pdfs/Cartel%20Fines%20in%20Europe.pdf (10.12.2010).
845 Soltész in WuW 2006, S. 867.
846 Ausdrücklich: Weißbuch der Kommission v. 2.4.2008, KOM (2008) 165 engültig, Punkt 1.2., S. 3; Folgenabschätzungsbericht der Kommission, 2.4.2008, SEC (2008) 405, Punkt 2.1., Rn. 38.
847 Mäger/Zimmer/Milde in WuW 2009, S. 885 (894).
848 Leitlinien der Kommission für das Verfahren zur Festsetzung von Geldbußen ABl. Nr. C 210 vom 1. 9. 2006, S. 2, Rn. 35.
849 Vgl. Bußgeldleitlinien des Bundeskartellamts, Bekanntmachung Nr. 38/2006, Rn. 24.

oder Nichtbestehen von Rechten verbindlich festzustellen und nicht deren Umfang und Reichweite nach eigenem Ermessen zu bestimmen[850]. Diesbezüglich steht für die Zivilgerichte ausschließlich die privatrechtliche Beziehung zwischen Kläger und Beklagtem im Vordergrund, während öffentliche bzw. gesamtwirtschaftliche Interessen keine Rolle spielen können[851].

Es sind damit Szenarien denkbar, in denen ein Unternehmen aufgrund massiver Schadensersatzforderungen der Geschädigten nicht mehr in der Lage ist, finanziell zu überleben. Die finanzielle Knebelung von Unternehmen, bzw. deren Insolvenz, hat erhebliche negative soziale und ökonomische Folgen. So wird durch das Schwinden der finanziellen Leistungsfähigkeit und dadurch bedingter Insolvenzgerüchte typischerweise der Aktienkurs negativ beeinträchtigt, was Kleinanleger im Allgemeinen mehr schädigt als institutionelle Anleger. Ebenso sinken Steuereinnahmen, während Mitarbeiter die negativen Folgen von Kostenreduktionsprogrammen der Firmenleitung zu tragen haben, die infolge der hohen Schadensersatzverpflichtung auferlegt werden. Zudem könnten letztlich die Endverbraucher die Leidtragenden hoher Schadensersatzverpflichtungen von Unternehmen sein. In Märkten, in denen der Wettbewerbsdruck nicht ausreichend hoch ist bzw. die Elastizität der Nachfrage zu niedrig, besteht die Gefahr, dass hohe Schadensersatzverpflichtungen durch Erhöhung der Endverbraucherpreise ausgeglichen werden[852].

Auch können unkontrolliert hohe Schadensersatzforderungen zu hohen Konzentrationsgraden auf den betroffenen Märkten führen, da kleine und mittlere Unternehmen durch sie verstärkt aus dem Markt ausscheiden könnten, während große multinationale Firmen sie schultern und im Markt verbleiben können[853]. Zudem wird von den Gegnern ausgeprägter privater Kartellrechtsdurchsetzung angeführt, dass diese erhebliche Missbrauchsgefahr in sich berge. Hiernach droht ein Missbrauch des Kartelldeliktsrechts sowohl von der Marktgegenseite als auch von Wettbewerbern[854].

aa) Klagen der Marktgegenseite

Zunächst stellt sich die Frage, ob Ansprüche der Marktgegenseite auch unter Hinnahme eines gewissen gesamtwirtschaftlichen Schadens zugelassen werden

---

850 Klarstellend: Böge in Basedow, S. 217 (220).
851 Übersicht bei Basedow in Basedow, S. 229 (236).
852 Übersicht im Zusammenhang mit unverhältnismäßig hohen Bußgeldern der Wettbewerbsbehörden: Wils, S. 63, Rn. 207.
853 Böge in Basedow, S. 217 (220); auf dieselbe Problematik im Zusammenhang mit unverhältnismäßig hohen Bußgeldern der Wettbewerbsbehörden hinweisend: Wils, S. 71, Rn. 230.
854 Möschel in WuW 2007, S. 483 (489/490).

sollen und ab welchem Schadensumfang dies nicht mehr akzeptabel ist. Ein gesamtwirtschaftlicher Schaden durch missbräuchlich geltend gemachte Schadensersatzansprüche der Marktgegenseite ist nur dann hinnehmbar, wenn er hinter dem Schaden zurückbleibt, der eingetreten wäre, falls die Wettbewerbsbeschränkung unentdeckt geblieben und keine Schadensersatzansprüche geltend gemacht worden wären.

Der durch eine Wettbewerbsbeschränkung verursachte gesamtwirtschaftliche Schaden besteht üblicherweise darin, dass Konsumenten aufgrund der durch die Wettbewerbsbeschränkung überhöhten Preise geringere Mengen der angebotenen Waren oder Dienstleistungen erwerben, als sie es tun würden, falls die Waren oder Dienstleistungen zum wettbewerbsanalogen Preis angeboten werden würden (sog. *Deadweight Loss*)[855]. Durch Anhebung der Endverbraucherpreise infolge missbräuchlich geltend gemachter Schadensersatzansprüche der Marktgegenseite werden geringere Mengen der angebotenen Waren oder Dienstleistungen nachgefragt, was ebenfalls zu einem *Deadweight Loss* führt. Zusammengefasst bedeutet dies, dass private Kartellrechtsdurchsetzung gegenüber administrativer Kartellrechtsdurchsetzung dann vorzugswürdig ist, wenn das durch sie verursachte *Deadweight Loss* geringer ist als das durch die bei Nichtgeltendmachung der Schadensersatzansprüche begangenen Wettbewerbsbeschränkung verursachte *Deadweight Loss*.

Dieser ausschließlich theoretisch gewonnene Ansatz geht im Grundsatz davon aus, dass in einem System der ausgeprägten privaten Kartellrechtsdurchsetzung mehr Wettbewerbsverstöße aufgeklärt und abgestellt werden bzw. aufgrund des höheren Abschreckungspotentials von vornherein weniger Wettbewerbsbeschränkungen stattfinden. Diese Annahme lässt sich nicht empirisch belegen, da weder empirische Studien in Bezug auf die jährlich in Europa begangenen Wettbewerbsrechtsverletzungen vorliegen noch in Bezug auf den durch sie verursachten Schaden[856]. Eine 2006 veröffentlichte Studie kommt jedoch zu dem Ergebnis, dass globale Kartelle in der EU durchschnittlich für einen Preisanstieg in Höhe von 44 % verantwortlich waren und jedes Kartell durchschnittlich einen wirtschaftlichen Schaden von zwei Milliarden USD verursachte[857]. Von einem Preisanstieg zwischen 20 und 30 % geht eine 2005 veröffentlichte Studie der OECD aus[858].

---

855 Instruktiv: Carton/Perloff, S. 71-73; Bongard in WuW 2010, S. 762 (766/767), der von „Wohlfahrtsverlust" spricht.
856 Folgenabschätzungsbericht der Kommission, 2.4.2008, SEC (2008) 405, Punkt 2.2, S. 14, Rn. 41.
857 Connor/Helmers, S. 20/21 (Stand: 11.3.2008), abrufbar unter: http://ssrn.com/abstract=1103610 (10.12.2010).
858 OECD Report on Hard Core Cartels: Third report on the implementation of the 1998 Council Recommendation, 2005, S. 25, abrufbar unter: www.oecd.org/dataoecd/58/1/35863307.pdf (10.12.2010).

Jedoch fehlt ein Vergleichsmaßstab, der es ermöglichen würde, festzustellen, ob und inwieweit ein System der ausgeprägten privaten Kartellrechtsdurchsetzung effektiver ist als das bisherige System der ausschließlich behördlichen Wettbewerbsrechtsdurchsetzung. Sicher ist jedoch, dass die Europäische Kommission davon ausgeht, dass die Kombination von öffentlicher und privater Rechtsdurchsetzung effektiver ist als ausschließliche öffentliche Kartellrechtsdurchsetzung. Dies bedeutet letztlich, dass sie davon ausgeht, dass durch die Zulassung effektiven Privatrechtsschutzes sowohl mehr Wettbewerbsbeschränkungen festgestellt und mittels Unterlassungs- und Schadensersatzansprüchen abgestellt werden, als auch davon, dass aufgrund der höheren Abschreckungswirkung von vornherein weniger Wettbewerbsverstöße begangen werden[859].

Nicht geklärt ist damit die Frage, ob das *Deadweight Loss*, das durch die finanzielle Belastung der Unternehmen infolge berechtigter Schadensersatzansprüche entsteht, größer ist als das *Deadweight Loss*, das durch die Verhängung von Bußgeldern entsteht. In dem hier vorgeschlagenen Modell wäre das *Deadweight Loss* in einem System, das private und öffentliche Rechtsdurchsetzung kombiniert, ebenso hoch wie in einem System, das ausschließlich auf öffentlicher Rechtsdurchsetzung basiert. Wie bereits angeführt, muss in einem System der Zwei-Säulen-Struktur eine Koordination von öffentlicher und privater Rechtedurchsetzung dahingehend stattfinden, dass die öffentliche Sanktionierung von Wettbewerbsverstößen mittels Bußgeldern hinter der Kompensation derer zurücktritt, die durch den Wettbewerbsverstoß geschädigt wurden[860]. Dass Endverbraucherpreise gegebenenfalls infolge finanzieller Belastungen der Unternehmen dort steigen, wo die Marktstruktur dies zulässt, ist eine natürliche betriebswirtschaftliche Entscheidung. Die Frage, ob diese finanziellen Belastungen von öffentlicher Sanktionierung oder der Kompensation der Geschädigten herrühren, ist für diese Entscheidung irrelevant.

bb) Konkurrentenklage

Fraglich ist jedoch, ob diese Feststellungen auch für das zweite Missbrauchsszenario, die Konkurrentenklage, zutreffend sind. Der signifikante Unterschied im Vergleich zum ersten Missbrauchsszenario liegt darin, dass die Kläger auf demselben sachlichen und räumlichen Markt in derselben Handelsstufe wie die Beklagten tätig sind. Die Motivation der Kläger besteht nicht lediglich darin, Kompensation für den erlittenen Schaden zu erlangen, sondern zumindest auch dem

---

859 Ausdrücklich: Weißbuch der Kommission v. 2.4.2008, KOM (2008) 165 engültig, Punkt 1.2., S. 3; Folgenabschätzungsbericht der Kommission, 2.4.2008, SEC (2008) 405, Punkt 2.1., Rn. 38.
860 Vgl. Kapitel 5 IV 1.

Wettbewerber hohe finanzielle Belastungen aufzubürden und ihn so gegebenenfalls zum Ausscheiden aus dem Markt zu zwingen[861]. Hierbei geht die Kompensationsleistung an die Marktnebenseite, während die Marktgegenseite eine eventuelle Preiserhöhung des Beklagten infolge dessen hoher finanzieller Belastungen trägt. Besonders evident wird dies dort, wo überkompensatorischer Schadensersatz gewährt wird. Um der Tatsache Rechnung zu tragen, dass die Kläger hier im Falle der finanziellen Überbelastung des Beklagten ein *Deadweight Loss* verursachen, von dem sie selbst nicht betroffen sind, müssen in dieser Fallkonstellation andere Kriterien herangezogen werden als in Fällen, in denen missbräuchlich angestrengte Klagen von der Marktgegenseite des Beklagten ausgehen. Darüber hinaus können die Kläger auch dadurch ein *Deadweight Loss* für die Marktgegenseite verursachen, indem sie den Wettbewerber zwingen, aus dem Markt auszuscheiden, und in einem dadurch geschaffenen Oligopol stillschweigend den Preiswettbewerb außer Kraft setzen. In einer derartigen Fallkonstellation würden die Ziele, die der private Kartellrechtsschutz verfolgt, nämlich die Konsumentenwohlfahrt durch die Schaffung einer ausgeprägten Wettbewerbskultur zu erhöhen, in ihr Gegenteil verkehrt. Somit ist von einer grundsätzlich unterschiedlichen Interessenlage auszugehen, da die Kläger – neben dem kurzfristigen finanziellen Interesse der Erlangung des Schadensersatzes – auch langfristige marktstrategische Interessen verfolgen dürften.

Hier ist ein durch missbräuchliche Schadensersatzklagen entstehender gesamtwirtschaftlicher Schaden nur dann hinzunehmen, wenn das *Deadweight Loss*, das die Wettbewerbsbeschränkung verursacht, größer ist als das *Deadweight Loss*, das durch die Konkurrentenklage aufgrund eventueller Preissteigerungen des Beklagten oder dessen Ausscheiden aus dem Markt verursacht wird. Ein gangbarer Weg könnte diesbezüglich der materiellrechtliche Ausschluss von überkompensatorischem Schadensersatz in Fällen von Konkurrentenklagen sein. Dies hätte zunächst eine signifikante Reduktion des Missbrauchspotentials zur Folge. Darüber hinaus könnte die Rechtfertigung für diese Benachteiligung des klagenden Wettbewerbers daraus abgeleitet werden, dass – außer in Fällen ruinöser Preisunterbietung, des Aufrufs zum Boykott oder der Lieferverweigerung – es die Marktgegenseite ist, die die wirtschaftlichen Folgen wettbewerbswidrigen Handelns trägt.

Allerdings wäre damit auch die Gefahr des Auftretens von Durchsetzungsdefiziten verbunden, da davon ausgegangen werden kann, dass, insbesondere bei einseitigen wettbewerbsbeschränkenden Verhaltensweisen, die Anzahl der von Konkurrenten eingereichten Schadensersatzklagen nicht gering sein dürfte. Den ersatzfähigen Schaden des Konkurrentenklägers von vornherein materiellrechtlich zu reduzieren, könnte die private Rechtsdurchsetzung in zweierlei Hinsicht

---

861 Möschel in WuW 2007, S. 483 (489).

schwächen. Zum einen kann davon ausgegangen werden, dass die Wettbewerber von wettbewerbswidrig handelnden Unternehmen aufgrund ihrer besseren Ressourcenausstattung häufig Initiativkläger sein dürften. Zum anderen dürfte es schwer sein, auf die Expertise der Konkurrenten des Rechtsverletzers vor allem in Missbrauchssachverhalten zu verzichten, da er aufgrund seiner Zugehörigkeit zur selben Marktstufe wie der Beklagte wichtige Informationen zur Sachverhaltsaufklärung leisten kann. Die materiellrechtliche Anspruchsbegrenzung für Konkurrentenkläger könnte damit insbesondere die für die private Wettbewerbsrechtsdurchsetzung unverzichtbare Stand-alone-Klage[862] in ihrer Effektivität beeinträchtigen.

Eine weitere Option stellt die Einführung einer Norm zur Begrenzung der Klagebefugnis in Fällen missbräuchlicher Klageerhebung dar. Hierbei könnte auf die mit § 8 Abs. 4 UWG gesammelten Erfahrungen zurückgegriffen werden. Eine missbräuchliche Geltendmachung von Abwehransprüchen liegt dann vor, *„wenn der Anspruchsberechtigte mit der Geltendmachung des Anspruchs überwiegend sachfremde, für sich gesehen nicht schutzwürdige Interessen und Ziele verfolgt, [sic!] und diese als die eigentliche Triebfeder und das beherrschende Motiv der Verfahrenseinleitung erscheinen"*[863].

Die Geltendmachung wettbewerbsrechtlicher Schadensersatzansprüche durch Konkurrenten mit dem Ziel, das beklagte Unternehmen durch die damit verbundenen hohen finanziellen Belastungen aus dem Markt zu drängen, wäre hiervon unproblematisch erfasst. Ebenso erfasst wären Klagen von Angehörigen der Marktgegenseite, die von vornherein ausschließlich aus dem Grund angestrengt werden, um den Beklagten zu einem lukrativen Vergleich zu bewegen. Insofern könnte eine § 8 IV UWG vergleichbare Regelung auch im Kartellrecht positive Wirkung entfalten. Voraussetzung hierfür ist jedoch, dass entsprechende höchstrichterliche Rechtsprechung ausreichend Rechtssicherheit schafft und der Regelung hinlänglich Bedeutung verleiht.

Die Gefahr einer Steigerung der Endverbraucherpreise sollte nicht unterschätzt werden, da sie, obwohl in unterschiedlichem Maße, in allen Märkten existent ist, die vom Modell der idealen Konkurrenz abweichen. Das Modell der idealen Konkurrenz besteht ausschließlich als rein fiktives Modell, das als Richtwert für Wettbewerbspolitik und in gewissem Maße auch für Wettbewerbsrecht fungiert[864]. Insofern kann in der großen Mehrheit aller Fälle davon ausgegangen werden, dass Unternehmen bei dem Versuch, sich die gezahlte Scha-

---

862 Vgl. Kapitel 5 III.
863 BGH GRUR 2001, S. 260 (261) – Vielfachabmahner; BGH GRUR 2000, S. 1089 (1090) – Missbräuchliche Mehrfachverfolgungen.
864 Carton/Perloff, S. 56.

densersatzsumme auf diese Art und Weise vom Verbraucher zurückzuholen, zumindest teilweise Erfolg haben werden.

Die Gefahr des Eintretens der genannten negativen Effekte ist, wie bereits erwähnt, im Bereich privater Schadensersatzklagen aufgrund des Fehlens jeglicher Kontrollinstanz ungleich höher als im Bereich der von Wettbewerbsbehörden verhängten Bußgelder. Die Schaffung einer Kontrollinstanz, die ruinösen Schadensersatzforderungen sowie Missbrauch und Marktstrukturveränderungen vorbeugen könnte, wäre im Bereich des Kartellzivilrechts theoretisch ausschließlich auf der richterlichen Ebene möglich. Der Zivilrichter müsste insofern in die Lage versetzt werden, nach pflichtgemäßem Ermessen auf der Basis außerhalb des Sachverhaltes liegender Gründe zu entscheiden, ob eine Schadensersatzklage im Einzelfall Erfolg haben soll oder nicht bzw. ob die Schadensersatzhöhe im Einzelfall nach unten korrigiert wird.

Dies jedoch ist in der deutschen Zivilprozessordnung aufgrund des Verhandlungsgrundsatzes nicht möglich[865]. Auch eine Reduktion des zuzusprechenden Schadensersatzes über die richterliche Schätzung nach § 287 ZPO scheidet aus. Die im Rahmen der richterlichen Schadensermittlung vorzunehmende Schätzung ist lediglich auf der Basis von Tatsachen, die innerhalb des Sachverhalts liegen, vorzunehmen und nicht auf sachfremden Erwägungen[866]. Die finanzielle Situation eines Unternehmens oder die gegebenenfalls missbräuchlichen Absichten des Klägers stellen jedoch unstreitig außerhalb des zugrunde liegenden Sachverhalts liegende Tatsachen dar, die in die Schadensschätzung nicht eingestellt werden dürfen.

c) Notwendigkeit der Regulierung privater Wettbewerbsrechtsdurchsetzung

Demnach kann festgestellt werden, dass privater Kartellrechtsschutz Kontrollinstanzen unzugänglich ist. Eine Überprüfung und Beurteilung der ökonomischen Verträglichkeit zugesprochener Schadensersatzforderungen, die auf der Basis des jeweiligen Falles und unter gesamtwirtschaftlichen und gesamtgesellschaftlichen Gesichtspunkten vorgenommen wird, kann nicht erfolgen.

Eine derartige Ausweitung des richterlichen Ermessens würde der Aufgabe des Zivilprozesses, die Rechte des Einzelnen festzustellen und durchzusetzen[867], zuwiderlaufen. Im Zivilprozess ist schlicht kein Platz für Abwägungen, die sich nicht unmittelbar auf diese Aufgabe konzentrieren. Diese Unabhängigkeit von

---

865 Musielak/Musielak, Einleitung, Rn. 37.
866 BGH NJW 1999, S. 3487, 3488 (st. Rspr.).
867 Musielak/Musielak, Einleitung, Rn. 5.

aktuellen politischen Interessen der Exekutive kann jedoch auch als Vorteil gewertet werden, den private Rechtsdurchsetzung gegenüber administrativer Rechtsdurchsetzung innehat[868].

Darüber hinaus ist es fraglich, warum gerade im Bereich des Kartellzivilrechts die rechts- und wirtschaftspolitische Notwendigkeit für derartige Korrektive gegeben sein soll. Hauptargument der Kritiker eines ausgeprägten und effektiven Systems des Privatrechtsschutzes ist, dass die wirtschaftliche und finanzielle Leistungsfähigkeit von Wirtschaftsbetrieben erheblich beeinträchtigt würde, falls jeder, der durch eine Wettbewerbsbeschränkung einen Schaden erlitten hat, diesen auch gerichtlich geltend machen könnte. Mit diesem Argument wurden jahrzehntelang das Schutzgesetzerfordernis und das Erfordernis der individuellen Zielgerichtetheit eines Verstoßes dogmatisch untermauert. Ebenso wird darauf hingewiesen, dass die entstehenden sozialen Kosten im Falle finanzieller Überbelastung von Unternehmen berücksichtigt werden müssten.

Jedoch bleiben die Kritiker die Erklärung schuldig, warum gerade für Unternehmen andere Maßstäbe gelten sollen als für natürliche Personen. Verursacht eine natürliche Person – alleine oder gemeinsam mit anderen – einen Vermögens- oder Nichtvermögensschaden, so steht außer Frage, dass sie hierfür nach den allgemeinen Regeln des Deliktsrechts haftet, gegebenenfalls gesamtschuldnerisch nach den §§ 830, 840 BGB. Hierbei kann sich keiner der Schädiger darauf berufen, dass ihm die nötigen finanziellen Mittel fehlen, um seiner Verpflichtung zur Schadenskompensation nachzukommen[869]. Darüber hinaus trifft ihn gem. §§ 286, 288 BGB die Verzinsungspflicht, in den Fällen des § 849 BGB bereits ab dem schädigenden Ereignis[870], da Forderungen aus unerlaubter Handlung Geldschulden i.S.d. § 288 Abs. 1 BGB darstellen[871].

Ähnliches kann in anderen Bereichen des Deliktsrechts festgestellt werden, die typischerweise Unternehmen häufiger betreffen als Einzelpersonen. So besteht eine dem Kartellzivilrecht vergleichbare Sach- und Interessenlage im Produkthaftungsgesetz. Auch hier sind überwiegend Unternehmen von der zivilrechtlichen Schadensersatzpflicht betroffen, während der potentielle Gläubigerkreis nahezu unübersehbar groß ist. Dennoch würde niemand ernsthaft die Verpflichtung eines Unternehmens, das fehlerhafte Produkte in Verkehr gebracht hat, Schadensersatz nach § 1 Abs. 1 ProdHaftG zu leisten, deshalb in Frage stellen, weil mit ihr gegebenenfalls erhebliche finanzielle Belastungen für das Unternehmen verbunden sind. Hierbei ist zu beachten, dass § 1 Abs. 1 ProdHaftG aus-

---

868 Vgl. Kapitel 5 I.
869 Emmerich in MüKo zum BGB, Bd. 2, 5. Auflage (2007), § 275 BGB, Rn. 13.
870 St. Rspr.: BGH NJW 1953, S. 499 (501); BGH NJW 1965, S. 392; OLG Düsseldorf NJW-RR 1989, S. 1253 (1254).
871 Ernst in MüKo zum BGB, Bd. 2, 5. Auflage (2007), § 288 BGB, Rn. 13 m.w.N.

schließlich an das Inverkehrbringen des fehlerhaften Produkts anknüpft[872], während den Hersteller des fehlerhaften Produkts gem. § 1 Abs. 4 Satz 2 ProdHaftG die Darlegungs- und Beweislast hinsichtlich des Vorliegens etwaiger Entlastungstatbestände trifft[873].

Etwas anderes ergibt sich auch nicht aus dem in § 10 ProdHaftG normierten Haftungshöchstbetrag von 85 Millionen Euro, da dieser sich zum einen nur auf Personenschäden bezieht und zum anderen weitergehende konkurrierende Ansprüche aus anderen Rechtsvorschriften nicht ausschließt[874]. Darüber hinaus haften mehrere Schädiger im Rahmen ihrer gesamtschuldnerischen Haftung nach § 5 ProdHaftG jeweils einzeln bis zu einem Höchstbetrag von 85 Millionen Euro[875]. Des Weiteren muss der Haftungshöchstbetrag des § 10 ProdHaftG vor dem Hintergrund gesehen werden, dass die Haftung für durch fehlerhafte Produkte entstandene Schäden nach § 1 Abs. 1 Satz 1 ProdHaftG keine schuldhafte Begehung voraussetzt.

Insofern ist nach Ansicht des Autors die Gefahr im Bereich der deliktischen Haftung für Wettbewerbsverstöße nach § 33 Abs. 3 Satz 1 GWB, der vom Gesetzgeber als verschuldensabhängiger Haftungstatbestand ausgestaltet wurde, eher gering, dass Unternehmen einer ausufernden Schadensersatzhaftung gegenüberstehen. Allein die Tatsache, dass im Kartelldeliktsrecht, anders als im Produkthaftungsrecht, die Wahrscheinlichkeit höher ist, dass auch direkte Konkurrenten des Schädigers Schadensersatzklagen betreiben, begründet für sich genommen noch keine Missbrauchsvermutung.

---

872 Wagner in MüKo zum ProdHaftG, Bd. 5, 5. Auflage (2009), § 1 ProdHaftG, Einleitung, Rn. 13.
873 Ausführlich: Wagner in MüKo zum ProdHaftG, Bd. 5, 5. Auflage (2009), § 1 ProdHaftG, Rn. 75.
874 Wagner in MüKo zum ProdHaftG, Bd. 5, 5. Auflage (2009), § 10 ProdHaftG, Rn. 2.
875 Wohl h. M., vgl. Wagner in MüKo zum ProdHaftG, Bd. 5, 5. Auflage (2009), § 10 ProdHaftG, Rn. 5 m.w.N.

Kapitel 8: Interaktion zwischen Kronzeugenprogrammen und privater Kartellrechtsdurchsetzung

I. Bedeutung von Kronzeugenprogrammen für die Geltungsverschaffung des Wettbewerbsrechts

Die Schaffung der von der Europäischen Kommission angestrebten Zwei-Säulen-Struktur verlangt die umfassende Koordination privater und öffentlicher Rechtsdurchsetzung. Weitestgehend ungeklärt ist, wie die Abstimmung administrativer und privater Durchsetzungsinstrumente im Bereich der Kronzeugenregelungen stattfinden soll, die in den letzten Jahren in viele europäische Wettbewerbsrechtsordnungen integriert worden sind. Bis Anfang des Jahres 2010 hatten 26 nationale Wettbewerbsbehörden Kronzeugenregelungen eingeführt[876]. Größtenteils wurden sie nach dem Vorbild der Mitteilungen der Europäischen Kommission über den Erlass und die Ermäßigung von Geldbußen ausgestaltet[877].

Das Kronzeugenprogramm erlaubt es der Europäischen Kommission, erhebliche Bußgeldreduktionen gegenüber Firmen zu ermöglichen, die bei der Aufdeckung von Kartellen mit der Kommission kooperieren. Dabei kann ein substantieller Beitrag eines Unternehmens, der zur Aufdeckung eines Kartells führt bzw. die Ermittlungstätigkeit der Kommission entscheidend voranbringt, zum vollständigen Erlass[878] oder zu einer erheblichen Reduktion der Geldbuße führen (je nach „Rang" des Kronzeugen bis zu 50 %)[879]. Die Kommission geht hierbei davon aus, dass die gesamtwirtschaftlichen Vorteile, die die Aufdeckung eines Kartells

---

[876] Stand: 19.1.2010. Liste abrufbar unter: http://ec.europa.eu/competition/ecn/leniency_programme_nca.pdf (10.12.2010).
[877] Mitteilung der Kommission über den Erlass und die Ermäßigung von Geldbußen in Kartellsachen, ABl. Nr. C 298 vom 8.12.2006, S. 17; Mitteilung der Kommission über den Erlass und die Ermäßigung von Geldbußen in Kartellsachen, ABl. Nr. C 045 vom 19.2.2002.
[878] Mitteilung der Kommission über den Erlass und die Ermäßigung von Geldbußen in Kartellsachen, ABl. Nr. C 298 vom 8.12.2006, S. 17, Punkte 8-12.
[879] Mitteilung der Kommission über den Erlass und die Ermäßigung von Geldbußen in Kartellsachen, ABl. Nr. C 298 vom 8.12.2006, S. 17, Punkt 26.

für Konsumenten und andere Marktbeteiligte mit sich bringt, den Verzicht auf die Geldbuße aufwiegen[880], insbesondere weil Kartelle aufgrund ihres verborgenen Charakters wesentlich schwieriger aufzudecken sind als andere Wettbewerbsbeschränkungen[881].

Insgesamt wird das Kronzeugenprogramm im Zusammenhang mit horizontalen Wettbewerbsbeschränkungen als erfolgversprechendes Werkzeug der Rechtsdurchsetzung angesehen, das die Abschreckungswirkung erhöht, Kosten und Dauer der Kartelluntersuchung verringert sowie die Durchführung und Aufrechterhaltung eines Kartells aufgrund seiner destabilisierenden Wirkung erschwert[882]. In der Praxis der Kartellverfolgung durch die Europäische Kommission hat die Zahl der durch Kronzeugenanträge ausgelösten Verfahren längst die der Ex-officio-Untersuchungen deutlich überschritten.

Zudem wird die wettbewerbsbeschränkende Wirkung des Kartells früher abgestellt, wodurch ein geringeres Bußgeld bereits vorteilsabschöpfende Wirkung aufweist, während die Bußgeldverhängung früher erfolgt, wodurch die Abschreckungswirkung schon durch einen geringeren Betrag erreicht werden kann[883]. Auch bestehen Vorteile in Bezug auf die Verfolgung internationaler Kartelle, da der Zugriff sowohl auf Dokumente als auch auf Zeugen schneller und einfacher ermöglicht wird, als es durch einen förmlichen Antrag auf Zusammenarbeit gegenüber der zuständigen Wettbewerbsbehörde eines anderen Staates möglich wäre[884].

Die Europäische Kommission gewährt einem Unternehmen vollständige Immunität, wenn es vor allen anderen Kartellmitgliedern Informationen und Beweise liefert, die es der Kommission ermöglichen, eine Kartelluntersuchung durchzuführen. Die Kommission darf allerdings zum Zeitpunkt des Antrags im betreffenden Fall weder über ausreichende Beweise verfügen, um eine Kartelluntersuchung einzuleiten, noch darf sie einen Beschluss zur Einleitung einer Kartelluntersuchung gegen die beteiligten Unternehmen getroffen haben[885].

Darüber hinaus muss der Antragsteller in vollem Umfang ernsthaft und kontinuierlich vom Zeitpunkt des Eingangs seines Antrages an mit der Kommission zusammenarbeiten, während er die Mitwirkung am Kartell ab dem Zeitpunkt der

---

880 Kritisch hierzu: Steinberg in WuW 2006, S. 719 (723).
881 Mitteilung der Kommission über den Erlass und die Ermäßigung von Geldbußen in Kartellsachen, ABl. Nr. C 298 vom 8.12.2006, S. 17, Punkte 3/4.
882 Wils, S. 70, Rn. 228.
883 Wils, S. 66, Rn. 216.
884 In Bezug auf das US Amnesty Program: Hammond: „Cracking Cartels with Leniency Programs", Speech before the OECD Competition Committee, 18.10.2005, S. 3, abrufbar unter: www.justice.gov/atr/public/speeches/212269.pdf (10.12.2010).
885 Mitteilung der Kommission über den Erlass und die Ermäßigung von Geldbußen in Kartellsachen, ABl. Nr. C 298 vom 8. 12. 2006, S. 17, Rn. 8a; 10.

Antragstellung vollständig aufgegeben haben muss[886]. Die Kronzeugenregelung der Europäischen Kommission wurde nach dem Vorbild des 1993 vom US-Justizministerium aufgelegten Kronzeugenprogramms gestaltet[887]. Ein erstes Kronzeugenprogramm, das bereits im Jahr 1978 eingeführt wurde, bezog sich ausschließlich auf strafrechtliche Sanktionen gegen Individuen[888]. Im Jahr 1993 wurde ein überarbeitetes Kronzeugenprogramm vom US-Justizministerium vorgestellt (*Amnesty Program*), das sich erstmals auch auf strafrechtliche Sanktionen gegen Unternehmen bezog[889]. Hauptmerkmale des überarbeiteten Kronzeugenprogramms sind die automatische Gewährung von Kronzeugenstatus in allen Fällen, in denen noch keine Kartelluntersuchung erfolgte, die Möglichkeit, Kronzeugenstatus in Fällen zu erlangen, in denen das US-Justizministerium bereits eine Kartelluntersuchung begonnen hat, und die gleichzeitige Gewährung von Straffreiheit gegenüber allen Mitgliedern der Unternehmensführung, die mit der Wettbewerbsbehörde kooperieren[890]. Die zwingende Gewährung von Kronzeugenstatus in Fällen, in denen noch keine behördliche Kartelluntersuchung eingeleitet ist, macht den Bewerber unabhängig von behördlichem Ermessen, wodurch die Rechtssicherheit erhöht und das gesamte Kronzeugenprogramm effektiver wird[891].

In den USA wird das Kronzeugenprogramm in seiner modifizierten Fassung von 1993 als Erfolg gewertet. Es wird heute als das effektivste Werkzeug zur Entdeckung und Verfolgung von Kartellen betrachtet und rangiert diesbezüglich vor Hausdurchsuchungen, Undercovereinsätzen und unangemeldeten Befragungen durch das FBI[892]. In den USA wurden durch das Kronzeugenprogramm im Zeitraum von 1993 bis 2005 mehr als zwei Milliarden USD Geldstrafe in Fällen verhängt, in denen die Gewährung von Kronzeugenstatus zur Aufdeckung und Verfolgung eines Kartells geführt bzw. diese beschleunigt hat. Zu diesen Fällen gehören u.a. spektakuläre Kartelle, wie das Hoffmann La-Roche-Vitaminkartell[893], das

---

886 Mitteilung der Kommission über den Erlass und die Ermäßigung von Geldbußen in Kartellsachen, ABl. Nr. C 298 vom 8.12.2006, S. 17, Rn. 12, 22.
887 Wils, S. 70, Rn. 227.
888 Übersicht bei Cavanagh in 84 Or. L. Rev. 147 (167) (2005); vgl. zu Strafsanktionen gegen Individuen nach dem Sherman Act: Kapitel 7 I 3.
889 Vgl. US-Department of Justice Corporate Leniency Program, abrufbar unter: www.justice.gov/atr/public/guidelines/0091.pdf (10.12.2010).
890 Griffin in The 49th Annual Spring Meeting of the Department of Justice, March 28, 2001, S. 8, abrufbar unter: www.justice.gov/atr/public/speeches/8063.pdf (10.12.2010).
891 Medinger in 52 Emory L. J. 1439 (1445) (2003).
892 Hammond: „Cracking Cartels with Leniency Programs", Speech bevore the OECD Competition Committee, 18.10.2005, S. 2, abrufbar unter: www.justice.gov/atr/public/speeches/212269.pdf (10.12.2010).
893 Im Fall des weltweiten Vitaminkartells bestanden aufgrund zweijähriger Ermittlungen des DoJ bereits erhebliche Anhaltspunkte für die Existenz eines Kartells bevor Rhône-Poulenc SA kooperierte, und Kronzeugenstatus beantragte, vgl. Hammond: „Cornerstones of an Effective Leniency

DRAM-Kartell und das Graphit-Elektroden-Kartell[894]. Jedoch geht das US-Justizministerium bei dieser Statistik offenbar davon aus, dass in allen angeführten Fällen eine Verurteilung ohne Kronzeugenprogramm nicht stattgefunden hätte. Darüber hinaus entwickelte das US-Justizministerium ein *Amnesty Plus Program*, das es einer an Kartellaktivität beteiligten natürlichen oder juristischen Person erlaubt, Kronzeugenstatus zu erlangen, auch wenn die Ermittlungen der Wettbewerbsbehörde bereits stattfinden. Voraussetzung für die Zuerkennung des Kronzeugenstatus ist jedoch, dass ihre Informationen zur Aufdeckung eines zweiten Kartells führen. Für den zweiten Wettbewerbsverstoß kann dann vollständige Straffreiheit erlangt werden, während für den ersten Verstoß trotz bereits eingeleiteter Ermittlungen des Justizministeriums eine substantielle Reduktion der Strafe möglich ist[895]. Von den europäischen Wettbewerbsbehörden ist einzig das britische *Office of Fair Trading* diesem Modell gefolgt und hat eine dem *Amnesty Plus Program* vergleichbare Regelung eingeführt[896].

Der originäre Anwendungsbereich der Kronzeugenprogramme der Europäischen Kommission, des US-Justizministeriums und der Mehrzahl der anderen Wettbewerbsrechtsordnungen ist auf Kartellfälle begrenzt. Ausschließlich das Kronzeugenprogramm der Wettbewerbsbehörde des Vereinigten Königreichs, des *Office of Fair Trading*, ist auch auf vertikale Preisbindungen anwendbar[897]. Für andere wettbewerbsbeschränkende Praktiken, wie den Missbrauch einer dominierenden Marktstellung oder vertikale Vereinbarungen, sind Kronzeugenregelungen in geringerem Maß geeignet. Grundsätzlich entfalten Kronzeugenprogramme im Bereich der Kartellverfolgung aufgrund des konspirativen Charakters von Kartellabsprachen und der zwingenden Beteiligung mehrerer Personen die effektivste Wirkung[898].

Program", speech before the ICN Workshop on Leniency Programs, 22-23.11.2004, S. 14, abrufbar unter: www.justice.gov/atr/public/speeches/206611.pdf (10.12.2010).

894 Hammond: „Cracking Cartels with Leniency Programs", Speech bevore the OECD Competition Committee, 18.10.2005, S. 4/5, abrufbar unter: www.justice.gov/atr/public/speeches/212269.pdf (10.12.2010).

895 Hammond: „Cornerstones of an Effective Leniency Program", speech before the ICN Workshop on Leniency Programs, 22-23.11.2004, S. 15, abrufbar unter: www.justice.gov/atr/public/speeches/206611.pdf (10.12.2010).

896 OFT's guidance as to the appropriate amount of a penalty, Rn. 3.16, S. 16, abrufbar unter: www.oft.gov.uk/shared_oft/business_leaflets/ca98_guidelines/oft423.pdf (10.12.2010).

897 OFT's guidance as to the appropriate amount of a penalty, Rn. 3.5, S. 13.

898 OECD Policy Brief, Using Leniency to Fight Hard Core Cartels (2001), S. 2, abrufbar unter: www.oecd.org/dataoecd/28/31/1890449.pdf (10.12.2010); Hammond: „Cracking Cartels with Leniency Programs", Speech bevore the OECD Competition Committee, 18.10.2005, S. 4/5, abrufbar unter: www.justice.gov/atr/public/speeches/212269.pdf (10.12.2010).

Das Bundeskartellamt schuf erstmals im Jahr 2000 ein Kronzeugenprogramm (Bonusregelung), das im Jahr 2006 in einer überarbeiteten Fassung erneut bekannt gegeben wurde[899]. Größtenteils entsprechen die Voraussetzungen für Kronzeugenstatus denen des Kronzeugenprogramms der Europäischen Kommission.

Dennoch sind in der überarbeiteten Fassung der Bonusregelung einige Merkmale enthalten, die sie vom Kronzeugenprogramm der Europäischen Kommission unterscheiden. So darf dem Unternehmen, das Kronzeugenstatus für sich reklamiert, nicht die alleinige Anführerrolle im Kartell zugekommen sein. Zudem müssen die Beweise, die dem Bundeskartellamt übermittelt werden, ausreichend sein, um einen Durchsuchungsbeschluss zu erwirken[900], d.h. einen auf Tatsachen begründeten Anfangsverdacht rechtfertigen. Insgesamt werden Kronzeugenprogramme als effektives und erfolgreiches Mittel zur Bekämpfung von Kernbeschränkungen angesehen, auf das in der Praxis kaum eine Wettbewerbsbehörde bereit ist zu verzichten[901].

Dennoch stoßen Kronzeugenprogramme nicht auf einhellige Zustimmung. Aufgrund der zum Teil erheblichen Bußgeldreduktionen werden sie teilweise als zu generös kritisiert, wodurch das Abschreckungspotential der Geldbuße über Gebühr reduziert werde[902]. Die Untersuchung der Bußgelder, die die Europäische Kommission in 39 Kartellfällen im Zeitraum von 1999 bis 2006 gegen 207 Firmen verhängte, ergibt die Anerkennung von Kronzeugenstatus in 26 Kartellfällen, in die 178 Firmen involviert waren. Hieraus resultierten Bußgeldreduktionen von insgesamt mehr als 2,5 Milliarden EUR. Alleine die vollständige Immunität, die zehn Kartellmitgliedern gewährt wurde, führte zu einer Reduktion der verhängten Bußgelder um 476,5 Millionen EUR[903].

---

899 Bekanntmachung des BKartA Nr. 9/2006 über den Erlass und die Reduktion von Geldbußen in Kartellsachen – Bonusregelung – vom 7. März 2006.
900 Bekanntmachung des BKartA Nr. 9/2006 über den Erlass und die Reduktion von Geldbußen in Kartellsachen – Bonusregelung – vom 7. März 2006, Punkt B. 3. 2.; B. 4. 3.
901 Vgl. für das US Amnesty Program: Spratling in 69 Geo. Wash. L. Rev. 798 (2001).
902 Harrington, S. 215 (217) abrufbar unter: http://www.econ.jhu.edu/People/Harrington/jie08.pdf (10.12.2010); Wils, S. 134, Rn. 15; Veljanovski in World Competition, 30(1) S. 65 (75) (2007) abrufbar unter: http://www.casecon.com/data/pdfs/Cartel%20Fines%20in%20Europe.pdf (10.12.2010).
903 Veljanovski in World Competition, 30(1) S. 65 (75) (2007) abrufbar unter: http://www.casecon.com/data/pdfs/Cartel%20Fines%20in%20Europe.pdf (10.12.2010).

II. Spannungsverhältnis zwischen Kronzeugenregelungen und Schadensersatzansprüchen

Der Erfolg der Kronzeugenprogramme resultiert aus der Schaffung substantieller finanzieller Anreize für Unternehmen, die es ihrer Führung als rationaler erscheinen lassen, die zuständige Wettbewerbsbehörde zu informieren, anstatt die Wettbewerbsbeschränkung weiter aufrechtzuerhalten und durchzuführen[904]. Die Anreizwirkung der von der Wettbewerbsbehörde gewährten Bußgeldreduktion könnte jedoch durch Schadensersatzverpflichtungen gegenüber Abnehmern und Verbrauchern aufgehoben werden, wodurch gerade im Bereich der Kartellverfolgung Durchsetzungsdefizite entstehen könnten, die sich unzweifelhaft gesamtwirtschaftlich nachteilig auswirken würden[905]. Hierbei muss betont werden, dass auch private Schadensersatzgläubiger von Kronzeugenprogrammen profitieren, da jedes von den Wettbewerbsbehörden aufgedeckte Kartell die Möglichkeit bietet, Follow-on-Klagen gegen die Beteiligten anzustrengen[906].

Obwohl beide Rechtsinstitute gleichermaßen der Vorbeugung der Kartellbildung dienen, stehen Kronzeugenprogramme und privatrechtliche Schadensersatzansprüche in einem komplexen Verhältnis gegenseitiger Beeinflussung zueinander[907]. Aus diesem Grund wird gefordert, dass die Kronzeugenprogramme in der aktuellen Diskussion um die Ausgestaltung effektiven kartellrechtlichen Individualrechtsschutzes mehr Berücksichtigung finden bzw. dass beide Durchsetzungsinstrumente aufeinander abgestimmt werden[908]. So werden an Wettbewerbsbeschränkungen beteiligte Unternehmen nur dann mit den Wettbewerbsbehörden zusammenarbeiten, wenn die in Aussicht gestellte Bußgeldreduktion sich angesichts der auf sie zukommenden schwer kalkulierbaren Kosten zivilrechtlicher Haftung auch substantiell auswirkt[909].

---

904 Die finanzielle Anreizwirkung betonend: Böge in Basedow, S. 217 (220).
905 Gute Darstellung bei Wils, S. 147, Rn. 452; Jüntgen in WuW 2007, S. 128 (129); ICN Report on the Interaction of public and private in cartel cases (2007), S. 42, abrufbar unter: http://www.internationalcompetitionnetwork.org/uploads/library/doc349.pdf (10.12.2010).
906 Dies betont auch die Europäische Kommission im Weißbuch der Kommission v. 2.4.2008, KOM (2008) 165 endgültig, S. 12, Punkt 2.9; ebenso Grünbuch, KOM (2005) 672 endgültig, S. 10, Punkt 2.7.
907 Instruktiv: Grünbuch, KOM (2005) 672 endgültig, S. 10, Punkt 2.7.; Böge in Basedow, S. 217 (226), der diesbezüglich auch auf den jüngsten Fall des deutschen Zementkartells hinweist, der ersten Follow-on-Klage im deutschen Kartellrecht; zusammenfassend: Mäger/Zimmer/Milde in WuW 2009, S. 885 (886), die sich auf S. 894 für einen Vorrang der öffentlichen Kartellrechtsdurchsetzung aussprechen.
908 Von „fine-tuning" spricht Böge in Basedow S. 217 (220).
909 Für das US-Antitrustrecht: Randall in 23 Yale J. on Reg. 311 (317; 319) (2006).

Insoweit stellt sich die Frage, ob es bereits der aus Art. 326 S. 3 AEUV abgeleitete gemeinschaftsrechtliche Effektivitätsgrundsatz gebietet, dass die Schadensersatzvorschriften der Mitgliedsstaaten der Effektivität des Kronzeugenprogramms der Europäischen Kommission Rechnung tragen. Bis auf wenige Ausnahmen ist jedoch davon auszugehen, dass Mitteilungen der Kommission nicht als Rechtsakt i.S.d. Art. 288 AEUV (ex-Art. 230 EG) zu qualifizieren sind, weshalb der Effektivitätsgrundsatz auf sie keine Anwendung findet[910]. Anderes würde gelten, falls der Gemeinschaftsgesetzgeber das Kronzeugenprogramm in die Art. 23 ff. VO (EG) 1/2003 aufgenommen hätte.

Das Spannungsverhältnis zwischen Kronzeugenregelungen und Schadensersatz wird noch deutlicher, wenn man die Einführung überkompensatorischen Schadensersatzes auch bei Follow-on-Klagen bejaht. Es wird deshalb gefordert, dass sich die Zuerkennung von Kronzeugenstatus durch die Wettbewerbsbehörde in etwaigen nachfolgenden Schadensersatzprozessen insoweit auswirken muss, dass die Haftung des Kronzeugen begrenzt wird[911]. Zur Lösung des Problems stehen im Wesentlichen drei Optionen zur Verfügung.

1. Beibehaltung vollständiger Autonomie von Kartellverwaltungsverfahren und Schadensersatzprozess

Die erste Option besteht darin, dem privaten Schadensersatzkläger vollständigen Schadensersatz zuzuerkennen, auch wenn dieser als Straf- oder Mehrfachschadensersatz ausgestaltet ist.

Dogmatisch lässt sich diese Verfahrensweise damit begründen, dass das Verwaltungs- bzw. Bußgeldverfahren gegen die am Kartell beteiligten Unternehmen und der von den Geschädigten betriebene Schadensersatzprozess als vollständig voneinander unabhängige Verfahren angesehen werden müssen. Die Reduktion der Schadensersatzsumme würde aus Sicht des Klägers aus Gründen geschehen, die vollkommen außerhalb seiner Verantwortung lägen und aus seiner Sicht rein zufällig wären. Im deutschen Schadensersatzrecht ist eine Reduktion des Umfangs des zugesprochenen Schadensersatzes ausschließlich aufgrund schuldhafter Verletzung der Obliegenheiten des Klägers zur Schadensabwendung und Schadensminderung nach § 254 BGB anerkannt[912].

---

910 Callies/Ruffert/Cremer, ex-Art. 230 EG, Rn. 15.
911 Weißbuch der Kommission v. 2.4.2008, KOM (2008) 165 endgültig, S. 12, Punkt 2.9; Grünbuch, KOM (2005) 672 endgültig, S. 10, Punkt 2.7; Wils, S. 148, Rn. 454; Böge in Basedow, S. 217 (220).
912 Näheres bei Oetker in MüKo zum BGB, Bd. 2, 5. Auflage (2007), § 254 BGB, Rn. 68.

Auch die Kommission stellte klar, dass die Gewährung von Immunität oder die Ermäßigung von Geldbußen die zivilrechtlichen Folgen für ein Unternehmen wegen seiner Beteiligung an einem rechtswidrigen Kartell unberührt lässt[913]. Der Grundsatz der Autonomie von Verwaltungsverfahren und Zivilverfahren müsste auch dann gelten, wenn das Gesetz im konkreten Fall überkompensatorischen Schadensersatz vorsieht. Die Verhängung von überkompensatorischem Schadensersatz in das Ermessen des Zivilrichters zu stellen, der anhand der Umstände des Einzelfalls dem Kronzeugenstatus des Beklagten Rechnung trägt, ist, anders als in Common-Law-Rechtsordnungen, in den meisten kontinentaleuropäischen Rechtsordnungen nicht möglich. Auch ist, wie bereits im Rahmen des Mehrfachschadensersatzes erläutert, die gesetzliche Begrenzung des zugesprochenen Schadensersatzes bei anerkanntem Kronzeugenstatus nicht unproblematisch. Anders als in Common-Law-Rechtsordnungen, in denen strafrechtsrelevante Verhaltensweisen ohne weiteres bei der Zusprechung von Schadensersatz Berücksichtigung finden, kann sich ein schadensminderndes Nachtatverhalten z.B. im deutschen Schadensersatzrecht nicht ohne Weiteres anspruchsmindernd auswirken[914]. Zu bedenken ist jedoch, dass das Kronzeugenprogramm durch die Nichtberücksichtigung des Kronzeugenstatus im Zivilprozess in seiner praktischen Wirksamkeit eingeschränkt werden könnte[915].

Dem lässt sich entgegenhalten, dass wettbewerbspolitische Entscheidungen wie die Einführung eines Kronzeugenprogramms originäre Sache der Wettbewerbsbehörden sind, weshalb es sich ausschließlich auf das öffentlich-rechtliche Verhältnis zwischen rechtswidrig handelndem Unternehmen und der Wettbewerbsbehörde auswirken sollte und nicht auf das privatrechtliche Verhältnis zwischen rechtswidrig handelndem Unternehmen und dem (außenstehenden) Geschädigten.

Zudem muss berücksichtigt werden, dass die Unternehmen, die Kronzeugenstatus zugesprochen bekommen, durch die teils erheblichen Bußgeldreduktionen der Wettbewerbsbehörden bereits finanzielle Vorteile genießen, die ausreichend Anreiz bieten, das Kronzeugenprogramm in Anspruch zu nehmen[916]. Insofern könnten die Wettbewerbsbehörden etwaigen Schadensersatzprozessen, denen der

---

913 Mitteilung der Kommission über den Erlass und die Ermäßigung von Geldbußen in Kartellsachen, ABl. C 45/2002, S. 3, Rn. 31; Mitteilung der Kommission über den Erlass und die Ermäßigung von Geldbußen in Kartellsachen, ABl. Nr. C 298 vom 8.12.2006, S. 22, Punkt 39.
914 Vgl. Kapitel 5 II 2.
915 Mitteilung der Kommission über den Erlass und die Ermäßigung von Geldbußen in Kartellsachen, ABl. Nr. C 298 vom 8. 12. 2006, S. 17, Rn. 6.
916 Dies empfindet auch die Mehrzahl der für den ICN-Report on the Interaction of public and private enforcement in cartel cases befragten Nichtregierungsberater in Wettbewerbsfragen, vgl. ICN Report on the Interaction of public and private in cartel cases (2007), S. 44, abrufbar unter: http://www.internationalcompetitionnetwork.org/uploads/library/doc349.pdf (10.12.2010).

Kronzeuge ausgesetzt sein könnte, bei der Bußgeldbemessung dahingehend Rechnung tragen, dass sie das Bußgeld im Rahmen ihres Ermessens über die in den Kronzeugenregelungen angegebenen Bandbreiten hinaus reduzieren[917].

2. Gesetzlicher Ausschluss überkompensatorischen Schadensersatzes bei Follow-on Klagen

Die zweite Option beinhaltet die Reduktion des Schadensersatzes des privaten Klägers, wobei Mehrfachschadensersatz grundsätzlich möglich sein soll. Diese Option entspricht im Wesentlichen Option 29 des Grünbuchs[918].

Der Konflikt zwischen Kronzeugenregelung und Schadensersatz könnte durch den gesetzlichen Ausschluss von Straf- bzw. Mehrfachschadensersatz bei Follow-on-Klagen gelöst werden. Hierdurch würde die Effektivität des Kronzeugenprogramms nicht über Gebühr eingeschränkt werden, während private Klägerinteressen dem Grunde nach gewahrt blieben. Das Ergebnis erscheint vertretbar, da aufgrund der vorangegangenen behördlichen Ermittlungen bei Follow-on-Klagen ein geringeres Bedürfnis besteht, dem Kläger auch Kompensation für seinen Aufwand im Zusammenhang mit der Prozessführung zuzusprechen[919]. Ebenso besteht gegenüber dem Beklagten aufgrund seiner Kooperationsbereitschaft ein geringeres Bedürfnis, die Abschreckungswirkung zu entfalten, die mit mehrfachem Schadensersatz bezweckt wird. Der Geschädigte kann in diesem Fall zwar keinen überkompensatorischen Schadensersatz einklagen, jedoch kommen ihm die Vorteile der Kronzeugenregelung in Form geringerer Beweisbelastung und eines beschleunigten Prozesses zu gute.

Eine ähnliche Lösung favorisierte der US-amerikanische Gesetzgeber, der durch den Antitrust Criminal Penalty Enhancement and Reform Act 2004[920] die Haftung für Unternehmen, die erfolgreich mit dem US-Justizministerium und dem Schadensersatzkläger zusammenarbeiten, von dreifachen auf kompensatorischen Schadensersatz reduzierte und die zwingende gesamtschuldnerische Haftung ausschloss[921]. Der US-Kongress erkannte ausdrücklich an, dass die zivilrechtliche Haftung auf dreifachen Schadensersatz einer der Hauptgründe ist, weshalb Unternehmen die Zusammenarbeit mit dem US-Justizministerium verweigern. Die mit der Zuerkennung des Kronzeugenstatus gewährte Reduktion

---

917 Vgl. Kapitel 5 IV.
918 Grünbuch, KOM (2005) 672 endgültig, S. 11, Option 29.
919 In diese Richtung gehend: Wils, S. 148, Rn. 454; vgl. Kapitel 12 II 1 d.
920 Antitrust Criminal Penalty Enhancement and Reform Act of 2004, Pub L 108-237, §§ 201-214, 118 Stat 661 (22.6.2004), 15 U.S.C. § 1 note.
921 § 213 (a) Antitrust Criminal Penalty Enhancement and Reform Act of 2004.

der Geldstrafe würde durch die zwingende gesamtschuldnerische Haftung auf dreifachen Schadensersatz größtenteils absorbiert, wodurch der Erfolg des Kronzeugenprogramms insgesamt vereitelt werden könnte[922].

Konsequenterweise wurde mit der Begrenzung des ersatzfähigen Schadens die Aufhebung der gesamtschuldnerischen Haftung verbunden. Der Kronzeuge würde einen Großteil seiner haftungsmäßigen Privilegierung einbüßen, würde die Schuldnergemeinschaft aufrechterhalten, da auch er ohne weiteres vom Schadensersatzgläubiger zur Leistung herangezogen werden könnte. Dies hat im US-amerikanischen Antitrustrecht wesentlich tiefgreifender Folgen als im deutschen Zivilrecht, da dem leistenden Gesamtschuldner hier keine gesetzlichen Ausgleichsansprüche im Innenverhältnis zustehen[923]. Durch die Möglichkeit, gegebenenfalls das Dreifache des gesamten durch das Kartell verursachten Schadens ersetzen zu müssen, während keine gesetzlichen Ausgleichsansprüche existieren, soll der abschreckende Effekt des dreifachen Schadensersatzes gesteigert werden[924].

Im deutschen Zivilrecht sind Gesamtschuldner im Innenverhältnis grundsätzlich zu gleichen Teilen verpflichtet, sofern sich nicht aus Gesetz, Vereinbarung oder sonstigen Umständen etwas anderes ergibt[925]. Die Haftungsbegrenzung würde dann auf die gesamte Schuldnergemeinschaft aufgeteilt, wodurch dem Kronzeugen lediglich ein Bruchteil der Haftungsprivilegierung erhalten bleiben würde. Darüber hinaus verlöre die Haftungsprivilegierung weiterhin an Attraktivität, müsste der Kronzeuge im Außenverhältnis auf überkompensatorischen Schadensersatz haften und seine Haftungsfreizeichnung dann gegenüber den Mitgläubigern im Innenverhältnis geltend machen[926]. In der deutschen Zivilrechtsordnung würde hier die Rechtsfigur des gestörten Gesamtschuldnerausgleichs zur Anwendung kommen, mit der Folge, dass sich der Schadensersatzanspruch des Gläubigers von vornherein um den Anteil mindert, um den der Kronzeuge von der Haftung befreit ist[927].

Teilweise wird die Gesetzesreform in den USA als klägerfeindlich kritisiert, da sich mit dem Ausscheiden des Kronzeugen aus der Schuldnergemeinschaft die Haftungsgrundlage verkleinert, womit das Insolvenzrisiko für den Schadensersatzgläubiger erhöht wird[928]. Jedoch hat der Kongress an die Voraussetzungen

---

922 Harrison/Bell in 6 Hous. Bus. & Tax L.J. 207 (220; 225) (2006) mit Verweis auf Senator Kohl und Senator Hatch; a. A.: Cavanagh in 84 Or. L. Rev. 147 (168) (2005).
923 Tex. Indus. v. Radcliff Materials, 451 U.S. 630 (639) m.w.N. (1981).
924 Eiszner in 75 UMKC L. Rev. 375 (394) (2006); vgl. Kapitel 11 I 1.
925 Jauernig/Stürner, § 426 BGB, Rn. 3.
926 Zum Ausgleichsanspruch nach § 426 BGB: Bydlinski in MüKo zum BGB, Bd. 2, 5. Auflage (2007), § 426 BGB, Rn. 1.
927 Bydlinski in MüKo zum BGB, Bd. 2, 5. Auflage (2007), § 426 BGB, Rn. 11.
928 Randall in 23 Yale J. on Reg. 311 (319) (2006); im europäischen Kontext: Böge in Basedow, S. 217 (223).

der zivilrechtlichen Haftungsbegrenzung hohe Anforderungen geknüpft. So normiert Section 213 (b) des Antitrust Criminal Penalty Enhancement and Reform Act 2004 – neben der Übermittlung aller für den Fall bedeutenden Dokumente – auch die vollständige und wahrheitsgemäße Auskunft des Beklagten auf alle Anfragen des Klägers, die dieser vernünftigerweise stellen kann. Damit räumt die Vorschrift nicht nur dem mit dem Einzelfall betrauten Richter einen erheblichen Ermessensspielraum in Bezug auf die Zuerkennung der Haftungsbegrenzung ein, sondern auch dem privaten Follow-on-Kläger[929]. Der Richter besitzt hinsichtlich der Anerkennung des Kronzeugenstatus die uneingeschränkte Letztentscheidungskompetenz. So ordnete der zuständige Richter im Fall *Stolt-Nielsen S.A. v. United States*[930] eine Haftungsbegrenzung des Beklagten an, obwohl das Justizministerium dem Unternehmen die Anerkennung des Kronzeugenstatus aufgrund mangelnder Kooperation wieder entzogen hatte.

Vom Grundsatz her ist die Gesetzesreform ebenfalls von dem Gedanken dominiert, dem Kläger im Gegenzug für die Begrenzung des einklagbaren Schadensersatzes ein schnelleres, unkomplizierteres und damit weniger kostenintensives Gerichtsverfahren zu ermöglichen. Abschließend kann festgestellt werden, dass die Privilegierung des Kronzeugen im Zivilprozess zuungunsten des privaten Schadensersatzgläubigers ausschließlich dann durch die oben genannten Gründe der Prozessbeschleunigung und der Schonung finanzieller Ressourcen zu rechtfertigen ist, wenn ihm dem Grunde nach überkompensatorischer Schadensersatz gewährt wird[931]. Die Beschränkung eines lediglich kompensatorischen Schadensersatzes aufgrund allgemeiner rechtspolitischer Erwägungen der Wettbewerbsbehörden würde den privaten Schadensersatzkläger unangemessen benachteiligen[932] und damit die ohnehin bestehende Anreizproblematik[933] noch verschärfen. Zudem wird die Effektivität von Kronzeugenprogrammen durch die Verpflichtung zum einfachen Schadensersatz nicht übermäßig reduziert. An Kartellen beteiligte Unternehmen rechnen ohnehin mit einer Verpflichtung zum einfachen Schadensersatz[934] und bezwecken durch die Kooperation mit den Kartellbehörden primär die Reduktion der Geldbuße[935].

---

929 Harrison/Bell in: 6 Hous. Bus. & Tax L.J. 207 (227) (2006).
930 Stolt-Nielsen S. A. v. United States, 352 F. Supp. 2d 553 (2005).
931 So auch Böge in Basedow, S. 217 (223).
932 In diese Richtung geht auch das Weissbuch, Punkt 2.9, S. 12.
933 Vgl. Kapitel 5 II.
934 ICN-Report on the Interaction of public and private in cartel cases (2007), S. 44, abrufbar unter: http://www.internationalcompetitionnetwork.org/uploads/library/doc349.pdf (10.12.2010).
935 So auch Arbeitspapier der Kommissionsdienststellen zum Grünbuch, SEC (2005) 1732, S. 79, Rn. 231; in dieselbe Richtung gehend: Arbeitspapier der Kommissionsdienststellen zum Weißbuch, 2. 4. 2008, SEC (2008) 404, S. 88, Rn. 303.

Des Weiteren könnte die Aussicht, gegebenenfalls Sammelklagen auf Schadensersatz ausgesetzt zu sein, potentielle Kronzeugen davon abhalten, mit der Wettbewerbsbehörde zu kooperieren[936]. Auch hier besteht im Grundsatz ein Spannungsverhältnis zwischen kollektiv geltend gemachten Schadensersatzansprüchen und Kronzeugenprogramm. Ebenso werden beide Rechtsinstitute in der gegenwärtigen Diskussion als für die Verbesserung der privatrechtlichen Geltungsverschaffung im europäischen Wettbewerbsrecht notwendig erachtet[937]. Diesbezüglich bedarf es zunächst einer Klärung der Frage, ob bei kollektiv geltend gemachten Schadensersatzansprüchen überkompensatorischer Schadensersatz gewährt werden sollte. Hierbei kann auf den bereits erwähnten Grundsatz zurückgegriffen werden, dass überkompensatorischer Schadensersatz insbesondere dort angebracht ist, wo einzelne Abnehmer oder Verbraucher eigenständig die Beweissammlung und Prozessführung schultern müssen.

Dies gilt für das von der Kommission favorisierte Modell der Opt-in-Gruppenklage nur sehr eingeschränkt. Schließlich ist es Sinn und Zweck der Gruppenklage, prozessökonomische Effizienzen in Bezug auf Beweissammlung und Prozessführung nicht nur auf Seiten der Gerichte zu realisieren, sondern insbesondere auch auf Seiten der Kläger. Insoweit kann die Situation des einzelnen Gruppenklägers nicht mit der des Einzelklägers verglichen werden, weshalb die Zuerkennung überkompensatorischen Schadensersatzes hier, ebenso wie bei der Follow-on-Klage, nicht primär notwendig erscheint, um der Anreizproblematik zu begegnen[938].

Allerdings würde jede weitergehende Einschränkung der Gruppenklage zugunsten von Kronzeugenprogrammen, bspw. mittels eines Haftungshöchstbetrages, das Rechtsinstitut der Gruppenklage von vornherein der Bedeutungslosigkeit ausliefern. Insofern muss dem Interesse der Konsumenten durch die Einführung eines effektiven kollektiven Rechtsschutzinstrumentes Priorität eingeräumt werden.

Dies erscheint bei Gruppenklagen auf einfachen Schadensersatz vertretbar und dürfte Unternehmen nicht in zu hohem Maße davon abhalten, Kronzeugenstatus in Anspruch zu nehmen, zumal vom Amnesty Program des US-Justizministeriums trotz der Popularität der Sammelklage im US-Antitrustrecht von Seiten der Unternehmen rege Gebrauch gemacht wird.

---

936 In Bezug auf Ansprüche qualifizierter Einrichtungen: Böge in Basedow, S. 217 (225).
937 Weißbuch der Kommission vom 2. 4. 2008, KOM (2008) 165 endgültig, Punkt 2. 1, S. 4.
938 So geht auch Art. 13 des Richtlinienvorschlags der Kommission von kompensatorischem Schadensersatz bei Sammelklagen aus, vgl. Hess in WuW 2010, S. 493 (495).

3. Aufhebung der gesamtschuldnerischen Haftung für den Kronzeugen

Eine dritte Option zur Lösung des Spannungsverhältnisses zwischen Kronzeugenregelung und privatrechtlichen Schadensersatzansprüchen ist die Aufhebung der gesamtschuldnerischen Haftung beim Kronzeugen, während, in Abgrenzung zur zweiten Option, überkompensatorischer Schadensersatz grundsätzlich auch beim Follow-on-Kläger möglich sein soll. Diese Option entspricht Option 30 des Grünbuchs[939]. Die Haftungsprivilegierung würde hier darin bestehen, dass der Kronzeuge von der paritätischen Ausgleichspflicht im Innenverhältnis befreit wäre und lediglich Schadensersatz in Höhe des auf ihn entfallenden Anteils am Gesamtschaden zu leisten hätte, für dessen Bestimmung der Marktanteil des Kronzeugen herangezogen werden könnte. Diese Option würde einen Mittelweg zwischen den beiden erstgenannten Optionen darstellen, da sich der Umfang der Haftungsbegrenzung mengenmäßig zwischen beiden Modellen bewegt.

Fraglich erscheint jedoch, ob diese Vorgehensweise geeignet ist, die Attraktivität von Kronzeugenprogrammen zu bewahren. Zwar würde die Schadensersatzverpflichtung für den Kronzeugen besser einschätzbar, jedoch ist sie summenmäßig von der Höhe seines Marktanteils im Einzelfall abhängig. Dementsprechend würde eine Bewerbung für den Kronzeugenstatus umso unwahrscheinlicher, je mehr sich die Marktanteile aller Kartellanten glichen, da die Kronzeugenregelung dann kaum noch einen finanziellen Anreiz darstellen würde. In der Praxis würde dies bedeuten, dass in allen oligopolistisch strukturierten Märkten der Gebrauch von Kronzeugenregelungen unwahrscheinlich würde, was dem Kronzeugenprogramm ein wichtiges Anwendungsgebiet entziehen würde, da derartige Märkte erfahrungsgemäß sehr anfällig für Kartellierung sind[940].

Zudem wäre der Kronzeuge hinsichtlich des Umfangs seiner Haftungsprivilegierung und damit seines Marktanteils beweispflichtig[941], was ihn notwendigerweise zwingen würde, seinen sachlich und räumlich relevanten Markt zu bestimmen. Da der Kronzeuge regelmäßig bemüht sein dürfte, diesen besonders weit zu definieren, um im Ergebnis einen geringen Marktanteil vorweisen zu können, besteht eine hohe Wahrscheinlichkeit divergierender Ergebnisse zwischen seiner Marktdefinition und der der Wettbewerbsbehörde. Ein Konflikt

---

939 Grünbuch, KOM (2005) 672 endgültig, S. 11, Option 30; jedoch wurde dieser Ansatz von der Kommission größtenteils aufgegeben: Arbeitspapier der Kommissionsdienststellen zum Weißbuch, 2.4.2008, SEC (2008) 404, S. 88, Rn. 304.
940 Carlton/Perloff, S. 134.
941 So ist nach deutschem Recht derjenige, der sich auf einen anderen als den paritätischen Haftungsschlüssel beruft beweispflichtig, vgl. BGH NJW 1988, S. 133 (134).

über den Umfang der Haftungsprivilegierung wäre somit vorprogrammiert. Wäre der Umfang der Haftungsprivilegien für potentielle Kronzeugen im Vorfeld jedoch unklar, könnte die Effektivität der Kronzeugenprogramme beschränkt werden. Nur die Sicherheit, in den Genuss einer substantiellen Bußgeldreduktion zu kommen, schafft für Unternehmen den nötigen Anreiz, die Wettbewerbsbeschränkung aufzugeben und mit der Wettbewerbsbehörde zu kooperieren.

III. Spannungsverhältnis zwischen Kronzeugenregelungen und der Offenlegung von Dokumenten

1. Weitergabe relevanter Dokumente durch die Wettbewerbsbehörden

Die Offenlegung relevanter Dokumente, die der Kronzeuge der Wettbewerbsbehörde im Rahmen seiner Bewerbung für Kronzeugenstatus übermittelte, ist insbesondere in Rechtsordnungen geeignet, Unternehmen davon abzuhalten, sich für den Kronzeugenstatus zu bewerben, wo sie überkompensatorischem Schadensersatz ausgesetzt sind[942] – dies deshalb, weil die darin enthaltenen Informationen von privaten Klägern dazu genutzt werden könnten, auch in Jurisdiktionen Schadensersatz einzuklagen, die gegebenenfalls klägerfreundlicher ausgestaltet sind[943]. Im Ergebnis würde das Kartellmitglied, das sich für den Kronzeugenstatus bewirbt, damit hinsichtlich der Beweissituation schlechterstehen als die übrigen Kartellmitglieder[944]. Die Europäische Kommission und das Bundeskartellamt verfolgen deshalb die strikte Politik, Dokumente, die im Zusammenhang mit Bewerbungen für Kronzeugenstatus übermittelt wurden dritten Parteien nicht zugänglich zu machen[945]. Problematisch ist hierbei, dass insbesondere in einem europäischen Kontext der Tatsache Rechnung getragen werden muss, dass Erleichterungen des

---

942 Böge in Basedow, S. 217 (224).
943 Ausführlich: ICN Report on the Interaction of public and private in cartel cases (2007), S. 46, abrufbar unter: http://www.internationalcompetitionnetwork.org/uploads/library/doc349.pdf (10.12.2010); zum internationalen forum-shopping, vgl. Kapitel 9 III 2.
944 Weissbuch, KOM (2008) 165 endgültig, Punkt 2. 9, S. 12.
945 Bekanntmachung des Bundeskartellamts über den Erlass und die Reduktion von Geldbußen in Kartellsachen – Bonusregelung – vom 7. März 2006 Nr. 9/2006, S. 4, Punkt F, Rn. 21, 22; die Rechtmäßigkeit dieser Praxis wurde hinsichtlich des Bundeskartellamtes bestätigt (Akteneinsicht Dritter): OLG Düsseldorf WuW/E DE-R 1733 (1739); AG Bonn WuW/E DE-R 2503 (2505).

Zugangs zu Beweismitteln essentiell für den Erfolg eines dezentralisierten Systems der privaten Kartellrechtsdurchsetzung sind[946].

Dementsprechend äußert sich das Arbeitspapier der Kommissionsdienststellen zum Grünbuch dahingehend, dass eine zumindest teilweise Offenlegung der der Kommission übermittelten Dokumente möglich bleiben muss, auch wenn dies Dokumente betrifft, die ihr im Zusammenhang mit Bewerbungen für den Kronzeugenstatus übermittelt wurden[947]. Als Begründung wird angeführt, dass das Unternehmen seinen Kronzeugenstatus nicht als Schild gegen spätere Schadensersatzklagen einsetzen können soll, da dies eine unangemessene Privilegierung durch den Kronzeugenstatus bedeuten würde[948].

Das Arbeitspapier der Kommissionsdienststellen zum Weißbuch äußert sich hingegen abweichend zu beiden Fallkonstellationen. Die Herausgabe bzw. Zugänglichmachung von Dokumenten, die im Zusammenhang einer Bewerbung für den Kronzeugenstatus übermittelt wurden, solle weder durch nationale Wettbewerbsbehörden noch durch Gerichte im Rahmen von Discovery-Verfahren möglich sein[949].

Insofern äußert sich die Kommission zur Problematik uneinheitlich, insbesondere wenn man bedenkt, dass ihre Kronzeugenregelungen eindeutig die Unabhängigkeit des Zivilprozesses vom Verwaltungsverfahren klargestellt haben[950]. Somit wäre es nur folgerichtig, diese Unabhängigkeit auch in Bezug auf den Zugang zu Dokumenten der Wettbewerbsbehörden anzuwenden.

Ein vereinfachter Ansatz könnte aus dem US-Antitrustrecht gewonnen werden. Dort ist die Zuerkennung des Kronzeugenstatus von vornherein an die Voraussetzung geknüpft, dass der Bewerber mit allen Geschädigten so umfangreich kooperiert, dass ihnen ein nachfolgender Schadensersatzprozess erheblich erleichtert wird. Als Gegenleistung erhält er die Haftungsbegrenzung auf einfachen Schadensersatz[951]. Geht man nun im deutschen Recht von der hier favorisierten Zweiteilung aus, wonach überkompensatorischer Schadensersatz ausschließlich bei Stand-alone-Klagen gewährt wird, während bei Follow-on-Klagen lediglich einfacher Schadensersatz möglich ist, bleibt das amerikanische Modell anwendbar.

---

946 Vgl. Grünbuch, KOM (2005) 672 endgültig, Punkt 2.1., S. 5; Weissbuch, KOM (2008) 165 endgültig, Punkt 2.2., S. 5.
947 Arbeitspapier der Kommissionsdienststellen zum Grünbuch, SEC (2005) 1732, S. 78, Rn. 228.
948 Arbeitspapier der Kommissionsdienststellen zum Grünbuch, SEC (2005) 1732, S. 80, Rn. 234.
949 Arbeitspapier der Kommissionsdienststellen zum Weißbuch, 2.4.2008, SEC (2008) 404, S. 36, Rn. 118.
950 Mitteilung der Kommission über den Erlass und die Ermäßigung von Geldbußen in Kartellsachen, ABl. C 45/2002, S. 3, Rn. 31; Mitteilung der Kommission über den Erlass und die Ermäßigung von Geldbußen in Kartellsachen, ABl. Nr. C 298 vom 8. 12. 2006, S. 22, Punkt 39.
951 Vgl. Kapitel 8 II 2.

Im Fall einer erfolgreichen Bewerbung des beklagten Unternehmens um den Kronzeugenstatus, sind alle nachfolgenden Zivilprozesse ohnehin Follow-on-Klagen, bei denen doppelter Schadensersatz ausgeschlossen ist. Hierin liegt bereits eine ausreichende zivilrechtliche Privilegierung des Kronzeugen. In diesen Fallkonstellationen sollten die Optionen des Klägers, Zugang zu Dokumenten der Wettbewerbsbehörden zu erlangen, nicht beschränkt werden, da dem Kartellmitglied eine Haftung auf einfachen Schadensersatz ohne Weiteres zugemutet werden kann[952]. Ein Zugang des Klägers zu Dokumenten der Wettbewerbsbehörden ist jedoch nur dort notwendig, wo eine vorangegangene Entscheidung der Wettbewerbsbehörde für Zivilgerichte keine Bindungswirkung hat. In einem rein deutschen Kontext hat die Frage aufgrund der in § 33 Abs. 4 GWB normierten absoluten Bindung der Zivilgerichte an behördliche Entscheidungen eine geringere Bedeutung und ist allenfalls noch für Fragen der Schadensberechnung relevant.

Die Effektivität des Kronzeugenprogramms wird dadurch nicht eingeschränkt, da das Kartellmitglied ohnehin mit der zivilrechtlichen Haftung auf einfachen Schadensersatz rechnet und vielmehr gewillt ist, die drohende Geldbuße zu reduzieren[953]. Das Risiko, Kronzeugenregelungen in ihrer Effektivität einzuschränken, besteht in signifikantem Maße nur bei der Gewährung von überkompensatorischem Schadensersatz bzw. dreifachem Schadensersatz nach amerikanischem Vorbild[954].

2. Zugang zu relevanten Dokumenten im Rahmen von Discovery-Verfahren

Ein weiteres Problem stellt der Zugang des privaten Klägers zu den im Rahmen der Bewerbung für Kronzeugenstatus übermittelten Dokumente bzw. Kopien derselben durch Discovery-Verfahren dar. Um diese Problematik, insbesondere im Hinblick auf US-amerikanische treble damages, zu umgehen, sind die Europäische Kommission und einige nationale Wettbewerbsbehörden, darunter das Bundeskartellamt, dazu übergegangen, mündliche Bewerbungen für Kronzeu-

---

952 Eingehend: Weissbuch der Kommission vom 2. 4. 2008, KOM (2008) 165 endg., Punkt 2.2., S. 5.
953 Jüntgen in WuW 2007, S. 128 (137); Arbeitspapier der Kommissionsdienststellen zum Grünbuch, SEC (2005) 1732, S. 79, Rn. 231; vgl. auch ICN-Report on the Interaction of public and private in cartel cases (2007), S. 44, abrufbar unter: http://www.internationalcompetitionnetwork.org/uploads/library/doc349.pdf (10.12.2010).
954 ICN Report on the Interaction of public and private in cartel cases (2007), S. 46, abrufbar unter: http://www.internationalcompetitionnetwork.org/uploads/library/doc349.pdf (10.12.2010).

genstatus zu akzeptieren[955]. So wird ermöglicht, dass das Unternehmen, das sich für Kronzeugenstatus bewirbt, keine Dokumente anfertigen muss, die es in einem nachfolgenden Schadensersatzprozess in den USA bei Durchführung eines Discovery-Verfahrens gegebenenfalls offenlegen müsste[956]. In der Verfahrenspraxis der Kommission findet deshalb die Zusammenarbeit mit Kartellmitgliedern im Rahmen der Kronzeugenregelung ausschließlich durch mündliche Übermittlungen statt (sog. *oral statements* oder *corporate statements*), die in den Räumen der Kommission aufgezeichnet werden und nach erneuter Niederschrift als originäre Dokumente der Kommission in die Verfahrensakte einfließen.

---

955 Jüntgen in WuW 2007, S. 128 (136); Böge in Basedow, S. 217 (224/225).
956 Explizit: Arbeitspapier der Kommissionsdienststellen zum Grünbuch, SEC (2005) 1732, S. 79, Rn. 230.

Kapitel 9: Private Wettbewerbsrechtsdurchsetzung im globalen Kontext

I. Die Internationalisierung wettbewerbsbeschränkender Praktiken

Seit den frühen 1990er Jahren werden tarifäre und nicht tarifäre Handelsschranken weltweit zunehmend abgebaut, was zu einem kontinuierlichen Anstieg des Welthandelsvolumens führte. Mit zunehmender globaler Integration der Märkte ist gleichzeitig ein Anstieg von grenzüberschreitenden wettbewerbsbeschränkenden Praktiken von Firmen verbunden, die eine große Anzahl Geschädigter zurücklassen, die für ihren Schaden Kompensation begehren[957]. Die Internationalisierung des Welthandels hat somit auch die Internationalisierung wettbewerbsbeschränkender Praktiken zur Folge. Dementsprechend hat die Zahl internationaler Kartelle innerhalb der letzten zwei Dekaden erheblich zugenommen[958].

In den 1990er Jahren bestanden einer Studie zufolge 40 internationale Kartelle mit beteiligten Firmen aus über 30 Ländern, die einen jährlichen Umsatz von 30 Milliarden USD erwirtschafteten und durchschnittlich etwa sechs Jahre bestanden[959]. Eine andere Untersuchung, die 283 internationale Kartelle zum Gegenstand hatte, die im Zeitraum von 1990 bis 2005 aktiv waren, kommt zu dem Ergebnis, dass von den untersuchten Kartellen 56 (20 %) die Grenzen von zwei oder mehr EU-Staaten überschritten, während 71 Kartelle (25 %) global organisiert waren[960].

Von den 283 untersuchten Kartellen stellten die Autoren bei 67 Kartellen (24 %) weder administrative noch zivilrechtliche Konsequenzen fest. In den Fällen, in denen eine behördliche oder gerichtliche Entscheidung erging, wurde bei 72 % durch Gerichte oder Wettbewerbsbehörden eine Geldbuße, bzw. Geldstrafe,

---

957 Jones in 16 Loy. Consumer L. Rev. 409 (420/421) (2004); Dabbah, S. 13, 14.
958 Bennet in 93 Geo. L. J. 1421 (2005); Spratling: „Negotiating the Waters of International Cartel Prosecutions", San Francisco, California, March 4th, 1999, S. 1, abrufbar unter: http://www.justice.gov/atr/public/speeches/2275.pdf (10.12.2010).
959 Schmidt, in 31 Yale J. Int'l L. 211 (212) (2006) m.w.N.
960 Connor/Helmers, S. 8 (Stand: 11.3.2008), abrufbar unter: http://ssrn.com/abstract=1103610 (10.12.2010).

verhängt, in 9 % der Fälle hatte der Verstoß ausschließlich Schadensersatzzahlungen an private Kläger (in den meisten Fällen im Rahmen von Vergleichen) zur Konsequenz. Die übrigen Fälle endeten entweder mit Einstellung des behördlichen Verfahrens, mit Verwarnungen an die Kartellbeteiligten oder mit Einigungen zwischen den betroffenen Unternehmen und den zuständigen Behörden[961].

Insoweit stellt sich die Frage, wie die Wettbewerbsrechtsordnungen auf die Globalisierung wettbewerbsbeschränkender Praktiken reagiert haben und welche Implikationen dies für den wettbewerbsrechtlichen Individualschutz hat. Dies muss insbesondere vor dem Hintergrund gesehen werden, dass in den letzten zwei Dekaden eine Vielzahl von Staaten nationale Wettbewerbsrechtsordnungen entwickelt haben. Hierdurch wurde die Wahrscheinlichkeit zwischenstaatlicher Konflikte infolge divergierender Ergebnisse bei der Beurteilung wettbewerbsrelevanter Sachverhalte durch Behörden und Gerichte erheblich erhöht[962].

Denknotwendig ist hier die Frage voranzustellen, nach welchen Kriterien sich in Fällen grenzüberschreitender Wettbewerbsbeschränkungen das anwendbare Recht bestimmt.

II. Die extraterritoriale Anwendung nationalen Wettbewerbsrechts

Grundsätzlich gilt in Sachverhalten, in denen die Anwendungsbereiche nationaler Rechtsordnungen kollidieren, das Territorialprinzip, wonach jeder souveräne Staat dazu berechtigt ist, diejenigen Sachverhalte zu regeln, die sich innerhalb seines Territoriums ereignen[963]. Dies gilt zunächst uneingeschränkt auch für kartellrechtliche Sachverhalte[964].

Jedoch ist zu bedenken, dass das Territorialprinzip im Zusammenhang mit rein tatsächlichen Handlungen entwickelt wurde[965]. Ein ihm immanenter Nachteil ist, dass es bei der Erfassung komplexer und zunehmend internationalisierter wirtschaftlicher Sachverhalte insoweit zu kurz greift, dass es die negativen ökonomischen Folgen wettbewerbswidrigen Verhaltens nur unzureichend erfassen

---

961 Connor/Helmers, S. 9 (Stand: 11.3.2008), abrufbar unter: http://ssrn.com/abstract=1103610 (10.12.2010).
962 Instruktiv: ICPAC Report (2000), S. 33, abrufbar unter: http://www.justice.gov/atr/icpac/chapter1.pdf (10.12.2010).
963 Dabbah, S. 159/160; instruktiv: Schlussanträge des Generalanwalts Darmon vom 25. Mai 1988, Verb. Rs. 89, 104, 114, 116, 117 und 125 bis 129/85, Slg. 1993, S. I 1307 – A. Ahlström Osakeyhtiö und andere gegen Kommission, Rn. 20 ff.
964 Zusammenfassend: Sack in GRUR Int. 1988, S. 320 (327).
965 Schönke/Schröder/Eser, Vorb. §§ 3-9 StGB, Rn. 12; Dabbah, S. 161.

und diesbezüglich auch nur unzureichenden Rechtsschutz gewähren kann[966]. Insbesondere im Hinblick auf die Erfassung wettbewerbsbeschränkender Verhaltensweisen multinationaler Unternehmen erweist sich das Territorialprinzip als inadäquat und droht deren Handlungsspielraum nahezu unkontrollierbar weit auszudehnen[967].

Um zu verhindern, dass wettbewerbswidrige Verhaltensweisen mit grenzüberschreitendem Bezug aufgrund territorialer Beschränkungen des Anwendungsbereichs nationalen Kartellrechts gesetzlicher Reglementierung unzugänglich sind, wurde im Bereich grenzüberschreitender Sachverhalte zunehmend das Auswirkungsprinzip als Kollisionsnorm anerkannt[968]. Die weitgehende Anerkennung des Auswirkungsprinzips in vielen Wettbewerbsrechtsordnungen[969] führte zu einer verstärkten extraterritorialen Anwendung nationalen Kartellrechts. Die extraterritoriale Anwendung nationalen Kartellrechts lässt sich in dem hier relevanten Zusammenhang mehrheitlich in zwei Varianten einteilen:

In der ersten Variante wird nationales Kartellrecht extraterritorial auf wettbewerbsbeschränkende Verhaltensweisen ausländischer Firmen angewandt, die außerhalb des nationalen Territoriums stattfinden, jedoch Auswirkungen im nationalen Wirtschaftsraum entfalten (sog. *inbound extraterritoriality*)[970].

In der zweiten Variante wird nationales Kartellrecht extraterritorial auf wettbewerbsbeschränkende Verhaltensweisen von Firmen eines anderen Staates angewandt, die außerhalb des nationalen Territoriums stattfinden und nationalen Firmen den Marktzutritt erschweren (sog. *outbound extraterritoriality*)[971].

Die letzte Variante ist aufgrund ihres ausschließlichen Bezuges zum Erfolgsort erheblich mehr geeignet, zwischenstaatliche Konflikte hervorzurufen als die erste Variante und stößt dementsprechend völkerrechtlich auch auf größere Bedenken[972].

---

966 Instruktiv: Dabbah, S. 161; Basedow in NJW 1989, S. 627 (638).
967 Basedow in NJW 1989, S. 627 (638); eingehend: Jones, S. 221.
968 Instruktiv: Immenga in MüKo zum BGB, Bd. 11, 4. Auflage (2006), Internationales Wettbewerbs- und Kartellrecht, Rn. 34.
969 Übersicht bei Basedow in Basedow, S. 229 (241).
970 Vgl. E.M. Fox in J Int Economic Law (1999) S. 665 (668).
971 Vgl. US Department of Justice and FTC Antitrust Enforcement Guidelines for International Operations § 3.122, Example D, (1995), abrufbar unter: http://www.justice.gov/atr/public/guidelines/internat.htm (10.12.2010).
972 Dabbah, S. 164, 165.

1. Extraterritoriale Anwendung des US-amerikanischen Kartellrechts

Die Doktrin der extraterritorialen Anwendung nationalen Kartellrechts wurde in den USA begründet. Zunächst lehnte der US Supreme Court in *American Banana v. United Fruit Company*[973] die Anwendung des Kartellrechts des Staates Alabama auf das Verhalten einer Firma mit Sitz in Costa Rica mit der Begründung ab, dass die Rechtmäßigkeit einer Handlung nur durch die Gesetze des Staates wirksam bestimmt werden kann, in dem die Handlung vorgenommen wird. Eine Abweichung von diesem Grundsatz stelle eine Verletzung der Souveränität des anderen Staates dar, nach dessen Rechtsordnung die Handlung rechtmäßig ist[974].

Diese Grundsätze wurden in *United States v. Aluminum Co. of America*[975] zugunsten eines extensiveren Verständnisses des Geltungsbereiches des US-Antitrustrechts aufgegeben. Der Richter des zuständigen Berufungsgerichts, Learned Hand, bejahte die Anwendbarkeit des Sherman Act auf eine wettbewerbsbeschränkende Vereinbarung ausländischer Unternehmen, die im Ausland geschlossen wurde und Auswirkungen auf den US-amerikanischen Wirtschaftsraum hatte. Er führte in seiner Begründung aus, dass die ausschließlich extraterritoriale Natur der Vereinbarung der Anwendbarkeit des Sherman Act nicht im Wege stünde, da ein Staat das Recht habe, eine für seine Wirtschaft schädliche Handlung zu ahnden, auch wenn diese außerhalb seiner Grenzen begangen wurde[976].

Dies ist vom Wortlaut des Sherman Act umfasst. Section 1 Sherman Act bezieht sich auf Wettbewerbsbeschränkungen, die eine Einschränkung des Handels zwischen den Bundesstaaten oder mit andern Nationen zur Folge haben[977]. Hinsichtlich der Handelsbeschränkung ist bereits ein substantieller Effekt auf den Handel zwischen den Bundesstaaten oder mit anderen Nationen ausreichend[978].

Demgegenüber verlangt der Clayton Act, mit Ausnahme der Vorschriften über die Fusionskontrolle, dass derjenige, der die Wettbewerbsbeschränkung

---

973 American Banana Co. v. United Fruit Co., 213 U.S. 347 (1909).
974 American Banana Co. v. United Fruit Co., 213 U.S. 347 (356) (1909).
975 United States v. Aluminum Co. of America, 148 F.2d 416 (1945).
976 United States v. Aluminum Co. of America, 148 F.2d 416 (443) (1945).
977 Section 1 Sherman Act 1890, 15 U.S.C. § 1 (Stand: 1. Februar 2010): „*Every contract, combination in form of trust or otherwise, or conspiracy, in restraint of trade or commerce among the several States, or with foreign nations declared to be illegal. [...]*".
978 Explizit: Mandeville Island Farms v. American Crystal Sugar Co., 334 U.S. 219 (229) (1948); den Schwerpunkt auf die staatenübergreifende Geschäftsaktivität des Beklagten verlagernd: Mc Lain v. Real Estate Bd. of New Orleans, Inc., 444 U.S. 232 (242) (1980).

verursacht, „im Handel zwischen den Bundesstaaten" tätig ist[979]. Dieses Erfordernis ist jedoch schon dann erfüllt, wenn sich das wettbewerbswidrige Verhalten direkt auf den Warenverkehr auswirkt (*in commerce test*) oder den Handel zwischen den Bundesstaaten zumindest substantiell beeinträchtigt (*effect of commerce test*)[980]. Die US-Gerichte verfolgen damit traditionell eine weite Interpretation des Auswirkungsprinzips.

Dies kann selbstverständlich auch amerikanische Unternehmen treffen. Im Fall *Pfizer v. India*[981] verklagten verschiedene ausländische Regierungen sechs amerikanische Pharmahersteller auf dreifachen Schadensersatz aufgrund von Preisabsprachen und versuchter Monopolisierung auf dem Markt für Breitbandantibiotika. Der Supreme Court bejahte die Prozessfähigkeit der indischen Regierung und entschied, dass sie als „Person" im Sinne von Section 1 und 2 des Sherman Act anzusehen sei[982]. Weiterhin betonte er, dass der Zweck des Clayton Act, wettbewerbswidrige Verhaltensweisen zu ahnden und vor ihnen abzuschrecken, vereitelt würde, würde ausländischen Klägern das Recht versagt, vor US-amerikanischen Gerichten dreifachen Schadensersatz einzuklagen[983].

Auch die extraterritoriale Anwendung des Antitrustrechts auf ausländische natürliche oder juristische Personen wurde in nachfolgenden Urteilen bestätigt, welche jedoch eine uneinheitliche Rechtsprechungslinie hinsichtlich der Einbeziehung der Interessen der betroffenen Staaten offenbaren[984]. Mit der Einbeziehung bilateraler Interessen reagierten die USA auf Konflikte mit anderen Staaten, die durch den extensiven Gebrauch der Extraterritorialitätsdoktrin zunahmen[985]. So wurde richterrechtlich die *Jurisdictional Rule of Reason* entwickelt, die den weiten Anwendungsbereich des Auswirkungsprinzips begrenzen sollte. Hiernach haben die Gerichte, bevor sie die extraterritoriale Anwendbarkeit von amerikanischem Recht bejahen, eine umfangreiche Interessenabwägung vorzu-

---

979 Section 1 Clayton Act 1914, 15. U.S.C. § 12 a (Stand 1. Februar 2010): „ '*Commerce', as used herein, means trade or commerce among the several States and with foreign nations, or between the District of Columbia or any Territory of the United States and any State, Territory, or foreign nation, or between any insular possessions or other places under the jurisdiction of the United States, or between any such possession or place and any State or Territory of the United States or the District of Columbia or any foreign nation, or within the District of Columbia or any Territory or any insular possession or other place under the jurisdiction of the United States [...]* ".
980 Mc Lain v. Real Estate Bd. of New Orleans, Inc., 444 U.S. 232 (244) (1980).
981 Pfizer, Inc. v. Gov't of India, 434 U.S. 308 (1978).
982 Pfizer, Inc. v. Gov't of India, 434 U.S. 308 (320) (1978).
983 Pfizer, Inc. v. Gov't of India, 434 U.S. 308 (315) (1978).
984 Vgl. Timberlane Lumber Co. v. Bank of America, N.T. & S.A., 549 F.2d 597 (1976); Hartford Fire Ins. Co. v. Cal., 509 U.S. 764 (1993); United States v. Nippon Paper Indus. Co., 109 F.3d 1 (1997).
985 Dabbah, S. 167.

nehmen. Einzustellen sind hier im Wesentlichen die legitimen Interessen betroffener Staaten, die Schwere der im Inland eingetretenen Auswirkungen in Relation zu den gesamten Auswirkungen des Verstoßes sowie die Schwere des Konfliktes mit dem Wettbewerbsrecht und der Wettbewerbspolitik des anderen Staates[986].

Zudem wurde im Jahr 1982 der *Foreign Trade Antitrust Imrovements Act (FTAIA)*[987] erlassen, der als Voraussetzung für die extraterritoriale Anwendung des US-Antitrustrechts das Vorhandensein eines direkten, nicht unerheblichen und vernünftigerweise vorhersehbaren Effekts auf den US-Binnenhandel normiert[988]. Des Weiteren wurde versucht, durch bilaterale Abkommen zwischen den USA und anderen Wettbewerbsrechtsordnungen[989], darunter die der Europäischen Union[990], die extraterritoriale Anwendung des US Wettbewerbsrechts für die Betroffenen vorhersehbarer zu machen bzw. sie möglichst restriktiv anzuwenden[991].

2. Extraterritoriale Anwendung von EG-Wettbewerbsrecht

Die Europäische Kommission beschäftigte sich erstmals mit der Frage der Reichweite des Anwendungsbereichs des EG-Wettbewerbsrechts im Fall Grosfillex im Jahr 1964[992]. Sie stellte fest, dass der territoriale Anwendungsbereich der Wettbewerbsregeln der Gemeinschaft weder durch den Sitz der an den Wettbewerbsbeschränkungen beteiligten Unternehmen bestimmt wird noch durch den Ort, an dem wettbewerbsbeschränkende Absprachen getroffen oder durchgeführt werden. Entscheidend für die Anwendbarkeit der Wettbewerbsregeln der Gemeinschaft sei alleine, ob eine wettbewerbsbeschränkende Verhaltensweise Auswirkungen auf den Wettbewerb im gemeinsamen Markt habe[993]. Der EuGH hatte in der Entscheidung *Zellstoffhersteller*[994] gegen das von der Kommission vertretene Aus-

---

986 Timberlane Lumber Co. v. Bank of America, N.T. & S.A., 549 F.2d 597 (614/615) (1976); Mannington Mills, Inc. v. Congoleum Corp., 595 F.2d 1287 (1297/1298) (1979).
987 Foreign Trade Antitrust Improvements Act, Pub. L. No. 97-290, § 402, 96 Stat. 1248 (1982).
988 The FTAIA, 15 U.S.C. § 6a (Stand: 1. Februar 2010): *„This Act [15 USCS §§ 1 et seq.] shall not apply to conduct involving trade or commerce (other than import trade or import commerce) with foreign nations unless –*
(1) such conduct has a direct, substantial, and reasonably foreseeable effect [...]"
989 Übersicht bei Dabbah, S. 221.
990 Bilaterale Abkommen zwischen den Europäischen Gemeinschaften und der Regierung der Vereinigten Staaten von Amerika über die Anwendung ihrer Wettbewerbsregeln von 1991 (ABl. Nr. L 095 vom 27. 4. 1995, S. 45) und 1998 (ABl. Nr. L 173 vom 18.6.1998, S. 26).
991 ICPAC Report (2000), S. 185, abrufbar unter: http://www.justice.gov/atr/icpac/chapter4.pdf (10.12.2010).
992 ABl. 058 vom 9.4.1964, S. 915 – Grosfillex-Fillistorf.
993 ABl. 058 vom 9.4.1964, S. 915 – Grosfillex-Fillistorf, Punkt II.
994 EuGH v. 27.9.1988, Verb. Rs. 89/85, 104/85, 114/85, 116/85, 117/85, 125 bis 129/85, Slg. 1988, S. 5193 – A. Ahlström Osakeyhtiö u.a. gegen Kommission.

wirkungsprinzip entschieden und festgestellt, dass die Wettbewerbsregeln der Gemeinschaft anwendbar sind, sofern die wettbewerbsbeschränkende Absprache innerhalb des gemeinsamen Marktes durchgeführt wird (Durchführungsdoktrin)[995].

Nach der Zellstoffhersteller-Entscheidung des EuGH bestimmte die Kommission die Reichweite der Anwendbarkeit der Wettbewerbsregeln der Gemeinschaft weitestgehend auf der Grundlage der Durchführungsdoktrin[996]. Die Durchführungsdoktrin wurde jedoch im Bereich der Fusionskontrolle im Fall *Gencor*[997] von der Kommission erheblich an das Auswirkungsprinzip angeglichen, was vom EuG bestätigt wurde. Die Durchführungsdoktrin führt deshalb in der großen Mehrheit der Fälle zum selben Ergebnis wie das Auswirkungsprinzip[998]. Gegenstand der *Gencor*-Entscheidung war die Gründung eines Gemeinschaftsunternehmens durch eine südafrikanische und eine britische Firma. Sitz des Gemeinschaftsunternehmens sollte Südafrika sein. Das EuG bestätigte die von der Kommission vorgenommene Auslegung der Durchführungsdoktrin und stellte fest, dass bereits dann von der Durchführung eines Zusammenschlusses im gemeinsamen Markt ausgegangen werden könne, wenn die an dem Zusammenschluss beteiligten Unternehmen die Umsatzschwellen des Art. 1 Abs. 2 b VO (EG) 4064/89 erreichten, d.h. einen gemeinschaftsweiten Umsatzes von 250 Millionen Euro überschritten[999]. Darüber hinaus gebe es keine Anhaltspunkte, dass Art. 1 VO (EG) 4064/89 voraussetze, dass die fraglichen Unternehmen ihren Geschäftssitz innerhalb der Gemeinschaft haben[1000].

Die extensive Anwendung der VO (EG) 4064/89 durch die Europäische Kommission sorgte im Zusammenschlussverfahren *Boeing/Mc Donnel Douglas*[1001] und im Zusammenschlussverfahren *GE/Honeywell*[1002] für politische Friktionen zwischen der Europäischen Kommission und ihrer Gegenparts in den USA[1003].

Ins GWB wurde bereits durch die 4. GWB-Novelle im Jahr 1978 eine an das Auswirkungsprinzip anknüpfende Kollisionsnorm (§ 98 Abs. 2 Satz 2 GWB a.F.)

---

995 EuGH v. 27.9.1988, Verb. Rs. 89/85, 104/85, 114/85, 116/85, 117/85, 125 bis 129/85, Slg. 1988, S. 5193 – A. Ahlström Osakeyhtiö u.a. gegen Kommission, Rn. 16 ff.
996 Vgl. Entscheidung der Kommission vom 21.12.1988, ABl. L 74 vom 17.3.1989, S. 1 – PVC, Rn. 40; Entscheidung der Kommission vom 21.12.1988, ABl. L 74 vom 17.3.1989, S. 21 – LdPE, Rn. 47.
997 EuG v. 25. 3. 1999, T-102/96, Slg. 1999, II, S. 753 – Gencor Ltd. Gegen Kommission.
998 Basedow in Basedow, S. 229 (242).
999 EuG, 25.3.1999, T-102/96, Slg. 1999, II, S. 753 – Gencor Ltd. Gegen Kommission, Rn. 73.
1000 EuG, 25.3.1999, T-102/96, Slg. 1999, II, S. 753 – Gencor Ltd. Gegen Kommission, Rn. 79.
1001 Entscheidung der Kommission vom 30. Juli 1997, Nr. IV/M.877, ABl. L 336 v. 8. 12. 1997, S. 16 – Boeing/McDonnell Douglas.
1002 Entscheidung der Kommission vom 3. Juli 2001, COMP/M.2220, ABl. Nr. L 48 v. 18. 2. 2004, S. 1. – General Electric/Honeywell.
1003 Gute Zusammenfassung bzgl. Boeing/Mc Donnell Douglas bei Fox/Sullivan/Perritz, S. 338 ff.; bzgl. GE/Honeywell bei Dabbah, S. 179 ff.

eingeführt, die bis heute unverändert in § 130 Abs. 2 GWB fortbesteht[1004]. Rechtsfolge des § 130 Abs. 2 GWB ist sowohl die Anwendbarkeit der Verbots- und Eingriffsnormen des GWB als auch aller Verwaltungs- und zivilrechtlichen Sanktionsnormen[1005].

III. Bedeutung des Auswirkungsprinzips für wettbewerbsrechtlichen Individualschutz

1. Ökonomische Konflikte zwischen Nationalstaaten

Die weite Verbreitung des Auswirkungsprinzips, die denknotwendiges Gegenstück zum Fehlen einheitlicher globaler Standards in der Kartellrechtsdurchsetzung ist[1006], birgt auch im Bereich des Privatrechtsschutzes Konfliktpotential.

So hat insbesondere das bis heute einzigartige Rechtsinstitut des dreifachen Schadensersatzes im US-amerikanischen Antitrustrecht zu Konflikten zwischen den USA und anderen Ländern geführt[1007]. Andere Staaten haben auf diplomatischer Ebene wiederholt Einwände gegen die Haftung heimischer Firmen auf dreifachen Schadensersatz vorgebracht, insbesondere wenn die relevanten Verhaltensweisen nach nationalem Wettbewerbsrecht irrelevant waren[1008].

US-Justizministerium und Federal Trade Commission sind im Rahmen ihrer Tätigkeit zunehmend bemüht, das Entstehen bilateraler Konflikte zu verhindern. Dementsprechend werden ausländische Regierungen vor der extraterritorialen Anwendung des US-Antitrustrechts konsultiert und die Vor- und Nachteile der Einleitung von Verfahren in einem internationalen Kontext erörtert und abgewogen[1009].

Zudem haben US-Gerichte zumindest in Fällen, die von den Wettbewerbsbehörden vor Gericht gebracht wurden, einen gegebenenfalls eintretenden Schaden bilateraler Beziehungen zumindest teilweise berücksichtigt und mildere Sanktionen verhängt als in vergleichbaren Fällen ohne transnationale Elemente[1010].

1004 I/M/Emmerich/Rehbinder/Markert, § 130 Abs. 2 GWB, Rn. 119.
1005 I/M/Emmerich/Rehbinder/Markert, § 130 Abs. 2 GWB, Rn. 129.
1006 Eingehend zur globalen Integration der US Wirtschaft: Bates in 2000 U. Chi. Legal F. 281 (317) (2000); Siddharth in 20 Conn. J. Int'l L. 267 (269) (2005).
1007 Report of the American Bar Association Sections of Antitrust Law and International Law and Practice on The Internationalization of Competition Law Rules: Coordination and Convergence, December 1999, S. 22, 27, abrufbar unter: http://www.abanet.org/antitrust/at-comments/2000/reports/01-00/conv_rpt.pdf (10.12.2010); Nijenhuis in 135 U. Pa. L. Rev. 1003 (1021) (1987).
1008 ICPAC Report, S. 247, abrufbar unter: http://www.justice.gov/atr/icpac/chapter5.pdf (10.12.2010).
1009 Zusammenfassend: Nijenhuis in 135 U. Pa. L. Rev. 1003 (1026) (1987).
1010 United States v. General Electric Co., 115 F. Supp. 835 (875, 876) (1953); in der Entscheidung In re Insurance Antitrust Litigation, 723 F.Supp. 464 (487-490) (1989) hat der zuständige

Während sich also die nationalen Wettbewerbsbehörden der USA, insbesondere das US-Justizministerium, im Rahmen der oben genannten gesetzgeberischen Bemühungen und bilateralen Abkommen dazu verpflichteten, der Souveränität und den legitimen Interessen anderer Staaten Rechnung zu tragen[1011], gilt dies nicht für den privaten Kläger[1012].

Als Reaktion hierauf wurden in einigen Rechtsordnungen Clawback-Vorschriften erlassen, die es einem in einer Klage auf dreifachen Schadensersatz unterlegenen Unternehmen ermöglichen, in einem Gerichtsverfahren vor nationalen Gerichten den überkompensatorischen Teil des Schadensersatzes vom ursprünglichen Schadensersatzgläubiger zurückzuverlangen[1013]. Kontroversen rufen auch die aus Sicht ausländischer Beklagter äußerst klägerfreundlich ausgestalteten Discovery-Regelungen hervor[1014].

Auch hier wurden von vielen Staaten, darunter Kanada, Australien, Frankreich und Deutschland, Rechtsvorschriften erlassen, die eine Herausgabe von Dokumenten an US-amerikanische Kläger oder Gerichte im Rahmen des discovery-Verfahrens blockieren, sofern diese in einem Zivilprozess gegen heimische Firmen verwendet werden sollen (*blocking statutes*)[1015]. Einer gesetzlichen Ausnahme vom dreifachen Schadensersatz zugunsten ausländischer Unternehmen wird aus wirtschaftlichen und rechtspolitischen Gründen eine Absage erteilt. Ausländische Unternehmen, z.B. in Fällen von Exportkartellen, von der Pflicht zum dreifachen Schadensersatz auszunehmen, so die Begründung, führe letztlich zu einer Diskriminierung der inländischen Unternehmen sowie zu Abgrenzungsproblemen in der Frage, ob das wettbewerbsbeschränkende Verhalten im konkreten Fall Auswirkungen auf den Importhandel amerikanischer Unternehmen oder den Exporthandel ausländischer Unternehmen hat[1016].

District Court eine Schadensersatzklage mehrerer Staaten und privater Kläger aufgrund zu starker Konflikte mit der (englischen) Heimatrechtsordnung der Beklagten, die durch eine Anwendung des Sherman Act hervorgerufen würden, abgewiesen. Die Entscheidung wurde vom Berufungsgericht jedoch mit der Betonung des Ausnahmecharakters, der derartigen Erwägungen zukommen soll, aufgehoben, vgl. In re Insurance Antitrust Litigation, 938 F.3d 919 (932) (9th Cir. 1991).

1011 US Department of Justice and FTC Antitrust Enforcement Guidelines for International Operations § 3.2 (1995); vgl. zu sog. comity considerations: Dabbah, S. 218 ff.
1012 ICPAC-Report, S. 246, abrufbar unter: http://www.justice.gov/atr/icpac/chapter5.pdf (10.12.2010).
1013 Vgl. am Beispiel Großbritanniens: ICPAC Report, S. 247, abrufbar unter: http://www.justice.gov/atr/icpac/chapter5.pdf (10.12.2010).
1014 Nijenhuis in 135 U. Pa. L. Rev. 1003 (1010) (1987).
1015 Vgl. für die deutsche Rechtsordnung: § 384 Nr. 1-3 ZPO; § 85 Abs. 1 GmbHG; § 404 Abs. 1 AktG; weitere Übersicht bei Jones in 16 Loy. Consumer L. Rev. 409 (418 ff.) (2004); instruktiv auch Tucker in 15 Fordham J. Corp. & Fin. L. 807 (814 ff.) (2010).
1016 ICPAC Report, S. 248, abrufbar unter: http://www.justice.gov/atr/icpac/chapter5.pdf (10.12.2010).

Darüber hinaus wird auch vertreten, dass multinationale amerikanische Unternehmen ohnehin gegenüber ihren ausländischen Konkurrenten im Nachteil seien, weil amerikanische Unternehmen strengerer kartellrechtlicher Kontrolle durch die US-Wettbewerbsbehörden unterlägen als ihre ausländischen Konkurrenten. Sie seien demnach praktisch der Kontrolle zweier Wettbewerbsrechtsordnungen ausgesetzt, während ihre ausländischen Konkurrenten – oftmals mit Hilfe ihrer Regierungen – Profiteure einer eher laxen Kartellrechtsdurchsetzung seien[1017]

Um das Konfliktpotential abzumildern, das der extraterritorialen Anwendung von dreifachem Schadensersatz in Verbindung mit der discovery immanent ist, wurden in der Vergangenheit verschiedene Lösungsansätze entwickelt. Teilweise wird vorgeschlagen, in Fällen, die aufgrund des Auswirkungsprinzips der extraterritorialen Anwendung des US-Rechts unterworfen sind, die Beweislast für inländische wirtschaftlich negative Effekte, die durch die im Ausland stattgefundene Wettbewerbsbeschränkung eingetreten sind, dem Kläger aufzubürden. Ausschließlich hierdurch könne der als zu weit empfundene Anwendungsbereich, den das Auswirkungsprinzip trotz Begrenzung durch die *Jurisdictional Rule of Reason* schafft, begrenzt werden. Andernfalls basiere die Ausdehnung des Anwendungsbereichs der amerikanischen Rechtsordnung einzig auf dem von Klägern im Zusammenhang mit ihren Ansprüchen vorgebrachten Tatsachenstoff[1018]. Die Interessenabwägung, die die *Jurisdictional Rule of Reason* den Gerichten auferlege, sei darüber hinaus zum einen weder völkerrechtlich anerkannt, zum anderen bestehe keine verbindliche Kodifikation hinsichtlich aller Faktoren, die in die Abwägung eingestellt werden müssen. Zudem wird kritisiert, dass in der Abwägung teilweise außenpolitische Gesichtspunkte berücksichtigt werden müssten, wozu Gerichte nicht in der Lage seien. Letztlich wird die Fähigkeit der Gerichte insgesamt bezweifelt, beurteilen zu können, wie die legitimen Interessen eines anderen Staates im Einzelfall berührt sein könnten[1019].

Ein weiterer Vorschlag befasst sich mit der Begrenzung der extraterritorialen Anwendung der discovery durch Ausweitung des Anwendungsbereichs des Haager Beweisübereinkommens vom 7. Oktober 1972[1020] auf Kartellzivilprozesse. Das Haager Beweisübereinkommen beinhaltet bilaterale Verfahren zur grenzüberschreitenden Beweiserlangung in Zivilprozessen. Die in dem Übereinkommen kodifizierten Verfahren zur Beweiserlangung entsprechen im Wesentlichen den Grundsätzen der *positive comity agreements* (Grundsatz des entgegenkommenden Verhaltens) über bilaterale Zusammenarbeit bei der grenzüberschreitenden

---

1017 Nijenhuis in 135 U. Pa. L. Rev. 1003 (1006) (1987).
1018 Nijenhuis in 135 U. Pa. L. Rev. 1003 (1036) (1987).
1019 Nijenhuis in 135 U. Pa. L. Rev. 1003 (1031) (1987).
1020 Deutsche Version: BGBl. 1977 II, 1453; Englische Version: 23 U.S.T. 2555; 1970 U.S.T. LEXIS 497.

Kartellrechtsdurchsetzung[1021]. Dementsprechend verpflichtet das Abkommen das Gericht, das Beweiserlangung begehrt, die Beweise bei den zuständigen Behörden oder Gerichten des anderen Staates anzufordern und diese das Beweisverfahren durchführen zu lassen. Durch die konsequente Einhaltung des genannten Prozedere zur Durchführung des Beweisverfahrens könnten bilaterale Konflikte, die durch den weitgehenden Charakter der US-amerikanischen discovery entstehen, deutlich entschärft werden. Dies würde auch dem amerikanischen Kläger zugutekommen, da dann der Erlass, zumindest aber der Gebrauch nationaler Gesetze, die das Discovery Verfahren blockieren, unwahrscheinlicher werden würde.

Problematisch erscheint in diesem Zusammenhang jedoch, dass das Haager Beweisübereinkommen, zumindest nach Auffassung der US-Gerichte, weder rechtsverbindlichen Charakter aufweist[1022] noch die Vorschriften der discovery (Rule 26-37 FRCP) verdrängt[1023]. Es steht im Ermessen des jeweiligen Gerichts, ob es die Vorschriften des Haager Beweisübereinkommens auf einen konkreten Fall anwendet, wobei sowohl Comity-Erwägungen als auch die (schutzwürdigen) Interessen der beteiligten Parteien und die Frage der Effektivität alternativer Beweisregeln in die Abwägung eingestellt werden müssen[1024]. Andere Vorschläge gehen in die Richtung, dass das Discovery-Verfahren so weit eingeschränkt werden soll, dass nur die Beweise herausverlangt werden können, die auch nach dem geltenden Recht des Staates, in dem sie sich befinden, herausverlangt werden könnten[1025]. Diese für ausländische Beklagte durchaus wünschenswerte Beschränkung des Umfangs des Discovery-Verfahrens auf die in ihrer Rechtsordnung geltenden Standards ist jedoch nicht sehr wahrscheinlich, da hierdurch amerikanische Kläger in allen transnationalen Fällen auf ihr effektivstes prozessuales Instrument verzichten müssten.

2. Internationales Forum-Shopping

a) Die USA als Magnetjurisdiktion für internationale Kartellschadensersatzklagen

Häufig wird das US-amerikanische System des kartellrechtlichen Privatrechtsschutzes von ausländischen Unternehmen als zu klägerfreundlich angesehen[1026],

---

1021 Eingehend: Dabbah, S. 218 f.
1022 In re Anschuetz & Co., GmbH, 754 F.2d 602 (615) (1985).
1023 Lasky v. Continental Products Corp., 569 F. Supp. 1227 (1228) (1983).
1024 Madanes v. Madanes, 199 F.R.D. 135 (141) (2001).
1025 Nijenhuis in 135 U. Pa. L. Rev. 1003 (1044/1045) (1987).
1026 Bloom in 61 N.Y.U. Ann. Surv. Am. L. 433 (436) (2005); Baker in 16 Loy. Consumer L. Rev. 379 (397 f.) (2004).

zumal diese häufiger Beklagte sind als Kläger[1027]. Dementsprechend nehmen auch Klagen ausländischer Personen zu, die vom klägerfreundlichen Charakter des US-Antitrustrechts angezogen werden[1028]. Solange die für den privaten Kläger äußerst vorteilhaften materiellrechtlichen und prozessualen Instrumente, wie dreifacher Schadensersatz, discovery und fehlende Unterliegenshaftung, auch für ausländische Kläger zur Verfügung stehen, macht es für diese wenig Sinn, teure Verfahren mit unsicherem Ausgang in den heimischen Rechtsordnungen zu führen[1029].

Dies warf die Frage auf, unter welchen Voraussetzungen Geschädigte internationaler Kartelle befugt sind, Klagen auf dreifachen Schadensersatz vor US-Gerichten einzureichen. Grund für die Kontroverse war die mehrdeutige Sprache des FTAIA[1030], der in Section 6a (1) und (2) als Voraussetzung für die extraterritoriale Rechtsanwendung neben einem direkten, nicht unerheblichen und vernünftigerweise vorhersehbaren Effekt auf den US-Binnenhandel auch verlangt, dass dieser Effekt die Voraussetzungen eines Anspruchs nach dem Sherman Act erfüllt[1031]. Die mit der Problematik befassten District Courts entschieden in der Frage höchst uneinheitlich[1032].

Einige US-Gerichte interpretierten dieses Erfordernis dahingehend, dass ein ausländischer Kläger auf dem US-amerikanischen Markt zumindest aktiv gewesen sein muss, um klagebefugt zu sein[1033]. Nach ihrer Auffassung war eine derart extensive extraterritoriale Anwendung der Antitrust-Gesetze bei Erlass des FTAIA vom Kongress nicht beabsichtigt gewesen[1034]. Demgegenüber wurde vertreten, dass auch ausländische Personen bereits dann das Recht haben, vor US-Gerichten private Schadensersatzklagen aufgrund von wettbewerbsbeschränkendem Verhalten einzureichen, wenn diese Wettbewerbsbeschränkung einen

---

1027 Nijenhuis in 135 U. Pa. L. Rev. 1003 (1010) (1987).
1028 Übersicht bei: Burnet in 18 Emory Int'l L. Rev. 555 (562/563) (2004); Mehra in 77 Templ. L. Rev. 47 (47/48) (2004).
1029 Wurmnest in 28 Hastings Int'l & Comp. L. Rev. 205 (213) (2005); Jones in 16 Loy. Consumer L. Rev. 409 (421) (2004).
1030 Eingehend: Diamond in 31 Brooklyn J. Int'l L. 805 (825) (2006); Buswell in 28 Del. J. Corp. L. 979 (985) (2003).
1031 The FTAIA, 15 U.S.C. § 6a = Section 7 Sherman Act (Stand 1. Februar 2010): *„This Act [15 USCS §§ 1 et seq.] shall not apply to conduct involving trade or commerce (other than import trade or import commerce) with foreign nations unless [...]*
(2) such effect gives rise to a claim under the provisions of this Act [15 USCS §§ 1 et seq.], other than this section".
1032 Gute Darstellung bei: Buswell in 28 Del. J. Corp. L. 979 (985-990) (2003).
1033 Den Norske Stats Oljeselskap As v. HeereMac v.o.f., 241 F.3d 420 (428) (2001); In re Microsoft Corp. Antitrust Litig., 127 F. Supp. 2d 702 (716) (2001); Empagran S.A. v. F. HoffmanLaroche, 315 F.3d 338 (360) (2003).
1034 Den Norske Stats Oljeselskap As v. HeereMac v.o.f., 241 F.3d 420 (428) (2001); Equal Employment Opportunity Commission v. Arabian American Oil Co., 499 U.S. 244 (248) (1991).

direkten, nicht unerheblichen und vernünftigerweise vorhersehbaren Effekt auf den US-Binnenhandel hat[1035].

Im Jahr 2004 entschied der US Supreme Court, dass ein ausländischer Kläger nicht berechtigt ist, eine Schadensersatzklage vor einem US-Gericht zu erheben, wenn der Schaden, den er durch das wettbewerbsbeschränkende Verhalten erlitt, ausschließlich außerhalb der USA eingetreten ist[1036]. Der Supreme Court begründete seine Entscheidung damit, dass der mehrdeutige Wortlaut des FTAIA restriktiv interpretiert werden müsse, da es keinen Sinn mache, nationales Recht auf extraterritoriale Verhaltensweisen anzuwenden, wenn diese keinen Schaden innerhalb der USA verursachten[1037]. Darüber begründete er seine Entscheidung ausdrücklich auch mit drohenden Konflikten mit anderen Nationalstaaten, die eine derart weite Interpretation des FTAIA hervorrufen würde, da diese den Klägern eine vollständige Umgehung ihrer Heimatrechtsordnung ermöglichen würde[1038].

Aufgrund der Anknüpfung an das unscharfe Kriterium des ausschließlichen Schadenseintritts außerhalb der USA wird die Entscheidung von Kommentatoren als zu unpräzise kritisiert, was durch die Uneinheitlichkeit nachfolgender Entscheidungen von Instanzgerichten bewiesen werde[1039]. Ebenso wird eingewandt, dass Kläger in Zukunft argumentieren könnten, dass der im Ausland eingetretene Schaden kausal mit den nachteiligen Effekten auf dem US-Markt zusammenhänge, welche ihrerseits durch das im Ausland begangene wettbewerbsbeschränkende Verhalten der Beklagten hervorgerufen wurden[1040]. Der Supreme Court ist in seiner Entscheidung auf diese Problematik nicht eingegangen[1041].

Da er jedoch ausschließlich auf den Eintritt eines Schadens innerhalb der USA abstellt, wird zum Teil davon ausgegangen, dass ein ausländischer Kläger nicht auf dem amerikanischen Markt aktiv gewesen sein muss, um klagebefugt zu sein[1042]. Dann erscheint es jedoch widersprüchlich, wenn er gleichzeitig betont, dass die legitimen Interessen anderer Staaten durch den Weg über die Klagebefugnis auch in privaten Schadensersatzklagen Berücksichtigung finden sollen[1043].

1035 Empagran S.A. v. F. Hoffman-Laroche, 315 F.3d 338 (340/341) (2003); Kruman v. Christie's Int'l PLC, 284 F.3d 384 (399) (2002).
1036 F. Hoffmann-La Roche Ltd v. Empagran S.A., 542 U.S. 155 (159) (2004); erläuternd: Diamond in 31 Brooklyn J. Int'l L. 805 (824 ff.) (2006).
1037 F. Hoffmann-La Roche Ltd v. Empagran S.A., 542 U.S. 155 (166-168) (2004).
1038 F. Hoffmann-La Roche Ltd v. Empagran S.A., 542 U.S. 155 (167) (2004).
1039 Diamond in 31 Brooklyn J. Int'l L. 805 (810) (2006) m.w.N.
1040 Dresnick/Piro/Encinosa in 40 U. Miami Inter-Am. L. Rev. 453 (472/473) (2009).
1041 Vgl. CSR Ltd. v. Cigna Corp., 405 F. Supp. 2d 526 (552 FN 17) (2005).
1042 Halabi in 46 Harv. Int'l L. J. 279 (286/287) (2005); a. A.: Siddharth in 20 Conn. J. Int'l L. 267 (272) (2005).
1043 F. Hoffmann-La Roche Ltd v. Empagran S.A., 542 U.S. 155 (163) (2004); vgl. dazu Halabi in 46 Harv. Int'l L. J. 279 (286) (2005).

Teilweise wird deshalb auch vertreten, dass der Supreme Court davon abgerückt sei, auf die Auswirkungen der Wettbewerbsbeschränkung auf den US-Binnenhandel abzustellen, und dazu übergegangen sei, die Kausalbeziehung zwischen dem im Inland eingetretenen negativen Effekt und im Ausland eingetretenen Schäden als entscheidendes Kriterium heranzuziehen[1044]. Die wohl herrschende Meinung in der amerikanischen Rechtsprechung und Literatur setzt hinsichtlich der oben genannten Kausalbeziehung jedenfalls eine direkte und unmittelbare Kausalität voraus und hat dadurch die Anforderungen für ausländische Kläger, die keinen unmittelbaren Schaden innerhalb der USA erlitten haben, erhöht[1045].

b) Forum-Shopping innerhalb der EU Mitgliedsstaaten

Es ist lediglich eine Frage der Zeit, bis sich die Problematik des Forum-Shoppings in Kartellzivilprozessen auch innerhalb der Rechtsordnungen der EU-Mitgliedsstaaten stellt – dies deshalb, weil die Artikel 101, 102 AEUV, die gem. Art. 3 Abs. 1 VO (EG) 1/2003 grundsätzlichen Vorrang vor nationalem Wettbewerbsrecht genießen, außer der Nichtigkeitsfolge des Art. 101 Abs. 2 AEUV keine weiteren Rechtsfolgen eines Verstoßes gegen die Wettbewerbsregeln der Gemeinschaft festlegen. Weitere zivilrechtliche Folgen eines Verstoßes gegen die Art. 101 ff. AEUV fallen mangels Regelungskompetenz des Gemeinschaftsgesetzgebers in die Zuständigkeit der Mitgliedsstaaten[1046].

Der EuGH hat hinsichtlich der Ausgestaltung materiellrechtlicher und prozessualer Einzelheiten zivilrechtlicher Rechtsfolgen durch die Mitgliedsstaaten lediglich Mindeststandards gesetzt. Hierdurch entsteht auf Rechtsfolgenseite eine Situation der zersplitterten Rechtsordnungen innerhalb der Gemeinschaft, die sich kaum vom Verhältnis von nicht-EU Staaten zueinander unterscheidet. Die Rechtsordnungen der Mitgliedsstaaten weisen teilweise erhebliche Unterschiede im Bereich der materiellrechtlichen Schadensersatzvorschriften und der zivilprozessualen Rahmenbedingungen, unter denen sie geltend gemacht werden, auf. So bestehen substantielle Unterschiede innerhalb der mitgliedsstaatlichen Rechtsordnungen in Bezug auf Verschuldenserfordernis[1047], überkompensatorischen Schadensersatz[1048] und Beweisanforderungen[1049]. Die Kartellrechtsordnungen von Irland,

---

1044 Donovan in 91 Iowa L. Rev. 719 (748) (2006).
1045 Empagran S.A. v. Hoffmann-Laroche, 417 F.3d 1267 (1270/1271) (2005); Übersicht bei Tucker in 15 Fordham J. Corp. & Fin. L. 807 (827 ff.) (2010) m.w.N.
1046 EuGH v. 20.6.2001, C-453/99, Slg. 2001, I-6297 – Courage/Crehan, Rn. 29; EuGH, 13.7.2006, RS C-295/04 bis C-298/04 – Manfredi/Lloyd Adriatico Assicurazioni = WuW/ E EU – Rs. 1107 (1116), Rn. 62.
1047 Ashurst Paper S. 51.
1048 Ashurst Paper S. 84.
1049 Ashurst Paper S. 55.

Großbritannien und Zypern gewähren Klägern überkompensatorischen Schadensersatz. In der britischen Rechtsordnung ist darüber hinaus ein der US-amerikanischen discovery vergleichbares Verfahren zur Beweiserlangung etabliert[1050].
Die unterschiedlichen materiellrechtlichen und prozessualen Regelungen dieser für den Schadensersatzkläger essentiellen Punkte verleihen der Frage der anwendbaren Rechtsordnung sowohl für Kläger als auch für Beklagte erhebliche Relevanz. Viele Wettbewerbsrechtsordnungen europäischer Staaten haben das Auswirkungsprinzip als Kollisionsnorm für die Anwendbarkeit nationalen Wettbewerbsrechts kodifiziert[1051]. Unternehmen, deren wettbewerbsbeschränkende Verhaltensweisen Auswirkungen in mehr als einem Mitgliedsstaat entfalten, müssen demnach mit unterschiedlichen Schadensersatzregelungen rechnen. Hierdurch werden Rechtsunsicherheit und Rechtsberatungskosten erheblich gesteigert. Zudem entsteht auf dem Gebiet der privaten Wettbewerbsrechtsdurchsetzung ein Europa der unterschiedlichen Geschwindigkeiten, was der beabsichtigten Schaffung eines Systems der effektiven und dezentralen privatrechtlichen Geltungsverschaffung der Wettbewerbsregeln der Gemeinschaft entgegensteht.

Hauptsächlich besteht jedoch die Gefahr eines innereuropäischen Forum-Shoppings, bei dem private Schadensersatzkläger nach dem vorteilhaftesten Gerichtsstand suchen, um ihre Ansprüche geltend zu machen. Es stellt sich demnach die Frage, ob eine weitere materiellrechtliche oder prozessuale Rechtsvereinheitlichung im Bereich des Schadensersatzrechts der Mitgliedsstaaten im Zusammenhang mit Verletzungen der Art. 101 ff. AEUV möglich und durchführbar ist.

In diesem Zusammenhang bietet sich zunächst der Erlass eines Gemeinschaftsrechtsakts an, der, entsprechend dem Weißbuch der Kommission, Eckpunkte hinsichtlich der wichtigsten oben angeführten Punkte beinhaltet[1052].

In Übereinstimmung mit Art. 5 Abs. 3 EUV (ex-Art. 5 EG) ist ein gemeinschaftsweites Vorgehen jedoch nur dann rechtmäßig, wenn die angestrebte Maß-

---

1050 The Civil Proecedure Rules (United Kingdom) 1998 (No. 3132 L.17); Part 31 Disclosure and Inspection of Documents:
Rule 31.2 (Meaning of Disclosure):
„*A party discloses a document by stating that the document exists or has existed.*"
Rule 31.6 (Standard disclosure – what documents are to be disclosed):
„*Standard disclosure requires a party to disclose only –*
(a) the documents on which he relies; and
(b) the documents which –
  (i) adversely affect his own case;
  (ii) adversely affect another party's case; or
  (iii) support another party's case; and
(c) the documents which he is required to disclose by a relevant practice direction."
1051 Übersicht bei Basedow in Basedow, S. 229 (241).
1052 So schon Basedow in Basedow, S. 229 (241).

nahme transnationale Aspekte aufweist, die von den Mitgliedsstaaten nicht zufriedenstellend geregelt werden können[1053]. Der Gerichtshof vermied es bislang, die Kriterien des Art. 5 EG zufriedenstellend zu definieren und auszugestalten[1054]. Wird der Gemeinschaftsgesetzgeber wie im Kartellrecht außerhalb des Bereichs der ausschließlichen Kompetenzen (nunmehr Art. 5 Abs. 2 EUV) tätig[1055], so muss das Ziel der in Betracht gezogenen Maßnahme auf Gemeinschaftsebene besser erreicht werden können als auf mitgliedsstaatlicher Ebene[1056]. Während dies im Hinblick auf die Durchsetzung der Wettbewerbsregeln der Gemeinschaft bejaht werden könnte, der Gemeinschaftsgesetzgeber also grundsätzlich tätig werden kann, bestehen jedoch Zweifel hinsichtlich des Verhältnismäßigkeitsgrundsatzes in Art. 5 Abs. 3 Satz 1 EUV.

Ein Gemeinschaftsrechtsakt, der die oben genannten materiellrechtlichen und prozessualen Unterschiede innerhalb der Rechtsordnungen der Mitgliedsstaaten aufheben soll, würde tiefgreifende Konsequenzen für die gesamte Zivilrechtsordnung der Mitgliedsstaaten nach sich ziehen[1057]. Um eine Kollision mit dem Grundsatz der Verhältnismäßigkeit zu vermeiden, müsste er entsprechend weit gefasst sein, was seiner Effektivität abträglich wäre[1058].

Die Kommission stützte ihren mittlerweile wieder zurückgezogenen Richtlinienentwurf auf Art. 103 AEUV (ex-Art. 83 EG), um eine Mitentscheidung des Europäischen Parlaments zu umgehen[1059]. Sie legte, größtenteils entsprechend dem Weißbuch, materiellrechtliche und prozessuale Mindeststandards fest, die gemeinschaftsweit für kartelldeliktsrechtliche Schadensersatzklagen gelten sollten. Aufgrund des Widerstandes einiger Mitgliedsstaaten, insbesondere hinsichtlich der Schaffung eines einheitlichen Rechtsrahmens für Sammelklagen[1060], ist die Zukunft der sog. Private-enforcement-Richtlinie unklar, unabhängig von der Frage, ob sie kompetenzrechtlich zulässig ist.

Auch der von der Monopolkommission im Jahr 2001 unterbreitete Vorschlag einer Einrichtung von europaweit standardisierten Spezialgerichten mit wettbewerbsrechtlichen Kompetenzen, die zumindest einheitliche prozessuale Verfahrensweisen bei Schadensersatzansprüchen aufgrund von Verletzungen der Wett-

---

1053 Zur alten Rechtslage: Callies in Callies/Ruffert, Art. 5 EGV, Rn. 41.
1054 Callies in Callies/Ruffert , Art. 5 EGV, Rn. 42.
1055 Callies in Callies/Ruffert , Art. 5 EGV, Rn. 36.
1056 EuGH, 10.12.2002, Rs. C-491/01 – British American Tobacco, Rn. 180.
1057 Verneinend deshalb auch Hellwig in Basedow, S. 121 (122).
1058 Basedow in Basedow, S. 229 (239).
1059 Wagner-von Papp in EWS 2009, S. 445 (446).
1060 Vgl. FAZ Nr. 248 vom 26.10.2009, S. 13.

bewerbsvorschriften der Gemeinschaft garantieren könnten[1061], erscheint zum gegenwärtigen Zeitpunkt als unwahrscheinlich[1062].

Das von der großen Mehrheit der Mitgliedsstaaten angewandte Auswirkungsprinzip wurde ausschließlich im Zusammenhang mit der Rechtsdurchsetzung durch nationale Wettbewerbsbehörden entwickelt, in der Gerichte ausschließlich Aufsichtsfunktionen wahrnehmen[1063]. Dementsprechend beschränkten sich die Konfliktfälle auf Situationen, in denen nationale Wettbewerbsbehörden unterschiedliche Auffassungen hinsichtlich der Schädlichkeit eines bestimmten Verhaltens von Unternehmen vertraten, das sich auf mindestens einen der nationalen Märkte auswirkte und nicht nach VO (EG) 17/62, bzw. VO (EG) 1/2003 dem Anwendungsvorrang des Gemeinschaftsrechts unterfiel.

Ähnlich wie in *Hoffmann-La Roche v. Empagran*[1064] ergibt sich jedoch nunmehr die Frage, ob die zum Auswirkungsprinzip entwickelten Grundsätze in einem dezentralen System der privaten Wettbewerbsrechtsdurchsetzung noch fortgelten können oder ob durch ein Festhalten am Auswirkungsprinzip die Türen für private Kläger geöffnet werden, die vorteilhafteste Rechtsordnung für die Durchsetzung ihrer Ansprüche zu wählen. Dies gilt insbesondere für die Staaten, die in ihren Wettbewerbsgesetzen sowohl zivilrechtliche Anspruchsgrundlagen auf Schadensersatz als auch den extraterritorialen Anwendungsbereich durch das Auswirkungsprinzip kodifiziert haben[1065].

Während bspw. Italien und Deutschland das Auswirkungsprinzip als einseitige Kollisionsnorm für die Anwendung ihres Wettbewerbsrechts direkt im Gesetz verankerten, hat die Schweiz das Auswirkungsprinzip als allseitige Kollisionsnorm im schweizerischen Internationalen Privatrecht geregelt. Art. 137 Satz 1 des IPRG[1066] sieht im Abschnitt über unerlaubte Handlungen bei Schadensersatzansprüchen aus Wettbewerbsbehinderungen das Auswirkungsprinzip als allseitige Kollisionsnorm vor, die einen umfangreichen Rechtsanwendungsbefehl enthält, der auch auf ausländisches Recht verweisen kann[1067]. Darüber hinaus normiert Art. 137 Satz 2 IPRG als Konsequenz der möglichen Anwendung ausländischen Rechts einen Ordre-pulic-Vorbehalt, nach dem ein Schweizer Gericht

---

1061 Monopolkommission, Folgeprobleme der europäischen Kartellrechtsreform, SG 32, Rn. 75.
1062 Hellwig sieht hierin den ersten Schritt zu einer umfassenden Europäisierung des gesamten Zivilrechts in Basedow, S. 121 (122).
1063 Basedow in Basedow, S. 229 (241/242).
1064 F. Hoffmann-La Roche Ltd v. Empagran S.A., 542 U.S. 155 (2004).
1065 Basedow in Basedow, S. 229 (242).
1066 Schweizerisches Bundesgesetz über das Internationale Privatrecht (IPRG), Stand 1. Januar 2010, abrufbar unter: www.admin.ch/ch/d/sr/291/index.html (10.12.2010).
1067 Art. 137, S. 1 IPRG: „Ansprüche aus Wettbewerbsbehinderung unterstehen dem Recht des Staates, auf dessen Markt der Geschädigte von der Behinderung unmittelbar betroffen ist", abrufbar unter:www.admin.ch/ch/d/sr/291/a137.html (10.12.2010).

bei der Anwendung ausländischen Rechts keine weitergehenden Leistungen zusprechen kann, als es dies für eine vergleichbare Wettbewerbsbehinderung nach schweizerischem Recht könnte[1068].

Die dargestellten Punkte verdeutlichen, dass die Ursache des Problems in dem fehlenden materiellrechtlichen Gleichklang zwischen Kartellgesetzen und schadensersatzrechtlichen Anspruchsgrundlagen liegt[1069]. Dementsprechend ergibt sich immer dann, wenn die Europäische Kommission im Rahmen ihrer Zuständigkeit eine Entscheidung fällt, die Situation, dass in allen Mitgliedsstaaten, in denen das Auswirkungsprinzip als einseitige Kollisionsnorm kodifiziert ist, die Einreichung von Schadensersatzansprüchen möglich wird.

IV. Zuständigkeitsverteilung in einem einheitlichen internationalen Rechtsrahmen

Zusammengefasst vermögen die vorgeschlagenen materiellrechtlichen und prozessualen Änderungen wenig zu überzeugen. Einzelne Aspekte des US-amerikanischen Systems der privaten Wettbewerbsrechtsdurchsetzung in Fallgestaltungen mit extraterritorialen Elementen vollständig außer Acht zu lassen bzw. zu modifizieren, würde angesichts der bestehenden Abgrenzungsschwierigkeiten zu einer nahezu unübersehbaren Kasuistik führen. Wie schwierig extraterritoriale Fallgestaltungen, in denen die Anwendung innerstaatlichen Rechts vernünftig und notwendig ist, von anderen abzugrenzen sind, in denen sie ohne zwingenden Grund und ohne legitimes Interesse erfolgen, zeigt das weitgehende Scheitern des Foreign Trade Antitrust Improvements Act. Trennscharfe Abgrenzungen sind jedoch notwendig, um zu verhindern, dass das ausgeprägte US-amerikanische System der privaten Kartellrechtsdurchsetzung zu einer Magnet-Rechtsordnung für Geschädigte weltweiter Kartelle wird[1070].

Dieselbe Problematik besteht zunehmend für Rechtsordnungen der Mitgliedsstaaten der Europäischen Union, die im Zuge der Ausgestaltung dezentralisierter privatrechtlicher Wettbewerbsrechtsdurchsetzung für Geschädigte wettbewerbsbeschränkender Praktiken mit internationalen Auswirkungen attraktiver werden. Die Gefahr des Forum-shoppings besteht sowohl im Verhältnis der EU-Mitgliedsstaaten zu Drittstaaten als auch im Verhältnis der EU-Mitgliedsstaaten unte-

---

1068 Art. 137, S. 2 IPRG: „Unterstehen Ansprüche aus Wettbewerbsbehinderung ausländischem Recht, so können in der Schweiz keine weitergehenden Leistungen zugesprochen werden als nach schweizerischem Recht für eine unzulässige Wettbewerbsbehinderung zuzusprechen wären", arufbar unter: www.admin.ch/ch/d/sr/291/a137.html (10.12.2010).
1069 Basedow in Basedow, S. 229 (243).
1070 Burnet in 18 Emory Int'l L. Rev. 555 (641/642) (2004).

reinander, da aus den oben genannten Gründen eine vollkommene Vereinheitlichung materiellrechtlicher oder zivilprozessualer Standards zum gegenwärtigen Zeitpunkt unwahrscheinlich und von den Nationalstaaten wohl auch nicht erwünscht ist, wie das Scheitern des Richtlinienentwurfes der Kommission zeigt[1071].
Dementsprechend liegt die Verantwortung, trennscharfe Grenzen für die extraterritoriale Anwendung nationalen Wettbewerbsrechts diesseits und jenseits des Atlantiks zu schaffen, zunächst bei den Gerichten. Diese müssen dem Prinzip des entgegenkommenden Verhaltens (*positive comity*) in Zivilprozessen dieselbe Geltung verschaffen, die es im Bereich der administrativen Rechtsdurchsetzung bereits einnimmt. Auch müssten Staaten diesbezüglich eindeutiger gesetzgeberisch tätig werden, um die vorhandenen Unsicherheiten zu beseitigen.

Langfristig gesehen führt jedoch nichts an der Schaffung eines einheitlichen internationalen Rechtsrahmens vorbei, der verbindliche und aufeinander abgestimmte Regelungen bezüglich der zivilgerichtlichen Zuständigkeit beinhaltet[1072]. Als Rahmen hierfür erscheint die OECD sowohl aufgrund der wettbewerbspolitischen Homogenität ihrer Mitgliedsstaaten als auch aufgrund ihrer bereits erreichten Kompetenz auf diesem Gebiet[1073] zunächst als die am besten geeignete internationale Organisation.

1071 Übersicht bei Wagner-von Papp in EWS 2009, S. 445 (446).
1072 In Bezug auf ein weiter gefasstes Global Antitrust Framework, vgl. Dabbah, S. 292 ff.
1073 Dabbah, S. 252, 253; Fox in 43 Va. J. Int'l L. 911 (930) (2003).

Kapitel 10: Haftungsbegründende und haftungsausfüllende Kausalität

I. Rechtsprechung der US-amerikanischen Gerichte

Private Kläger in den USA können nur dann Schadensersatz vor Gericht geltend machen, wenn sie, zusätzlich zu den Voraussetzungen der *direct purchaser rule*, auch die Voraussetzungen der *antitrust injury* erfüllen. Die *antitrust injury* ist ein richterrechtlich entwickeltes Instrument, das sich in der Praxis als effektives Mittel erwiesen hat, um lediglich reflexartig entstandene Schäden aus dem Anwendungsbereich von Section 4 Clayton Act auszuschließen[1074]. Die Rechtsfigur der *antitrust injury* wurde vom Supreme Court in *Brunswick Corporation v. Pueblo Bowl-O-Mat, Inc.* im Jahre 1977 entwickelt[1075].

Dort versuchte der Betreiber einer Bowlingbahn Gewinn herauszuverlangen, der ihm entgangen war, weil einer seiner Mitbewerber, der ursprünglich kurzfristig aus dem Markt ausgeschieden wäre, von einem marktstarken Unternehmen aufgekauft wurde und dadurch weiterhin im Markt verblieb. Der Kläger stützte seinen Schadensersatzanspruch auf die Verletzung der Vorschriften der Fusionskontrolle (Section 4 i.V.m. Section 7 Clayton Act). Im US-Regime der Fusionskontrolle bildet der *substantial lessening of competition test* den materiellrechtlichen Ausgangspunkt[1076]. Ein Zusammenschluss ist zu untersagen, wenn er eine signifikante Verminderung des Wettbewerbs zur Folge hat. Im eingangs zitierten Fall ist der Schaden des Klägers jedoch weder durch die Verminderung von Wettbewerb noch durch wettbewerbswidriges Verhalten auf dem Weg zu einer Verminderung des Wettbewerbes entstanden.

[1074] Fox/Sullivan/Perritz, S. 646.
[1075] Brunswick Corporation v. Pueblo Bowl-O-Mat, Inc., 429 U.S. 477 (1977).
[1076] Section 7 (1) Clayton Act 1914 (15 USCS § 18): „*No person engaged in commerce or in any activity affecting commerce shall acquire, directly or indirectly, the whole or any part of the stock or other share capital and no person subject to the jurisdiction of the Federal Trade Commission shall acquire the whole or any part of the assets of another person engaged also in commerce or in any activity affecting commerce, where in any line of commerce or in any activity affecting commerce in any section of the country, the effect of such acquisition may be substantially to lessen competition, or to tend to create a monopoly*".

Ebenso wurde er nicht von wettbewerbswidrigen Verhaltensweisen geschädigt, die erst durch eine Verletzung der Antitrustgesetze ermöglicht wurden. Die Vorschriften über die Fusionskontrolle wurden zwar verletzt, jedoch nutzte der Beklagte seine starke Marktposition nicht zum Preismissbrauch oder zu anderen gegen seine Wettbewerber gerichteten wettbewerbswidrigen Verhaltensweisen aus. Der Schaden des Klägers resultierte ausschließlich aus intensiviertem Wettbewerb infolge der nicht untersagten Fusion[1077]. Der Supreme Court führte aus, dass Kläger, die einen Schaden aufgrund von Verletzungen der Vorschriften über die Fusionskontrolle erleiden, mehr nachweisen müssen als einen Schaden, der kausal ausschließlich an die Präsenz des Beklagten im Markt anknüpft[1078]. Der Kläger muss vielmehr eine sog. *antitrust injury* nachweisen, d.h. einen Schaden von der Art, wie ihn die Antitrustgesetze nach dem gesetzgeberischen Zweck verhindern sollen und der darüber hinaus mit der spezifischen Rechtswidrigkeit des Handelns des Beklagten in unmittelbarem Zusammenhang steht. Der Schaden muss die wettbewerbsschädlichen Auswirkungen entweder des Rechtsverstoßes selbst oder von wettbewerbswidrigen Verhaltensweisen widerspiegeln, die durch den Rechtsverstoß erst ermöglicht wurden[1079]. Klarstellend fügte der Supreme Court hinzu, dass nur diejenigen Schäden ersatzfähig sind, die üblicherweise durch das vom Kläger beanstandete Verhalten des Beklagten eintreten[1080].

Das Erfordernis der *antitrust injury* schließt Schadensersatz somit in allen Fällen aus, in denen lediglich eine reflexartige Betroffenheit des Klägers besteht. Derjenige, der einen Schaden ausschließlich aufgrund der Tatsache erleidet, dass er durch die wettbewerbswidrige Handlung des Beklagten gesteigertem Wettbewerb ausgesetzt war, soll nicht schadensersatzberechtigt sein[1081]. So wurde das Vorliegen einer *antitrust injury* auch in Fällen verneint, in denen Firmen aufgrund von Niedrigpreisen ihrer Konkurrenten einen Schaden erleiden, auch wenn diese Niedrigpreise das Resultat illegaler vertikaler Höchstpreisfestsetzungen sind[1082]. Hiervon zu unterscheiden ist jedoch der Schaden, den mittelbare Abnehmer infolge einer Wettbewerbsbeschränkung erleiden. Dieser Schaden erfüllt trotz seiner Entfernung vom haftungsbegründenden Tatbestand die Voraussetzungen der *antitrust*

1077 Gute Übersicht bei Fox/Sullivan/Perritz, S. 646.
1078 Brunswick Corporation v. Pueblo Bowl-O-Mat, Inc., 429 U.S. 477 (489) (1977).
1079 Brunswick Corporation v. Pueblo Bowl-O-Mat, Inc., 429 U.S. 477 (489) (1977).
1080 Brunswick Corporation v. Pueblo Bowl-O-Mat, Inc., 429 U.S. 477 (489) (1977); Zenith Radio Corp. v. Hazeltine Research, 395 U.S. 100 (125) (1977).
1081 Fox/Sullivan/Perritz, S. 647.
1082 Atl. Richfield Co. v. United States Petroleum Co., 495 U.S. 328 (337/338) (1990); bis State Oil Co. v. Khan, 522 U.S. 3, 118 S.Ct. 275 (1997) waren Höchstpreisfestsetzungen in den USA per se illegal.

injury[1083]. Die *antitrust injury* wird in der neueren Rechtsprechung überwiegend nicht mehr isoliert als eigenständige Anspruchsvoraussetzung geprüft. Der vom Supreme Court in *Brunswick*[1084] festgelegte Ausschluss lediglich reflexartig eingetretener Schäden wird heute von den meisten Gerichten nahezu wortgleich innerhalb eines Multi-Faktor-Tests geprüft, des *antitrust standing*[1085]. Das Gericht hat zunächst alle Aspekte des tatsächlichen und ökonomischen Zusammenhangs zwischen Rechtsverletzung und eingetretenem Schaden zu untersuchen[1086]. Hierbei muss das Gericht sowohl in ökonomischer als auch in tatsächlicher Hinsicht zu dem Ergebnis kommen, dass ein enger Kausalzusammenhang zwischen dem wettbewerbswidrigen Handeln des Beklagten und dem vom Kläger erlittenen Schaden besteht[1087]. Das *antitrust standing* knüpft damit sowohl an die Art des durch die Rechtsverletzung entstandenen Schadens als auch an die Kausalität zwischen Rechtsverletzung und Schaden an. Darüber hinaus werden auch Kriterien geprüft, die an den Beklagten selbst anknüpfen, wie der Umfang seines Verschuldens oder die Frage, welcher Handelsstufe er angehört[1088]. Einen Spezialfall stellen Schadensersatzansprüche wegen Preisdiskriminierung nach Section 4 Clayton Act i.V.m. Section 2 (a) Robinson-Patman Act (nunmehr Section 2 (a) Clayton Act) dar[1089]. Hier muss der Kläger zusätzlich zum *antitrust standing* noch das Vorliegen einer *primary line injury* nachweisen. Genau genommen betrifft das Erfordernis der *primary line injury* nicht den Ursachenzusammenhang zwischen Verstoß und Schaden des Klägers, sondern den Ursachenzusammenhang zwischen Verstoß und den für den Wettbewerb eingetretenen Schaden *(injury to competition requirement)*. Eine *primary line injury* liegt beispielsweise dann vor, wenn ein Hersteller Abnehmern massive Preisnachlässe gewährt, während er hierbei einen Abnehmer diskriminierend ausschließt.

Wird hierdurch ruinöse Preisunterbietung auf dem Markt des diskriminierten Unternehmens möglich, so erleidet das diskriminierte Unternehmen eine *primary*

1083 Blue Shield of Virginia v. Mc Cready, 457 U.S. 465 (483) (1982); Blair/Harrison in 42 Vand. L. Rev. S. 1539 (1545) (1989) m.w.N.
1084 Brunswick Corporation v. Pueblo Bowl-O-Mat, Inc., 429 U.S. 477 (1977).
1085 Sehr gute Übersicht bei Fox/Sullivan/Perritz, S. 647; vgl. Kapitel 4 I 2 e.
1086 Blue Shield of Virginia v. Mc Cready, 457 U.S. 465 (478) (1982).
1087 Associated General Contractors of California, Inc. v. California State Council of Carpenters, 459 U.S. 519 (535) (1983); Amey Inc. v. Gulf Abstract & Title, Inc., 758 F 2d 1486 (1493) (11th Cir. 1985).
1088 Fox/Sullivan/Perritz, S. 647; Associated General Contractors of California, Inc. v. California State Council of Carpenters, 459 U.S. 519 (539-541) (1983); vgl. Kapitel 4 I 2 e.
1089 Section 2 (a) Clayton Act 1914, 15 U.S.C. § 13 (a) (Stand: 1. Februar 2010): „*It shall be unlawful for any person engaged in commerce, in the course of such commerce, either directly or indirectly, to discriminate in price between different purchasers of commodities of like grade and quality [...].*"

line injury in Gestalt seiner Verluste[1090], da hierdurch langfristig durch das Ausscheiden des diskriminierten Unternehmens auch der Wettbewerb an sich geschädigt wird und *das injury to competition requirement* erfüllt ist. In der Praxis bereitet diese Anforderung dem Kläger erhebliche Schwierigkeiten und kann nur relativ selten nachgewiesen werden[1091].

II. Kausalitätserfordernis im deutschen Kartellzivilrecht

Auch im deutschen Schadensersatzrecht ist zwingende Voraussetzung eines Schadensersatzanspruchs, dass zwischen dem Verhalten des Schädigers und dem eingetretenen Schaden ein adäquater Ursachenzusammenhang besteht[1092]. Für die oben genannten Fälle bedeutet dies, dass gerade die marktstrategischen Verhaltensweisen des Schadensersatzschuldners (z.B. Preis- und Konditionenabsprachen oder missbräuchliche Verhaltensweisen) zu Wettbewerbsbeschränkungen i.S.d. GWB geführt haben müssen. Bezüglich der Beurteilung des Kausalzusammenhangs wird, wie im allgemeinen Schadensersatzrecht, grundsätzlich die Conditio-sine-qua-non-Formel angewandt, welche durch die Adäquanztheorie eingeschränkt wird[1093].

Im Kartellzivilprozess gestaltet sich der Nachweis des geforderten Kausalzusammenhangs aufgrund der für den privaten Kläger schwer zu ermittelnden Beweise für ein kartellrechtswidriges Verhalten des Beklagten entsprechend schwierig[1094]. Zudem besteht als weitere Anspruchsvoraussetzung die Notwendigkeit der sog. haftungsausfüllenden Kausalität. Sie erfordert einen Kausalzusammenhang im oben genannten Sinn zwischen dem rechtswidrigen Verhalten des Schuldners und dem später eingetretenen Schaden[1095]. Die Rechtsprechung räumt dem Kläger, zumindest bei Kernbeschränkungen, teilweise einen Prima-facie-Beweis ein, indem sie zugunsten des Klägers annimmt, dass der kartellierte Preis nach allgemeiner Lebenserfahrung höher ist als der wettbewerbsanaloge Preis[1096].

Aufgrund bereits erwähnter Ungenauigkeiten im Rahmen der Berechnung des wettbewerbsanalogen Preises, der Preiselastizität und der Pluralität mögli-

---

1090 Brooke Group v. Brown & Williamson Tobacco Corp., 509 U.S. 209 (220 ff.) (1993).
1091 Carter/Johnston in 64 Ala. Law. 246 (249-252) (2003).
1092 Palandt/Heinrichs, Vorb. § 249 BGB, Rn. 24 ff.; Oetker in MüKo, Bd. 2, 5. Auflage (2007), § 249 BGB, Rn. 107 m.w.N.
1093 Umfassende Darstellung bei Larenz, SchuldR, Bd.1, § 27 (S. 431 ff.).
1094 Vgl. Kapitel 12 II 1 a.
1095 Oetker in MüKo, Bd. 2, 5. Auflage (2007), § 249 BGB, Rn. 100.
1096 LG Dortmund WuW 2004, S. 1182 (1184); KG NJOZ 2010, S. 536 (540).

cher Faktoren für einen erfolgten Umsatzrückgang gehört die Frage des Kausalzusammenhangs zwischen Rechtsverstoß und geltend gemachtem Schaden dennoch regelmäßig zu den umstrittenen Punkten zwischen Kläger und Beklagten[1097].

1097 Zur Komplexität der Berechnung der Preis- und Nachfrageelastizität vgl. auch das Urteil des OLG Düsseldorf v. 26.6.2009, VI-2a Kart 2 – 6/08 OWi, Rn. 536 ff.; Kapitel 3 II 2.

Kapitel 11: Schuldner und Gläubiger von Schadensersatzansprüchen

I. Schuldner des Schadensersatzanspruchs

1. Haftungszurechnung in den USA

Obwohl der Clayton Act dies nicht explizit vorschreibt, haften mehrere Beklagte in den USA ebenfalls nach den Grundsätzen der gesamtschuldnerischen Haftung (*joint and several liability*)[1098]. Hierbei bestehen keine gesetzlichen Vorschriften, die einen Innenausgleich zwischen den Gesamtschuldnern regeln[1099]. Leistet einer der Gesamtschuldner, so findet kein gesetzlicher Forderungsübergang vom Gläubiger auf den leistenden Gesamtschuldner statt[1100].

Während ein Innenausgleich im allgemeinen US-amerikanischen Deliktsrecht anerkannt ist und durchgeführt wird, wurde er im Bereich des Kartelldeliktsrechts von den Gerichten bewusst ausgeschlossen[1101], um privaten Klägern in Kartellfällen bei Vergleichsverhandlungen gegenüber einzelnen Beklagten gute Ausgangspositionen zu verschaffen[1102].

Die Kläger akzeptieren zunächst relativ niedrige Vergleichsangebote der Hauptbeteiligten des Kartells. Hierdurch können sie erheblichen Druck auf jeden einzelnen der verbliebenen Gesamtschuldner ausüben, da sich die bereits geschlossenen Vergleiche nicht anspruchsmindernd auf den Schadensersatzanspruch der Kläger auswirken und ein Gesamtschuldnerausgleich gesetzlich nicht vorgeschrieben ist[1103]. Die verbliebenen Gesamtschuldner haben dann nur die Wahl, entweder hohe Vergleichsangebote der Kläger zu akzeptieren oder das Risiko einzugehen, im Zivilprozess zu dreifachem Schadensersatz auf Basis des gesamten durch das Kartell verursachten Schadens verurteilt zu werden[1104]. Dem

---

1098 Atlanta v. Chattanooga Foundry & Pipeworks, 127 F. 23 (26) (1903); Baker in 16 Loy. Consumer L. Rev. 379 (387) (2004).
1099 Tex. Indus. v. Radcliff Materials, 451 U.S. 630 (639) (1981) m.w.N.
1100 Eizner in 75 UMKC L. Rev. 375 (393/394) (2006).
1101 Instruktiv: Cavanagh in 61 Tul. L. Rev. 777 (792) (1987).
1102 Tex. Indus. v. Radcliff Materials, 451 U.S. 630 (639) (1981).
1103 Cavanagh in 61 Tul. L. Rev. 777 (793) (1987).
1104 Baker in 16 Loy. Consumer L. Rev. 379 (388) (2004).

können die Gesamtschuldner jedoch vorbeugen, indem sie untereinander Vereinbarungen über die Schadensverteilung treffen (*sharing agreements*)[1105]. Aufgrund ihres fakultativen Charakters sind derartige Vereinbarungen jedoch nur begrenzt geeignet, den genannten Risiken vorzubeugen, weshalb der kategorische Ausschluss eines Innenausgleichs zwischen den Gesamtschuldnern auch als Türöffner für moralisch fragwürdige prozesstaktische Manöver kritisiert wird[1106].

Eine zivilrechtliche Haftung auf Schadensersatz trifft jedoch nicht nur Unternehmen, sondern auch die hinter ihnen stehenden natürlichen Personen, die für den Verstoß verantwortlich sind. Explizit weitet Section 14 des Clayton Act zunächst nur den Anwendungsbereich der strafrechtlichen Vorschriften der Antitrustgesetze auf die innerhalb des Unternehmens für den Verstoß verantwortlichen Individuen aus[1107]. Die Vorschrift findet im Bereich der strafrechtlichen Praxis jedoch kaum Anwendung, da bereits Section 1 und 2 des Sherman Act strafrechtliche Verfolgung einzelner Mitarbeiter erlauben, was sich schon aus einem Umkehrschluss aus der Definition der Normadressateneigenschaft in Section 8 Sherman Act ergibt[1108]. Section 14 des Clayton Act schließt eine Anwendung der strafrechtlichen Vorschriften des Sherman Act nicht aus[1109].

Section 14 Clayton Act weitet jedoch auch den potentiellen Schuldnerkreis von Ansprüchen auf dreifachen Schadensersatz nach Section 4 Clayton Act auf Mitarbeiter eines Unternehmens aus, die aktiv oder passiv an einem Verstoß gegen die Antitrustgesetze mitgewirkt haben. Dies geht zwar nicht aus dem Wortlaut der Vorschrift hervor, jedoch stellte der Supreme Court klar, dass eine Ausnahme verantwortlicher Individuen von der zivilrechtlichen Haftung vom Kongress bei Erlass der Vorschrift nicht beabsichtigt gewesen sei[1110].

1105 Cavanagh in 61 Tul. L. Rev. 777 (793) (1987).
1106 Cavanagh in 61 Tul. L. Rev. 777 (793) (1987).
1107 Section 14 Clayton Act, 15 U.S.C. § 24 (Stand: 1. Februar 2010): „*Whenever a corporation shall violate any of the penal provisions of the antitrust laws, such violation shall be deemed to be also that of the individual directors, officers, or agents of such corporation who shall have authorized, ordered, or done any of the acts constituting in whole or in part such violation, and such violation shall be deemed a misdemeanor, and upon conviction therefor of any such director, officer, or agent he shall be punished by a fine of not exceeding $ 5,000 or by imprisonment for not exceeding one year, or by both, in the discretion of the court.*"
1108 Section 8 Sherman Act, 15. U.S.C. § 7 (Stand: 1. Februar 2010): „*The word 'person', or 'persons', wherever used in sections 1 to 7 of this title shall be deemed to include corporations and associations existing under or authorized by the laws of either the United States, the laws of any of the Territories, the laws of any State, or the laws of any foreign country.*"
1109 United States v. Wise, 370 U.S. 405 (408) (1962); dies ist insbesondere im Hinblick auf das wesentlich geringere Strafmaß in Section 14 Clayton Act relevant.
1110 Cott Beverage Corp. v. Canada Dry Ginger Ale, Inc., 146 F. Supp. 300 (302) (1956).

Vielmehr seien auch die hinter dem Verstoß stehenden natürlichen Personen Normadressaten im Sinne des Section 1 Clayton Act[1111].

Gemäß dem Local Government Antitrust Act von 1984[1112] können öffentliche Körperschaften, wie Städte, Verwaltungsbezirke und andere Teile der kommunalen Verwaltung, keine Schadensersatzschuldner nach Section 4 Clayton Act sein, sofern sie in der Wahrnehmung öffentlicher Aufgaben handelten und dies nach den Umständen des Einzelfalls nicht unbillig ist[1113].

2. Haftungszurechnung nach deutschem Zivilrecht

Schuldner des Schadensersatzanspruchs ist zunächst das Unternehmen, das den Rechtsverstoß rechtswidrig und schuldhaft verursacht hat[1114]. Öffentliche Unternehmen können lediglich dann Schadensersatzschuldner sein, wenn das GWB insgesamt Anwendung findet, was in allen Fällen ausgeschlossen ist, in denen sie öffentliche Aufgaben wahrnehmen[1115].

Sind an der Wettbewerbsbeschränkung mehrere Unternehmen beteiligt, so kommen die §§ 830, 840 Abs. 1 BGB zur Anwendung und die Beteiligten haften als Gesamtschuldner[1116]. Zwingende Voraussetzung für das Entstehen der gesamtschuldnerischen Haftung ist im Normalfall, dass bei jedem einzelnen Gesamtschuldner neben dem anspruchsbegründenden Handeln auch Verschulden

---

1111 Cott Beverage Corp. v. Canada Dry Ginger Ale, Inc., 146 F. Supp. 300 (302) (1956); Section 1 Clayton Act, 15 U.S.C. § 12 (a) (Stand 1. Februar 2010): „*The word 'person' or 'persons' wherever used in this Act shall be deemed to include corporations and associations existing under or authorized by the laws of either the United States, the laws of any of the Territories, the laws of any State, or the laws of any foreign country. [...].*"
1112 15 U.S.C. §§ 34 ff. (Stand: 1. Februar 2010).
1113 15 U.S.C. § 35 (Stand: 1. Februar 2010):
„*(a) Prohibition in general
No damages, interest on damages, costs, or attorney's fees may be recovered under section 4, 4A, or 4C of the Clayton Act (15 U.S.C. 15, 15a, or 15c) from any local government, or official or employee thereof acting in an official capacity.
(b) Preconditions for attachment of prohibition; prima facie evidence for nonapplication of prohibition
Subsection (a) of this section shall not apply to cases commenced before the effective date of this Act unless the defendant establishes and the court determines, in light of all the circumstances, including the stage of litigation and the availability of alternative relief under the Clayton Act, that it would be inequitable not to apply this subsection to a pending case. [...].*"
1114 Emmerich, Kartellrecht, § 33 1.b. (S. 360).
1115 Vgl. Stockmann in Loewenheim/Meessen/Riesenkampff, § 130 GWB, Rn. 4 ff.
1116 So schon RGZ 89, S. 422 (424); LG Köln WuW/E S. 348 (354) – Krankenhaus-Zusatzversicherung.

und Rechtswidrigkeit gegeben sind[1117]. Die Gesamtschuldnereigenschaft kann sich jedoch auch, den allgemeinen Regeln des Zivilrechts folgend, aus der Zurechnung fremden schuldhaften Handelns ergeben[1118].

Bei juristischen Personen und bei Personenhandelsgesellschaften findet § 31 BGB (analoge) Anwendung, so dass sich die Gesellschaft das Fehlverhalten ihrer Organe zurechnen lassen muss und insoweit mit ihrem eigenen Vermögen Schuldnerin des Schadensersatzanspruchs ist[1119].

Die Gesamtschuldnerhaftung erstreckt sich darüber hinaus auch auf die jeweiligen Mitglieder von an kartellrechtswidrigen Geschäftspraktiken beteiligten Gesellschaften (sog. Kartellgesellschaften). Bei der Grundform der Personenhandelsgesellschaft, der OHG, folgt dies unproblematisch aus § 128 HGB, der sich auch auf gesetzliche Verbindlichkeiten wie Schadensersatzansprüche bezieht. Die Gesellschafter haften dann, nicht nachrangig nach dem Gesellschaftsvermögen, persönlich, uneingeschränkt und gesamtschuldnerisch[1120]. Gleiches gilt für die Gesellschaft Bürgerlichen Rechts – auch sie ist uneingeschränkt rechts- und nach § 50 Abs. 1 ZPO parteifähig[1121]. Sie kann durch analoge Anwendung von § 31 BGB Schuldnerin gesetzlicher Ansprüche werden, die durch ein deliktisches Fehlverhalten ihrer Vertreter entstanden sind[1122]. Aufgrund des Fehlens jeglicher Kapitalerhaltungsregeln und der dadurch bedingten akzessorischen Haftungsverfassung bei der Gesellschaft Bürgerlichen Rechts haften neben dem Gesellschaftsvermögen die Gesellschafter gem. § 128 HGB analog persönlich und uneingeschränkt als Gesamtschuldner[1123].

Im Gegensatz zur Gesamtschuldnerschaft unabhängiger Unternehmen führt bei der innergesellschaftlichen Gesamtschuldnerschaft fehlendes Verschulden bei einem der Gesamtschuldner nicht zu seiner Entlastung. Das Verschuldensprinzip wird insofern durch die analoge Anwendung des § 128 HGB beim einzelnen Gesellschafter durchbrochen. Entscheidend für die Zurechenbarkeit der Handlung ist ausschließlich, dass sie durch einen vertretungsbefugten Gesellschafter begangen wurde[1124].

1117 BGH NJW 1996, S. 3205 (3207).
1118 Staudinger/Noack, 14. Auflage (2005), § 421 BGB, Rn. 80.
1119 I/M/Emmerich, § 33 GWB, Rn. 42/43; Dreher leitet in WuW 2009, S. 133 (139) bereits aus dem Wortlaut des § 33 GWB die unmittelbare Haftung des persönlich Handelnden ab.
1120 Gummert in Münchener Handbuch des Gesellschaftsrechts, § 18, Rn. 21 (S. 370).
1121 BGHZ 146, S. 341 (343); Musielak/Weth, § 50 ZPO, Rn. 22.
1122 BGHZ 154, S. 88 (94/95) spricht von gesetzlichen Verbindlichkeiten, zu denen auch Schadensersatzansprüche gegen die Gesellschaft gehören; anders noch Altmeppen in NJW 1996, S. 1017 (1026) unter Verweis auf BGH NJW 1966, S. 1807 (1808).
1123 BGHZ 154, S. 88 (94/95).
1124 Ebenroth/Boujong/Joost/Hillmann, § 128 HGB, Rn. 9.

Die gesamtschuldnerische Haftung gem. §§ 830, 840 Abs. 1 BGB führt zur Anwendung der §§ 421 ff. BGB[1125]. Dies hat für den Gläubiger zunächst zur Folge, dass er sowohl in der Wahl der Person des Schuldners als auch in Bezug auf die Höhe des gegenüber dem einzelnen Schuldner geltend gemachten Schadens grundsätzlich frei ist. Es entspricht dem Wesen der gesamtschuldnerischen Haftung, dass der Gläubiger selbst bestimmt, welche und wie viele Personen er in Anspruch nimmt. Insbesondere zur quotalen Aufteilung der Gesamtschuld auf die Schuldner ist er nicht verpflichtet[1126]. Hierdurch verringert sich zum einen das Insolvenzrisiko des Gläubigers, indem die Haftungsmasse vergrößert wird, zum anderen führt die Wahlfreiheit hinsichtlich des zu leistenden Schuldners zur praktikableren Abwicklung des durch das jeweilige Schuldverhältnis begründeten Leistungsaustauschs.

Im Innenverhältnis regelt § 426 BGB die Binnenhaftung der Gesamtschuldner zueinander. Das Gesetz sieht in § 426 Abs. 1 Satz 1 BGB die Haftung zu gleichen Teilen im Innenverhältnis als gesetzlichen Normalfall an. Bei Schadensersatzansprüchen richtet sich die Höhe der Ausgleichspflicht der Gesamtschuldner zueinander, unter Zugrundelegung des Rechtsgedankens des § 254 BGB, nach den jeweiligen Verursachungsbeiträgen und der Höhe des den einzelnen Gesamtschuldner treffenden Verschuldens[1127]. Anstifter und Gehilfen werden in den Kreis der Gesamtschuldner durch § 830 Abs. 2 BGB ebenso aufgenommen wie diejenigen, die unmittelbar an dem Verstoß beteiligt waren[1128]. In der Kartellrechtspraxis dürfte sich deshalb eine abgestufte Ausgleichspflicht bei unabhängigen gesamtschuldnerisch haftenden Unternehmen nach den genannten Kriterien, bei horizontalen Verstößen insbesondere nach Verursachungsbeitrag und Marktanteil ergeben. Nichts anderes kann innerhalb des kartellrechtswidrig handelnden Unternehmens, dem sog. Kartellunternehmen, gelten, dessen Gesellschafter nach § 128 HGB (gegebenenfalls in analoger Anwendung) für deliktisches Fehlverhalten ihrer berufenen Vertreter persönlich und neben dem Gesellschaftsvermögen einzustehen haben. In Anerkennung des Verursachungs- und des Verschuldensprinzips dürfte sich die Höhe der Ausgleichsansprüche unter den Gesellschaftern im Einzelfall nach dem Einfluss auf die Geschäftsführung, dem Verursachungsbeitrag sowie dem Kenntnisstand von wettbewerbsbeschränkendem Verhalten im Rahmen der Geschäftsführung richten.

1125 Palandt/Sprau, § 840 BGB, Rn. 3.
1126 Staudinger/Ulrich Noack, 14. Auflage (2005), § 421 BGB, Rn. 110, der hierin die wesentliche Rechtsfolge der Gesamtschuld sieht.
1127 Der BGH spricht in BGHZ 140, S. 241 (245) vom gesetzlichen Leitbild; Staudinger/Vieweg, § 840 BGB, 13. Auflage (2002), Rn. 49 m.w.N.; Palandt/Grüneberg, § 426 BGB, Rn. 14.
1128 Roth in FK § 33 GWB 1999 (2001), Tz. 172.

Befriedigt einer der Gesamtschuldner den oder die Gläubiger ganz oder teilweise, so geht dessen Forderung kraft Gesetztes jedoch nur in der Höhe des Ausgleichsanspruchs gegen die übrigen Gesamtschuldner auf ihn über (cessio legis)[1129].

II. Gläubiger des Schadensersatzanspruchs

1. Deutsches Deliktsrecht

Gläubiger des Schadensersatzanspruchs war nach Rechtslage der 6. GWB-Novelle derjenige, der den durch den Rechtsverstoß verursachten Schaden erlitten hatte und dessen Schutz die verletzte Norm bezweckte[1130]. Schon nach damaliger Rechtslage brauchte der Gläubiger des Schadensersatzanspruchs keine Unternehmenseigenschaft aufzuweisen; vielmehr waren auch Privatpersonen grundsätzlich anspruchsberechtigt[1131].

Im Fall der Schädigung mehrerer Unternehmen oder natürlicher Personen durch die deliktische Handlung eines Schädigers stellt sich die Frage, ob auf Seiten der Geschädigten Gesamtgläubigerschaft i.S.d. §§ 428 ff. BGB entsteht. Die Gesamtgläubigerschaft bildet das Gegenstück zur Gesamtschuld, d. h., der Schuldner ist zur einmaligen Erbringung der gesamten Leistung an einen beliebigen Gesamtgläubiger verpflichtet, während diese den Ausgleich im Innenverhältnis gem. § 430 BGB herbeizuführen haben[1132].

Entscheidend ist demnach, ob schon die gemeinsame Betroffenheit mehrerer von der deliktischen Handlung eines Schädigers zu deren Gesamtgläubigerschaft führt. Besondere Berücksichtigung muss hierbei das Verteilungsrisiko des einzelnen Gesamtgläubigers finden, d.h. das Risiko, im Wege des Innenausgleichs nach § 430 BGB entsprechend der Höhe seines Schadens befriedigt zu werden. Hierbei ist er vollkommen von der Leistungswilligkeit und Leistungsfähigkeit seiner Mitgläubiger abhängig, denn der Schuldner wird durch die Erbringung der Leistung gegenüber einem einzelnen Gläubiger von seiner Verpflichtung frei[1133]. Als Gegenstück zur rechtlichen Verbundenheit im Sinne einer Tilgungsgemeinschaft wird bei der Gesamtgläubigerschaft ein Vertrauensverhältnis vorausgesetzt, in dem

---

1129 Jauernig/Stürner, § 426 BGB, Rn. 15.
1130 Exemplarisch: BGH NJW-RR 1999, S. 189 (190) – Depotkosmetik m.w.N.; so noch LG Mannheim, Urteil vom 29.4.2005, 22 O 74/04 Kart, Rn. 16 (zitiert nach Juris).
1131 I/M/Emmerich, § 33 GWB a.F., Rn. 42; zur umfassenden Ausweitung des potentiellen Gläubigerkreises durch die 7. GWB-Novelle siehe Kapitel 4.
1132 Larenz, SchuldR, Bd.1, § 36 I c (S. 625); Staudinger/Noack, 14. Auflage (2005), § 428 BGB, Rn. 1; vgl. die Darstellungen zur Gesamtschuldnerschaft in Kapitel 11 I 2.
1133 Ausführlich: Medicus in JuS 1980, S. 697 (698).

jeder der Gesamtgläubiger darauf vertrauen können muss, zu einem Ausgleich seines Schadens zu kommen, wenn bereits an einen Mitgläubiger geleistet wurde. Insofern ist die Gesamtgläubigerschaft eher von Nachteil für den Gläubiger[1134] und wird aufgrund der Notwendigkeit einer Vertrauensbeziehung zwischen den Gläubigern unter Eheleuten am häufigsten angenommen[1135]. Alleine die Tatsache, dass von der deliktischen Handlung eines Einzelnen mehrere Betroffene geschädigt sind, schafft jedoch noch keine so enge Verbundenheit der Interessen unter ihnen, dass ein reibungsloser Innenausgleich gewährleistet wäre. In diesen Fällen ist von völlig voneinander unabhängig bestehenden Ansprüchen auszugehen[1136]. Etwas anderes wird teilweise in Fallkonstellationen vertreten, in denen sich die Einzelschäden der Verletzten nicht oder nur schwer voneinander trennen lassen, wie bei der parallelen Geltendmachung von Schadensersatzansprüchen unmittelbarer und mittelbarer Abnehmer[1137].

2. US-amerikanisches Antitrustrecht

Gläubiger des Anspruchs auf dreifachen Schadensersatz nach Section 4 Clayton Act sind natürliche und juristische Personen, insbesondere Unternehmen, Kapitalgesellschaften und Verbände[1138]. Gewerkschaften sind hiervon ausgenommen[1139]. Darüber hinaus sind sie nach Section 6 Clayton Act generell keine Normadressaten der Antitrustgesetze[1140].

1134 Medicus in JuS 1980, S. 697 (698).
1135 Larenz, SchuldR, Bd.1, § 36 I c (S. 625); Staudinger/Noack, 14. Auflage (2005), § 428 BGB, Rn. 13.
1136 So auch Medicus in JuS 1980, S. 697 (700).
1137 KG, Urteil v. 1.10.2009, 2 U 10/03 Kart., Rn. 108 (zitiert nach juris) = KG WuW/E DE-R 2773 (2783; 2785); KG, Urteil v. 1.10.2009, 2 U 17/03 Kart., Rn. 11 (zitiert nach juris); Bechthold, 4. Auflage, § 33 GWB, Rn. 24; Soyez in WuW 2009, S. 1233; allgemeiner: Medicus in JuS 1980, S. 697 (700/701), Medicus, BR, Rn. 836; a.A.: BGH in st.Rspr. zu Ansprüchen Hinterbliebener aus § 844 Abs. 2 BGB: BGH NJW 1972, S. 1716 (1717); BGH NJW 1972, S. 251; BGH NJW 1953, S. 939; ablehnend hinsichtlich der Schadensersatzansprüche mittelbarer und unmittelbarer Abnehmer: Bornkamm in GRUR 2010, S. 501 (505).
1138 Klarstellend: Section 1 des Clayton Act (15 USC § 12 (a) 1982): *„The word 'person' or 'persons' wherever used in this Act shall be deemed to include corporations and associations existing under or authorized by the laws of either the United States, the laws of any of the Territories, the laws of any State, or the laws of any foreign country."*
1139 Associated General Contractors of California, Inc. v. California State Council of Carpenters, 103, S. Ct.897 (Fn. 44) (1983).
1140 Section 6 Clayton Act, 15 U.S.C. § 17 (Stand: 1. Februar 2010): *„Nothing contained in the antitrust laws shall be construed to [...] forbid or restrain individual members of such organizations from lawfully carrying out the legitimate objects thereof; nor shall such organizations,*

Natürliche Personen können gem. Art. 23 (b) (3) FRCP auch im Rahmen einer Sammelklage Gläubiger des Schadensersatzanspruchs sein[1141]. Die Vereinigten Staaten von Amerika sind keine „Person" i.S.d. Section 4 des Clayton Act[1142], sie können jedoch seit einer Gesetzesänderung von 1955 auf Basis von Section 4a des Clayton Act[1143] (trotz des entgegenstenden Wortlauts) auf kompensatorischen Schadensersatz und auf Ersatz der Kosten des Rechtsstreits klagen[1144]. Wie bereits erwähnt, können ausländische Regierungen[1145], die Regierungen von Bundesstaaten[1146] sowie kommunale Regierungen[1147] Gläubiger eines Schadensersatzanspruchs nach Section 4 Clayton Act sein. Darüber hinaus können Bundesstaaten in Ausübung ihrer Parens-patriae-Funktion, vertreten durch den jeweiligen Generalstaatsanwalt, Schadensersatzgläubiger im Namen geschädigter Einwohner (ausschließlich natürlicher Personen) sein[1148].

---

or the members thereof, be held or construed to be illegal combinations or conspiracies in restraint of trade, under the antitrust laws."

1141　Kapitel 6 I 2.
1142　United States v. Cooper Corp., 312 U.S. 600 (614) (1941).
1143　Vgl. Section 4a des Clayton Act (15 USC § 15 (a)) (Stand: 1. Februar 2010): *„Whenever the United States is hereafter injured in its business or property by reason of anything forbidden in the antitrust laws it may sue therefor in the United States district court [...], and shall recover threefold the damages by it sustained and the cost of suit. [...]".*
1144　Erläuerungen bei Burbank v. General Electric Co., 329 F.2d 825 (830) (1964).
1145　Pfizer, Inc. v. Gov't of India, 434 U.S. 308 (313 -315) (1978).
1146　Hawaii v. Standard Oil Co., 405 U.S. 251 (261) (1972).
1147　Chattanooga Foundry & Pipe Works v. Atlanta, 203 U.S. 390 (396) (1906).
1148　Vgl. Section 4c Clayton Act 1914, 15 U.S.C. § 15 c (Stand: 1. Februar 2010): *„Any attorney general of a State may bring a civil action in the name of such State, as parens patriae on behalf of natural persons monetary relief as provided in this section for injury sustained by such natural persons to their property by reason of any violation of sections 1 to 7 of this title."*

Kapitel 12: Zivilprozessuale Durchsetzbarkeit von Schadensersatzansprüchen

I. Beibringung des Tatsachenstoffs durch den Kläger

Hinsichtlich der Verfahrensgrundsätze gelten für den Kartellzivilprozess die allgemeinen Vorgaben der ZPO. In wenigen Fällen kommt die Sondervorschrift des § 20 V GWB zur Anwendung[1149]. Es gilt demnach der Beibringungsgrundsatz, d. h., allein die Parteien des Zivilprozesses haben den Tatsachenstoff, der Entscheidungsgrundlage für das Urteil werden soll, und insbesondere die hierfür erforderlichen Beweise zu beschaffen[1150]. Dieser Grundsatz ist unter anderem in den *Principles of Transnational Civil Procedure* kodifiziert und weltweit verbreitet[1151].

Im Kartellzivilprozess hat der Kläger somit den Rechtsverstoß, den dadurch bedingten Schadenseintritt und die Höhe des Schadens darzulegen und zu beweisen[1152]. Sachverhalte im Rahmen von Kartellzivilprozessen, gleich ob sie sich auf horizontale oder vertikale Wettbewerbsbeschränken beziehen oder ihnen missbräuchliche Verhaltensweisen zugrunde liegen, weisen üblicherweise einen komplexen Charakter und eine unübersichtliche Beweislage auf. Im Einzelnen sind aufgrund der üblicherweise vorherrschenden Verborgenheit von kollusiven wettbewerbsbeschränkenden Verhaltensweisen umfangreiche teilweise sich über Jahre erstreckende Marktanalysen notwendig, um objektive und stichhaltige Beweise für ein gegen das Kartellverbot verstoßendes Verhalten des Prozessgegners zu gewinnen[1153]. Zudem spielen in der Kartellrechtspraxis unternehmensinterne

---

1149 Übersicht bei: I/M/Markert, § 20 GWB, Rn. 322-326; bezüglich der möglichen Nutzbarmachung der Vorschrift für andere Verstöße: Bundeskartellamt, Diskussionspapier für die Sitzung des Arbeitskreises Kartellrecht am 26.9.2005: „Private Kartellrechtsdurchsetzung Stand, Probleme, Perspektiven", S. 27.
1150 Rosenberg/Schwab/Gottwald, § 77, Rn. 7; Bechtold, Brinker, Bosch, Hirschbrunner, Art. 2 VO 1/2003, Rn. 31; vgl. Kirchhoff in WuW 2004, S. 745 (746 f.).
1151 Principles of Transnational Civil Proecdure, Principle 21.1, abrufbar unter: http://www.unidroit.org/english/principles/civilprocedure/ali-unidroitprinciples-e.pdf (10.12.2010).
1152 Instruktiv: Stürner in Basedow, S. 163 (183/184).
1153 Arbeitspapier der Kommissionsdienststellen zum Weißbuch, 2.4.2008, SEC (2008) 404, S. 28, Rn. 89; exemplarisch hierfür ist der Fall des Teerfarbenkartells in EuGH, 14.7.1972 Rs. 48/69, Slg. 1972, S. 619, bei dem sich die Marktanalyse auf einen Zeitraum von über drei Jahre erstreckte.

Informationen, wie E-Mails und Protokolle von Zusammenkünften der jeweiligen Unternehmensvertreter, als Beweismittel eine herausragende Rolle.

Auch die substantiierte Darlegung von Missbrauchssachverhalten bereitet aufgrund des erforderlichen Nachweises einer marktbeherrschenden Stellung des Beklagten, d.h. seiner Normadressateneigenschaft, insbesondere aufgrund der hierfür vorzunehmenden Marktabgrenzung, im Regelfall erhebliche Schwierigkeiten. Ebenso schwierig gestaltet sich die Ermittlung des wettbewerbsanalogen Preises, welche zur Prüfung von Preishöhenmissbrauch und zur Schadensberechnung notwendig ist. Für dessen Vergleichbarkeit trägt im Kartellverwaltungsverfahren die Behörde die Beweislast[1154], welche im Zivilprozess dann uneingeschränkt den Kläger trifft. Teilweise haben selbst die Europäische Kommission und die nationalen Wettbewerbsbehörden erhebliche Schwierigkeiten bei der Aufklärung dieser Umstände im Rahmen von Kartellverwaltungsverfahren, obwohl ihnen die Untersuchungsmittel eines eigenen Behördenunterbaus und besondere Ermittlungsbefugnisse, wie die in Art. 20, 21 VO (EG) 1/2003 bzw. in § 59 GWB vorgesehenen Durchsuchungen von Firmen- und Privaträumlichkeiten zur Verfügung stehen (sog. *dawn raids*).

Insoweit stellt sich die Frage, ob die Ziele des kartellrechtlichen Individualschutzes nicht aufgrund der allgemeinen Verfahrensregeln des Zivilprozesses (Beibringungsprinzip, Beweislast, Kostenrisiko) teilweise unerreichbar bleiben könnten[1155]. Zudem ist zu berücksichtigen, dass der Kläger häufig einem wirtschaftlich überlegenen Prozessgegner gegenübersteht[1156]. Der Beibringungsgrundsatz erschwert im Kartellzivilprozess, mehr als in allgemeinen Zivilprozessen, die private Rechtsdurchsetzung und wird deshalb auch als größtes Hindernis des privaten Rechtsschutzes im Kartellrecht bezeichnet[1157]. Insgesamt tut sich das Zivilrechtprozessrecht schwer, die dynamischen wirtschaftlichen Vorgänge,

---

1154 Gute Darstellung bei Bechtold/Buntscheck in NJW 2005, S. 2966 (2970).
1155 I/M/K.Schmidt, Vorb. § 87 GWB, Rn. 1; Scheffler in EuZW 2005, S. 673; die Problematik der Informationsasymmetrie anerkennend: Diskussionspapier für die Sitzung des Arbeitskreises Kartellrecht am 26.9.2005: „Private Kartellrechtsdurchsetzung Stand, Probleme, Perspektiven" S. 27; Arbeitspapier der Kommissionsdienststellen SEC (2005) 1732, Rn. 33; ebenso schon K.Schmidt, Kartellverfahrensrecht, S. 611/612.
1156 Wulf-Henning Roth in Basedow, S. 61 (77/78); Brück in Bloomberg European Business Law Journal 2007, S. 303 (310); David Revelin: „An economic assessment of damages actions for breach of antitrust rules: Publication of the second set of results of the e-Competitions Damages Research Program", e-Competitions, Damages, Vol. II, S.1; Berrisch/Burianski in WuW 2005, S. 878 (879/880); die Problematik der Informationsasymmetrie anerkennend: Diskussionspapier für die Sitzung des Arbeitskreises Kartellrecht am 26.9.2005: „Private Kartellrechtsdurchsetzung Stand, Probleme, Perspektiven" S. 27; Arbeitspapier der Kommissionsdienststellen SEC (2005) 1732, Rn. 33.
1157 Weißbuch der Kommission v. 2.4.2008, KOM (2008) 165 engültig, S. 5, Punkt 2.2.

denen Kartellabsprachen zugrunde liegen, angemessen zu erfassen[1158]. Dies lässt die Doktrin, dass der Beibringungsgrundsatz im Parteiinteresse liege[1159], in einem fragwürdigen Licht erscheinen, da dies im Fall des Kartellzivilprozesses wohl ausschließlich auf die Interessen der wirtschaftlich überlegenen Partei zutrifft.

Allerdings setzten schon vor Erlass der 7. GWB-Novelle kontinuierliche Aufweichungen im Bereich des Beibringungsgrundsatzes ein. Eine wichtige Rolle spielt in erster Linie die Frage- und Hinweispflicht des Gerichts nach § 139 Abs. 1 ZPO. Sie dient jedoch nicht der Erweiterung bzw. Ergänzung des Tatsachenstoffs der Parteivorträge, sondern lediglich dazu, den Inhalt des Parteivorbringens und das Prozessziel klarzustellen[1160].

Ebenso kann das Gericht durch Anordnung der Vorlage einer Urkunde nach § 142 Abs. 1 Satz 1 ZPO[1161] oder die Beiladung eines Sachverständigen gem. § 144 Abs. 1 Satz 1, Satz 2 ZPO die Sachverhaltsaufklärung vorantreiben. Zu denken ist hier in erster Linie an behördeninterne Schreiben, die ein abgeschlossenes Bußgeld- oder Untersagungsverfahren betreffen, oder an Behördenmitarbeiter, die mit dem Vorgang betraut waren. Eine vorangegangene kartellbehördliche Entscheidung nach § 32 GWB konnte sich der private Kläger schon vor der 7. GWB-Novelle nutzbar machen, indem er sich die im Verwaltungsverfahren getroffenen Feststellungen (insbesondere in Bezug auf Absprachen, Marktabgrenzung, Marktbeherrschung und Missbrauch) im Wege des Parteivortrags zu eigen machte[1162]. Nach Einführung des § 33 Abs. 4 GWB ist das Gericht nunmehr im Rahmen des haftungsbegründenden Tatbestandes vollständig an die Feststellungen der jeweils zuständigen nationalen oder supranationalen Behörde gebunden[1163].

Hiervon profitiert jedoch nicht der Stand-alone-Kläger, der jedoch mindestens gleichberechtigt im Zentrum der Bemühungen der Europäischen Kommission steht, eine Wettbewerbskultur mittels dezentralisierter privater Rechtsverfolgung entstehen zu lassen[1164].

1158 Siehe hierzu ausführlich Bumiller in Wiedemann, § 59, Rn. 3.
1159 Rosenberg/Schwab/Gottwald, § 77, Rn. 3; auf das Selbstbestimmungsrecht des Bürgers verweisend: Baumbach/Lauterbach/Albers/Hartmann, Grdz. § 128 ZPO, Rn. 20 ff.
1160 Musielak/Stadler, § 139 ZPO, Rn. 9; Rosenberg/Schwab/Gottwald, § 77, Rn. 17.
1161 Zur Nutzbarmachung der Vorschrift im Kartellzivilprozess, vgl. Kapitel 12 II 1 a.
1162 Hempel in WuW 2005, S. 137 (140).
1163 Siehe Kapitel 12 II 1 d.
1164 Grünbuch KOM (2005) 672 endgültig, S. 4/5; Arbeitspapier der Kommissionsdienststellen SEC (2005) 1732, Rn. 6; Arbeitspapier der Kommissionsdienststellen zum Weißbuch, 2.4.2008, SEC (2008) 404, S. 18, Rn. 48.

II. Beweislast

Häufig entsteht im Kartellzivilprozess eine Non-liquet-Situation, d.h. der Richter kommt zu keiner Überzeugung bezüglich Wahrheit oder Unwahrheit der als entscheidungserheblich vorgebrachten Tatsachen. Das dennoch zu ergehende Urteil geht zu Lasten der Partei, die die Beweislast für die nicht (vollständig) erwiesenen Anspruchsvoraussetzungen trägt[1165].

In diesen Fällen entscheidet das Gericht nach den Regeln der objektiven Beweislast[1166]. Dennoch wird der Grundsatz der objektiven Beweislast teilweise durch Gesetz oder abweichende richterrechtliche Beweisregeln durchbrochen[1167]. So entschied der BGH in einem bereicherungsrechtlichen Anweisungsfall, dass es nicht sachgerecht wäre, *„die Beweislast für Vorgänge [...] nicht dem unmittelbar Beteiligten und damit sachnäheren Anweisenden, sondern der insoweit außenstehenden angewiesenen Bank aufzubürden"*[1168].

Ähnlich verhält es sich im Arzthaftungsprozess. Hier wurde eine Änderung der Beweislastumkehr verfassungsrechtlich angeordnet, um für *„prozessuale Waffengleichheit"* im Zivilprozess zu sorgen, wenn dies im Einzelfall geboten ist[1169]. Die Grenze der Modifikation der im Zivilprozess geltenden Beweislastregeln befindet sich lediglich dort, wo sie für die beklagte Partei auf einen Ausforschungsbeweis hinausläuft. Insgesamt bestünden somit keine grundlegenden Bedenken, die Grundsätze der objektiven Beweislast an die Besonderheiten der Umstände im Kartellzivilprozess anzupassen[1170].

1165 Grunsky, Rn. 50; Baumbach/Lauterbach/Albers/Hartmann, Anh. § 286 ZPO, Rn. 1.
1166 Rosenberg/Schwab/Gottwald, § 114, Rn. 2.
1167 Musielak/Foerste, § 286 ZPO, Rn. 34, 36, 37 m.w.N.
1168 BGH NJW 1983, S. 2499 (2501).
1169 BVerfG NJW 1979, S. 1925 (1925/1926); bezgl. Arzthaftungsprozesse: BGH NJW 1969, S. 553 (553/554) zu weiteren Fällen richterrechtlicher Abmilderung der objektiven Beweislastverteilung: BverfG NJW 1974, S. 1499 (1501); anders jedoch: BVerfG NJW 1988, S. 405.
1170 Für einheitliche europäische Regeln zur Informationsbeschaffung: Stürner in Basedow, S. 163 (174); generell in diese Richtung: Huster in NJW 1995, S. 112; Schlosser in NJW 1992, S. 3275 (3276); bezügl. des UWG: Lindacher in WRP 2000, S. 950 (951); gegen eine vollständige oder teilweise Beweislastumkehr: Arbeitspapier der Kommissionsdienststellen zum Weißbuch, 2.4.2008, SEC (2008) 404, S. 29, Rn. 91/92.

1. Haftungsbegründender Tatbestand

a) Beweisregeln der ZPO

Kläger und Beklagter tragen jeweils die Beweislast für alle tatsächlichen Voraussetzungen der von ihnen in Anspruch genommenen Normen[1171]. Gewährt die Norm Schadensersatz, so bezieht sich die Beweislast auf den haftungsbegründenden Tatbestand. Die Regeln der objektiven Beweislast gelten nur dann nicht, wenn eine gesetzlich angeordnete oder gewohnheitsrechtlich anerkannte Beweislastumkehr oder Beweiserleichterung im Einzelfall eingreift[1172].

Für den Kartellzivilprozess bedeutet dies, dass Marktabgrenzung, Behinderung und Unbilligkeit der Behinderung im Rahmen von Missbrauchsprozessen sowie Verhandlungsstrategien bei Verstößen gegen das Kartellverbot und dadurch verursachte Wettbewerbsbeschränkungen vom Kläger bewiesen werden müssen[1173]. Daneben ist der Beklagte seinerseits für alle Umstände, die sich schadensmindernd auswirken, darlegungs- und beweisbelastet, wie beispielsweise bei einer etwaigen Abwälzung des entstandenen Schadens durch den Kläger auf nachgelagerte Handelsstufen, falls dies als schadensmindernder Umstand zugelassen wird[1174]. Die größten Beweisprobleme stellen sich beim Nachweis kollusiver marktstrategischer Verhaltensweisen, der Dauer eines Kartells sowie bezüglich des Nachweises, dass das Parallelverhalten von Marktteilnehmern nicht auf strukturellen Marktbedingungen, wie einer Reaktionsverbundenheit im engen Oligopol beruht, sondern auf Verhandlungsstrategien[1175]. Bei unter Art. 101 Abs. 1 AEUV fallenden Sachverhalten ist darüber hinaus eine spürbare Beeinträchtigung des zwischenstaatlichen Handels nachzuweisen[1176].

Fraglich ist jedoch, inwieweit sich der Kläger die sog. sekundäre Behauptungslast des Beklagten nach § 138 Abs. 2 ZPO nutzbar machen kann. Danach muss der Beklagte das substantiierte Vorbringen des Klägers seinerseits substantiiert erwidern[1177] und kann das klägerische Vorbringen nicht schlechthin bestreiten, wenn es substantiiert dargelegt wurde[1178]. Nach ständiger Rechtsprechung

---

1171 Bezgl. d. Kl.: BGH NJW 1985, S. 1774 (1775); bezgl. d. Bekl.: BGH NJW 1999, S. 3481; zu den Grundprinzipien insgesamt: BGH NJW 1999, S. 352 (353); Rosenberg/Schwab/Gottwald, § 114, Rn. 7.
1172 Zusammenfassend: Grunsky, Rn. 180/181; Musielak/Foerste, § 286 ZPO, Rn. 37 ff.
1173 Eingehend: Begr. RegE. BT-Drucks. 15/3640, S. 53.
1174 LG Dortmund WuW/E DE-R S. 1352 (1354) – Vitaminpreise Dortmund.
1175 Vgl. zur Spieltheorie I/M/Zimmer, § 1 GWB, Rn. 106/107 m.w.N.; Neumann, von Morgenstern, S. 7 ff.; Carlton/Perloff, S. 157 ff.
1176 Dalheimer in Grabitz/Hilf, Art. 2 VO (EG) 1/2003, Rn. 6.
1177 BVerfG NJW 1992, S. 1031; ausführlich: BGH NJW 1987, S. 2008 (2009).
1178 BGH NJW-RR 1986, S. 980 (981).

des BGH wird dem Beklagten gegenüber dem Kläger eine sog. sekundäre Behauptungslast aufgebürdet, *„wenn die darlegungspflichtige Partei außerhalb des von ihr darzulegenden Geschehensablauf steht und keine nähere Kenntnis der maßgebenden Tatsachen besitzt, während der Prozessgegner sie hat und ihm nähere Angaben zumutbar sind"*[1179]. Wie weit eine Partei ihren Sachvortrag substantiieren muss, hängt von ihrem Kenntnisstand ab[1180]. Die Substantiierungslast der beklagten Partei mindert sich dann, wenn sie keinen Einblick in die von der klagenden Partei behaupteten Vorgänge hat[1181].

Das von der Rechtsprechung entwickelte Modell der sekundären Behauptungslast stellt sich auf den ersten Blick als nützliches Instrument für den Kläger im Kartellzivilprozess dar. So könnte die behauptungs- und beweisbelastete Partei z.B. die Differenz zwischen kartelliertem und wettbewerbsanalogem Preis als Grundlage der Schadensberechnung substantiiert darlegen, worauf die gegnerische Partei die Behauptung substantiiert erwidern, d.h. darlegen müsste, dass der von ihr verlangte Preis nicht über dem wettbewerbsanalogen Preis liegt. Im Endeffekt müsste die beklagte Partei dann jedoch ihr Preis-Kosten-Verhältnis offenlegen.

Eine sekundäre Behauptungslast könnte dem Kläger auch bei der für die Schadensberechnung notwendigen Bestimmung der Preiselastizität entgegenkommen, da der Beklagte hierüber häufig über detailliertere Kenntnisse verfügt als der Kläger. Die von der Rechtsprechung aufgestellten Kriterien dürften regelmäßig gegeben sein, insbesondere bei horizontalen Kartellen oder missbräuchlichen Verhaltensweisen, wie z.B. dem Preishöhenmissbrauch. Jedoch dürfte die Frage der Zumutbarkeit in vielen Fällen große Probleme bereiten. Bei einer Konkurrentenklage könnte der Kläger durch den Prozess an Informationen gelangen, die ihm einen langfristigen Wettbewerbsvorteil gegenüber dem Beklagten und anderen Unternehmen auf dem gleichen relevanten Markt verschaffen könnten, wie Gewinnmargen, Produktionsmengen oder Lieferanten.

Darüber hinaus stellt der BGH klar, dass es eine Frage des materiellen Rechts sei, ob eine Partei gegen eine andere Partei Ansprüche auf Auskunft oder die Aushändigung von Urkunden hat und nicht die des Prozessrechtes[1182]. Der BGH wendet trotz relativer Uneinheitlichkeit der Rechtsprechung die Figur der sekundären Behauptungslast restriktiv an und hält damit an dem Grundsatz fest, *„dass keine Partei gehalten ist, dem Gegner für seinen Prozesssieg das Material zu verschaffen, über das er nicht schon von sich aus verfügt"*[1183]. Die Anwendung

---

1179 Instruktiv: BAG NJW 2004, S. 2848 (2851) m.w.N.; BGH NJW 1990, S. 3151.
1180 BGH NJW-RR 1988, S. 1529 (1530).
1181 BGH NJW-RR 2001, S. 1294 (1294/1295); BAG NJW 1999, S. 740 (741).
1182 BGH NJW 1990, S. 3151.
1183 BGH NJW 1958, S. 1491 (1492); diesen Grundsatz als mittlerweile überholt ansehend: Musielak/ Stadler, § 142 ZPO, Rn. 4.

der zivilprozessualen Rechtsfigur der sekundären Behauptungslast kann nach gegenwärtiger Rechtslage für den Kläger im Kartellzivilprozess nur eingeschränkt nutzbar gemacht werden, da sie regelmäßig an der Zumutbarkeit gegenüber dem Beklagten scheitern dürfte, weil sie auf einen unzulässigen Ausforschungsbeweis hinauslaufen könnte. Dieselben Grenzen hat der Richter bei der Prozessführung zu beachten. Zwar gewährt die Zivilprozessordnung mit § 142 Abs. 1 ZPO dem Gericht die Möglichkeit, die Vorlage von Urkunden des Beklagten anzuordnen, jedoch endet die Vorlagepflicht, wenn sie einen Ausforschungsbeweis darstellen würde[1184]. Der Bundesfinanzhof stellt diesbezüglich fest, dass ein Antrag einer Partei auf Anordnung der Vorlage von Aufzeichnungen, der lediglich den Versuch darstellt, zu ermitteln, ob aus diesen Unterlagen gegebenenfalls entscheidungserhebliche Erkenntnisse zu erlangen sind, abzulehnen ist, da schon er als unzulässiger Ausforschungsbeweis anzusehen sei[1185].

Leider kommt jedoch genau dieser Art von Unterlagen und Dokumenten, wie bspw. Protokollen von Zusammenkünften eines Unternehmensverbandes oder E-Mails zwischen Managern eines Unternehmens im Kartellzivilprozess, entscheidende Bedeutung zu, da sich aus ihnen kartellrechtswidrige Verhaltensweisen häufig ableiten lassen[1186]. Dies gilt insbesondere für Kartellsachverhalte.

Gegenwärtig bestehen im deutschen Kartelldeliktsrecht weder gesetzliche noch richterrechtliche Beweis- bzw. Prozessführungserleichterungen für den Kläger. Dies wirft die Frage auf, ob der Fokus der Bemühungen des nationalen Gesetzgebers lediglich auf der Förderung von Follow-on-Klagen und damit ausschließlich auf einer „bußgeldpotenzierenden" Funktion des Klägers liegt oder ob der Geschädigte unabhängig von staatlichen Stellen, d.h. unabhängig von deren Willen und Ressourcen, einen Wettbewerbsverstoß zu ahnden, seinen durch die Rechtsverletzung entstandenen Schaden geltend machen können soll[1187]. Unter anderem wird deshalb auch der Erlass eines Gemeinschaftsrechtsaktes gefordert, der beinhaltet, dass die mitgliedsstaatlichen Gerichte Reduktionen hinsichtlich

---

1184 BGH NJW 1990, S. 3151 (3152); OLG Stuttgart NJW-RR 2007, S. 250 (252); OLG Saarbrücken NZI 2008, S. 40; Wagner-von Papp diskutiert in EWS 2009, S. 445 (451), inwieweit sich aus dem gemeinschaftsrechtlichen Effektivitätsgrundsatz eine Pflicht des Richters zur Anordnung der Offenlegung beweiserheblicher Urkunden im Kartellzivilprozess ergibt.
1185 BFH, Beschluss vom 26.06.2006 – VII B 255/05 (NV), Rn. 1a.
1186 A. A.: Brück in Bloomberg European Business Law Journal 2007, S. 303 (310).
1187 Die Wichtigkeit von stand-alone-Klagen ausdrücklich betonend: Grünbuch KOM (2005) 672 endgültig S. 4/5; Arbeitspapier der Kommissionsdienststellen SEC (2005) 1732 Rn. 6; Neelie Kroes: „The Green Paper on antitrust damages actions: empowering European citizens to enforce their rights – Opening speech at the European Parliament workshop on damages actions for breach of EC antitrust rules", Brüssel, 6.6.2006, S. 5; Basedow in EuZW 2006, S. 97; Arbeitspapier der Kommissionsdienststellen zum Weißbuch, 2.4.2008, SEC (2008) 404, S. 18, Rn. 48.

der Beweislast für bestimmte anspruchsbegründende Tatsachen im Kartellzivilprozess gewähren können[1188]. Gesetzliche Beweislastmodifikationen werden auch im deutschen Kartellzivilrecht als notwendig angesehen[1189]. Teilweise wird allerdings befürchtet, dass ohne eine fundamentale Reform der Zivilprozessordnung, welche sich dann auf alle Gebiete des Zivilrechts bezöge, der Problematik nicht abgeholfen werden kann[1190].

b) Pretrial discovery im US-Antitrustrecht

Die wohl weitestgehende Lösung ist die Einführung eines Discovery-Verfahrens, wie es in den USA praktiziert wird. Im Discovery-Verfahren hat jede Partei des Zivilprozesses das Recht, auf Antrag gegenüber dem Gericht schon vor Prozessbeginn alle streitrelevanten Unterlagen von der gegnerischen Partei herauszuverlangen[1191]. Rechtsgrundlage des Discovery-Verfahrens auf föderaler Ebene sind die Regeln 26 bis 37 der Federal Rules of Civil Procedere (FRCP)[1192]. Für den amerikanischen Kartellzivilprozess bedeutet dies, dass der Beklagte interne Kommunikation, Adressen von Zeugen und grundlegende Unterlagen wie Zahlen und interne Kostenkalkulationen vorzulegen hat[1193]. Die Maßnahmen müssen sich gem. Rule 26 (b) (1) FRCP lediglich im Bereich des vernünftigerweise zur Erlangung zulässiger Beweise Notwendigen aufhalten[1194].

Rule 34 (a) (1) FRCP definiert die offenzulegenden Beweismittel, wovon alle gegenständlichen oder elektronischen Dokumente umfasst sind, und normiert die Pflicht des Antragsgegners, dem Antragsteller Zugang zu in seinem Besitz befindlichen Örtlichkeiten zu verschaffen, wenn dies für die Beweissammlung des

---

1188 Stürner in Basedow, S. 163 (190).
1189 Kritisch ebenso: Brück in Bloomberg European Business Law Journal 2007, S. 303 (311).
1190 Wulf-Henning Roth in Basedow, S. 61 (77).
1191 Bezügl. Discovery-Verfahren in anderen Common Law Rechtsordnungen: Woods/Sinclair/Ashton (Directorate General Competition) in Competition Policy Newsletter, Nr. 2, 2004, S. 31 (34).
1192 U.S.C. 28 Fed. Rules Civ. Proc. Rule 23 (Stand: 1. Dezember 2009), Chapter V, Depositions and Discovery.
1193 Rule 26 (b) FRCP Discovery Scope and Limits.
 „(1) Scope in General.
  Unless otherwise limited by court order, the scope of discovery is as follows: Parties may obtain discovery regarding any nonprivileged matter that is relevant to any party's claim or defense including the existence, description, nature, custody, condition, and location of any documents or other tangible things and the identity and location of persons who know of any discoverable matter."
1194 Kritisch: Kotz in 13 Duke J. Comp. & Int'l L. 61 (74) (2003).

Antragstellers von Relevanz ist[1195]. Eine Missbrauchsschwelle definiert Rule 26 b (2) (C) FRCP, wonach das Gericht einen Antrag auf discovery abzulehnen oder zu beschränken hat, wenn diese rechtsmissbräuchlich wäre oder wenn die beantragende Partei die Informationen auch ohne sie erlangen könnte[1196].

Der pretrial discovery liegt die Systematik zugrunde, dass durch die vorverlagerte Beweisübermittlung die Durchführung des später erfolgenden Zivilprozesses vereinfacht wird, wodurch Überraschungsentscheidungen vermieden werden sollen[1197]. Im Bereich des Kartellzivilprozesses dient das Discovery-Verfahren darüber hinaus dazu, die üblicherweise vorhandene Informationsasymmetrie zwischen Kläger und Beklagtem auszugleichen[1198].

Kommt der Beklagte dieser Verpflichtung nicht nach, so können Maßnahmen verhängt werden, wie die Aufbürdung der der gegnerischen Partei entstehenden Kosten oder andere prozessuale Nachteile[1199].

1195 Rule 34 (a) FRCP: A party may serve on any other party a request within the scope of Rule 26(b):
„(1) *to produce and permit the requesting party or its representative to inspect, copy, test, or sample the following items in the responding party's possession, custody, or control:*
(A) any designated documents or electronically stored information – including writings, drawings, graphs, charts, photographs, sound recordings, images, and other data or data compilations – stored in any medium from which information can be obtained either directly or, if necessary, after translation by the responding party into a reasonably usable form; or
(B) any designated tangible things; or
(2) to permit entry onto designated land or other property possessed or controlled by the responding party, so that the requesting party may inspect, measure, survey, photograph, test, or sample the property or any designated object or operation on it."

1196 Rule 26 b (2) (C) FRCP: „*On motion or on its own, the court must limit the frequency or extent of discovery otherwise allowed by these rules or by local rule if it determines that:*
(i) the discovery sought is unreasonably cumulative or duplicative, or can be obtained from some other source that is more convenient, less burdensome, or less expensive;
(ii) the party seeking discovery has had ample opportunity to obtain the information by discovery in the action; or
(iii) the burden or expense of the proposed discovery outweighs its likely benefit, considering the needs of the case, the amount in controversy, the parties' resources, the importance of the issues at stake in the action, and the importance of the discovery in resolving the issues."

1197 Pfeiffer in GRUR Int. 1999, S. 598.

1198 Ausdrücklich: Rutledge v. Electric Hose & Rubber Co., 327 F. Supp. 1267 (1271) (1971).

1199 Prozessuale Nachteile bezüglich der Beweislast, oder des Prozessausgangs, bei Nichtbefolgung der discovery normiert FRCP R. 37 (c) (1):
„*If a party fails to provide information or identify a witness as required by Rule 26(a) or 26(e), the party is not allowed to use that information or witness to supply evidence on a motion, at a hearing, or at a trial, unless the failure was substantially justified or is harmless. In addition to or instead of this sanction, the court, on motion and after giving an opportunity to be heard:*

In dem Rechtsstreit *National Hockey League v. Metropolitan Hockey Club, Inc.*[1200] hob der Supreme Court ein Revisionsurteil[1201] auf, in dem die Klage eines Antragstellers trotz Nichtbefolgung der discovery nicht abgewiesen wurde. Der Supreme Court begründete die Notwendigkeit der Klageabweisung damit, dass die entsprechenden Vorschriften der Federal Rules of Civil Procedure nicht nur lediglich strafenden, sondern darüber hinaus auch abschreckenden Charakter insoweit häten, als künftige Kläger und Beklagte die Befolgung der discovery nicht in Frage stellen dürften[1202].

Grundsätzlich erkennt jedoch auch der Supreme Court das Missbrauchspotential der discovery an, welches, aufgrund ihrer Kostenintensität, insbesondere in Kartellzivilprozessen, dazu genutzt werde, profitable Vergleiche auszuhandeln[1203]. Er modifizierte deshalb die Voraussetzungen für die Durchführung eines Discovery-Verfahrens für den Kläger. Bis vor Änderung seiner ständigen Rechtsprechung verlangte der Supreme Court vom Kläger lediglich ein sog. *„notice pleading"*, in dem der Kläger den Beklagten lediglich in Kurzform darüber informiert, was er von diesem verlangt und auf welcher rechtlichen Grundlage der Anspruch beruht[1204].

Nunmehr muss dieser bereits vor Einleitung des Discovery-Verfahrens die Rechtsverletzung, die zum eingetretenen Schaden geführt hat, sowie den Schadenseintritt selbst auf einer entsprechenden Faktenbasis substantiiert darlegen können. Die vorgebrachten Argumente müssen eine Rechtsverletzung als plausibel und nicht lediglich als denkbar oder möglich erscheinen lassen[1205]. So ist es für einen Antrag auf Durchführung der discovery in einer auf die Verletzung des Verbots horizontaler Absprachen in Section 1 des Sherman Act gestützten Schadensersatzklage nicht ausreichend, lediglich ein Parallelverhalten des Beklagten am Markt nachzuweisen. Um ein Discovery-Verfahren in Gang bringen zu kön-

---

    (A) *may order payment of the reasonable expenses, including attorney's fees, caused by the failure;*

    (B) *may inform the jury of the party's failure; and*

    (C) *may impose other appropriate sanctions, including any of the orders listed in Rule 37(b)(2)(A)(i)-(vi)."*

Instruktiv auch: General Motors Corp. v. Johnson Matthey, Inc., 887 F. Supp. 1240 (1246) (1995).

1200 National Hockey Leage et al. v. Metropolitan Hockey Club, Inc., et al., 427 U.S. 639 (1976).

1201 In re Professional Hockey Antitrust Litigation, 531 F.2d 1188 (1976).

1202 National Hockey Leage et al. v. Metropolitan Hockey Club, Inc., et al., 427 U.S. 639 (643) (1976).

1203 Bell Atl. Corp. v. Twombly, 550 U.S. 544 (559) (2007); instruktiv: Easterbrook in 69 B. U. L. Rev. 635 (636/637) (1989).

1204 Conley v. Gibson, 355 U.S. 41 (47/48) (1957); einschränkend schon: Dura Pharms., Inc. v. Broudo, 544 U.S. 336 (347) (2005).

1205 Bell Atl. Corp. v. Twombly, 550 U.S. 544 (555) (2007).

nen, muss der Kläger darüber hinaus substantiiert Anhaltspunkte für ein auf einer Vereinbarung beruhendes Parallelverhalten darlegen können[1206].

Aufgrund fundamentaler Systemunterschiede wäre die Einführung eines derart weitgehenden Instruments wie der discovery im deutschen Zivilprozessrecht nicht möglich. Gegen den deutschen ordre public i.S.d. § 328 Abs. 1 Nr. 4 ZPO verstößt sie jedoch nicht[1207].

c) Verbesserung des Zugangs zu Beweismitteln

Auf europäischer Ebene gibt es unterschiedliche Lösungsvorschläge, wie die Mitgliedsstaaten die prozessualen Voraussetzungen schaffen können, um die Situation des Stand-alone-Klägers zu verbessern. Das Grünbuch teilt die Frage der Beweiserlangung in drei Komplexe auf. Die unter Frage A aufgeführten Optionen 1 und 2 beschäftigen sich ausschließlich mit der zwangsweisen Offenlegung von Urkundsbeweisen[1208] und gehen inhaltlich stark in die Richtung einer discovery nach US-amerikanischen Vorbild. Option 3 beinhaltet eine Art abgeschwächte discovery, wonach ausschließlich Verzeichnisse relevanter Dokumente zwischen den Prozessparteien ausgetauscht werden müssen.

Während sich Option 4 mit Sanktionen im Rahmen der Vernichtung von Beweisen beschäftigt, stellt Option 5 einen Kompromiss da, bei dem das Gericht auf Antrag einer Partei eine vorprozessuale Anordnung zur Aufbewahrung von Beweismitteln trifft. Hinsichtlich der von der ZPO vorgesehenen Sanktionen im Fall der Beweisvereitelung besteht kein Handlungsbedarf. Gem. § 444 ZPO wird im Fall der vorsätzlichen Vernichtung von Urkundsbeweisen der von der gegnerischen Partei behauptete Inhalt der Urkunde als bewiesen angesehen. Dasselbe gilt gem. §§ 446, 453 Abs. 2, 454 Abs. 1 ZPO für die Verhinderung einer Beweisaufnahme durch Zeugenvernehmung und gem. § 371 Abs. 3 ZPO für den Augenscheinsbeweis. Entgegen dem Gesetzeswortlaut lässt die herrschende Meinung Fahrlässigkeit in Bezug auf die Beweisvereitelung genügen[1209].

Option 1 und 2 fallen unter den Ausforschungsbeweis, da sie die zwangsweise Offenlegung von Urkunden durch gerichtliche Anordnung vorsehen, die „relevante Fakten des Falls" und damit entscheidungserhebliche Tatsachen enthalten. Sie sind mit den derzeit geltenden Vorschriften der ZPO und der Rechtsprechung des BGH nicht vereinbar. Option 3, wonach ein Austausch von Verzeichnissen relevanter Dokumente zwischen den Parteien erfolgen soll, stellt diesbezüglich einen Kompromiss dar, der sich an den Grenzen zum Ausforschungsbeweis bewegt.

1206 Bell Atl. Corp. v. Twombly, 550 U.S. 544 (559) (2007).
1207 BGHZ 118, 312 (323 ff.); OLG Naumburg WuW/DE-R 1774 (1778) – Electrical Carbon.
1208 Grünbuch, KOM (2005) 672 endgültig, S. 6.
1209 BGH NJW 1986, S. 59 (60/61).

Ob der Austausch solcher Verzeichnisse einen Ausforschungsbeweis darstellt, richtet sich nach den Umständen des Einzelfalls: Stellt bereits das Wissen um die Existenz eines Dokuments in der Sphäre der gegnerischen Partei eine entscheidungserhebliche Tatsache im Zivilprozess dar, wie bspw. Preislisten im Rahmen von Kooperationsstrategien, so wäre in einem Austausch derartiger Verzeichnisse ein (indirekter) Ausforschungsbeweis zu sehen. Die Kommission hat in ihrem Weißbuch die oben genannten ersten beiden Optionen abgeschwächt und eine gerichtlich angeordnete Offenlegung von Beweisen vorgeschlagen, wenn der Kläger im Rahmen eines plausiblen Tatsachenvortrages mit den ihm zur Verfügung stehenden Beweisen darlegen kann, dass er durch eine Wettbewerbsbeschränkung des Beklagten einen Schaden erlitten hat und darüber hinaus die Offenlegung der Beweise notwendig und verhältnismäßig ist[1210]. Die im Weißbuch beschriebene Lösung ist der bereits genannten Rechtsfigur der sekundären Behauptungslast im deutschen Zivilprozessrecht sehr ähnlich, andere sehen in ihr ein Abbild von § 142 ZPO[1211]. Auch hier muss der Kläger zunächst substantiiert vortragen, bevor der Beklagte seinerseits substantiiert erwidern muss, sofern dem Kläger eine andere Beweisbeschaffung unmöglich und die sekundäre Behauptungslast dem Beklagten zumutbar ist.

In diesem Zusammenhang stellt sich die Frage, ob der Gemeinschaftsgesetzgeber über die Gesetzgebungskompetenz auf dem Gebiet des mitgliedsstaatlichen Zivilprozessrechtes verfügt. In Art. 81 AEUV (ex-Art. 65 EG) ist ihm zwar die Gesetzgebungskompetenz auf dem Gebiet des Zivilprozessrechts zugewiesen, jedoch umfasst diese Kompetenznorm ausschließlich das grenzüberschreitende Zivilprozessrecht. Ebenso lässt Art. 114 AEUV eine Rechtsangleichung nur dann zu, wenn die betreffenden Rechtsvorschriften die Errichtung und das Funktionieren des Binnenmarktes zum Gegenstand haben. Der Gemeinschaftsgesetzgeber müsste jedoch, um eine ungerechtfertigte Diskriminierung in Fällen mit lediglich nationalem Bezug zu vermeiden, auch im Bereich des rein nationalen Zivilprozessrechts tätig werden können. Ob dies für den Bereich des Kartellprivatrechts gilt, bleibt abzuwarten[1212]. Jedenfalls ging die Kommssion in ihrem Richtlinienentwurf von einer durch Art 103 AEUV verliehenen Kompetenz aus und sah eine Regelung der richterlichen Anordnung der Beweismittelvorlage vor, die im Wesentlichen § 142 ZPO entspricht[1213].

1210 Weißbuch, KOM (2008) 165 endgültig, Punkt 2.2, S. 5/6.
1211 Wagner-von Papp in EWS 2009 in EWS 2009, S. 445 (451).
1212 Bejahend: Hess in WuW 2010, S. 493 (494) mit Verweis auf die sog. Enforcement-Richtlinie (RL 2004/48/EG).
1213 Mit Verweis auf die Art. 8 ff. des Richtlinienentwurfes, Wagner-von Papp in EWS 2009, S. 445 (451).

Frage B des Grünbuchs befasst sich mit dem Zugang privater Kläger zu Dokumenten, die sich im Besitz einer Wettbewerbsbehörde befinden. Die Frage erscheint in einem rein deutschen Kontext als überflüssig. § 33 Abs. 4 GWB normiert eine weitgehende Bindungswirkung der Zivilgerichte an vorangegangene Entscheidungen nationaler und supranationaler Wettbewerbsbehörden. Insofern besteht für den Kläger kein Bedürfnis, Zugang zu Dokumenten zu bekommen, die sich im Besitz einer Wettbewerbsbehörde befinden, da er lediglich den Ausgang des behördlichen Verfahrens abzuwarten hat.

Jedoch ist diesbezüglich anzumerken, dass mit der „Feststellung des Verstoßes" in § 33 Abs. 4 Satz 1 GWB ausschließlich die Bejahung eines Kartellrechtsverstoßes gemeint ist[1214]. Man könnte insofern auch von einer ausschließlich positiven Bindungswirkung der behördlichen Entscheidung sprechen. Wurde hingegen kein Verstoß im behördlichen Verfahren festgestellt, so muss es einem privaten Kläger weiterhin möglich bleiben, ein Stand-alone-Zivilverfahren einzuleiten. Eine negative Bindungswirkung würde gegen die im deutschen Zivilrecht geltende Dispositionsmaxime verstoßen.

Eine dritte Partei, welche im Kartellverwaltungsverfahren beigeladen wurde, kann gem. §§ 72 Abs. 3, Abs. 1 Satz 2 GWB i.V.m. 299 Abs. 3 ZPO Akteneinsicht beantragen. Über die Frage der Akteneinsicht entscheidet das Gericht nach pflichtgemäßem Ermessen, wobei insbesondere die Geheimhaltungsinteressen der Beteiligten zu berücksichtigen sind[1215]. Der Zivilkläger muss somit Beigeladener i.S.d. § 67 Abs. 1 Nr. 3 GWB im vorangegangenen Verwaltungsverfahren gewesen sein und die Ermessensentscheidung des Gerichts hinsichtlich der Gewährung von Akteneinsicht abwarten. Nichts anderes gilt im Verhältnis nationaler Gerichte zu den Ermittlungsergebnissen der Europäischen Kommission. Gem. Art. 15 Abs. 1 VO (EG) 1/2003 können nationale Gerichte die Kommission um die Übermittlung von Information ersuchen, wobei ebenfalls Geheimhaltungsinteressen des betroffenen Unternehmens Berücksichtigung finden müssen[1216].

d) Die Privilegierung des Follow-on-Klägers im GWB

Sowohl das Grünbuch (Punkt 2.1) als auch das Weißbuch (Punkt 2.3) sehen die Bindungswirkung der Entscheidungen von Wettbewerbsbehörden anderer Mitgliedsstaaten für nationale Zivilgerichte bzw. eine Beweislastumkehr in den Fällen vor, in denen eine derartige Entscheidung getroffen worden ist.

1214 I/M/Emmerich, § 33 GWB, Rn. 78.
1215 § 72 Abs.2, S. 4 GWB; KG in WuW/E OLG 2603 (2604) m.w.N.
1216 So Drexl/Gallego/Enchelmaier/Mackenrodt/Endter in IIC 2006, S. 700 (706) mit Verweis auf die Bekanntmachung der Kommission über die Zusammenarbeit zwischen der Kommission und den Einzelstaatlichen Gerichten 2004/C 101/03, Rn. 23.

Der deutsche Gesetzgeber hat sich mit § 33 Abs. 4 Satz 1, 3. Alt. GWB für die Ausdehnung der Bindungswirkung auf mitgliedsstaatliche Wettbewerbsbehörden und Gerichte und damit für die weitergehendere Variante entschieden. Die umfassende Bindungswirkung in § 33 Abs. 4 Satz 1, 3. Alt. GWB wird teilweise als Kompensation für die hohen Hürden des Zivilprozessrechts bei der Beweiserlangung verstanden[1217]. Die Regelung war zunächst deutlicher Kritik ausgesetzt, da auf einen Ordre-public-Vorbehalt verzichtet wurde[1218]. Aus Klägersicht ist die weitgehende Bindungswirkung des § 33 Abs. 4 Satz 1 GWB jedoch zu begrüßen[1219]. Der Gesetzgeber stellt in seiner Begründung zum Gesetzentwurf der 7. GWB-Novelle lediglich fest, dass Follow-on-Klagen dasselbe Abschreckungspotential entfalten wie Stand-alone-Klagen[1220].

Dieser Annahme stehen jedoch gewichtige Einwände entgegen: zum einen wird von Praktikern vorgebracht, dass die Wettbewerbsbehörden aufgrund begrenzter Ressourcen und um abschreckende Bußgelder verhängen zu können, schwerpunktmäßig Kernbeschränkungen aufgreifen[1221], zum anderen erhöht sich die Zahl der geahndeten Wettbewerbsverstöße insgesamt nicht, wenn Stand-alone-Klagen prozessual faktisch keine Chancen vor Gericht haben. Die zusätzliche abschreckende Wirkung effektiver privater Kartellrechtsdurchsetzung kommt jedoch gerade durch den erhöhten Grad der Unberechenbarkeit zustande, den unabhängige Privatklagen für den potentiellen Rechtsverletzer erzeugen[1222]. Gegen die Auffassung des deutschen Gesetzgebers, Follow-on-Klagen seien unter Abschreckungsgesichtspunkten ausreichend, spricht auch die Annahme der Kommission, dass durch private Wettbewerbsrechtsdurchsetzung, absolut gesehen, mehr Wettbewerbsverstöße aufgedeckt würden[1223]. Diese Annahme macht allerdings nur unter der Prämisse Sinn, dass private Kläger, unabhängig von den Wettbewerbsbehörden, mit zumutbarem Aufwand wettbewerbswidrige Verhaltensweisen ermitteln, aufdecken und vor Gericht bringen können.

1217 Wulf-Henning Roth in Basedow, S. 61 (77).
1218 Ausführlich: Monopolkommission, SG 41, Rn. 53/54.
1219 Positiv gegenüberstehend: Brück in Bloomberg European Business Law Journal 2007, S. 303 (311).
1220 Reg. Begr. Zur 7. GWB-Novelle BT-Drucks. 15/3640, S. 35/36.
1221 Brück in Bloomberg European Business Law Journal 2007, S. 303 (311); in Bezug auf die Wettbwerbspolitik der Kommission: Weitbrecht/Mühle in EuZW 2008, S. 551.
1222 So auch Arbeitspapier der Kommissionsdienststellen SEC (2005) 1732, Rn. 6.
1223 Weißbuch der Kommission vom 2.4.2008, KOM (2008) 165 endg., Punkt 1. 2, S. 3; Folgenabschätzungsbericht der Kommission, 2.4.2008, SEC (2008) 405, Punkt 2.1, Rn. 38.

e) Beweislastverlagerungen im GWB und im BGB

In Option 9 der Frage C des Grünbuchs wurde als Lösung der Beweisproblematik eine Beweislastverlagerung, bzw. Beweislasteinschränkung, in Fällen einer Informationsasymmetrie zwischen Kläger und Beklagtem vorgeschlagen um das Fehlen von discovery-ähnlichen Regeln auszugleichen[1224].

Sowohl gesetzliche als auch richterrechtliche Beweislastmodifikationen sind dem deutschen Deliktsrecht nicht fremd, wie eine umfangreiche Kasuistik zeigt[1225]. Sie beruhen trotz unterschiedlicher dogmatischer Herleitungen[1226] auf dem Grundgedanken, dass das Privatrecht Fallkonstellationen kennt, in denen es aufgrund von Informationsasymmetrien typischerweise zu einer unzumutbaren prozessualen Benachteiligung für den Kläger käme, würde streng am Beibringungsgrundsatz festgehalten.

Im Bereich des Arzthaftungsprozesses wurde hierzu das Gebot der Waffengleichheit im Zivilprozess entwickelt, welches vom Bundesverfassungsgericht höchstrichterlich bestätigt wurde[1227]. Darüber hinaus bestätigte das Bundesverfassungsgericht die Praxis des BGH, in diesen Fällen auf Einzelfallbasis zu prüfen, ob dem Patienten *„die regelmäßige Beweislastverteilung noch zugemutet werden darf"*[1228]. Kritische Stimmen sehen in Beweiserleichterungen jedoch die ernsthafte Gefahr einer Zunahme von substantiellen Fehlurteilen[1229]. Die teils erheblichen richterrechtlichen Beweiserleichterungen im Arzthaftungsprozess, die im Grunde als Beweislastumkehr anzusehen sind, habe ihren Ursprung in der signifikanten Informationsasymmetrie zwischen dem die Operation durchführenden Arzt und dem Patienten[1230]. Die Beweissituation ist nicht sehr unterschiedlich zum Kartellzivilprozess, insbesondere in Fällen, in denen horizontale Koordinierungsstrategien ursächlich für den beim Kläger eingetretenen Schaden sind. Es ist der Kartellabsprache immanent, dass sie hinter verschlossenen Türen stattfindet. Darüber hinaus könnten die Beklagten vortragen, dass ihr Parallelverhalten nicht

---

1224 In dem (nicht veröffentlichten) Richtlinienvorschlag der Kommission ist eine Beweislastverlagerung explizit nicht mehr vorgesehen, sondern ausschließlich richterliche Vorlageanordnungen von Dokumenten, die Beweismittel enthalten, vgl. Wagner-von Papp in EWS 2009, S. 445 (451) mit Verweis auf die Art. 8 ff. des Richtlinienentwurfes.
1225 Für das private Baurecht: BGH NJW 1982, S. 440; zur Beweislast im Produkthaftungsrecht: BGH NJW 1981, S. 1603 (1605); bezügl. entgangenen Gewinns: BGH NJW 1988, S. 200 (203/204); weitere Beispiele bei Musielak/Foerste, § 286 ZPO, Rn. 38 ff.
1226 Siehe Übersicht bei Musielak/Foerste, § 286 ZPO, Rn. 37.
1227 BVerfG NJW 1979, S. 1925 (1926).
1228 BGH NJW 1971, S. 241 (243); genauer: BGH NJW 2004, S. 2011 (2013).
1229 So Drexl/Gallego/Enchelmaier/Mackenrodt/Endter in IIC 2006, S. 700 (708).
1230 BverfG NJW 1979, S. 1925.

von einer Abstimmung mit Konkurrenten herrühre, sondern Folge einer Reaktionsverbundenheit im engen Oligopol ist.

Um eine derartige Behauptung beweismäßig zu widerlegen, sind, je nach Struktur des relevanten Marktes, Datenerhebungen in großem Umfang zu bewerkstelligen sowie ökonomisches Know-how in Form von Gutachten hinzuzuziehen. Faktisch ist es in einem oligopolistisch strukturierten Markt nahezu unmöglich, eine abgestimmte Verhaltensweise nachzuweisen, wenn der Kläger keinen Zugang zu internen Dokumenten der Beklagten hat. Würde man in derartigen Fällen die Beweislast des Klägers nach dessen substantiiertem Vortrag bezüglich des Vorliegens konkreter Anhaltspunkte für abgestimmte Verhaltensweisen umkehren, so würde sich der Kläger in einer wesentlich komfortableren Situation wiederfinden.

Die beklagten Unternehmen müssten zunächst nachweisen, dass der Markt, in dem sie tätig sind, einen entsprechenden Konzentrationsgrad aufweist, was wiederum an die Frage der Marktabgrenzung geknüpft ist. Darüber hinaus müssten die Beklagten nachweisen, dass im konkreten Fall die ökonomischen Voraussetzungen und Anreize für bloßes Parallelverhalten bestehen, d.h. dass paralleles Verhalten die einzig effiziente Form der Firmenleitung darstellt.

Gleiches gilt in Fällen, in denen dem Beklagten vorgeworfen wird, seine Stellung als marktbeherrschendes Unternehmen zu missbrauchen. Würde sich die Beweislast des Klägers nach dem substantiierten Vorbringen für das Vorliegen der Normadessateneigenschaft umkehren, so müsste das beklagte Unternehmen zum einen das Nichtvorliegen einer marktbeherrschenden Stellung beweisen, was wiederum die Bestimmung des relevanten Marktes betrifft, und zum anderen, falls dies nicht gelingt, das Nichtvorliegen des geltend gemachten Verstoßes i.S.d. §§ 19, 20 GWB.

Dies ist insbesondere in Fällen des Preishöhenmissbrauchs oder des Konditionenmissbrauchs von erheblicher Bedeutung, da hier ausschließlich das beklagte Unternehmen selbst über die notwendigen Informationen verfügt, wie z.B. bei dem Vorliegen einer Preis-Kosten-Schere im konkreten Fall. Die Monopolkommission hat deshalb in ihrem Sondergutachten zur 7. GWB-Novelle die Einführung des Anscheinsbeweises (Prima-facie-Beweis) in § 33 GWB empfohlen, um die Position des Stand-alone-Klägers zu verbessern[1231]. Um das Missbrauchspotential von Beweislastmodifikationen in Wettbewerberklagen von vornherein zu minimieren, könnten sie bereits gesetzlich für Wettbewerber des Beklagten ausgeschlossen werden, zumal die oben angesprochene Informationsasymmetrie zwischen Wettbewerbern ohnehin in geringerem Maße vorliegen dürfte. Insoweit ist jedoch das

---

1231 Monopolkommission, SG 41, Rn. 56.

Folgeproblem zu beachten, dass bereits hier eine Definition des sachlich und räumlich relevanten Marktes vorgenommen werden müsste.

Partielle Beweislastmodifikationen waren im GWB schon vor der 7. GWB-Novelle vorhanden. So trifft die Darlegungs- und Beweislast für eine unbillige Behinderung i.S.d. § 20 Abs. 1 GWB, den allgemeinen Regeln des Zivilprozessrechts folgend, den Anspruchssteller, hinsichtlich einer etwaigen sachlichen Rechtfertigung dieser Behinderung jedoch den Anspruchsgegner[1232]. Begründet wird diese Beweislastumkehr damit, dass durch die Ungleichbehandlung gleichartiger Sachverhalte eine tendenziell negative Bewertung im Rahmen der Interessenabwägung indiziert wird[1233].

Zudem kann die gesetzliche Beweislastumkehr des § 20 Abs. 5 GWB auch auf andere Fälle der unbilligen Behinderung i.S.d. § 20 Abs. 1 GWB analog angewandt werden, womit der Beklagte für die Billigkeit der Behinderung beweispflichtig wird, insbesondere wenn es sich um Tatumstände handelt, die außerhalb des Wirkungskreis des Klägers liegen und deren Aufklärung dem Beklagten ohne weiteres möglich und zumutbar ist[1234]. § 20 Abs. 5 GWB verlangt einen im Einzelfall erforderlichen Anschein eines Verstoßes und wird demgemäß nicht als vollständige Beweislastumkehr angesehen, sondern *„legt dem Normadressaten, gegen den der Anschein spricht, nur die beweisrechtlichen Folgen auf, falls ihm im Rahmen der Zumutbarkeit die Widerlegung des Anscheins nicht gelingt"*[1235].

Gelingt es dem Normadressaten nicht, den gegen ihn sprechenden Anschein einer solchen Behinderung zu widerlegen, so ergibt sich aus § 20 Abs. 5 GWB eine besondere Aufklärungspflicht für anspruchsbegründende Umstände aus seinem Geschäftsbereich, wenn ihm dies leicht möglich und zumutbar ist[1236]. Hinsichtlich der Zumutbarkeit findet eine Abwägung zwischen den Geschäfts- und Geheimhaltungsinteressen des Beklagten einerseits und dem (öffentlichen) Interesse an einer wirksamen Sanktionierung von Wettbewerbsverstößen andererseits statt[1237]. Bei der Anwendung des § 20 Abs. 5 GWB im Rahmen privater Schadensersatzklagen sind darüber hinaus auch Klägerinteressen in die Abwägung einzustellen. § 20 Abs. 5 GWB bewegt sich damit in der Nähe des Ausfor-

---

1232 BGH WUW/E 2683 (2687) – Zuckerrübenanlieferungsrecht; WuW/E DE-R 1051 (1054) – Vorleistungspflicht.
1233 I/M/Markert, § 20 GWB, Rn. 236.
1234 BGH WuW/E 2762, 2767 – Amtsanzeiger; BGH WuW/E 3079 (3084) – Stromeinspeisung II.
1235 I/M/Markert, § 20 GWB, Rn. 325.
1236 **Loewenheim in Loewenheim/Meessen/Riesenkampff, § 20 GWB, Rn. 161 mit Verweis auf** BGH GRUR 1963, S. 270 (274) – Bärenfang.
1237 I/M/Markert, § 20 GWB, Rn. 326.

schungsbeweises. Auch aus ihm kann sich ohne weiteres eine Auskunftspflicht des Beklagten hinsichtlich anspruchsbegründender Umstände ergeben[1238].

§ 20 Abs. 5 GWB (§ 26 Abs. 5 a.F. GWB) wurde mit der 5. GWB Novelle 1989 eingeführt, um die Chancen einer erfolgreichen Prozessführung durch den Kläger zu verbessern. Die Entstehungsgeschichte und der Regelungszweck des Komplexes der §§ 20 Abs. 4, Abs. 5 GWB geht darauf zurück, dass der Gesetzgeber Handlungsbedarf im Bereich des Untereinstandsverkaufes sah und um kleine und mittlere Unternehmen fürchtete, die durch systematische Untereinstandsverkäufe von marktmächtigen Unternehmen aus dem Markt gedrängt werden könnten[1239].

Wie bereits oben angeführt, war es der Zweck von § 26 Abs. 5 GWB a.F., die Effektivität der Regelung zu verbessern, indem die Chancen einer erfolgreichen Prozessführung von kleinen und mittleren Unternehmen erhöht werden sollten[1240]. Um verfassungsrechtliche Kollisionen der Vorschrift zu vermeiden, wurde sie unter einen Zumutbarkeitsvorbehalt gestellt. Bei genauer Analyse enthält der durch die 7. GWB-Novelle unverändert übernommene § 20 Abs. 5 GWB zwei beweisrechtliche Institute: den Prima-facie-Beweis und die sog. „Bärenfang-Doktrin", welche zu § 3 UWG a.f. entwickelt wurde[1241].

Nach der Bärenfang-Doktrin ist auch ohne ersten Anschein eines Gesetzesverstoßes eine Verlagerung der Darlegungs- und Beweispflicht hin zum Beklagten möglich, *„wenn dem außerhalb des Geschehensablaufs stehenden Kläger eine genaue Kenntnis der rechtserheblichen Tatsachen fehlt, der Beklagte sie dagegen hat und leicht die erforderliche Aufklärung beibringen kann"*[1242].

Insofern bleibt an dieser Stelle zunächst festzustellen, dass das GWB durchaus auch Beweislastmodifikationen enthält und ihnen auch zugänglich ist. Vereinzelt wurde § 26 Abs. 5 GWB a.F. auch als vollständige Beweislastumkehr angesehen[1243]. Wenn der Gesetzgeber der 5. GWB-Novelle jedoch aus Gründen des Mittelstandsschutzes schon 1989 bereit war, das Beweisbeibringungsprinzip zumindest aufzuweichen, dann sollte es auch möglich sein, Beweiserleichterungen zugunsten anderer Geschädigter wettbewerbsbeschränkender Praktiken einzuführen.

Hierfür spricht auch ein rechtspolitisches Argument. Wenn kleine und mittlere Unternehmen sich in Fällen der unbilligen Behinderung i.S.d. § 20 Abs. 1 und

---

1238 A.A.: Diskussionspapier für die Sitzung des Arbeitskreises Kartellrecht am 26.9.2005: „Private Kartellrechtsdurchsetzung Stand, Probleme, Perspektiven", S. 27.
1239 Siehe: BT-Drucks. 11/46110, S. 23/24.
1240 Wirtschaftsausschussbericht zur 5. GWB Novelle, WuW 1990, S. 364; Hucko in WuW 1990, S. 618 (623).
1241 I/M/Markert, § 20 GWB, Rn. 322.
1242 BGH GRUR 1963, S. 270 (271) – Bärenfang; mit Verweis auf Reichsgerichtsrechtprechung: BGH GRUR 1961, S. 356 (359) – Pressedienst.
1243 Bunte in BB 1990, 1001 (1006 f.).

Abs. 4 GWB auf eine (gegebenenfalls analoge) Anwendung des § 20 Abs. 5 GWB stützen können und dadurch in den Genuss einer nicht zu unterschätzenden Beweiserleichterung kommen, so müssen Kläger im Bereich vertikaler oder horizontaler Kernbeschränkungen, welche in den meisten Fällen wettbewerbsschädlicher sind und darüber hinaus eine höhere Anzahl von Personen, insbesondere von Konsumenten, schädigen, erst recht in den Genuss einer derart weitreichenden prozessualen Privilegierung kommen.

Zweck der Einführung des § 26 Abs. 4 a.F. GWB durch die 5. GWB-Novelle war primär die Eröffnung des Zivilrechtsweges für unbillig behinderte Unternehmen, und zwar sowohl durch die Umgestaltung der Norm von einer behördlichen Eingriffsermächtigung zu einem Verbotstatbestand als auch durch die gleichzeitige Einführung der Beweiserleichterung in § 26 Abs. 5 GWB a.F.[1244]. Die damaligen Überlegungen zur Schaffung von Anreizen für den privaten Kläger, in bestimmten Bereichen sein Recht vor Gericht geltend zu machen und damit die Wirksamkeit der Norm zu erhöhen, decken sich mit den Bestrebungen des nationalen Gesetzgebers der 7. GWB-Novelle und den im Grünbuch und im Weißbuch zum Ausdruck kommenden Politikzielen der Europäischen Kommission.

Es spricht gesetzessystematisch nichts dagegen, die Beweiserleichterungen des § 20 Abs. 5 GWB allen privaten Klägern auf Schadensersatz oder Unterlassung zu eröffnen, unabhängig vom zugrundeliegenden Verbotstatbestand[1245]. Jedoch sollte der Vorschlag der Monopolkommission[1246] Berücksichtigung finden, dass das Tatbestandsmerkmal „Anschein" in § 20 Abs. 5 GWB entweder durch „konkrete Anhaltspunkte" ersetzt wird oder insgesamt restriktiv interpretiert wird, um der „Konturarmut" des Anscheinsbeweises[1247] abzuhelfen und einer faktischen Beweislastumkehr vorzubeugen.

Fraglich ist jedoch, was es für den privaten Kläger praktisch bedeuten würde, im Rahmen des Kartellzivilprozesses über ein Instrument wie den Anscheinsbeweis (Prima-facie-Beweis) zu verfügen. Ein Anscheinsbeweis ist gegeben, wenn im Einzelfall ein typischer Geschehensablauf vorliegt, der nach der Lebenserfahrung auf eine bestimmte Ursache oder Folge hinweist und derart gewöhnlich und üblich erscheint, dass die besonderen individuellen Umstände an Bedeutung verlieren[1248]. Sind diese Voraussetzungen durch den Kläger bewiesen, so scheitert er mit dem Anscheinsbeweis erst, wenn es dem Beklagten seinerseits gelingt,

---

1244 I/M/Markert, § 20 GWB, Rn. 274.
1245 So auch: Diskussionspapier für die Sitzung des Arbeitskreises Kartellrecht am 26.9.2005: „Private Kartellrechtsdurchsetzung Stand, Probleme, Perspektiven", S. 27.
1246 Monopolkommission ,SG 41, Rn. 56.
1247 So Musielak/Foerste, § 286 ZPO, Rn. 23.
1248 BGH NJW 1987, S. 1944; BGH NJW-RR 2001, S. 201 (203) m.w.N.

Tatsachen zu beweisen, aus denen sich die ernsthafte Möglichkeit eines abweichenden Geschehensablaufs ergibt.

Bei der Durchsetzung kartellrechtlicher Schadensersatzansprüche könnte dies den Stand-alone-Kläger erheblich entlasten. Eine unzumutbare Belastung der Unternehmen könnte dadurch vermieden werden, dass die Rechtsprechung exaktere Maßstäbe und Kriterien hinsichtlich des Vorliegens „konkreter Umstände" für die verschiedenen Formen von Wettbewerbsverstößen schafft. Diesbezüglich könnte sich die Rechtsprechung an den Kriterien der behördlichen Praxis bezüglich des Aufgreifens und der Ahndung von Rechtsverstößen nach § 54 GWB orientieren. Mit der Ausdehnung der Beweiserleichterung des § 20 Abs. 5 GWB durch eine analoge Anwendung auf alle Verbotstatbestände des Gesetzes könnte ein befriedigender Kompromiss zwischen der jetzigen Situation und einer Beweislastumkehr geschaffen werden. Die Präzisierung der Zumutbarkeitsregelung könnte zudem der sog. „Konditionenschnüffelei" durch Konkurrenten vorbeugen[1249].

Der Preisgabe von Geschäftsgeheimnissen muss im Rahmen der Abwägung zwischen dem Geheimhaltungsinteresse des Beklagten und dem öffentlichen Interesse einer wirksamen Sanktionierung von Wettbewerbsverstößen eine besondere Bedeutung zukommen. Auch die Motive, Interessen und Ziele des Klägers müssen in diese Abwägung eingestellt werden und gegebenenfalls auf ihre Legitimität und Lauterkeit hin untersucht werden.

2. Haftungsausfüllender Tatbestand – Schadensberechnung

Die Kommission warf erstmals in ihrem Grünbuch unter Frage F (Optionen 18-20) die Problematik der Schadensberechnung auf[1250]. Die Optionen reichen von komplexen wirtschaftswissenschaftlichen Modellen zur Schadensberechnung über die Festsetzung des Schadens nach Billigkeitserwägungen bis hin zur Aufteilung des Verfahrens in einen feststellenden und in einen quantifizierenden Teil. Letztere Option kann im deutschen Zivilprozessrecht bereits durch die Zwischenfeststellungsklage nach § 256 Abs. 2 ZPO verwirklicht werden[1251] bzw. durch das Zwischenurteil nach § 303 ZPO[1252].

1249 Stellungnahme des Rechtsausschusses zur 5. GWB-Novelle in WuW 1990, 360 (364).
1250 Grünbuch, KOM (2005) endgültig, Frage F, S. 8.
1251 Lobend diesbezügl.: Drexl/Gallego/Enchelmaier/Mackenrodt/Endter in IIC 2006, S. 700 (712), kritisch: Paulis in Basedow, S. 700 (715); bezüglich der Zulässigkeit eines Zwischenfeststellungsurteils gem. § 256 Abs. 2 ZPO bei kartellrechtlichten Vorfragen: OLG Frankfurt GRUR 1994, S. 76.
1252 Eingehend zur Möglichkeit der prozessualen Teilung des Schadensersatzprozesses im deutschen Zivilprozessrecht, vgl. Kapitel 4 III 4.

Die Arbeitspapiere der Kommissionsdienststellen zum Grünbuch und zum Weißbuch weisen lediglich darauf hin, dass der Nachweis eines entstandenen Schadens aufgrund seiner Komplexität schwierig ist und sich derzeit als Hindernis privater Klagen darstellt[1253]. Der ungarische Gesetzgeber reagierte auf die Problematik, indem er in § 88|C des ungarischen Kartellgesetzes die widerlegliche Vermutung kodifizierte, dass horizontale Hardcore-Kartelle zu einer 10%igen Preiserhöhung auf dem betreffenden Markt führen[1254]. Die Vermutung umfasst jedoch nicht den Schaden, der beim Kläger infolge des Verstoßes tatsächlich auch entstanden ist[1255].

Die von der Kommission veröffentlichte Studie zu Methoden der Schadensberechnung stellt neben dem Vergleichsmarktkonzept, welches in räumlicher, zeitlicher und sektorieller Hinsicht vorgestellt wird, komplexe wirtschaftswissenschaftliche Methoden vor, die auf einer Kostenstruktur- oder Marktstrukturanalyse basieren[1256]. Aufgrund ihrer Komplexität und der Schwierigkeit, eine ausreichende Datenbasis zu erlangen, stellen sich die letztgenannten Modelle zur Schadensberechnung für den privaten Kläger als impraktikabel und kostenintensiv dar.

In der deutschen Rechtsordnung wird, wie in vielen anderen Mitgliedsstaaten, dem Kläger ein geringeres Beweismaß gestattet, wenn sich der Schaden schwer beziffern lässt (§ 287 ZPO)[1257]. Bezüglich aller Umstände, die die Schadensentstehung und den Schadensumfang betreffen, kommt dem Anspruchsteller im Schadensersatzprozess die Beweiserleichterung des § 287 Abs. 1 Satz 1 ZPO zugute[1258]. Die Darlegungslast des Klägers mindert sich auf die Weise, dass er die Schadensentstehung und die vorgebrachte Schadenshöhe lediglich (überwiegend) wahrscheinlich machen muss[1259]. Dies bedeutet im Einzelnen, dass sowohl bezüglich des wettbewerbsanalogen Preises als auch hinsichtlich des hypothetischen Nachfrageverlaufs dem Kläger die Beweiserleichterung des § 287 Abs. 1 Satz 1 ZPO zugutekommt, da beide Umstände die Schadensentstehung und den

---

1253 Arbeitspapier der Kommissionsdienststellen SEC (2005) 1732, Rn. 37 mit Verweis auf S. 80 ff. der Ashurststudie (comparative report); Arbeitspapier der Kommissionsdienststellen zum Weißbuch, Brüssel den 2.4.2008, SEC (2008) 404, S. 60, Rn. 200.
1254 Nagy in WuW 2010, S. 902 (904).
1255 Nagy in WuW 2010, S. 902 (905-907).
1256 External study on the quantification of harm sufferd by victims of competition law infringements (2009), S. 37-86, abrufbar unter: http://ec.europa.eu/competition/antitrust/actionsdamages/ quantification_study.pdf (10.12.2010).
1257 Hinsichtlich der Rechtsordnungen Frankreichs, Deutschlands und Italiens: vgl. Stürner in Basedow, S. 163 (186).
1258 Musilak/Foerste, § 287 ZPO, Rn. 3; Rosenberg/Schwab/Gottwald, § 113, Rn. 13; Baumbach/ Lauterbach/Albers/Hartmann, § 287 ZPO, Rn. 15.
1259 BGH NJW 1991, S. 1412 (1413); BGH NJW 1995, S. 1023; BGH NJW-RR 1987, S. 339 (340).

Schadensumfang betreffen. § 33 Abs. 3 Satz 3 GWB stellt zudem klar, dass das Gericht bei der Schätzung der Schadenshöhe in Anwendung von § 287 ZPO insbesondere den durch die Rechtsverletzung erlangten Gewinn des Beklagten zu berücksichtigen hat, woraus jedoch nicht folgt, dass der Kläger einen Anspruch auf Herausgabe des Verletzergewinns hat[1260]. Der Gesetzgeber führte diese ergänzende Regelung ein, um in Fällen, in denen der wettbewerbsanaloge Preis als Grundlage der Differenzhypothese schwierig zu ermitteln ist, dem Gericht dennoch eine zeitnahe Schadensfeststellung zu ermöglichen[1261].

In der Praxis dürfte § 33 Abs. 3 Satz 3 GWB aufgrund der Probleme, die die Figur des wettbewerbsanalogen Preises aufwirft[1262], erhebliche Bedeutung zukommen. Vorbild für die Regelung war laut Gesetzgeber die im gewerblichen Rechtsschutz anerkannte Herausgabe des Verletzergewinns als Variante der dort etablierten dreifachen Schadensberechnung[1263]. Die Regelung ist auf teils erhebliche Kritik aus dem Schrifttum getroffen[1264]. Erster Kritikpunkt ist, dass aufgrund der vagen Formulierung der Regelung nicht klar sei, ob mit „Gewinn" der gesamte infolge der kartellrechtswidrigen Handlung erlangte Gewinn oder nur der Mehrgewinn gemeint sei[1265].

Die Antwort auf diese Frage kann unproblematisch aus der Gesetzesbegründung abgeleitet werden[1266]. Wäre mit „Gewinn" i.S.d. § 33 Abs. 3 Satz 3 GWB nur der Mehrgewinn des Beklagten gemeint, den dieser infolge des kartellrechtswidrigen Verhaltens erwirtschaftete, so würde man nicht umhinkommen, den wettbewerbsanalogen Preis berechnen zu müssen[1267]. Dies jedoch soll gerade durch § 33 Abs. 3 Satz 3 GWB verhindert werden. Wird demnach angenommen, dass mit „Gewinn" i.S.d. § 33 Abs. 3 Satz 3 GWB der gesamte durch die Rechtsverletzung erwirtschaftete Gewinn gemeint ist, so läuft die Regelung Gefahr, gegen das Bereicherungsverbot zu verstoßen, und befindet sich in großer Nähe zum Strafschadensersatz[1268].

§ 33 Abs. 3 Satz 3 GWB enthält dann nämlich als strafendes Element, dass der Geschädigte auch den Teil des durch den Beklagten erwirtschafteten Gewinns zugesprochen bekommt, der nicht durch rechtswidriges Handeln erzeugt wurde, sondern der durch rechtmäßiges, gegebenenfalls sogar besonders effizientes Verhalten des Beklagten erzeugt wurde. Mit der Einführung der Alternative

---

1260 H.M., vgl. Rehbinder in Loewenheim/Meessen/Riesenkampff, § 33 GWB, Rn. 38 m.w.N.
1261 BT-Drucks. 15/3640, S. 54.
1262 Siehe Kapitel 3 II 2.
1263 BT-Drucks. 15/3640, S. 35.
1264 Berrisch/Burrianski in WuW 2005, S. 878 (884).
1265 I/M/Emmerich, § 33 GWB, Rn. 63.
1266 BT-Drucks. 15/3640, S. 36.
1267 So aber Rehbinder in Loewenheim/Meessen/Riesenkampff, § 33 GWB, Rn. 38.
1268 Vgl. Kapitel 5 II.

der Herausgabe des Verletzergewinns als Methode der Schadensberechnung hat sich der Gesetzgeber von der Differenzhypothese aufgrund praktischer Schwierigkeiten im Kartelldeliktsrecht gelöst und geht bereits indirekt in die Richtung der Aufweichung des Bereicherungsverbots. Die Tatsache, dass bei dieser Berechnungsmethode fingiert wird, dass der Rechtsinhaber ohne die Rechtsverletzung den gleichen Gewinn wie der Verletzer erzielt hätte[1269] und dass ein Gemeinkostenanteil nicht abzugsfähig ist[1270], verleiht der Abschöpfung des Verletzergewinns sanktionierenden Charakter[1271].

Die im gewerblichen Rechtsschutz anerkannte, jedoch nicht unumstrittene[1272] Schadensberechnungsmethode des Verletzergewinns diente hierbei als Vorbild. Im Bereich des gewerblichen Rechtsschutzes werden hier von der Rechtsprechung geringe Anforderungen gestellt, um der besonderen Verletzlichkeit von Immaterialgüterrechten und den in diesen Fällen häufig bestehenden Beweisschwierigkeiten Rechnung zu tragen. Das Gericht verfügt in diesen Fällen über einen weiteren Ermessensspielraum hinsichtlich der Beweiswürdigung der Umstände, die für die Schadensentstehung und Schadenshöhe ursächlich sind[1273].

Auch im Kartellzivilprozess sind an die Darlegungslast des Klägers, zumindest in Bezug auf Schadensentstehung und Schadenshöhe, dieselben modifizierten Anforderungen zu stellen. Der Gläubiger des Schadensersatzanspruchs ist hier nicht weniger schutzwürdig als im Bereich des gewerblichen Rechtsschutzes[1274]. Zudem ist aufgrund der gleichermaßen bestehenden Beweisschwierigkeiten von einer vergleichbaren Sach- und Rechtslage auszugehen[1275].

In den USA muss der private Kläger im Rahmen des Schadensersatzanspruchs nach Section 4 Clayton Act durch sein Vorbringen lediglich eine angemessene und vernünftige Schätzung durch die Jury ermöglichen[1276]. Diese im Jahre 1946 durch den Supreme Court festgelegten Grundsätze zur Darlegungslast des Klägers beim haftungsbegründenden Tatbestand führten zu einer erheblichen

---

1269 Ausführlich GRUR 2001, S. 329 (331) m.w.N.
1270 Auf §§ 687 Abs. 2, S. 2, 684, S. 1 BGB verweisend: GRUR 2001, S. 329 (331).
1271 Zum gewerblichen Rechtsschutz: BGH NJW 1977, S. 1194 – Kunststoffhohlprofil; zum UWG: BGH NJW 1973, S. 800 (802) – Modeneuheit.
1272 Siehe Meier-Beck in GRUR 2005, S. 617, der von einem ökonomischen Glücksfall für den Verletzten spricht.
1273 BGH NJW-RR 1998, S. 331 (333) – Chinaherde; BGH NJW 1992, S. 2753 (2756/2757) – Tchibo/Rolex II; GRUR 1966, S. 570 (571/572) – Eisrevue III.
1274 Bei Konkurrentenklagen gilt dies nicht uneingeschränkt.
1275 Vgl. hierzu die Überlegungen zum Mehrfachschadensersatz unter Kapitel 5 II.
1276 Bigelow v. RKO Radio Pictures, Inc., 327 U.S. 251 (264) (1946); Terrell v. Household Goods Carriers' Bureau, 494 F.2d 16 (20) (1974); Mid-West Paper Products Co. v. Continental Group, Inc., 596 F.2d 573 (584) (1979).

Zunahme privater Schadensersatzklagen in den USA[1277]. Auch eine genaue Zuordnung der jeweils entstandenen Schäden zu einzelnen wettbewerbswidrigen Verhaltensweisen muss der Kläger nicht darlegen können[1278].

3. Haftungsausfüllende Kausalität

Ein weiteres nicht zu unterschätzendes Problem für den Kläger besteht im Nachweis des Zusammenhangs zwischen haftungsbegründender und haftungsausfüllender Kausalität, d.h. bei der Frage, ob und in welcher Höhe durch einen konkreten Haftungsgrund ein ersatzfähiger Vermögensschaden entstanden ist. Eine trennscharfe Abgrenzung zwischen haftungsausfüllenden und haftungsbegründenden Umständen kann im Einzelfall Schwierigkeiten bereiten, ist jedoch notwendig, denn Letztere fallen unabhängig vom konkreten Fall unter die allgemeine Beweisregel des § 286 ZPO[1279].

Zwar wendet die herrschende Meinung auch im Rahmen der haftungsausfüllenden Kausalität die Beweiserleichterung des § 287 Abs. 1 Satz 1 ZPO an[1280], jedoch ist von dieser Ursächlichkeitsfeststellung die Feststellung des Eintritts des Schadensereignisses abzugrenzen. Diese fällt nicht in den von § 287 ZPO gewährten Ermessensspielraum des Gerichts, sondern ist nach der allgemeinen Beweisregel des § 286 ZPO vom Kläger darzulegen[1281].

Hindernisse können hier für den Anspruchsteller bei der Geltendmachung des entgangenen Gewinns aufgrund einer verringerten Nachfrage infolge des Bezugs von Produkten zu wettbewerbswidrig überhöhten Preisen auftreten. Der Vergleich des tatsächlichen Nachfrageverlaufs mit dem hypothetischen Nachfrageverlauf ohne Kartellrechtsverletzung ist zwar eine Frage des haftungsausfüllenden Tatbestandes, allerdings muss der Kläger hinsichtlich der Ursächlichkeit der Kartellrechtsverletzung für den entgangenen Gewinn eine hinreichend genaue Schadensfeststellung durch das Gericht ermöglichen. Er muss insoweit die auf dem kartellrechtswidrigen Verhalten des Anspruchsgegners beruhenden

---

1277 Buxbaum in Basedow, S. 41 (44) m.w.N.
1278 Eastman Kodak Co. v. Southern Photo Materials Co., 273 U.S. 359 (376) (1927); Zenith Radio Corp. v. Hazeltine Research, 395 U.S. 100 (124) (1969).
1279 Kritik an einer zu weiten Ausdehnung des § 287 ZPO in Rosenberg/Schwab/Gottwald, § 113, Rn. 13-15; klarstellend: BGH NJW 1987, S. 705 (706); vom „konkreten Haftungsgrund" spricht Hartmann in Baumbach/Lauterbach/Albers/Hartmann, § 287 ZPO, Rn. 11.
1280 So schon BGH NJW 1953, S. 301 (302); BGH NJW 2000, S. 2814 (2815); BGH NJW 2005, S. 1650 (1652).
1281 Prütting in MüKo zur ZPO, Bd. 1, 3. Auflage (2008), § 287 ZPO, Rn. 8; Rosenberg/Schwab/Gottwald, § 113, Rn. 19; Musielak/Foerste, § 287 ZPO, Rn. 4.

Nachfrageeinbrüche zumindest anteilig benennen können, um dem Gericht ausreichende Anknüpfungspunkte für eine Schadensschätzung liefern zu können[1282].

Demgegenüber muss der US-amerikanische Kläger nicht darlegen, welches wettbewerbswidrige Verhalten des Beklagten zu welchen Schäden geführt hat, insbesondere muss der Kläger nicht alle in Frage kommenden Alternativursachen für einen erlittenen Gewinnrückgang widerlegen (*segregation doctrine*)[1283]. Ihm obliegt jedoch die Beweislast dafür, dass die Rechtsverletzung conditio sine qua non für den Schaden des Beklagten war[1284]. Diese erschöpft sich allerdings bereits darin, dass das Vorbringen des Klägers diesbezüglich nicht rein spekulativen Charakters sein darf, sondern einen „angemessenen" Grad an Sicherheit liefert[1285].

Er muss vom Beklagten stichhaltig identifizierte Ersatzursachen für den Nachfragerückgang des Klägers seinerseits jedoch substantiiert bestreiten[1286].

III. Prozesskosten

Im Zivilprozess spielt die finanzielle Leistungsfähigkeit sowohl des Klägers als auch des Beklagten eine bedeutende Rolle. Dies gilt für den Kartellzivilprozess umso mehr, da sich dieser im Allgemeinen als ein kostenintensiver Prozess entwickeln kann. Die Gründe hierfür sind vielgestaltig und in ihrer Gesamtheit zu betrachten.

Zum einen sind gem. §§ 87 Abs. 1, Abs. 2; 95 GWB in Kartellzivilsachen ausschließlich die Kammern für Handelssachen der Landgerichte zuständig, es herrscht somit nach § 78 Abs. 1 ZPO Anwaltszwang. Zum anderen hat der Kläger gemäß dem Beibringungsgrundsatz bis zu einem Obsiegen im Rechtsstreit die Kosten für die Beweisbeibringung zunächst selbst zu tragen[1287]. Aufgrund der oben angeführten Komplexität und Vielgestaltigkeit der Sachverhalte in Kartellrechtsstreitigkeiten ist es im Kartellzivilprozess häufig notwendig, dass der Kläger Privatgutachten vorlegt, welche er sich im Wege des Parteivortrages zu eigen macht. Entsprechende Gutachten, beispielsweise im Bereich der Marktabgrenzung zum Nachweis überlegener Marktmacht oder zur Preiselastizität zur Darlegung des entgangenen Gewinns, können sich, insbesondere angesichts des

---

1282 Die Darlegungslast des Klägers offenlassend: OLG Düsseldorf WuW/E S. 4481 (4484) – Schmiedeeisenwaren.
1283 Zenith Radio Corp. v. Hazeltine Research, 395 U.S. 100 (114 FN. 9) (1969); ausführlich zur Entwicklung der segregation doctrine und zur Darlegungslast des Klägers im Bereich der Schadensentstehung: Charnas in 72 Calif. L. Rev. 403 (410 ff.) (1984).
1284 McClure v. Undersea Industries, Inc., 671 F.2d 1287 (1289) (1982).
1285 McClure v. Undersea Industries, Inc., 671 F.2d 1287 (1289) (1982) m.w.N.
1286 Knutson v. Daily Review, Inc., 548 F.2d 795 (811) (1976).
1287 Rosenberg/Schwab/Gottwald, § 84, Rn. 1.

erheblichen Begründungs- und Ermittlungsaufwands, der in diesen Bereichen notwendig ist[1288], im Einzelfall als zeitaufwändige und kostenintensive prozessuale Wagnisse herausstellen[1289]. Daneben birgt der Zivilprozess in Kartellstreitigkeiten ein im Vergleich zu Zivilprozessen anderer Art erhöhtes finanzielles Prozessrisiko. Gem. § 91 Abs. 1 ZPO hat die unterlegene Partei die Kosten des Rechtsstreits zu tragen. Diese setzen sich aus den Gerichtskosten und den der gegnerischen Partei im Zuge der zweckentsprechenden Rechtsverfolgung oder Rechtsverteidigung tatsächlich entstandenen notwendigen Aufwendungen zusammen, den sog. Parteikosten[1290]. Die Parteikosten umfassen im Allgemeinen die Anwaltskosten der Partei sowie die Kosten einer vernünftigen Prozessvorbereitung[1291]. Hiervon umfasst sind in erster Linie die Kosten der Sammlung von Beweisen, worunter ebenfalls die Kosten eventuell erforderlicher Privatgutachten des Beklagten fallen[1292]. Grundgedanke dieser sog. Unterliegenshaftung ist, dass die Kosten kompensiert werden, die einem anderen dadurch entstehen, dass sich der Kläger zu Unrecht eines Rechts berühmt, das Recht eines anderen verletzt oder seine gesetzlichen Verpflichtungen nicht erfüllt[1293].

Sowohl die Gebühren des Gerichts als auch die jeweiligen Anwaltsgebühren berechnen sich gem. § 3 Abs. 1 GKG und § 2 Abs. 1 RVG nach dem Gebührenstreitwert[1294]. In Kartellzivilprozessen ist aufgrund der Tatsache, dass schadensbegründende Handlungen ausschließlich im wirtschaftlichen Bereich stattfinden und dementsprechend weitreichende finanzielle Folgen haben können, von überdurchschnittlich hohen Streitwerten auszugehen. Hierdurch kommen auf die an dem Prozess beteiligten Parteien im Falle eines Unterliegens erhebliche finanzielle Belastungen zu[1295].

Aus diesem Grund galt das Kostenrisiko auch lange als mitursächlich für den restriktiven Gebrauch von privaten Rechtsschutzmöglichkeiten im Kartellrecht[1296]. Besondere Relevanz kommt diesem Umstand in Konstellationen zu, in denen ein erhebliches wirtschaftliches Gefälle zwischen den Prozessparteien besteht, wie bei

---

1288 Exemplarisch hierzu die Bemühungen der Europäischen Kommission in EuGH, 13.2.1979, Rs. 85/76, Slg. 1979, S. 461 – La Roche/Kommission, Rn. 21 ff.; Rn. 38 ff.; OLG Düsseldorf, Urteil vom 26.6.2009, VI-2a Kart 2 – 6/08 OWi, Rn. 460 ff. m.w.N. (zitiert nach Juris).
1289 Bezügl. der Ersatzfähigkeit von Privatgutachten: Musielak/Wolst, § 91 ZPO, Rn. 59.
1290 Musielak/Wolst, Vorb. zu § 91 ZPO, Rn. 3; Übersicht bei Schellhammer, Rn. 764, 2229.
1291 Schellhammer, Rn. 2229.
1292 Schellhammer, Rn. 2237; zur Erforderlichkeit: BGH NJW 2003, S. 1398 (1399) – hiervon dürfte aufgrund der problematischen Beweislage im Kartellzivilprozess regelmäßig auszugehen sein.
1293 Giebel in Müko zur ZPO, Bd. 1 (3. Auflage 2008), Vorb. zu den 91 ff. ZPO, Rn. 24.
1294 Übersicht bei Grunsky, Rn. 294.
1295 Auf das Kostenrisiko schon hinweisend: K.Schmidt, Kartellverfahrensrecht, S. 611; Übersicht über die Kostenentstehung im Zivilprozess: Schreiber in Jura 1991, S. 617 (620).
1296 Monopolkommission, SG 41, Rn. 97; RegBegr. zu § 89a GWB, BT-Drucks. 15/3640, S. 69.

Missbrauchsklagen von Marktnewcomern gegen marktbeherrschende oder marktmächtige Unternehmen oder bei Klagen kleinerer Abnehmer oder von Endverbrauchern. Obwohl schon bei Erlass der 6. GWB-Novelle eine Stärkung des Individualrechtsschutzes beabsichtigt war[1297], wurde auf die abschreckende Wirkung des Kostenrisikos von gesetzgeberischer Seite her nicht eingegangen. Die Schaffung einer prozessualen Erleichterung für potentielle Kläger durch Einführung einer von § 91 ZPO abweichenden Kostenfolge wurde mit Rücksicht auf den Erhalt des Grundsatzes der Unterliegenshaftung nicht in Betracht gezogen. Mit Erlass der 7. GWB-Novelle reagierte der Gesetzgeber auf die Problematik im Kartellrecht ebenso wie im UWG (vgl. § 12 Abs. 4 UWG), indem er in § 89a GWB eine ermessensabhängige Streitwertanpassung durch die Gerichte normierte. Dennoch stellen die Prozesskosten häufig einen beträchtlichen Teil des Streitwertes dar[1298], was potentielle Kläger abschreckt.

Im US-amerikanischen Schadensersatzrecht wurde eine Kostenerstattung des Beklagten bei Obsiegen nicht normiert (*American Rule*). Hierdurch sollte der abschreckenden finanziellen Wirkung der Unterliegenshaftung Rechnung getragen und die Effektivität der Durchsetzung öffentlicher Interessen mittels privater Klagen verbessert werden[1299]. Ausnahmen sind lediglich in den wenigen Fällen möglich, in denen Bundesgesetze eine abweichende Kostenlast anordnen oder das Festhalten an der American Rule im Einzelfall zu unbilligen Ergebnissen führen würde, wie in Fällen ungerechtfertigter Bereicherung einer Partei oder der Bösgläubigkeit von Kläger oder Beklagtem[1300]. Zudem kommen auf den amerikanischen Kläger aufgrund der Möglichkeit, ein Discovery-Verfahren einzuleiten, wesentlich geringere Kosten bezüglich der Beweisbeibringung zu. Der Zielsetzung der Anreizschaffung für private Kläger entspricht es auch, dass der Beklagte seinerseits bei einem Unterliegen die Kosten des Rechtsstreits, d.h. Gerichtskosten und „vernünftigerweise" angefallene Rechtsanwaltskosten, zu tragen hat. Die Frage der Ersatzfähigkeit von Rechtsanwaltskosten wird von amerikanischen Gerichten jedoch großzügig ausgelegt und richtet sich zudem nicht abstrakt nach dem Streitwert, sondern ausschließlich nach den tatsächlich angefallenen Kosten. Entscheidend hierfür sind die angefallenen Arbeitsstunden, wobei für die Ersatzfähigkeit des Honorars die Komplexität des Rechtsstreits, eine notwendige Spezialisierung des Anwalts, gegebenenfalls bestehender Zeit-

---

1297 I/M/Emmerich, § 33 GWB a.F., Rn. 7/8.
1298 Beispielhaft: Schreiber in Jura 1991, S. 617 (620).
1299 Instruktiv: Alyeska Pipeline Serv. Co. v. Wilderness Soc'y, 421 U.S. 240 (247) (1975); Huber in MüKo zum BGB, Bd. 3, 5. Auflage (2008), Art. 74 CISG, Rn. 43.
1300 Übersicht zu den genauen Kriterien bei Derfner in 2 Western New England L. Rev. 251 (1979).

druck und unter anderem auch der Streitwert zu Grunde gelegt werden[1301]. So wurde einem Kläger ein Betrag von 5,5 Millionen USD an Rechtsanwaltskosten zugesprochen, obwohl er lediglich einen Betrag in Höhe von einer Millionen USD als Schadensersatz zugesprochen bekam[1302].

1301 Übersicht bei United States Football League v. National Football League, 704 F. Supp. 474 (485) (1989).
1302 United States Football League v. National Football League, 704 F. Supp. 474 (479; 488) (1989).

Zusammenfassung

Soll privatem Rechtsschutz im Kartellrecht neben der Kompensation der Geschädigten auch die Funktion der Abschreckung zukommen, so ist die Gewährung überkompensatorischen Schadensersatzes notwendig, um entsprechende Anreize für private Kläger zu schaffen, Klagen vor Gericht zu bringen. Dies ist auch in kontinentaleuropäischen Rechtsordnungen möglich und verstößt weniger gegen deren Rechtstraditionen, als es zunächst den Anschein hat. So sind in der deutschen Rechtsordnung im Bereich des gewerblichen Rechtsschutzes Ausnahmen bereits seit Jahrzehnten anerkannt. Angesichts der starken Belastung der Europäischen Kommission und nationaler Wettbewerbsbehörden ist eine zusätzliche Abschreckungswirkung durch die Gefahr drohender Schadensersatzklagen infolge von Kartellrechtsverstößen – neben der Kompensation der durch sie Geschädigten – jedoch sowohl rechts- als auch wirtschaftspolitisch wünschenswert.

Die im US-amerikanischen Antitrustrecht gesammelten Erfahrungen mit dem dreifachen Schadensersatz sind aufgrund der fundamentalen Systemunterschiede zu den kontinentaleuropäischen Rechtsordnungen nicht pauschal als Rechtfertigung zur Beibehaltung des Status quo der ausschließlichen Kompensation heranzuziehen. Vielmehr bietet das US-amerikanische Rechtssystem, insbesondere im Bereich des kartellrechtlichen Individualschutzes, pragmatische Antworten auf viele Fragen, die sich infolge der durch die Courage-Rechtsprechung begonnenen gesetzgeberischen Initiativen nunmehr auch in europäischen Rechtsordnungen stellen.

So haben amerikanische Gerichte und Gesetzgeber hinsichtlich der Frage der Anspruchsberechtigung mittelbarer Abnehmer und der mit ihr zusammenhängenden Problematik der Zulässigkeit der passing-on defense umfangreiche Erfahrung gesammelt, auf die zurückgegriffen werden kann. Die diesbezüglich von der Kommission vorgeschlagene Lösung, die Aktivlegitimation mittelbar Geschädigter und die passing-on defense zuzulassen, stellt insofern eine pragmatische Lösung dar, mit der in den USA auf einzelstaatlicher Ebene, insbesondere im Bereich der Schadensallokation über mehrere Handelsstufen hinweg, gute Erfahrungen gemacht wurde.

Zivilklagen Geschädigter entfalten jedoch nur dann die gewünschte zusätzliche Abschreckungswirkung, wenn sie unabhängig von behördlichen Bußgeldverfahren mit zumutbarem Aufwand angestrengt werden können. Aufgrund der speziellen Situation, in der sich der Kläger im Kartellzivilprozess befindet, müssen ihm

Beweiserleichterungen gewährt werden. Die umfangreiche Aufwertung der Follow-on-Klage durch den deutschen Gesetzgeber der 7. GWB-Novelle ist diesbezüglich unzureichend. Sowohl die Entstehungsgeschichte des § 20 Abs. 5 GWB als auch die zum Beweisbeibringungsgrundsatz entwickelten richterrechtlichen Ausnahmen zeigen jedoch auch hier, dass die deutsche Rechtsordnung ausreichende Flexibilität besitzt, um dem Kläger im Einzelfall die gerichtliche Geltendmachung seiner Ansprüche zu ermöglichen.

Um eine Überbelastung von Unternehmen zu verhindern, muss eine umfangreiche Koordination von privaten Kartellschadensersatzklagen und behördlichen Bußgeldsanktionen erfolgen. Hier müssen sowohl nationale Wettbewerbsbehörden als auch die Europäische Kommission eine eindeutige Politik der Anrechnung von Schadensersatzverbindlichkeiten auf zu verhängende Bußgelder entwickeln und der Entschädigung der Betroffenen im Einzelfall den Vorrang einräumen.

Insbesondere wenn die passing-on defense zugelassen wird, muss Geschädigten, die sich auf entfernten Handelsstufen befinden, eine Opt-in-Sammelklage zur Verfügung stehen, welche sich nicht nur auf die Abtretung von Ansprüchen oder die Gründung von „Klagegesellschaften" beschränkt, sondern den Geschädigten die kollektive Geltendmachung ihres Schadens ohne Verlust bei angemessenem Aufwand ermöglicht.

Um eine Zersplitterung der europäischen Rechtsordnungen in Bezug auf die materiellrechtlichen und prozessualen Rahmenbedingungen, unter den kartellrechtliche Schadensersatzklagen geltend gemacht werden können, zu verhindern, muss eine über die Nichtigkeitsfolge des Art. 101 Abs. 2 AEUV hinausgehende Vereinheitlichung der zivilrechtlichen Rechtsfolgen von Verstößen gegen die EU-Wettbewerbsregeln erfolgen. Auch wenn dieser Prozess zum gegenwärtigen Zeitpunkt ins Stocken geraten ist, bleibt er notwendig, um zu verhindern, dass es, ähnlich wie in den USA, zur Bildung von Magnet-Jurisdiktionen mit besonders klägerfreundlichen Bedingungen kommt. Insofern enttäuscht es, dass im Commission Work Programme 2011 keine weiteren Initiativen der Europäischen Kommission auf diesem Gebiet zu finden sind.

Ob die durch Marion Monti und Neelie Kroes begründete Initiative, den kartellrechtlichen Individualschutz in der EU weiterzuentwickeln und effektiver zu gestalten, unter Wettbewerbskommissar Joaquin Almunia mit derselben Intensität weitergeführt wird, bleibt abzuwarten.

Rechtsprechungsübersicht

US-amerikanische Rechtsprechung

Adams v. Pan American World Airways, Inc., 264 U.S. App. D.C. 174; 828 F.2d 24 (1987).
Alyeska Pipeline Serv. Co. v. Wilderness Soc'y, 421 U.S. 240 (1975).
American Banana Co. v. United Fruit Co., 213 U.S. 347 (1909).
American Society of Mechanical Engineers v. Hydrolevel Corp., 456 U.S. 556 (1982).
Amey Inc. v. Gulf Abstract & Title, Inc., 758 F 2d 1486 (11th Cir. 1985).
Associated General Contractors of California, Inc. v. California State Council of Carpenters, 459 U.S. 519 (1983).
Associated Industries of New York State, Inc. v. Ickes, 134 F.2d 694 (2nd Cir. 1943).
Atl. Richfield Co. v. United States Petroleum Co., 495 U.S. 328 (1990).
Atlanta v. Chattanooga Foundry & Pipeworks, 127 F. 23 (1903).
Bell Atl. Corp. v. Twombly, 550 U.S. 544 (2007).
Bigelow v. RKO Radio Pictures, Inc., 327 U.S. 251 (1946).
Blue Shield of Virginia v. Mc Cready, 457 U.S. 465 (1982).
Bristol-Meyers Squibb Co. et al., 02-cv-01080 (D.D.C. May 13, 2003).
Broadcom Corp. v. Qualcomm Inc., 501 F.3d 297 (2007).
Brooke Group v. Brown & Williamson Tobacco Corp., 509 U.S. 209 (1993).
Brunswick Corp. v. Pueblo Bowl-o-Mat, Inc., 429 U.S. 477 (1977).
California v. ARC America Corp., 490 U.S. 93 (1989).
Campos v. Ticketmaster, 140 F.3d 1166 (1998).
Cargill, Inc. v. Monfort of Colorado, Inc., 479 U.S. 104 (1986).
Chattanooga Foundry & Pipe Works v. Atlanta, 203 U.S. 390 (1906).
Chrysler Corp. v. Fedders Corp. 643 F. 2d. 1229 (6th Cir. 1981).
Cohen v. GMC, 533 F.3d 1 (2008).
Coleman v. Cannon Oil Co., 141 F.R.D. MD. Ala 516 (1992).
Confederated Tribes of Siletz Indians of Or. v. Weyerhaeuser Co., 411 F.3d 1030 (2005).
Conley v. Gibson, 355 U.S. 41 (1957).
Cont'l T. V. v. Gte Sylvania, 433 U.S. 36 (1977).

Cott Beverage Corp. v. Canada Dry Ginger Ale, Inc., 146 F. Supp. 300 (1956).
CSR Ltd. v. Cigna Corp., 405 F. Supp. 2d 526 (2005).
Den Norske Stats Oljeselskap As v. HeereMac v.o.f., 241 F.3d 420 (2001).
Dura Pharms., Inc. v. Broudo, 544 U.S. 336 (2005).
Eastman Kodak Co. v. Southern Photo Materials Co., 273 U.S. 359 (1927).
Eisen v. Carlisle & Jacquelin, 479 F.2d 1005 (1973).
Empagran S.A. v. F. HoffmanLaroche, 315 F.3d 338 (2003).
Empagran S.A. v. Hoffmann-Laroche, 417 F.3d 1267 (2005).
Equal Employment Opportunity Commission v. Arabian American Oil Co., 499 U.S. 244 (1991).
F. Hoffmann-La Roche Ltd v. Empagran S.A., 542 U.S. 155 (2004).
Farmington Dowel Prods. Co. v. Forster Mfg. Co., 421 F.2d 61 (1969).
Fayus Enters. v. BNSF Ry., 602 F.3d 444 (2010).
FTC v. Mylan Lab., Inc., 99 F. Supp 2d 1 (1999).
General Motors Corp. v. Johnson Matthey, Inc., 887 F. Supp. 1240 (1995).
Georgia v. Evans, 316 U.S. 159 (1942).
Hannover Shoe, Inc. v. United Shoe Machinery Co., 392 U.S. 481 (1968).
Hartford Fire Ins. Co. v. Cal., 509 U.S. 764 (1993).
Hawaii v. Standard Oil Co., 405 U.S. 251 (1972).
Health Care Serv. Corp. v. Mylan Labs., Inc., Civ. No. 01-2464 (TFH) (2005).
Heatransfer Corp. v. Volkswagenwerk, A. G., 553 F.2d 964 (1977).
Howard Hess Dental Labs. Inc. v. Dentsply Int'l, Inc., 424 F.3d 363 (2005).
Illinois Brick Company et al., Petitioners, v. State of Illinois et al., 431 U.S. 720 (1977).
Illinois ex rel. Hartigan v. Panhandle E. Pipe Line Co., 852 F.2d 891 (1988).
In re Anschuetz & Co., GmbH, 754 F.2d 602 (1985).
In re Buspirone Antitrust Litigation, MDL No. 1413 (S.D.N.Y. Feb. 14, 2003).
In re Buspirone Antitrust Litigation, MDL No. 1413 (S.D.N.Y. Mar. 20, 2003).
In re Buspirone Patent & Antitrust Litig., 185 F. Supp. 2d 363 (2002).
In re Dynamic Random Access Memory (DRAM) Antitrust Litigation, MDL 1486, 2006. U.S. Dist. Lexis 8977 (2006).
In re Hydrogen Peroxide Antitrust Litigation, 401 F. Supp. 2d 451 (2005).
In re Insurance Antitrust Litigation, 938 F.3d 919 (9th Cir. 1991).
In re Insurance Antitrust Litigation, 723 F.Supp. 464 (1989).
In re Lorazepam & Clorazepate Antitrust Litigation v. Mylan Labs., 205 F.R.D. 369 (2002).
In re Microsoft Corp. Antitrust Litig., 127 F. Supp. 2d 702 (2001).
In Re Mid-Atlantic Toyota Antitrust Litigation, 516 F. Supp. 1287 (1981).
In re Professional Hockey Antitrust Litigation, 531 F.2d 1188 (1976).
In re Relafen Antitrust Litigation, 221 F.R.D. 260 (D. Mass. 2004).

In re Rhone-Poulenc Rorer Inc., 51 F.3d 1293 (1995).
In re Visa Check/Mastermoney Antitrust Litig. v. Visa, United States, 280 F.3d 124 (2001).
In re Warfarin Sodium Antitrust Litigation, 214 F.3d 395 (2000).
In Re: Vitamins Antitrust Litigation, 305 F. Supp. 2d 100 (2004).
J & M Turner v. Applied Bolting Tech. Prods., 1998-1 Trade Cas. (CCH) P72,059, (1998).
Joseph E. Seagram & Sons, Inc. v. Hawaiian Oke & Liquors, Ltd., 416 F.2d 71 (1969).
Kamilewicz v. Bank of Boston Corp., 100 F.3d 1348 (1996).
Kansas v. Utilicorp United Inc., 497 U.S. 199 (1990).
Kendall v. Visa U.S.A., Inc., 2008 U.S. App. LEXIS 5032 (2008).
Kloth v. Microsoft Corp., 444 F.3d 312 (2006).
Knutson v. Daily Review, Inc., 548 F.2d 795 (1976).
Kochert v. Greater Lafayette Health Servs., 463 F.3d 710 (2006).
Kramer v. Scientific Control Corp., 534 F.2d 1085 (1976).
Kruman v. Christie's Int'l PLC, 284 F.3d 384 (2002).
Lasky v. Continental Products Corp., 569 F. Supp. 1227 (1983).
Law Offices of Curtis v. Trinko, LLP, v. Bell Atlantic Corp., 305 F.3d 89 (2002).
Leegin Creative Leather Prods. v. PSKS Inc., 551 U.S. 877 (2007).
Lehrman v. Gulf Oil Corp., 500 F.2d 659 (1974).
Link v. Mercedes-Benz of Am., Inc., 788 F.2d 918 (1986).
Loeb Industries, Inc. v. Sumitomo Corp., 306 F.3d 469 (7th Cir. 2002).
Lucas Automotive Engineering, Inc., v. Bridgestone/Firestone, Inc., 140 F.3d 1228 (1998).
Mack v. Bristol-Myers Squibb Co., 673 So. 2d 100 (1996).
Madanes v. Madanes, 199 F.R.D. 135 (2001).
Mandeville Island Farms v. American Crystal Sugar Co., 334 U.S. 219 (1948).
Mannington Mills, Inc. v. Congoleum Corp., 595 F.2d 1287 (1979).
Marquis v. Chrysler Corp., 577 F.2d 624 (1978).
Mc Lain v. Real Estate Bd. of New Orleans, Inc., 444 U.S. 232 (1980).
McCarthy v. Recordex Serv., 80 F.3d 842 (1996).
McClure v. Undersea Industries, Inc., 671 F.2d 1287 (1982).
McCullough v. Zimmer, Inc., 2010-1 Trade Cas. (CCH) P77,035 (1.6.2010).
Merican, Inc. v. Caterpillar Tractor Co., 713 F.2d 958 (1983).
Mid-West Paper Products Co. v. Continental Group, Inc., 596 F.2d 573 (1979).
National Hockey Leage et al. v. Metropolitan Hockey Club, Inc., et al., 427 U.S. 639 (1976).
PacifiCare Health Sys. v. Book, 538 U.S. 401 (2003).
Paper Sys. Inc. v. Nippon Paper Industries, 281 F.3d 629 (2002).

Perma-Life Mufflers, Inc. v. International Parts Co., 392 U.S. 134 (1969).
Pfizer, Inc. v. Gov't of India, 434 U.S. 308 (1978).
Re Cement & Concrete Antitrust Litig., 817 F.2d 1435 (1987).
Re Compact Disc Minimum Advertised Price Antitrust Litigation, 216 F.R.D. 197 (2003).
Reiter v. Sonotone Corp., 442 U.S. 330 (1979).
Reyn's Pasta Bella, LLC v. Visa USA, Inc., 442 F.3d 741 (2006).
Royal Printing Co. v. Kimberly-Clark Corp., 621 F.2d 323 (326) (1980).
State Oil Co. v. Khan, 522 U.S. 3, 118 S.Ct. 275 (1997).
Stolt-Nielsen S.A. v. United States, 352 F. Supp. 2d 553 (2005).
Story Parchment Co. v. Paterson Parchment Paper Co., 282 U.S. 555 (1931).
Terrell v. Household Goods Carriers' Bureau, 494 F.2d 16 (1974).
Tex. Indus. v. Radcliff Materials, 451 U.S. 630 (1981).
Timberlane Lumber Co. v. Bank of America, N.T. & S.A., 549 F.2d 597 (1976).
Todorov v. DCH Healthcare Authority, 921 F. 2d. 1438 (C.A. 11 Ala. 1991).
United States Football League v. National Football League, 704 F. Supp. 474 (1989).
United States v. Aluminium Co. of America, 148 F.2d 416 (1945).
United States v. Cooper Corp., 312 U.S. 600 (1941).
United States v. Dunham Concrete Products, Inc., 475 F.2d 1241 (1973).
United States v. General Electric Co., 115 F. Supp. 835 (1953).
United States v. Microsoft Corp., 87 F. Supp. 2d 30 (D.D.C. 2000).
United States v. Nippon Paper Indus. Co., 109 F.3d 1 (1997).
United States v. Wise, 370 U.S. 405 (1962).
US v. Taubman, Cr. No. 01 Cr. 429 (S.D.N.Y. 2001), 297 F.3d 161 (2nd Cir. 2002).
Verizon Communications Inc. v. Law Offices of Curtis v. Trinko LLP., 124 S.Ct. 872 (2004).
Zenith Radio Corp. v. Hazeltine Research Inc., 401 U.S. 321 (1971).

Rechtsprechung der Gemeinschaftsgerichte

A. Ahlström Osakeyhtiö u.a. gegen Kommission – EuGH, 27. 9. 1988, Verb. Rs. 89/85, 104/85, 114/85, 116/85, 117/85, 125 bis 129/85, Slg. 1988 S. 5193.
A.Ahlström Osakeyhtiö und andere gegen Kommission – Schlussanträge des Generalanwalts Darmon vom 25. Mai 1988, Verb. Rs. 89, 104, 114, 116, 117 und 125 bis 129/85, Slg. 1993 S. I 1307.
Archer Daniels Midland/Kommission – EuG, 27.9.2006, Rs. T-59/02, Slg. 2006 S. II 3627.
Béguelin Import – EuGH, 25. 9. 1971, Rs. 22/71, Slg. 1971 S. 949 = GRUR Int. 1972, S. 495.

Boehringer Mannheim GmbH gegen Kommission der Europäischen Gemeinschaften – EuGH, 14.12.72, Rs. 7/72, Slg. 1972 S. 1281.
Costa/ENEL. – EuGH, 12. 8. 1964, Rs. 6/64, Slg. 1964 S. 1251.
Courage/Crehan – EuGH, 20. 9. 2001, Rs – C-453/99, Slg. 2001 S. I-6297 = GRUR Int. 2002 S. 54.
Eco Swiss/Benetton – EuGH, 1. 6. 1999, Rs. C-126/97, Slg. 1999 S. I-3055 = GRUR Int. 1999 S. 737.
Gencor Ltd. Gegen Kommission – EuG v. 25. 3. 1999, T-102/96, Slg. 1999 S. II-753.
Hans Just gegen Ministerium für das Steuerwesen – EuGH, 27.2.1980, RS C-68/79, Slg. 1980 S. 501.
Kommission der Europäischen Gemeinschaften gegen Rat der Europäischen Union – EuGH, 13.9.2005, Rs. C-176/03, Slg. 2005 S. I 7897.
La Roche/Kommission – EuGH, 13.2.1979, Rs. 85/76, Slg. 1979 S. 461.
Lancôme /ETOS – EuGH, 10. 7. 1980, Rs. 99/79, Slg. 1980 S. 2511 = GRUR Int. 1980 S. 741.
Manfredi/Lloyd Adriatico Assicurazioni – EuGH, 13.7.2006, RS C-295/04 bis C-298/04 = WuW/E EU – Rs. 1107 = EuZW 2006, 529.
Manuele Arduino – EuGH, 19.2.2002, RS C35/99, Slg. 2002 S. I-01529 – GRUR Int. 2002 S. 578.
Marshall – EuGH, 2.8.1993, Rs. C-271/91, Slg. 1993 S. I 04367.
Remia/Kommission – EuGH, 11. 7. 1985, Rs. 42/84, Slg. 1985 S. 2545.
SGL Carbon AG gegen Kommission – EuGH, 10.5.2007, Rs. C-328/05 P, Slg. 2007 S. I 3921.
Showa Denko KK gegen Kommission der Europäischen Gemeinschaften – EuGH, 29.6.2006, RS-C-289/04 P, Slg. 2006 S. I 5859.
Societe Comateb and Others v. Directeur General des Douanes et Droits indirects – EuGH, 14.1.1997, RS C-192/95, Slg. 1997 S. I-165.
Teerfarbenkartell – EuGH, 14.7.1972 Rs. 48/69, Slg. 1972 S. 619.
Tokai Carbon/Kommission – EuG, 29.4.2004, verb. Rs. T-236/01, T-239/01, T-244/01 bis 246/01, T-251/01, Slg. 2004 S. II 1181.
Walt Wilhelm u.a. gegen Bundeskartellamt – EuGH, 13.2.1969, Rs. C-14/68, Slg. 1969 S. 1.

Entscheidungen der Europäischen Kommission

Aufzüge und Rolltreppen – Entscheidung der Kommission vom 21.2.2007, COMP/E-1/38.823, Zusammenfassung in ABl. Nr. C 075 vom 26.3.2008, S. 19.
Boeing/McDonnell Douglas – Entscheidung der Kommission vom 30. Juli 1997, Nr. IV/M.877, ABl. L 336 vom 8.12.1997, S. 16.

Car Glass – Entscheidung der Kommission vom 12. November 2008, Zusammenfassung: ABl. Nr. C 173 vom 25.7.2009, S. 13.

E.ON/GDF – Entscheidung der Kommission vom 8. Juli 2009, COMP/39.401, Zusammenfassung in ABl. Nr C 248 vom 6.10.2009, S. 5.

Fernwärmetechnik-Kartell – Entscheidung der Kommission vom 21. Oktober 1998, ABl. Nr. L 024 vom 30.1.1999, S. 1.

Gasisolierte Schaltanlagen - Entscheidung der Kommission vom 24.1.2007, ABl. Nr. C 005 vom 10.1.2008, S. 7.

General Electric/Honeywell – Entscheidung der Kommission vom 3. Juli 2001, COMP/M.2220, ABl. Nr. L 48 vom 18.2.2004, S. 1.

Grosfillex-Fillistorf – Entscheidung der Kommission ABl. 058 vom 9. 4. 1964, S. 915.

LdPE – Entscheidung der Kommission v. 21.12.1988, ABl. L 74 vom 17.3.1989, S. 21.

Nintendo – Entscheidung der Kommission vom 30.10.2002, ABl. Nr. L 255 vom 8.10.2003, S. 33.

PVC – Entscheidung der Kommission vom 21.12.1988, ABl. L 74 vom 17.3.1989 S. 1.

Vitamine – Entscheidung der Kommission vom 22.11.2001, ABl. Nr. L 006 vom 10.1.2003, S. 1.

Mitteilungen und sonstige Bekanntmachungen der Europäischen Kommission.

Grünbuch, Schadensersatzklagen wegen Verletzung des EU-Wettbewerbsrecht, 19.12.2005, KOM(2005) 672 endgültig.

Arbeitspapier der Kommissionsdienststellen , Schadensersatzklagen wegen Verletzung des EU-Wettbewerbsrecht, 10.2.2006, SEC(2005) 1732.

Weissbuch, Schadensersatzklagen wegen Verletzung des EG-Wettbewerbsrecht, 2.4.2008, KOM(2008) 165 endgültig.

Arbeitspapier der Kommissionsdienststellen, Schadensersatzklagen wegen Verletzung des EG-Wettbewerbsrecht, 2.4.2008, SEC(2008) 404.

Weissbuch, Folgenabschätzungsbericht, 2.4.2008, SEC(2008) 405.

Mitteilung der Kommission über den Erlass und die Ermäßigung von Geldbußen in Kartellsachen, ABl. Nr. C 045 vom 19.2.2002, S. 3.

Mitteilung der Kommission über den Erlass und die Ermäßigung von Geldbußen in Kartellsachen, ABl. Nr. C 298 vom 8.12.2006, S. 17.

Veröffentlichungen des Instituts für deutsches und europäisches Wirtschafts-, Wettbewerbs- und Regulierungsrecht der Freien Universität Berlin

Herausgegeben von Franz Jürgen Säcker

Band 1 Franz Jürgen Säcker (Hrsg.): Deutsch-russisches Energie- und Bergrecht im Vergleich. Ergebnisse einer Arbeitstagung vom 31. März / 1. April 2006. 2007.

Band 2 Franz Jürgen Säcker / Walther Busse von Colbe (Hrsg.): Wettbewerbsfördernde Anreizregulierung. Zum Anreizregulierungsbericht der Bundesnetzagentur vom 30. Juni 2006. 2007.

Band 3 Dirk Zschenderlein: Die Gleichbehandlung der Aktionäre bei der Auskunftserteilung in der Aktiengesellschaft. Zum Problem der Zulässigkeit der Weitergabe von Informationen an einzelne Aktionäre und Dritte. 2007.

Band 4 Simone Kirchhain: Die Anwendung der Vertikal-GVO auf innerstaatliche Wettbewerbsbeschränkungen nach der 7. GWB-Novelle. 2007.

Band 5 Franz Jürgen Säcker: Der Independent System Operator. Ein neues institutionelles Design für Netzbetreiber? 2007.

Band 6 Stefanie Otto: Allgemeininteressen im neuen UWG. § 1 S. 2 UWG und die wettbewerbsfunktionale Auslegung. 2007.

Band 7 Jochen Eichler: Vertragliche Dritthaftung. Eine Auseinandersetzung mit der Frage der Dritthaftung von sogenannten Experten und anderen Auskunftspersonen im Rahmen des § 311 Abs. 3 BGB. 2007.

Band 8 Markela Stamati: Die Anforderungen der operationellen Entflechtung nach den Beschleunigungsrichtlinien der Europäischen Kommission. Umsetzung in Deutschland und Griechenland. 2008.

Band 9 Franz Jürgen Säcker: The Concept of the Relevant Product Market. Between Demand-Side Substitutability and Supply-Side - Substitutability in Competition Law. 2008.

Band 10 Renate Rabensdorf: Die Durchgriffshaftung im deutschen und russischen Recht der Kapitalgesellschaften. Eine rechtsvergleichende Untersuchung. 2009.

Band 11 Franz Jürgen Säcker: Der beschleunigte Ausbau der Höchstspannungsnetze als Rechtsproblem. Erläutert am Beispiel der 380-kV-Höchstspannungsleitung Lauchstädt – Redwitz – Grafenrheinfeld mit Querung des Rennsteigs im Naturpark Thüringer Wald. 2009.

Band 12 Helen Mahne: Eigentum an Versorgungsleitungen. 2009.

Band 13 Franz Jürgen Säcker (Hrsg.): Russisches Energierecht - Gesetzessammlung. 2009.

Band 14 Franz Jürgen Säcker / Maik Wolf: Integrierte Energieversorgung in geschlossenen Verteilernetzen. Zum Gestaltungsspielraum des Gesetzgebers zur Neuregelung des § 110 EnWG im Lichte des Dritten EG-Energiepakets. 2009.

Band 15 Franz Jürgen Säcker (Hrsg.): Das Dritte Energiepaket für den Gasbereich. Deutsch-Englische Textausgabe mit einer Einführung. 2009.

Band 16 Franz Jürgen Säcker (Hrsg.): Das Dritte Energiepaket für den Elektrizitätsbereich. Deutsch-Englische Textausgabe mit einer Einführung. 2009.

Band 17 Thomas Dörmer: Die Unternehmenspacht. Rechtsstellung der Vertragsparteien unter besonderer Berücksichtigung der Pflicht des Unternehmenspächters zur ordnungsgemäßen Unternehmensführung sowie der Rechtslage bei Vertragsbeendigung. 2010.

Band 18 Klaas Bosch: Die Kontrolldichte der gerichtlichen Überprüfung von Marktregulierungsentscheidungen der Bundesnetzagentur nach dem Telekommunikationsgesetz. 2010.

Band 19 Geng-Sook Leem: Einheitliche Corporate Governance-Grundsätze für die Europäische Aktiengesellschaft (SE). Eine rechtsvergleichende Untersuchung anhand der Ausgestaltung der SE im deutschen und britischen Recht. 2010.

Band 20 Wiebke Gebhardt: Gentechnik und Koexistenz nach der Gesetzesnovelle von 2008: Zivilrechtliche Haftung im Vergleich Deutschland und USA. 2010.

Band 21 Cathrin Isenberg: Die Geruchsmarke als Gemeinschaftsmarke. Schutzfähigkeit und Einsatzmöglichkeiten. 2010.

Band 22 Franz Jürgen Säcker / Jochen Mohr / Maik Wolf: Konzessionsverträge im System des europäischen und deutschen Wettbewerbsrechts. 2011.

Band 23 Judith Antonia Loeck: Die unzumutbare Belästigung nach der UWG Novelle 2008 und dem Gesetz zur Bekämpfung unerlaubter Telefonwerbung und zur Verbesserung des Verbraucherschutzes bei besonderen Betriebsformen. 2011.

Band 24 Jörg Jaecks: Konzernverrechnungsklauseln und verwandte einseitige Verrechnungsbefugnisse im Mehrpersonenverhältnis. 2011.

Band 25 Franz Jürgen Säcker: Marktabgrenzung, Marktbeherrschung, Markttransparenz und Machtmissbrauch auf den Großhandelsmärkten für Elektrizität. 2011.

Band 26 Susanne Wende: Die einheitliche Auslegung von Beihilfen- und Vergaberecht als Teilgebiete des europäischen Wettbewerbsrechts. 2011.

Band 27 Leonie Kempel: Die Anwendung von Art. 102 AEUV auf geistiges Eigentum und Sacheigentum. Die Voraussetzungen des Kontrahierungszwangs nach Art. 102 AEUV und der Essential-Facility-Doktrin unter besonderer Berücksichtigung der Unterschiede zwischen geistigem Eigentum und Sacheigentum. 2011.

Band 28 Christoph Schuldt: Werbejingles – schützenswerte Kompositionen!? Die urheberrechtliche und markenrechtliche Schutzfähigkeit von Werbejingles vor unbefugter Nachahmung. 2012.

Band 29 Lydia Scholz: Die Rechtfertigung von diskriminierenden umweltpolitischen Steuerungsinstrumenten. Eine Untersuchung der Reichweite der Warenverkehrsfreiheit und ihrer Begrenzung durch den Umweltschutz als Vertragsziel am Beispiel der deutschen Energieförderdergesetze EEG und KWKModG. 2012.

Band 30 Franz Jürgen Säcker: Investitionen in Kraftwerke zur Sicherung einer zuverlässigen Elektrizitätsversorgung nach der Energiewende. Rechtliche und ökonomische Rahmenbedingungen. 2012.

Band 31 Florian Leib: Kartellrechtliche Durchsetzungsstrategien in der Europäischen Union, den USA und Deutschland. Eine rechtsvergleichende Darstellung. 2012.

Band 32 Holger Hoch: Marktverschlusseffekte und Effizienzen vertikaler Zusammenschlüsse. Kartellrechtliche Beurteilung nach europäischem und deutschem Recht. 2012.

Band 33 Sebastian Kemper: Gasnetzzugang in Deutschland und in Spanien. 2012.

www.peterlang.de